O QUE ESTÃO FALANDO SOBRE

# TRANSFORMAÇÃO DIGITAL 2

> "O trabalho de David L. Rogers afetou e validou ao mesmo tempo nossos esforços de transformação digital na Acuity. Ele é provocativo e pragmático, ensinando-nos uma maneira diferente de pensar a concorrência e a nos destacarmos dela. Seus insights e seus conselhos continuam tendo impactos duradouros em nossa jornada digital."
>
> **MELISSA WINTER** | presidente, Acuity Insurance & **BEN SALZMANN** | CEO, Acuity Insurance

> "Leitura essencial para líderes que buscam avançar num cenário digital em rápida evolução. Embarque em sua jornada de transformação digital tendo Rogers como seu guia e ganhe as ferramentas para garantir sucesso em meio às constantes mudanças tecnológicas."
>
> **SAMI HASSANYEH** | Chief Digital Officer, AARP

> "Rogers oferece um poderoso mix de estratégias e táticas para ajudar grandes empresas a ingressar no mundo digital de maneira mais inteligente e rápida. Com lições do mundo real e um monte de ferramentas práticas, este livro é seu guia essencial para fazer qualquer empresa avançar com a velocidade de uma *startup*."
>
> **BOB DORF** | coautor de *The Startup Owner's Manual* e empreendedor de longa data

"A transformação digital costuma muitas vezes dar errado porque aqueles que lideraram a mudança não reservaram um tempo para pensar nos obstáculos organizacionais e humanos que mantêm as coisas travadas em velhos padrões. Armado com este livro incrível, você pode entrar no espaço transformacional de olhos bem abertos. Ele será seu guia para aquilo que o futuro nos reserva."

**RITA McGRATH** | Columbia Business School, autora de
*Seeing Around Corners* e *Discovery-Driven Growth*

"Depois de mais de uma década de transformações digitais, se aprendemos uma coisa é que a batalha para gerar valor nos negócios é vencida ao romper barreiras organizacionais e alinhar pessoas, processos e métricas. Com *Transformação Digital 2*, Rogers nos oferece poderosos insights para maximizar as oportunidades de sucesso na transformação."

**DIDIER BONNET** | professor de estratégia e transformação digital na
IMD Business School e coautor de *Leading Digital* e *Hacking Digital*

"Estamos passando há várias décadas pela transformação digital, e ela só acelera. A abordagem de mudança contínua esboçada neste livro é a única maneira que as organizações têm de prosperar no longo prazo. Ou você 'vira digital' ou 'sai do negócio'."

**THOMAS H. DAVENPORT** | President's Distinguished
Professor of Information Technology and Management, Babson College

# TRANSFORMAÇÃO
# DIGITAL 2

Copyright © 2023 David L. Rogers
Copyright desta edição © 2024 Autêntica Business

Título original: *The Digital Transformation Roadmap:
Rebuild Your Organization for Continuous Change*

Todos os direitos reservados pela Autêntica Editora Ltda.
Nenhuma parte desta publicação poderá ser reproduzida,
seja por meios mecânicos, eletrônicos, seja via cópia xerográfica,
sem autorização prévia da Editora.

| | |
|---|---|
| EDITOR<br>Marcelo Amaral de Moraes | CAPA<br>Diogo Droschi |
| PREPARAÇÃO DE TEXTO<br>Marcelo Barbão | PROJETO GRÁFICO E DIAGRAMAÇÃO<br>Christiane S. Costa<br>Diogo Droschi |
| REVISÃO TÉCNICA<br>Marcelo Amaral de Moraes | DIAGRAMAÇÃO<br>Christiane S. Costa |
| REVISÃO<br>Rafael Rodrigues | |

**Dados Internacionais de Catalogação na Publicação (CIP)
(Câmara Brasileira do Livro, SP, Brasil)**

Rogers, David L.
　　Transformação digital 2 : um *roadmap* para superar os obstáculos e implementar a transformação digital de forma contínua na sua organização / David L. Rogers ; tradução Luis Reyes Gil. -- 1. ed. -- São Paulo : Autêntica Business, 2024. -- (Transformação Digital, v. 2).

　　Título original: The Digital Transformation Roadmap: Rebuild Your Organization for Continuous Change
　　ISBN 978-65-5928-388-0

　　1. Transformação digital 2. Estratégia 3. Gestão 4. Gestão de mudança 4. Tecnologia 5. Era digital I. TÍtulo. II. Série.

24-194647　　　　　　　　　　　　　　　　　　　　　　　CDD-658.406

**Índices para catálogo sistemático:**
1. Ambientes organizacionais : Inovações : Administração de empresas 658.406

Eliane de Freitas Leite - Bibliotecária - CRB 8/8415

A **AUTÊNTICA BUSINESS** É UMA EDITORA DO **GRUPO AUTÊNTICA**

**São Paulo**
Av. Paulista, 2.073 . Conjunto Nacional
Horsa I . Sala 309 . Bela vista
01311-940 . São Paulo . SP
Tel.: (55 11) 3034 4468

**Belo Horizonte**
Rua Carlos Turner, 420
Silveira . 31140-520
Belo Horizonte . MG
Tel.: (55 31) 3465-4500

www.grupoautentica.com.br
SAC: atendimentoleitor@grupoautentica.com.br

DAVID L. ROGERS

# TRANSFORMAÇÃO
# DIGITAL 2

Um *roadmap* para superar os obstáculos
e implementar a transformação digital de
forma contínua na sua organização

TRADUÇÃO
**LUIS REYES GIL**

**autêntica**
BUSINESS

*Para Karen, minha amada parceira em brincadeiras criativas.*

# SUMÁRIO

**Prefácio** . 10

**Agradecimentos** . 14

CAPÍTULO 1
**O *Roadmap* da DX** . 18

CAPÍTULO 2
**A DX e o desafio da inovação** . 46

CAPÍTULO 3
**Passo 1: Defina uma visão compartilhada** . 74

CAPÍTULO 4
**Passo 2: Selecione os problemas mais importantes** . 124

CAPÍTULO 5
**Passo 3: Valide iniciativas** . 164

CAPÍTULO 6
**Passo 4: Como gerir crescimento em escala** . 228

CAPÍTULO 7
**Passo 5: Desenvolva tecnologia, talento e cultura** . 296

**Conclusão** . 354

**Mais ferramentas para o seu negócio** . 364

**Autoavaliação: Sua organização está pronta para a DX?** . 366

**Casos e exemplos por setor** . 372

**Resumo visual da _Transformação Digital_ e do _Roadmap da DX_** . 376

**Notas** . 380

**Índice remissivo** . 400

**Sobre o autor** . 414

# PREFÁCIO

Este é meu quinto livro e o primeiro que compõe uma continuação do anterior, *Transformação Digital: repensando o seu negócio para a era digital*, que foi o primeiro livro sobre transformação digital publicado. Ele colocou o tema no mapa, e virou um best-seller mundial em mais de doze línguas. Também definiu a disciplina ao argumentar que transformação digital não se trata de tecnologia; tem a ver com estratégia, liderança e novas maneiras de pensar. Este livro ajudou milhares de líderes empresariais a repensarem seus negócios em termos de novas estratégias e a embarcarem nas transformações para a era digital.

Em várias dessas transformações, estive na linha de frente como consultor, em salas de diretoria e também como líder de *workshops* com executivos de empresas como Google, Microsoft, Citibank, HSBC, Procter & Gamble, Merck, General Electric e dezenas de outras igualmente ambiciosas. Ensinei mais de 25 mil líderes de negócios com minhas aulas em programas educacionais para executivos na Columbia Business School na cidade de Nova York, no Vale do Silício, e on-line. Por meio desse trabalho e de meu aconselhamento individual a CEOs e diretores digitais (*Chief Digital Officers*, CDOs), mergulhei no funcionamento interno dos esforços de transformação digital em diversos setores e ao redor do mundo.

Hoje, toda empresa de destaque busca algum tipo de transformação digital (DX). A questão não é mais "Será que devemos promover uma DX?", mas, sim, "Como podemos garantir impacto e valor para o negócio de uma DX?".

Não é fácil responder a essa questão. Empresas estabelecidas que embarcam na DX podem estar dispostas a repensar sua estratégia, mas, em todos os setores, *essas empresas lidam com os desafios da mudança organizacional*: como alinhar esforços digitais ao longo de nossos silos? Como compatibilizar o crescimento futuro com nosso atual *core business*? Como superar a inércia que afeta organizações grandes e complexas?

Este livro apresenta uma abordagem baseada em uma década de grande evidência das tentativas de implantar a DX, com sucessos e fracassos. Mostra que hoje, para liderar um negócio estabelecido, você não precisa apenas *repensar seu negócio* com uma estratégia para a era digital. Precisa *reconstruir sua organiza*ção para um mundo em constante mudança digital. Por mais desafiador que isso possa parecer, permita-me tranquilizá-lo e afirmar que é possível – e que é a única maneira de sustentar seu negócio e fazê-lo crescer no futuro.

Em *Transformação Digital 2*, forneço um *roadmap* prático para qualquer líder que queira tentar transformar sua organização para a era digital. Como faço em todos os meus livros, este inclui ferramentas práticas e modelos a serem aplicados enquanto são realizadas mudanças em sua organização. Testei essas ferramentas na prática no meu trabalho com executivos, propondo uma mudança digital numa ampla gama de organizações. Nesse processo, refinei cada ferramenta para atender às necessidades de empresas de diferentes portes, setores, localidades e desafios estratégicos.

Minha meta é ajudá-lo, leitor, a maximizar seu sucesso na DX em qualquer organização que você lidere ou ajude a crescer, agora e no futuro.

**Transformação digital** não se trata de tecnologia; tem a ver com **estratégia**, liderança e **novas maneiras de pensar**.

# AGRADECIMENTOS

Nenhum livro é possível sem a ajuda de muitos colaboradores generosos. Quero agradecer a todos os líderes de negócios cujos trabalhos e insights estão refletidos neste livro. Vocês foram imensamente generosos em compartilhar suas experiências e lições comigo, seja em meus trabalhos de consultoria, em salas de aula ou em entrevistas.

Este livro deve muito ao contínuo apoio de meu agente de longa data, Jim Levine, e ao meu *publisher*, Myles Thompson. Meu editor, Brian Smith, ajudou a guiar o texto ao longo de cada estágio, às voltas com as disrupções da pandemia. Meus caros e brilhantes amigos Bob Dorf e Lucy Kueng leram graciosamente meu primeiro rascunho inteiro e ofereceram um feedback crítico. O texto final deve muito à ajuda da minha inigualável editora de texto, Karen Vrotsos. Seus questionamentos incisivos clarearam meu pensamento em cada etapa, aparando excessos e dando foco, dinamismo e economia ao texto final.

Ao longo de todo o livro, a Columbia Business School apoiou o desenvolvimento de meu trabalho e das minhas ideias, e tem sido um lar de valor inestimável, onde lecionei e realizei pesquisas por mais de vinte anos. Um agradecimento especial a Mark Roberts, Pierre Yared, Dil Sidhu e a Mike Malefakis por liderarem nossa divisão de Educação para Executivos e pelo apoio ao meu ensino e pesquisa. Agradeço também aos milhares de alunos executivos que tive o prazer de ensinar enquanto escrevia o livro, tanto em meus programas ao vivo quanto on-line sobre transformação digital, estratégia e liderança. As questões que compartilharam e as histórias pessoais de suas carreiras contribuíram para a evidência que testei ao desenvolver os principais insights deste livro. Agradeço ainda a Ashwin Damera e Chaitanya Kalipatnapu da

Emeritus pela incrível jornada em ensino on-line, e a Clark Boyd por compartilhar o palco virtual de meus cursos on-line bem como pelas inúmeras sessões de "pergunte o que quiser" [*ask me anything's,* ou AMAs] com os alunos.

Agradeço também a Tom Neilssen e seu time na BrightSight Speakers por seus conselhos e apoio, do estágio de proposta até a oferta de ideias para a capa do livro. Heather Hinson contribuiu com grande alegria com pesquisa especializada e de amplo espectro, e Mindy Bowman é a responsável pelos esclarecedores gráficos do livro. Amy Kazor e Pat Curtis foram como sempre indispensáveis para me manter focado no livro em meio a inúmeros projetos concorrentes.

Por último, agradeço à minha esposa, Karen, e ao meu filho, George. O apoio, companheirismo e bom humor deles me mantiveram escrevendo e sorrindo ao longo de toda a longa jornada. O amor deles é a inspiração por trás de todo o meu trabalho.

David L. Rogers
www.davidrogers.digital

A questão não é mais "Será que devemos promover uma DX?", mas, sim, **"Como podemos garantir impacto e valor para o negócio de uma DX?"**.

**CAPÍTULO 1**

# O *ROADMAP* DA DX

Nos primeiros dias da revolução digital, quando a World Wide Web surgia como a plataforma de massas para comunicação global, a New York Times Company embarcou num ousado novo projeto voltado a reimaginar seu negócio para a nova era. O projeto era o que hoje chamaríamos de uma transformação digital (DX).

A transformação digital da empresa Times começou com o mandato de seu executivo-chefe: o *publisher* Arthur Ochs Sulzberger Jr. era a força impulsionadora e colocou toda a sua autoridade no projeto. Criou uma divisão separada para comandar os esforços digitais da empresa – uma subsidiária chamada New York Times Electronic Media Company. Contratou Martin Nisenholtz, especialista em mídia e publicidade digital, para presidir a divisão e contratar novos talentos digitais para levar o projeto adiante.

Nos anos seguintes, a Times empreendeu vários projetos com novas formas de jornalismo digital. Matérias como a belíssima reportagem multimídia "Snow Fall", vencedora do Prêmio Pulitzer, prometiam novas e estimulantes possibilidades para a mídia interativa no jornalismo.[1] Mas esses projetos pareciam separados da produção diária do jornal. As equipes de tecnologia da Times construíram versões digitais do produto herdado (o jornal impresso), e até digitalizaram seu arquivo de artigos, que remontava a 1851. Mas os editores não dispunham de dados em tempo real para compreender os comportamentos on-line dos leitores ou conectá-los a artigos já publicados sobre tópicos de interesse. A Times se dispôs a experimentar cada nova tendência de tecnologia – do e-mail e da Web às mídias sociais, edições em tablet, realidade virtual, e robôs de bate-papo [*chatbots*]. Mas tudo isso sem definir prioridades estratégicas claras e sem disciplina para desenvolver o que funcionava e fechar rapidamente projetos-piloto que não conseguiam alcançar resultados.

Com o tempo, surgiram sérios problemas na empresa. Criar uma divisão separada para iniciativas digitais definiu um padrão: algumas poucas pessoas cuidavam da tarefa de tornar todas as coisas digitais, mas o resto da empresa vivia apegada ao velho modo de trabalhar. A estrutura da organização legada – com sua histórica separação entre o comercial e o jornalístico – continuou intocada. Apesar da iniciativa de Sulzberger, a liderança da Times claramente priorizou a antiga linha de negócios (a edição impressa) em vez das novas formas digitais. Por exemplo, todo novo contratado era convidado a participar da reunião diária da Página Um para ver como os editores veteranos escolhiam os artigos para a primeira página do jornal físico.[2] Mas os editores se recusavam a usar dados para tomar decisões sobre questões de conteúdo – até para escolher entre duas opções de título para um artigo. Problemas sérios surgiram também no lado comercial. Desde o início, a visão de transformação digital da Times focou em "digitalizar" o *core business* – literalmente, pegar os mesmos artigos produzidos diariamente para a edição impressa e usar novas tecnologias para oferecê-los aos leitores. Ao contratar Nisenholtz, Sulzberger prometia entregar o *New York Times* pelo site, por CD-ROM ou qualquer outra nova mídia digital que aparecesse. "A Internet? Por mim, tudo bem. Ora, se alguém tiver a gentileza de inventar a tecnologia adequada, adoraria pôr isso direto no córtex de todo mundo."[3] Esse pensamento – encarar a tecnologia apenas como um novo meio de entregar o velho produto – persistiu por anos e atrelou o futuro da Times ao seu negócio passado. Além disso, a Times não conseguiu reconhecer a mudança fundamental que a internet operou na economia da publicidade. No longo prazo, nenhum negócio da mídia atrelado ao velho modelo de negócio baseado em anúncios iria sobreviver.

Conforme a revolução digital prosseguia, a transformação da Times parecia cada vez mais inadequada. Apesar dos prêmios Pulitzer e Peabody pelos celebrados artigos digitais, parte dos melhores talentos digitais que a Times havia contratado migrou para outras editoras nativas digitais, como *Vox*, *BuzzFeed* e *Huffington Post* – com formato interativo, domínio das mídias sociais, conteúdo otimizado por motores de busca e estilo agressivo –, que conseguiam atrair mais leitores jovens do que o *Times*. Em alguns temas, superaram o *Times* ao reembalarem conteúdo do próprio arquivo do jornal. Como um executivo do *Huffington Post* confessou, "Caras, vocês foram esmagados... Não tenho orgulho disso. Mas essa é a sua concorrência".[4]

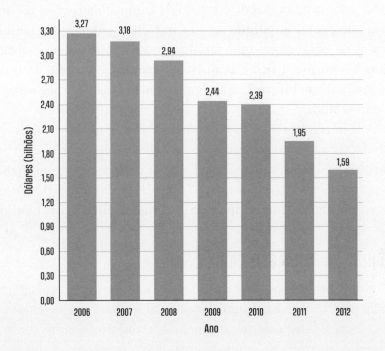

**FIGURA 1.1** Receita da New York Times Company, 2006 a 2012

Mais grave ainda, o desempenho financeiro da Times manteve uma longa queda (Figura 1.1). A receita da publicidade impressa caiu fortemente, e a publicidade digital não cumpriu o prometido. A receita total diminuiu ano a ano de 2006 a 2013, um declínio de 52% em apenas sete anos.[5]

Em 2014, caiu uma bomba. O *Buzzfeed* publicou um relatório secreto, encomendado pela alta liderança da Times, que vazou de dentro da empresa após uma investigação de um mês. O "Innovation

Report" descrevia a New York Times Company como uma organização em guerra consigo a respeito de seu futuro digital. Funcionários mais velhos aferravam-se ao *status quo*. Silos departamentais seguiam organizados em torno de velhas tradições e não das necessidades em mutação do negócio. O perfeccionismo impedia a experimentação com novos modelos digitais. Os recursos eram investidos em projetos digitais isolados, e não em ferramentas e aptidões digitais capazes de mudar o trabalho cotidiano. Líderes mais veteranos mantinham um foco desatualizado no velho negócio impresso, e o talento digital desertava ao não ver futuro no jornal. Como o relatório explicava, o foco constante no negócio legado da companhia tornou-se "uma forma de preguiça, porque era um trabalho confortável e familiar para nós, que sabemos como fazê-lo. E nos permite evitar o trabalho verdadeiramente difícil e as questões maiores a respeito de nosso presente e nosso futuro: O que devemos nos tornar? De que maneira devemos mudar?".[6]

A história da Times não termina aí. E as questões e crises que enfrentou estão sendo enfrentadas por todos os negócios legados que tentam hoje se transformar. Como tantas organizações que vêm lutando ou perdendo terreno na nova era, a Times desperdiçou anos de esforços por não contar com um mapa de transformação digital para o futuro.

## A CRISE DO FRACASSO DA DX

Nos últimos anos, conforme a revolução digital se expandiu da mídia para os demais setores, quase todo negócio estabelecido embarcou em alguma espécie de esforço de transformação digital. Mas, em todos os setores, a grande maioria dessas empresas não alcançou os resultados esperados. Vários estudos globais, como pesquisas feitas pelas empresas de consultoria BCG e McKinsey, descobriram que 70% ou mais das transformações digitais ficaram aquém de seus objetivos e não alcançaram nenhum benefício sustentável.[7] Os resultados desse fracasso institucional podem ser vistos por toda parte. Empresas famosas e marcas globais (Kodak, Blockbuster etc.) foram à falência diante dos desafios digitais. Líderes de mercado correram para sair dos negócios onde antes reinavam (celulares Nokia). Categorias inteiras de empresas tradicionais estão em acentuado declínio (cinemas, lojas de departamentos, empresas de notícias etc.).

Em outros casos, negócios estabelecidos têm conseguido resistir em seus ramos, mas assistem impotentes à entrada de novas empresas digitais capturando grandes oportunidades de crescimento em seus setores. Na indústria automobilística, fábricas tradicionais assistiram à Tesla dando o primeiro passo em direção ao carro elétrico e rapidamente superando-as em valor de mercado. Nos serviços financeiros, bancos historicamente estabelecidos focaram seus esforços principalmente em adaptar suas atuais linhas de negócios à era digital, enquanto *fintechs* [empresas com novas tecnologias financeiras] como Stripe, Block, PayPal e Ant Financial definiram categorias totalmente novas de serviços financeiros e conseguiram um crescimento fenomenal.

Diante dessa tendência ofuscante, os líderes de empresas têm se debatido com seus esforços de transformação digital. Exemplos famosos são os da General Electric (GE), que lançou um esforço tremendamente ambicioso de DX em 2015 chamado GE Digital. Foi encabeçado pelo CEO Jeffrey Immelt, que anunciou que a GE iria se tornar em cinco anos "uma empresa de software entre as 10 mais". Três anos mais tarde, após resultados decepcionantes, a GE Digital foi reduzida e desmembrada pelo CEO seguinte.[8]

Tenho conversado com executivos de inúmeras empresas que me contam sobre a contratação de um diretor digital [*Chief Digital Officer* ou CDO], mas ninguém no setor sabe qual é a suposta estratégia digital. Outros têm apontado a complacência e falta de disposição para arriscar capital em novos investimentos digitais após anos de sucesso em seu velho negócio. Um grande varejista que aconselhei havia contratado um talento em nível de diretoria, que já trabalhara na Google e na Amazon, para transformar seu negócio em uma organização orientada por dados, mas confessou que seus gestores não contavam com dados em tempo real para experimentar e tomar decisões.

O fracasso na transformação é fatal. Todo ano, tecnologias digitais têm um profundo impacto nos negócios de todos os setores. A pandemia da Covid-19 acelerou muitas dessas mudanças, compactando ao longo de semanas vários anos de mudança, em áreas como a telemedicina, a mídia de *streaming*, o aprendizado on-line, o comércio eletrônico e o trabalho remoto. Essas mudanças não estão desacelerando. Elas são contínuas e vêm se acelerando. Como mostrado por um estudo global de altos executivos que conduzi com a HCL, os líderes de hoje sabem que a transformação digital não é mais uma questão de "se", mas, sim, de "com que rapidez?".[9]

A DX está na pauta de toda diretoria em todos os setores. Não podemos nos dar ao luxo de não compreendê-la direito.

## UMA DEFINIÇÃO DE DX

Antes de seguir adiante, vamos tratar da definição da DX, porque o termo, agora amplamente adotado, acabou ficando nebuloso na confusão que sempre envolve os termos da moda. Depois de pesquisar, praticar e ensinar esse assunto por vários anos, defino transformação digital como uma atividade muito particular:

> Transformar um negócio estabelecido para que prospere num mundo em constante mudança digital.

Vale a pena destacar três ideias. Primeiro, a DX trata de negócios, não de tecnologia. Com excessiva frequência, os esforços de DX são definidos em termos das tecnologias que desejam aproveitar (inteligência artificial [IA], tecnologia *blockchain*, robótica, computação na nuvem etc.). Claro que a tecnologia será parte da implementação de qualquer estratégia digital que você desenvolva. Mas qualquer esforço de DX deve ser estruturado em torno do negócio, de seus funcionários e clientes – não em torno de uma lista de tecnologias a serem adotadas.

Em segundo lugar, a DX trata de mudar uma organização existente, não de criar uma *startup*. A missão de uma *startup* é buscar um modelo de negócio lucrativo e depois escalar uma nova organização para apoiar seu crescimento. Mas um negócio estabelecido já tem não só um modelo de negócio como também uma organização – com funcionários, clientes, produtos, canais de distribuição, parceiros e uma cultura e uma maneira de trabalhar estabelecidas. Assim, a DX fundamentalmente se trata de mudar uma organização que já está em movimento. Na física, a tendência de um corpo em movimento manter o movimento na mesma direção e à mesma velocidade é chamada de inércia. Quanto maior a massa do corpo, mais difícil será ele mudar de curso. Isso vale também para os negócios, onde o maior inimigo da transformação é a inércia – a resistência da organização à mudança.

Em terceiro lugar, a DX é um processo contínuo; não é um projeto com data para começar e terminar. Isso porque a revolução digital não é uma única mudança que aconteceu (o surgimento da internet, a mudança para o celular ou a computação na nuvem) à qual você precisa se adaptar. A revolução digital é uma *contínua aceleração da mudança* impulsionada por sucessivas ondas de novas tecnologias. Ela continuará a reinventar os comportamentos dos clientes, os modelos de negócio e os sistemas econômicos pelo futuro afora. Aperte o cinto e vamos em frente.

## COMO A DX DÁ ERRADO

Ao longo dos anos, tenho ouvido inúmeros comentaristas da DX proclamarem que o único e mais importante fator de sucesso é uma ordem clara do CEO para a mudança. E, no entanto, na GE, na New York Times Company e em muitos outros casos, tenho testemunhado o oposto. Em todos eles, o executivo-chefe declara em alto e bom som seu compromisso com o esforço da DX. Até investe substancial capital financeiro e humano. Só que os anos passam e os resultados não atendem às expectativas ou ao que era desesperadoramente necessário para o futuro.

Por que a DX está fracassando? O que tantas empresas estão fazendo de muito errado? Vamos começar reconhecendo que a DX é difícil. De muitas maneiras, ela envolve uma espécie de equilíbrio. A DX não pode ser simplesmente um esforço de "digitalizar" o negócio legado – isto é, fazer um upgrade na tecnologia existente, cortar custos e melhorar a experiência do cliente com os seus produtos. Para continuar relevante, sobreviver e crescer na economia digital, todo negócio deve estar pronto para digitalizar seu *core business e* crescer além dele, maximizar seu atual fluxo de caixa *e* investir para o futuro, buscar não só inovações incrementais, *mas também* inovações mais radicais. Mas você não consegue reconstruir seu atual negócio e construir o próximo com as mesmas pessoas, os mesmos processos e as mesmas estruturas organizacionais. Não pode usar a mesma abordagem para reconstruir o passado e construir o futuro.

O desafio da DX é particularmente difícil em organizações complexas. Atualmente, a complexidade organizacional é movida por três fatores básicos: o número de funcionários (medido por contagem de cabeças), linhas de negócios (com diferentes ofertas para diferentes clientes), e localidades de operação (cada uma com sua imposição de regulamentações diferentes). Conforme algum desses fatores cresce, a complexidade de gerir a organização aumenta dramaticamente. Em termos simples, se você tem um negócio estabelecido com apenas 500 funcionários e uma única linha de negócios operando em apenas uma região, a transformação será muito mais fácil de ser realizada. Para um negócio desses, se você define uma estratégia digital clara baseada nas tendências de mercado e de tecnologia, deverá ser capaz de executar essa estratégia contando com uma boa liderança. Mas se seu negócio tem 10 mil (ou 100 mil) funcionários, você opera múltiplas linhas de negócios e elas se espalham por várias localidades com diferentes regulamentações, então conduzir a DX será muito, mas muito mais difícil.

Os sintomas dessa dificuldade são vistos por toda parte. Fale com os líderes de organizações complexas, e você ouvirá uma ladainha sobre as dificuldades da DX: nossos funcionários temem a mudança. Os novos empreendimentos sempre perdem para o *core business*. Os departamentos jurídico e de *compliance* rejeitam muitas das nossas ideias promissoras. Nossos esforços digitais viram ótimos *releases*, mas não estão conseguindo sair do lugar. A aversão a riscos e uma tomada de decisões lenta significam que não podemos fazer frente aos concorrentes digitais. A tecnologia de informação (TI) que temos como legado é inflexível. Nossos dados estão aprisionados em silos. Nossa força de trabalho não tem os talentos que precisaria ter.

Soa familiar? A lista continua, mas todos são apenas sintomas de problemas mais fundamentais a respeito de como a DX é praticada. Na minha própria pesquisa e trabalho com uma ampla gama de empresas, encontrei cinco causas centrais do fracasso de uma transformação digital. Vamos analisar cada um desses obstáculos à DX e os problemas que eles criam.

## ◢ Principais obstáculos ao sucesso da DX

### ① Não há visão compartilhada

Um dos maiores obstáculos a uma DX efetiva é a falta de uma visão compartilhada. Em inúmeras grandes empresas, tenho visto que o "digital" é declarado como uma prioridade, mas, quando você conversa com os gestores, fica claro que não há uma compreensão compartilhada do futuro digital do setor deles, em que nicho sua empresa pretende competir, ou o que lhes dá o direito de serem bem-sucedidos nesse futuro. Em vez disso, há apenas uma palavra de ordem genérica: "torne-se digital".

Os sintomas dessa ausência de visão compartilhada são vários. Os funcionários são lentos em suas ações e mostram medo da mudança, carecem de um sentido claro de para onde a empresa está indo e como eles poderiam contribuir. Os investidores têm receio de investir pesado no digital, assim como os executivos responsáveis por declarações de lucros e perdas (L&Ps). As iniciativas digitais da empresa são genéricas, acompanhando os movimentos de seus pares e reagindo com atraso às tendências do mercado. E os líderes confiam em métricas genéricas de "maturidade digital" para guiar seus esforços, pois não têm uma métrica de negócios clara para avaliar o progresso de sua DX.

### ② Ausência de prioridades de crescimento

O próximo grande obstáculo à DX é a falta de prioridades claras para o crescimento. Essa carência pode surgir pelo fato de a empresa focar apenas em "digitalizar" seu negócio passado e não olhar além dele. Ou então os líderes podem não ter a disciplina necessária para definir algumas prioridades estratégicas sobre as quais se concentrar

– que podem ser problemas do cliente a resolver ou oportunidades de negócio a serem aproveitadas.

São muitos os sintomas dessa falta de prioridades. Sem um claro conjunto de prioridades, a DX fica sem rumo estratégico. Em vez de a DX focar em problemas do negócio, ela acaba sendo definida por tecnologias (IA, computação na nuvem, *blockchain* etc.) e é facilmente sequestrada pela última moda atraente. Sem um foco de crescimento, a DX fica focada apenas em cortar custos e otimizar o negócio atual. Os esforços digitais são conduzidos por especialistas em tecnologia enquanto o restante da organização continua com seu trabalho inalterado. O resultado é que a DX cresce desconectada das necessidades do negócio e, com o passar do tempo, perde apoio.

### 3 Ausência de foco na experimentação

O terceiro grande obstáculo à DX é uma ênfase no planejamento em detrimento da experimentação. Os tomadores de decisões passam anos desenvolvendo seus planos de DX. Exigem um árduo desenvolvimento de *business case* antes de iniciar o trabalho em qualquer novo produto ou serviço digital. Quando o trabalho de fato começa, o foco é num meticuloso planejamento e execução, seguindo uma abordagem *stage-gate*, por estágios, para levar adiante cada projeto a uma solução pré-definida. Essa abordagem entra em confronto direto com o modelo de experimentação rápida que guia os negócios nativos digitais. E embora empresas de legado possam adotar as armadilhas da experimentação – montando times de software ágeis e participando de aulas sobre *design thinking* –, elas enfiam à força esses métodos iterativos em modelos de gestão que estão marcados por intenso planejamento.

Os sintomas de confiar mais no planejamento que na experimentação são dolorosos. Os tomadores de decisão ficam aguardando *benchmarks* e melhores práticas em vez de validarem novas ideias diretamente com os clientes. Os times são instruídos a construir soluções e não a resolver problemas. Os projetos carecem de flexibilidade para promover mudanças de direção, levando a fracassos onerosos e a uma cultura de evitar riscos. As iniciativas digitais se movem devagar, são impostas ao mercado e lutam para produzir um impacto no negócio.

## ◆ 4 Ausência de flexibilidade na governança

O quarto obstáculo à DX é o uso de processos e de governança *business-as-usual* (BAU) em todas as iniciativas. Predominam os silos tradicionais, as linhas de relatórios e o orçamento, o que asfixia os esforços de crescimento. As empresas carecem de processos para um custeio iterativo ou para alocação de recursos que vão além do *core business*. São incapazes de montar times multifuncionais para agir rápido diante de novas oportunidades. Em suma, não contam com um processo replicável para gerir e escalar o crescimento.

Os sintomas de governança inflexível podem ser vistos em toda parte. Executivos patrocinadores devem aprovar pessoalmente os projetos digitais e concedem isenções às regras da empresa. Silos funcionais impedem a colaboração entre os membros do time e retardam a inovação. Os recursos ficam empacados em ciclos anuais de orçamento e comprometem os esforços para escalar a inovação. Com poucos projetos aprovados, ninguém se dispõe a cancelá-los depois de iniciados. Iniciativas incertas são vistas como arriscadas demais, e as inovações que fogem ao *core business* são simplesmente ignoradas.

## ◆ 5 Ausência de mudança nas capacidades

O último obstáculo à DX é a dependência nas capacidades que já existem, entre elas as de tecnologia, talento e cultura. A tecnologia legada continua no lugar, com meros remendos e intervenções cosméticas na arquitetura de TI, nos dados utilizados e nas regras que governam ambos. O talento legado permanece não desenvolvido, com pouco investimento em aptidões digitais ou na força de trabalho e na liderança que foram contratadas e treinadas para as necessidades do passado. A cultura legada continua inalterada, com posturas mentais e comportamentos que estão enraizados numa liderança de cima para baixo, de comando e controle.

São vários os sintomas de que as capacidades estão estagnadas. Os sistemas de TI são inflexíveis e reforçam os silos dentro da organização. Os gestores não dispõem dos dados compartilhados em tempo real que precisariam para tomar decisões. Todo projeto digital deve passar por uma divisão central de TI, ocasionando gargalos. As necessidades da TI são terceirizadas a fornecedores, porque a própria força de trabalho carece de competência para inovação digital. Uma cultura e atitude mental de cima para baixo levam a um cinismo e a uma atitude de "vou esperar para ver", assumida por funcionários sem engajamento.

## COMO A DX DÁ CERTO

Se os cenários mencionados parecem familiares e soam sombrios, não desanime. É verdade que as pesquisas mostram que 70% dos esforços de DX fracassam, mas vamos nos concentrar nos 30% que estão dando certo! O *Roadmap* da DX, que apresentamos a seguir, apoia-se nessas dezenas de casos de DXs bem-sucedidas. Aqui estão apenas algumas das histórias impressionantes de sucesso em DX em setores *business-to-consumer* (B2C) e *business-to-business* (B2B):

➤ **The Walt Disney Co.** - O negócio de mídia legado resistiu aos titãs da tecnologia (Netflix, Apple, Amazon) por meio da expansão de sua biblioteca de conteúdo e lançando seus serviços de *streaming* de rápido crescimento: Disney+, ESPN+ e Hulu. Em três anos a partir do lançamento do Disney+, o número total de assinaturas da empresa havia ultrapassado os da Netflix.[10] Ao mesmo tempo, a empresa reorganizou sua estratégia de crescimento, suas métricas e sua estrutura organizacional em torno do novo futuro da Disney como negócio direto ao consumidor.

➤ **Mastercard Inc.** - A empresa de processamento de cartão de crédito é agora uma das maiores *fintechs* do mundo. Alavancando sua imensa rede de dados de negócios globais, a Mastercard construiu um negócio crescente de comércio eletrônico. A empresa opera uma das principais aceleradoras para *startups fintech*, e seus próprios laboratórios de inovação estão construindo e escalando novos modelos de negócio em torno de cibersegurança, identidade digital e análise de dados – ao mesmo tempo em que vende serviços digitais a empresas clientes ao redor do mundo.

➤ **Domino's Pizza, Inc.** - A cadeia de restaurantes alcançou um crescimento fenomenal reinventando seu *core business* de delivery para a era digital. A Domino's investiu num aplicativo de celular movido a IA (um dos primeiros a receber seu pedido por voz); numa estratégia *omnichannel* "Anyware" que permite que os clientes façam seu pedido por emoji, tweet, Apple Watch ou pela Alexa, da Amazon; e em inovações em veículos de entrega como os robôs rolantes para entrega de pizza [*rolling pizza delivery bots*] (para ruas estreitas de cidades europeias) e até drones para pizzas [*flying pizza drones*] (testados primeiro na montanhosa Nova Zelândia). Com um foco incansável em inovação na experiência de *delivery*, os investimentos digitais da Domino's ajudaram a alimentar um impressionante crescimento de 3.200% no preço de suas ações em apenas sete anos.[11]

➤ **Deere & Company** - A empresa ficou conhecida vendendo equipamento agrícola John Deere, como tratores, sementeiras e colhedeiras. Hoje, a Deere ainda fabrica essas máquinas, mas todas elas são habilitadas com software e sensores, e conectadas à nuvem. A Deere está coletando dados em cada metro quadrado da terra agriculturável de seus clientes e usando os dados para ajudá-los a otimizar a maneira de plantar sementes, fertilizá-las e colher os produtos, com uma agricultura e análise de dados precisos.

➤ **Air Liquide** - A líder global em gases industriais está aproveitando dados para liberar novas fontes de valor em setores-chave, como assistência médica e manufatura. Hoje, a Air Liquide coleta dados de suas 400 plantas industriais e de seus 20 milhões de cilindros de gás ao redor do mundo, e vem alavancando esses dados para criar valor em áreas como a de manutenção preventiva. A Air Liquide está remodelando sua experiência do cliente para empresas em um mix *omnichannel* de web, telefone, aplicativos e interações face a face. E colabora de novas maneiras com grandes parceiros e *startups* digitais para lidar com novos mercados, como os de assistência médica em casa e poluição atmosférica urbana.

A mensagem dessas e de outras empresas dos 30% que foram bem não poderia ser mais clara: a DX é absolutamente possível se o seu negócio acolhe a mudança transformadora.

## DX = ESTRATÉGIA DIGITAL + MUDANÇA ORGANIZACIONAL

Escrevi o primeiro livro sobre o tema da DX, o *Transformação Digital*. O livro virou um best-seller global, publicado em mais de uma dezena de línguas, tanto impresso como em formatos de áudio. Seu alcance levou-me a falar em vários locais ao redor do mundo e a aconselhar as lideranças de muitas empresas. Ao mesmo tempo, minha atividade de ensino para executivos na Columbia Business School – tanto no campus como on-line – colocou-me em estreito contato com milhares de líderes de negócios.

Este livro é a culminação dessa experiência prática de anos de pesquisa sobre a DX. Ele se apoia tanto em problemas comuns, persistentes, que tenho visto as empresas enfrentarem, como nos passos fundamentais que as vi conduzi-las ao sucesso. Com base em tudo isso, desenvolvi um mapa de DX completo.

Já de início, vamos deixar claro que a transformação digital não tem a ver apenas com adaptar sua estratégia. A verdadeira DX requer uma combinação de estratégia digital e transformação organizacional. Para resumir numa fórmula,

> ## DX = D estratégia + X organizacional

Se você leu meu livro anterior, lembrará que isso significa repensar a estratégia para a era digital ao longo de cinco domínios: clientes, competição, dados, inovação e valor. O *Roadmap* DX apresentado neste livro abrange cada um desses cinco domínios e mostra como fazer esse tipo de mudança acontecer em cada nível de sua organização – qualquer que seja seu setor, porte ou complexidade.

À medida que formos examinando o *Roadmap* DX, é importante lembrar que a DX não é um projeto tradicional de mudança da gestão, com datas de início e fim, nem é uma jornada com um destino fixo. Em vez disso, é uma maneira de reconstruir sua organização para que fique apta a uma transformação contínua no futuro digital. Como veremos, é exatamente assim que empresas nativas digitais como Amazon,

Alphabet, Microsoft e Netflix aprenderam a prosperar num ambiente de contínua mudança. Seu negócio também é capaz disso.

## O *ROADMAP* DA DX

Desde que meu último livro foi publicado, tenho recebido várias perguntas de CEOs, dizendo essencialmente: "Caro Professor Rogers, li seu livro, concordo com ele e estou agora pronto para iniciar minha transformação digital. Poderia, por favor, me enviar um artigo, ou, melhor ainda, um PowerPoint, mostrando os passos que devo seguir?".

Vou ser bem claro. O que vem a seguir não é um conjunto de instruções como os da montagem de móveis da IKEA. Não há uma lista simples de investimentos, alocações de orçamento e passos estratégicos que toda empresa possa seguir para a sua DX. Cada organização tem seu próprio contexto e história, seus pontos fortes e seus desafios; portanto, cada organização terá seu ponto de partida específico e seu próprio caminho para avançar. No entanto, por mais particular que o caminho da DX possa ser, tenho visto que toda organização enfrenta os mesmos obstáculos que precisam ser superados para que a DX tenha um impacto efetivo e duradouro.

Portanto, criei um modelo de cinco passos iterativos para você navegar seu próprio caminho rumo ao sucesso da DX no seu negócio. O *Roadmap* da DX é baseado na minha experiência dando consultoria a CEOs e CDOs em mais de vinte empresas de diversos setores e localizações, com diferentes portes e estruturas de propriedade, e na experiência de muitas outras empresas que acompanhei na minha pesquisa.

Antes de examinarmos de perto cada um desses passos, é importante ressaltar que não são como degraus de uma escada que você sobe uma vez e depois deixa para trás.

Embora haja uma sequência para iniciá-los (comece pelo Passo 1, depois Passo 2...), o trabalho de cada passo continua à medida que você avança para os outros. A DX não é um projeto finito. Sua mudança será iterativa e cumulativa conforme você aprofundar e ampliar a transformação de sua organização ao longo do tempo. Tendo isso em mente, vamos dar uma olhada em cada passo do *Roadmap* da DX (ver Figura 1.2).

**FIGURA 1.2** O *Roadmap* da Transformação Digital

| Passos do *Roadmap* da Transformação Digital (DX) | | Conceitos-chave |
|---|---|---|
| Visão | 1. Definir uma visão compartilhada | • Cenário futuro<br>• Direito de vencer<br>• Impacto da estrela-guia<br>• Teoria de negócios |
| Prioridades | 2. Selecionar os problemas que mais importam | • Declaração de problema/oportunidade<br>• Matriz P/O<br>• *Backlog* da iniciativa |
| Experimentação | 3. Validar iniciativas | • Quatro Estágios de Validação<br>• O Navegador de Crescimento de Rogers<br>• MVPs (Produtos Mínimos Viáveis) ilustrativos *versus* funcionais |
| Governança | 4. Administrar o crescimento em escala | • Times e diretorias<br>• Processo de financiamento iterativo<br>• Três caminhos de crescimento<br>• Pacote de Inovação Corporativa |
| Capacidades | 5. Desenvolver tecnologia, talento e cultura | • Mapa de Tecnologia e Talento<br>• Arquitetura modular<br>• Mapa da Cultura-Processo |

## ① Visão: definir uma visão compartilhada

No primeiro passo do *Roadmap* da DX, sua meta é definir uma visão compartilhada do futuro digital de sua organização. Isso começa descrevendo o cenário futuro de seu setor, moldado por forças digitais. Inclui definir as vantagens únicas que lhe dão o direito de vencer nesse futuro digital. Significa escolher uma meta "estrela guia" para o impacto que seu trabalho terá nos clientes e em outras pessoas. E isso implica enunciar uma teoria de negócios a respeito de como você irá captar valor e obter um retorno de seus investimentos digitais.

Dando esse passo direito, ele permitirá que seu negócio lidere de modo proativo em vez de reagir a tendências externas, e que invista apenas em iniciativas digitais nas quais você tenha uma vantagem competitiva, que defina claramente o impacto nos negócios dos investimentos digitais, e que conquiste o apoio de investidores e diretores financeiros, bem como o apoio dos funcionários que irão levar adiante a sua agenda digital.

### ❷ Prioridades: selecionar os problemas que mais importam

No segundo passo do *Roadmap* da DX, sua meta é definir as prioridades estratégicas que guiarão sua agenda de crescimento digital. Isso começa com o exame da estratégia através das lentes gêmeas de problemas a resolver e oportunidades a explorar. Este passo usa uma variedade de ferramentas para identificar os problemas e oportunidades mais valiosos para o seu negócio. E usa as declarações de problemas/oportunidades para definir estratégias e para lançar ideias de inovação digital em cada um dos níveis de sua empresa.

Bem realizado, esse passo permite que você dê direção aos times de sua organização, coloque foco digital na resolução de problemas e não na aplicação de tecnologias, garanta que o digital entregue crescimento e não apenas eficiência, e que acelere a mudança com iniciativas em cada nível e em cada departamento.

### ❸ Experimentação: validar iniciativas

No terceiro passo do *Roadmap* da DX, sua meta é testar rapidamente iniciativas digitais a fim de validar aquelas que criam valor para seus clientes e para a empresa. O passo começa em pensar como um cientista: defina suas hipóteses e projete experimentos para testar suas suposições de negócios. Ele emprega métricas iterativas para reunir dados diretamente dos clientes. Emprega protótipos iterativos e produtos mínimos viáveis [*Minimum Viable Products*, MVPs], cada um concebido para atender a uma questão específica. E emprega um novo modelo, o dos Quatro Estágios de Validação, para sequenciar o aprendizado e guiar qualquer iniciativa em seu caminho da nova ideia para o negócio em escala.

Quando realizado de forma correta, esse passo permite que seu negócio teste várias novas ideias e descubra qual delas funciona melhor, tome decisões com base em dados dos clientes em vez de *benchmarks*, e não gaste tanto com seus fracassos e seu viés para assumir riscos, possibilitando iterar e se adaptar rapidamente para construir inovações com valor em escala.

### 4 Governança: administrar o crescimento em escala

No quarto passo do *Roadmap* da DX, sua meta é conceber modelos de governança a fim de escalar crescimento digital ao longo do empreendimento. Isso implica definir regras e direitos de decisão para times pequenos, multifuncionais; criar estruturas (como laboratórios, *hackathons* e fundos de risco) que forneçam reservas flexíveis de recursos; estabelecer comissões que deem sinal verde para iniciativas e supervisionem fundos de investimento iterativo; e gerir três vias de crescimento – dentro do *core business*, em parceria com o *core* e fora do *core* –, cada um deles com regras e governança adequadas.

Bem realizado, esse passo permitirá a você empoderar times que impulsionem o crescimento, alocar recursos de modo flexível, encerrar rapidamente iniciativas que não estejam funcionando, e gerir uma linha estável de inovações digitais tanto em seu *core business* como além dele.

### 5 Capacidades: desenvolver tecnologia, talento e cultura

No último passo do *Roadmap*, sua meta é investir em tecnologia, talentos e cultura, o que é crucial para o seu futuro digital. Isso inclui investir em tecnologia com uma arquitetura de microsserviços, ativos de dados sincronizados e governança eficaz de TI. Significa desenvolver suas aptidões digitais ao gerir o ciclo de vida de talentos desde a contratação ao treinamento, saída e além. Implica definir a cultura – mentalidades e normas de comportamento compartilhadas – que irá apoiar sua estratégia digital; comunicar essa cultura com histórias, símbolos e ações; e habilitar essa cultura em todos os processos de negócios do dia a dia.

Quando bem realizado, esse passo permite ao seu negócio integrar tecnologia ao longo dos silos e com os parceiros externos, usar dados para fornecer uma fonte confiável única aos gestores, dar aos times aptidões para construírem as próprias soluções digitais e empoderar funcionários em todos os níveis para que conduzam a mudança de baixo para cima.

## ◢ O *Roadmap* de baixo para cima

A importância de empoderar funcionários levanta um ponto essencial. Conforme você aplica o *Roadmap* da DX, é crucial entender que a DX não flui apenas do alto da organização para baixo. Seu esforço de DX pode começar na sala do CEO ou sob a iniciativa de um diretor digital (CDO). Mas nunca terá sucesso se for conduzida apenas a partir do alto escalão.

O fato definidor da era digital é seu ritmo de mudança acelerado. Toda organização deve aprender a se adaptar não uma vez, mas continuamente. Para acompanhar o ritmo, as empresas são obrigadas a se afastar da gestão de cima para baixo, do tipo comandar e controlar, e acolher uma visão mais ágil da organização que valorize a autonomia e a iniciativa dos funcionários. Empresas nativas digitais como Amazon, Netflix e Alphabet adotaram esse novo modelo – conseguir velocidade em escala ao empurrar a tomada de decisões até o nível mais baixo possível.

Como veremos ao longo deste livro, aplicar o *Roadmap* da DX significa assumir uma abordagem de baixo para cima à sua própria organização também. "De baixo para cima" *não* quer dizer uma organização plana, sem hierarquia. Significa três coisas: que a tomada de decisão é empurrada para baixo, que os insights de mercado fluem de baixo para cima e que a inovação tem início em todos os níveis da organização.

## SEGUINDO OS CINCO PASSOS: O SUCESSO DA NEW YORK TIMES COMPANY

Os cinco passos do *Roadmap* da DX podem assegurar um bom início a qualquer novo esforço de transformação, mas podem também reverter um esforço de DX que esteja há muito tempo estagnado. Entre as mais impressionantes histórias atuais de sucesso de DX está a da New York Times Company. Nos anos seguintes ao doloroso autoexame e exposição do seu *Innovation Report*, a Times dobrou a esquina e se tornou um exemplo de sucesso em DX. Fez isso lidando bem com cada um dos cinco obstáculos à transformação e seguindo todos os cinco passos do *Roadmap* da DX.

A reviravolta começou com uma clara *visão* do futuro. Com a internet continuando a causar disrupção no mercado de publicidade, a única esperança para a sobrevivência da Times Company foi reinventar seu modelo de negócio. Em vez de um negócio gerido basicamente a partir da receita de publicidade, tornou-se um negócio baseado principalmente na receita de assinantes. Essa foi talvez a maior mudança estratégica na história da empresa, e exigiu mudar quase tudo o que se relacionava com o negócio. No ano seguinte ao famigerado *Innovation Report*, a liderança da Times divulgou um documento estratégico intitulado "Nosso caminho à frente". Ele enunciava claramente a ambição de transformar o modelo de negócio da Times de modo que a receita digital superasse a receita impressa. Isso incluiu a meta de duplicar a receita digital em cinco anos para chegar a 800 milhões de dólares – uma cifra que poderia sustentar os esforços jornalísticos do jornal ao redor do mundo. Só então a missão da Times estaria a salvo de uma disrupção de seu negócio impresso.

O documento também expôs algumas *prioridades* estratégicas a serem adotadas para guiar seus esforços digitais: transformar a experiência do produto para tornar a assinatura do *New York Times* tão indispensável à vida dos leitores quanto as da Netflix ou Amazon Prime. Expandir o alcance global do *Times* e a sua leitura internacional. Aumentar a publicidade digital criando novos e mais atraentes formatos de anúncios. Organizar o trabalho dos funcionários em torno de plataformas digitais e da experiência do leitor. Desviar a energia da edição impressa e ao mesmo tempo manter a qualidade para o seu público.

Com as prioridades definidas, a Times Company acelerou seu ritmo de *experimentação* digital e de iniciativas. Em seu produto essencial de notícias, isso significou contar histórias que fossem mais visuais e movidas por dados, muitas delas apresentadas de forma pioneira pelo *The Upshot*, um novo site de notícias. Significava experimentar com mídias como vídeo, podcasts, realidade virtual e robôs de notícias interativos para ver quais iriam engajar assinantes em dispositivos móveis. Ao mesmo tempo, a Times lançou novas assinaturas compartimentadas, como NY Times Cooking and Games. E explorou novos modelos de negócio baseados em licenciamento (um programa de TV na rede FX e na plataforma de *streaming* Hulu), vendas de afiliadas (o site de resenha de produtos Wirecutter), e eventos de conferências ao vivo. Várias iniciativas digitais vieram por aquisições, incluindo a Wirecutter, Serial (um estúdio de *podcasting*), Audm (um aplicativo de áudio), Athletic (um site de esportes com alcance global), e o bem-sucedido game on-line *Wordle*. Ao mesmo tempo, times de publicidade e de tecnologia desenvolveram novos formatos para publicidade no celular e para produtos de áudio.

A transformação na Times Company estendeu-se à sua *governança* também. O digital não foi mais colocado numa subsidiária separada, mas no centro de toda a organização. Pela primeira vez, jornalismo, produto e perspectivas de engenharia foram reunidos em times multifuncionais. Diferentes modelos de governança foram estabelecidos para diferentes oportunidades de crescimento. Novas assinaturas, como a *Cooking and Crosswords* (Cozinha e Palavras Cruzadas) foram colocadas no Grupo Produtos e Iniciativas Independentes para focar em suas distintas métricas de crescimento. O *The Athletic* – uma aquisição com uma audiência distinta de fãs de esporte – foi transformado em uma unidade de operação autônoma, liderada por seus fundadores originais.

Ao mesmo tempo, a empresa reorientou seus esforços para construir as *capacidades* que seriam cruciais para seu futuro digital. Os times de engenharia da Times construíram suas infraestruturas de tecnologia e dados, permitindo captar dados em cada ação digital de seus leitores, fazer o link de quaisquer artigos de notícias com histórias relacionadas do arquivo mais que centenário do *New York Times*, e visar a publicidade com dados proprietários que preservassem a privacidade dos leitores.

E novos talentos digitais foram contratados e promovidos a cargos de liderança. Repórteres de todas as áreas foram treinados em jornalismo e visualização movidos por dados. A. G. Sulzberger, que virou *publisher* em 2018, orgulhava-se: "Empregamos mais jornalistas que sabem escrever código do que qualquer outra organização de notícias".[12] A cultura da Times começou também a mudar, de uma atitude mental de aversão ao risco ditada pelas velhas tradições da redação para uma cultura focada em assumir riscos e aprender com os erros.

Os resultados dessa segunda onda de DX na Times foram impressionantes. A empresa alcançou sua meta ambiciosa de 800 milhões de dólares em receita digital um ano antes do estipulado. Uma meta adicional de chegar a 10 milhões de assinaturas por volta de 2025 foi alcançada quase quatro anos antes.[13] O mais importante, a Times alcançou suas duas metas abrangentes – a receita digital superou a receita do impresso, e as assinaturas eclipsaram a publicidade. Os investidores tomaram conhecimento disso e, em cinco anos, de 2016 a 2021, o preço da ação subiu 261%. Olhando para o futuro, o relatório anual da Times Company apresentou uma nova visão: "Temos a meta de ser a assinatura essencial de toda pessoa falante de inglês que busque compreender e se engajar no mundo".[14]

## POR QUE O *ROADMAP* DA DX É IMPORTANTE

Não poderia haver aposta maior para as empresas. Os cinco passos do *Roadmap* da DX vão colocá-lo no caminho de alcançar uma DX verdadeiramente impactante. Permitirão que você evite os fracassos de uma estagnação organizacional que asfixia tantos esforços de DX e consiga se juntar às fileiras dos que fazem uma DX vencedora. O Quadro 1.1 resume a diferença nos resultados entre os esforços de DX que falham e os que dão certo em cada um dos cinco passos do *Roadmap* da DX.

## COMO USAR ESTE LIVRO

O livro pretende ser extremamente prático. Ele se baseia no meu próprio trabalho de consultoria para empresas de diversos tamanhos e em diferentes setores e localidades – mas também nas incontáveis perguntas e em intercâmbios de anos que tive com milhares de executivos globais por meio de meus programas educacionais na Columbia Business School.

Como a transformação digital deve acontecer em todos os níveis da organização, o *Roadmap* da DX é concebido para fazer um *zoom in* ou *zoom out*. Cada passo é aplicável qualquer que seja o papel que você desempenha – quer você seja CEO, CDO, diretor digital de uma unidade de negócio, líder de uma equipe funcional como a de recursos humanos (RH), ou cuide do design de um novo produto digital.

O próximo capítulo (Capítulo 2) examina a conexão entre a DX e a inovação e por que empresas estabelecidas estão falhando em inovar no ritmo exigido pela era digital. Ele explora o desafio de inovar em meio a uma grande *incerteza* e o desafio de inovar *além de seu core business*. E mostra o que podemos aprender dos negócios da era digital e dos métodos da era digital, como *agile*, *lean startup*, *design thinking* e gestão de produto.

**QUADRO 1.1** Sintomas de Fracasso *versus* de Sucesso nos cinco passos do *Roadmap* da DX

| Sintomas de Fracasso | Sintomas de Sucesso |
| --- | --- |
| **Passo 1: Visão** | |
| • Funcionários temem a mudança e não têm noção clara de para onde a empresa está indo. | • Funcionários de todos os níveis compreendem a agenda digital e a impulsionam. |
| • O apoio a investimentos digitais é fraco por parte de investidores, diretor financeiro e chefes de L&P (Lucros e Perdas). | • O apoio para investimentos digitais é forte da parte dos investidores, diretor financeiro e chefes de L&P. |
| • As iniciativas digitais são genéricas, seguem o exemplo dos pares. | • Só recebem investimento iniciativas digitais com uma vantagem competitiva. |
| • Utilizam-se apenas métricas genéricas de maturidade digital para guiar os esforços. | • O impacto do digital nos negócios é claramente definido, com métricas para medir e acompanhar resultados. |
| • A empresa segue o mercado, reage aos outros e é surpreendida pelos novos *players*. | • A empresa lidera o mercado, está alerta a tendências cruciais enquanto há tempo para eleger um curso de ação. |
| **Passo 2: Prioridades** | |
| • A transformação digital é uma série de projetos dispersos sem uma direção clara. | • Prioridades bem definidas dão direção à transformação digital ao longo da organização. |
| • Os esforços digitais são definidos pelas tecnologias que eles utilizam. | • Os esforços digitais são definidos pelos problemas que resolvem e pelas oportunidades que buscam. |
| • O digital é focado apenas nas operações, corte de custos e otimização do negócio atual. | • O digital tem foco no crescimento futuro, assim como em melhorar o negócio atual. |
| • Poucas pessoas dão impulso ao digital, enquanto o resto está preso às velhas maneiras de trabalhar. | • Cada departamento persegue suas iniciativas digitais, com um backlog de ideias a serem tentadas em seguida. |
| • A transformação está desconectada das necessidades do negócio e perde apoio com o passar do tempo. | • A transformação está conectada às necessidades do negócio e ganha apoio com o passar do tempo. |

O *Roadmap* da DX

| Sintomas de Fracasso | Sintomas de Sucesso |
|---|---|

**Passo 3: Experimentação**

| | |
|---|---|
| • A inovação é focada em contribuir com algumas grandes ideias. | • A inovação é focada em testar várias ideias para descobrir qual funciona melhor. |
| • Decisões são tomadas com base em *business case*, dados de terceiros e opiniões de especialistas. | • Decisões são tomadas com base na experimentação e aprendizado a partir do cliente. |
| • Os times, depois que iniciam um projeto, ficam comprometidos a achar a solução completa. | • Os times permanecem focados no problema, mas são flexíveis em relação à solução. |
| • Os fracassos são onerosos, portanto, o medo do risco é grande. | • Os fracassos não geram alto custo, portanto há a tendência a assumir riscos. |
| • Boas ideias evoluem devagar e não parecem colocar o negócio em movimento. | • Boas ideias evoluem rápido e entregam valor e escala ao negócio. |

**Passo 4: Governança**

| | |
|---|---|
| • Um alto executivo tem que aprovar pessoalmente qualquer inovação. | • Estruturas estabelecidas oferecem recursos e governança para inovação. |
| • Iniciativas andam devagar, lideradas por times tradicionais, em silos funcionais. | • Iniciativas andam rápido, lideradas por times altamente independentes, multifuncionais. |
| • A alocação de recursos para iniciativas é desacelerada pelo ciclo de orçamento anual. | • A alocação de recursos acontece rapidamente por meio de financiamento iterativo. |
| • A inovação é limitada a poucos grandes projetos, difíceis de abandonar depois de iniciados. | • Um fluxo constante de inovações é gerido com encerramentos oportunos para liberar recursos. |
| • As únicas iniciativas que ganham apoio são inovações de baixo risco no *core business*. | • A governança apoia iniciativas com alta e baixa incerteza, tanto no *core business* como além dele. |

**Passo 5: Capacidades**

| | |
|---|---|
| • Sistemas de TI inflexíveis reforçam os silos e limitam a colaboração. | • Sistemas modulares de TI integram-se a toda a empresa e a parceiros externos. |
| • Os dados são contraditórios, incompletos e inacessíveis a gestores em tempo real. | • Os dados fornecem uma fonte confiável única aos gestores na companhia toda. |
| • A governança de TI centralizada causa gargalos para novos projetos. | • A governança de TI oferece supervisão e ao mesmo tempo mantém a inovação nas mãos da empresa. |

| Sintomas de Fracasso | Sintomas de Sucesso |
|---|---|
| **Passo 5: Capacidades (continuação)** | |
| • Os funcionários não têm aptidões digitais, portanto, os projetos digitais devem ser terceirizados. | • Os funcionários podem construir e iterar soluções digitais eles mesmos. |
| • Uma cultura de cima para baixo e a burocracia sufocam os funcionários, o que resulta em cinismo e inércia. | • Uma cultura e processos empoderadores ajudam os funcionários a conduzir uma mudança de baixo para cima. |

Os Capítulos 3 a 7 apresentam os cinco passos do *Roadmap* da DX em detalhes. Cada passo é ilustrado com estudos de *business case* do mundo real. Você encontrará dezenas de exemplos de uma gama de setores: bancos, seguros, varejo, bens de consumo, mídia, telecomunicações, tecnologia, setor automotivo, energia, assistência médica, empresas sem fins lucrativos, produção industrial e até despacho de contêineres. Cada caso ilustra os conceitos estratégicos do livro com histórias de indivíduos e seu trabalho no mundo real.

Também decidi incluir oito ferramentas de planejamento estratégico para dar a você meios práticos de aplicar o *Roadmap* da DX com seu próprio time:

➤ Mapa da visão compartilhada

➤ Declarações de problemas/oportunidades

➤ Matriz de problemas/oportunidades

➤ Quatro estágios de validação

➤ Navegador de crescimento de Rogers

➤ Pacote de inovação corporativa

➤ Mapa de tecnologia e talento

➤ Mapa da cultura-processo

Essas ferramentas têm por base minha experiência de consultoria. O intuito é lidar com as questões cruciais que irão guiá-lo às respostas certas para a sua organização particular. Versões para download das ferramentas, assim como tutoriais adicionais sobre sua aplicação, podem ser encontrados na seção Ferramentas (Tools) do meu site, em www.davidrogers.digital (em inglês).

As conclusões do livro remetem ao tema da organização de baixo para cima e examinam as três tarefas dos líderes numa era de constante mudança. No apêndice, você encontra resumos visuais, uma ferramenta de autoavaliação, e onde encontrar mais recursos on-line.

O *Roadmap* da DX deve ser iniciado o mais rápido possível, para que você possa aprender fazendo e veja resultados imediatos. Lembre-se, a verdadeira DX é iterativa por natureza. Depois de iniciada, os cinco passos irão se repetir, sobrepor e apoiar-se mutuamente. À medida que você progride, sua transformação irá se aprofundar e ampliar em abrangência. O ponto principal é começar e aprender fazendo. Não fique esperando ter um plano quinquenal; comece *alguma coisa* em noventa dias! A DX não se trata de passar meses planejando um processo de vários anos para então segui-lo fielmente. Trata-se de dar os primeiros passos agora e aprender conforme segue adiante.

Para prosperar na era digital, sua organização deve ser construída para uma transformação contínua. Na hora em que você se adaptar às imensas mudanças atuais, já terá necessidade de estar pronto para as mudanças do dia seguinte. Com uma referência breve a Darwin, sugiro que não é o negócio mais forte o que irá sobreviver na era digital, mas aqueles que se adaptarem melhor à mudança.[15]

Em frente, para uma transformação contínua!

Como a transformação digital deve acontecer em todos os níveis da organização, o **Roadmap da DX** é concebido para fazer um *zoom in* ou *zoom out*.

**CAPÍTULO 2**

# A DX E O DESAFIO DA INOVAÇÃO

Antes de iniciarmos os cinco passos do *Roadmap* da Transformação (DX), é importante compreender o papel da inovação na DX. Neste capítulo, vamos aprender como o fracasso em inovar impede o avanço das empresas com legado, quais os dois principais desafios à inovação corporativa, e como resolver cada um. Também vamos descobrir o que os responsáveis envolvidos devem aprender com as organizações e métodos da era digital para serem bem-sucedidos em inovar nela.

## DX É INOVAÇÃO

No século vinte, a meta de qualquer empresa era encontrar um modelo de negócio que funcionasse, otimizar esse modelo e explorá-lo pela maior quantidade de anos possível. Uma empresa bem-sucedida teria muitas mudanças ao longo dos anos, nas características de seu produto, nos segmentos de clientes, em tecnologia, operações e assim por diante. Mas o modelo de negócio – os meios pelos quais a empresa criava, entregava e capturava valor do mercado – podia prosperar sem mudanças por várias gerações. Umas poucas empresas de longa vida podiam mudar de modelo de negócio ao longo de várias décadas, como a IBM ao evoluir de vender máquinas de escritório para vender serviços, ou a General Electric, que passou de aparelhos elétricos para centrais de energia elétrica, serviços financeiros e transmissão televisiva. Mas essas raras empresas são exceções que comprovam a regra da constância do modelo de negócio.

Na era digital, porém, a transformação é a regra, não a exceção. A vida útil de um modelo de negócio – desde quando surge como meio viável de operar um negócio até que sua lucratividade começa a cair – parece encurtar a cada ano.[1] Negócios digitais prosperam não por sustentar e aprimorar um único modelo de negócio, mas por desenvolver constantemente novos modelos para serem adotados ou para substituírem o antigo.

## ◢ A repetida reinvenção da Netflix

Pense na Netflix, a destacada empresa global de mídia nascida na era digital. Em seus primeiros vinte e quatro anos, podemos ver um padrão de transformação com no mínimo quatro diferentes modelos de negócio. Marc Randolph e Reed Hastings lançaram a Netflix com um modelo de negócio voltado para causar disrupção no modo como as pessoas assistiam filmes em casa – o que, em 1998, significava alugar fitas individuais de VHS de lojas que exigiam o rápido retorno e cobravam altas multas pelo atraso. O primeiro modelo de negócio da Netflix entrou no mercado oferecendo uma assinatura *premium* e entregando DVDs (na época, um formato de última geração) pelo correio, sem cobrar multa por atraso.

Mas mesmo enquanto a Netflix crescia rapidamente, seus fundadores já procuravam seu segundo modelo de negócio. Sabiam que o futuro seria dos vídeos por *streaming* pela internet, mas a infraestrutura tecnológica ainda não estava madura quando iniciaram a empresa. À medida que a banda larga da internet residencial dos consumidores foi aumentando, a Netflix iniciou um teste piloto de vídeo por *streaming*, oferecendo uma pequena biblioteca grátis para seus assinantes de DVD. Depois que esse teste se mostrou favorável, a Netflix começou a licenciar uma grande biblioteca de filmes de detentores de direitos como Starz e Epix. Quando as condições ficaram ideais, a Netflix lançou seu segundo modelo de negócio com muito alarde: filmes de Hollywood transmitidos por *streaming* diretamente para a tela de sua casa.

O terceiro modelo de negócio da empresa surgiu porque as finanças de seu segundo modelo ficaram insustentáveis. O crescente número de assinantes e a receita da Netflix demonstraram o imenso mercado existente para o *streaming* de vídeo, e os detentores de direitos exigiam taxas bem maiores para renovar suas licenças. Vendo que fazer *streaming* dos filmes de outros deixou de ser lucrativo, a Netflix pivotou para seu terceiro modelo de negócio – tornar-se ela mesma uma rede de televisão e filmes. Com séries de sucesso como *House of Cards*, a Netflix começou a investir bilhões de dólares todo ano na produção de conteúdo original para continuar ganhando assinantes. A demanda de crescimento levou a Netflix a se expandir ao redor do mundo, criando conteúdo global em diversas línguas. Com séries em outras línguas que não o inglês, como *Round 6*, a Netflix provou que era lucrativo adaptar conteúdo de qualquer parte do mundo para uma audiência global.

O quarto modelo de negócio da Netflix veio vários anos depois que o crescimento de novos assinantes começou a desacelerar. De 2011 a 2021, os assinantes passaram de 21 milhões para 220 milhões. Em 2022, porém, a Netflix sentiu um (leve) declínio nos assinantes pela primeira vez na década. Investidores em choque cortaram o valor das ações pela metade. Como resposta, Hastings voltou-se para um novo modelo de negócio, longamente discutido, mas até então nunca implementado: publicidade. Esse quarto modelo de negócio (que remontava ao antigo modelo das transmissões televisivas), iria gerar um novo fluxo de receita vindo dos anunciantes. Também permitiria à Netflix captar novos clientes: isto é, aqueles que não se dispunham a pagar o preço cheio da assinatura, assim como os 100 milhões de "aproveitadores", segundo estimativa da Netflix, que pegavam emprestada a assinatura de outros. Os investidores reagiram favoravelmente. Quando a Netflix se preparava para lançar esse novo modelo de negócio, os líderes da empresa enfatizaram que ele também iria evoluir: "Como a maioria de nossas iniciativas, nossa intenção é implantá-la, ouvir e aprender, e iterar rapidamente para melhorar a oferta. Portanto, nosso negócio de publicidade em poucos anos provavelmente terá um aspecto bem diferente daquele que mostrou no dia um".[2]

## ◢ A divisão da inovação

O mesmo padrão de invenção de modelos de negócio pode ser visto em toda empresa da era digital. A Uber começou oferecendo viagens a seus clientes, depois expandiu para entrega de refeições. A Tesla começou vendendo carros elétricos esportivos, depois passou a sistemas de carga, e depois a baterias domésticas para uma grade de energia descentralizada. A Google começou como motor de busca, mas cresceu para incluir vídeo (YouTube), um sistema operacional de celular (Android), serviços digitais para a casa (Nest) e computação empresarial. A Alibaba começou com um mercado on-line e acrescentou busca, pagamento digital e um amplo conjunto de serviços financeiros, incluindo pontuação de crédito e o maior fundo mútuo do mundo.

Para negócios legados mais antigos, a era digital não faz exigências menores. A transformação digital não significa apenas fazer um *upgrade* nos seus dados e tecnologia a fim de otimizar o negócio que você sempre operou. Para que qualquer negócio estabelecido prospere, a DX deve entregar inovação e novos *drivers* de crescimento. Mas a realidade é que a maioria das empresas pré-era digital vai muito mal nisso. Em todo setor, vemos empresas legadas lutando para criar novos modelos de negócio, que vão além de seu *core business*. Para cada inovação digital que dá certo no mercado, há alguém que é responsável por atender os mesmos clientes, no mesmo setor, e que diz a si mesmo: "Era isso que devíamos ter feito!".

Por que a Nokia, a rainha dos celulares, falhou em lançar o iPhone ou um outro *smartphone* similar de primeira geração? Por que editoras de livros estabelecidas (por exemplo, a Random House) e varejistas (como a Barnes & Noble) falharam em criar um formato de *e-book* antes que a Amazon lançasse o Kindle? Por que cadeias de hospedagem como a Marriott falharam em capturar o mercado que a Airbnb enxergou, para uma experiência de viagem digital baseada num mercado multifacetado? Por que os estúdios de Hollywood e as redes de televisão esperaram anos para seguir o caminho da Netflix no *streaming*? Por que fabricantes de veículos globais esperaram uma década para seguir a Tesla na questão dos elétricos? Por que os bancos tradicionais esperaram uma geração depois do PayPal, Alibaba e outras pioneiras dos pagamentos *peer-to-peer*, para acabar lançando uma imitação tardia como o Zelle?

Muitas vezes vemos empresas tradicionais que não conseguem capturar as oportunidades do amanhã para crescer. Elas falham em razão de dois desafios fundamentais à inovação em empresas estabelecidas. Chamo esses dois desafios de incerteza e proximidade. Felizmente, ambos têm soluções de gestão – soluções que estão no centro do *Roadmap* da DX.

## INOVANDO SOB INCERTEZA

O primeiro desafio a vencer para inovar numa empresa estabelecida é gerir a inovação sob grande incerteza. O tema da incerteza há muito tempo é central na teoria e prática da inovação. Muitos profissionais descrevem a inovação nos negócios como um esforço para lidar com três tipos de incerteza: desejabilidade (será que o mercado deseja isso?), viabilidade (será que podemos entregar isso?), e lucratividade (será que isso dá lucro?). Mas outros tipos também são fundamentais – por exemplo, a defensibilidade (será que podemos nos proteger contra a concorrência?), a escalabilidade (vamos conseguir crescer?) e a legalidade (estamos em conformidade com as leis e regulamentações?). Para qualquer iniciativa em particular, as fontes de incerteza se tornam ainda mais específicas, como a estrutura de custos, a diferenciação competitiva, os canais parceiros, a experiência do usuário, e assim por diante.

No ambiente de negócios da era digital, a incerteza não para de crescer, graças às novas tecnologias, competição ao longo dos setores, e às necessidades e expectativas dos clientes, em constante mudança. A maior incerteza é enfrentada por empresas que exploram novos modelos de negócio digitais. Pense nas questões que os fundadores da Airbnb enfrentaram ao começar sua empresa. Que clientes se disporiam a tentar esse novo modelo de negócio? Como a Airbnb poderia aumentar a confiança no sistema? Como iria receber o dinheiro? Como iria lidar com as questões locais de impostos e regulamentações? E como a empresa poderia escalar e, ao mesmo tempo, afastar os concorrentes?

Empresas digitais estabelecidas também enfrentam incertezas em suas iniciativas de crescimento. A Google adquiriu o YouTube dezoito meses após o serviço de vídeo ter sido lançado, quando a *startup* crescia rápido, mas não tinha ainda um modelo de negócio comprovado, não tinha receita e corria o risco de estar violando as leis de direito autoral. A Apple começou a trabalhar no iPhone sob tremenda incerteza técnica quanto ao design de sua tela sensível ao toque, e sem ter ideia de que o sucesso giraria em torno da criação de uma *app store* para desenvolvedores externos. O Facebook apostou muito no celular, resistindo durante anos com receita zero logo após passar do desktop para os telefones. A Microsoft apostou no Azure quando colocar foco em computação na nuvem parecia incrivelmente arriscado e podia canibalizar a linha de negócios Server and Tools existente.

## ◢ A inadequação do planejamento tradicional

Gerir sob alta incerteza é algo extremamente difícil para os negócios estabelecidos. Conforme a maioria das organizações aumenta de porte e complexidade, cada uma de suas funções – marketing, RH, operações, planejamento financeiro – tem a atribuição de oferecer consistência e controle, usando métodos como Six Sigma ou Gestão da Qualidade Total. Uma aversão ao risco soma-se então a uma postura mental de que "o fracasso não é uma opção". A questão central da gestão passa a ser gerar um previsível retorno sobre o investimento [*return on investment*, ROI].

Não surpreende, portanto, que a resposta desses negócios à incerteza seja lidar com ela por meio de planejamento. Podemos observar quatro passos no processo de planejamento clássico: reunir dados de terceiros, redigir um plano de negócio detalhado, tomar uma decisão especializada e então focar na execução. Em resumo, estudar > planejar > decidir > construir.

Essa abordagem ao planejamento, ensinada durante anos nas faculdades de administração, funciona bem com um modelo de negócio bem conhecido (pois é justamente para isso que foi desenvolvida). Mas falha redondamente quando se trata de gerir a inovação sob grande incerteza. (Ver box "Os perigos do planejamento".) Ao buscar inovação nesse nosso mundo digital de alta incerteza, o planejamento tradicional é uma receita para o desastre. Com frequência, leva à chamada paralisia da análise, quando um minucioso *benchmarking* e a elaboração de planos de negócio que se estende por vários trimestres, ou mesmo anos, faz com que as oportunidades sejam capturadas por concorrentes mais ágeis. Nos piores casos, o planejamento tradicional leva a fracassos incrivelmente onerosos no domínio digital.

## OS PERIGOS DO PLANEJAMENTO

Ao lidar com problemas bem conhecidos ou operar negócios estabelecidos há muito tempo, isto é, quando se faz gestão sob um ambiente de relativa certeza, a abordagem de planejamento tradicional (estudar, planejar, decidir, construir) pode funcionar muito bem. Mas nas condições da era digital, de incerteza, o planejamento tradicional falha em cada estágio.

**Estudar (coletar dados de terceiros).** Diante do desconhecido, os gestores são ensinados a coletar dados preexistentes, muitas vezes com a ajuda de grandes empresas de consultoria. Eles examinam os concorrentes para um *benchmarking* e procuram estudos de caso que possam revelar as melhores práticas. Embora isso seja útil ao enfrentar um problema conhecido que outros já tenham resolvido, pode ser uma dispersão fatal quando se busca inovação num mercado em rápida mudança.

**Planejar (redigir um plano de negócio detalhado).** A seguir, os gestores tradicionais aplicam sua melhor análise para redigir um *business case* cheio de passos detalhados e projeções sobre futuros resultados. Uma decisão importante pode levar a vários *business case* detalhados – cada um descrevendo as implicações de um curso de ação diferente. Mas quando você busca inovação em meio à incerteza, um plano de negócio é uma peça de pura ficção! (Meu colega Bob Dorf há anos vem dizendo que a prática deveria ter sido transferida das faculdades de administração para departamentos de escrita criativa.)

**Decidir (tomar uma decisão especializada).** Depois de analisar as opções, deve-se agora tomar uma decisão a respeito do curso de ação a seguir. A prática tradicional é confiar nas opiniões de especialistas – aqueles de maior precedência e experiência. Quando o futuro é muito parecido com o passado, a intuição de líderes experientes pode revelar-se um guia excelente. Mas ao lidar com grande incerteza, a opinião de um especialista baseada em experiências passadas pode ser muito enganosa. No Vale do Silício, essa prática é chamada de gestão por "HIPPOs" ["hipopótamos"] – uma sigla para *Highest-Paid Person's Opinion*, ou "opinião da pessoa mais bem paga".

**Construir (foco na execução).** Depois que um curso de ação é escolhido, a empresa tradicional fica totalmente focada na execução. *"You scope it, we build it!"* ["Você define o escopo, nós construímos!"] é o mantra dos times tradicionais de TI e de operações. As empresas começam fazendo grandes investimentos e ficam presas a um plano de vários anos para uma solução em particular. Em vez de começar pequeno e proceder com humildade para ver se a inovação planejada é a correta, as empresas correm para começar a construir em escala.

## O plano para a CNN+

O fracasso da CNN+, lançada em 2022 como um novo modelo de negócio digital para notícias, é um exemplo perfeito. Nele, podemos ver todos os quatro estágios do planejamento tradicional em ação:

➤ **Estudar** - A CNN começou sua iniciativa com uma pesquisa sobre o mercado, em grande expansão, do *streaming* de vídeo, com a ajuda da empresa de consultoria McKinsey. A Netflix e a Amazon Prime continuavam dominando, com centenas de milhões de clientes, mas a Disney+ havia se lançado recentemente e tinha conquistado 10 milhões de assinantes no seu primeiro dia. Enquanto isso, a rede HBO, irmã da CNN, também buscava dar grande impulso ao *streaming*.

➤ **Planejar** - A CNN traçou um plano para lançar um serviço de notícias por assinatura paga, com vários dos mesmos apresentadores (celebridades) de seu canal de TV (embora contratos com as empresas de cabo proibissem o *streaming* de seu conteúdo de TV ao vivo). A CNN e a McKinsey projetaram que o serviço atrairia 2 milhões de assinantes no seu primeiro ano, e pelo menos 15 milhões dentro de quatro anos.[3]

➤ **Decidir** - A decisão de seguir adiante com a CNN+ veio direto da alta cúpula. O presidente da CNN, Jeff Zucker, viu nisso o futuro das notícias e uma nova era para a empresa. Seu diretor-geral Jason Kilar proclamou: "Na minha opinião, a CNN+ será provavelmente tão importante para a missão da CNN quanto o serviço de canal tem sido nesses últimos 42 anos. Difícil expressar melhor o quanto esse momento é importante para a CNN".[4] Nem todos concordaram, como alguém da própria CNN afirmou: "Era um projeto vaidoso... *Eles* queriam lançá-lo".[5]

**➤ Construir -** Com a decisão dos mais altos executivos de seguir adiante, a empresa partiu decidida para a execução, com 300 milhões de dólares gastos para desenvolver a CNN+ e a contratação de centenas de funcionários. Foram assinados contratos com âncoras de renome como Audie Cornish da NPR e Chris Wallace da Fox News. Foram feitos planos de gastar mais de 1 bilhão de dólares nos primeiros quatro anos para ampliar o serviço.[6]

Sem dúvida, a CNN+ era um novo modelo de negócio ousado e inovador. Mas a maior incerteza que ele enfrentou foi essa: será que alguém quer pagar 5,99 dólares por mês para receber notícias por *streaming*? Segundo uma estimativa, a CNN+ juntou-se a mais de 300 outros serviços exclusivos de *streaming* operando nos Estados Unidos, embora o lar americano médio pagasse por apenas quatro deles.[7] No mínimo, teria sido útil saber que porcentagem dos telespectadores atuais da CNN estariam interessados em pagar por uma versão *streaming* da marca (10%? 5%? menos?). Mas em vez de realizar uma pesquisa para descobrir, a empresa foi adiante com seu plano.

Como se viu, a adesão dos clientes existentes da CNN foi pequena. Na época, o canal de TV da CNN atraía em média 773 mil espectadores por dia. Nas primeiras semanas, a CNN+ foi assistida por menos de 10 mil pessoas por dia – cerca de 1% da audiência da TV.[8] Menos de um mês após o lançamento, foi anunciado que a CNN+ iria fechar. Sua corporação matriz, a Warner Bros/Discovery, concluiu que os clientes simplesmente não queriam pagar por outro serviço de *streaming*, menos ainda um que era focado em notícias, e que não tinha seus programas favoritos do horário nobre. Adeus a 300 milhões de dólares.

## Que telefone lançar?

Mesmo empresas nativas digitais podem ser vítimas de uma dependência excessiva do planejamento tradicional, especialmente quando as decisões de inovação são conduzidas por um CEO carismático. Quando a Amazon decidiu que deveria entrar no mercado de *smartphones* para competir com o iPhone da Apple e o Android da Google, duas ideias foram desenvolvidas. Uma, com o codinome de Otus, seria um *handset* de baixo custo, usando o mesmo software que os populares tablets Fire da Amazon. O outro, com o codinome Tyto, seria um *smartphone* sofisticado, com um mostrador de 3D que permitiria aos usuários controlar seu telefone por meio de gestos. Que ideia faria sucesso no mercado? Ninguém sabia, mas ao que parece não se chegou a fazer nenhum teste. O Otus foi para a prateleira e o Tyto tinha previsão de ser lançado, por decisão do fundador. Segundo se diz, fascinado pelo seu mostrador de 3D, Jeff Bezos manteve um compromisso pessoal com o Tyto, embora a tela envolvesse imensos desafios técnicos e o projeto já viesse se arrastando há quatro anos – com 1.000 funcionários e mais de 100 milhões de dólares investidos no desenvolvimento. Quando o próprio Bezos revelou o produto, apelidado de Fire Phone, o mercado de *smartphones* havia evoluído consideravelmente. O telefone da Amazon estava fora de sintonia com as demandas dos clientes e era caro demais pelo que oferecia (não era compatível com *apps* populares como Gmail e YouTube). Em um ano, quando os novos iPhones venderam 4 milhões de unidades nas primeiras vinte e quatro horas, o Fire Phone vendeu apenas algumas dezenas de milhares de unidades em suas primeiras seis semanas.[9] O produto passou a ser oferecido com grandes descontos e logo depois foi cancelado.

Como é que *startups* digitais como Airbnb e Netflix são bem-sucedidas em inovar diante de toda essa incerteza? Como é que capitalistas de risco investem nesses empreendimentos desde o início sem ir à falência? E como é que grandes empresas como Google e Apple continuam inovando em novos modelos de negócio? Examinaremos o desafio da incerteza daqui a pouco. Mas, primeiro, vamos dar uma olhada em outro desafio.

## INOVANDO ALÉM DO *CORE BUSINESS*

O segundo desafio para inovações numa empresa estabelecida é gerir a inovação fora de seu *core business*. (Esse é um desafio que as *startups* não enfrentam.) Chamo isso de desafio da proximidade. Gerir o crescimento além do *core business* é uma das dificuldades principais que os executivos me dizem que enfrentam em meio à mudança digital. Depois que uma empresa é bem-sucedida, há uma tensão inerente entre fazer crescer o modelo de negócio existente e buscar inovações que vão além dele. Num grande número de empresas, essa tensão é sempre resolvida em favor de permanecer perto do *core business*.

Mas para que qualquer organização cresça na era digital em rápida mudança, é essencial que a DX inclua inovação tanto no *core* quanto além dele. Iniciativas além do *core* podem ser direcionadas a clientes diferentes daqueles atendidos pelo negócio atual. Podem gerar receita de maneiras diferentes, e ter uma estrutura de custos diferente. Podem exigir novas capacidades e parcerias. Todas essas diferenças significam que a inovação além do *core* exige que a organização aprenda a se adaptar a novos desafios de gestão – e esse trabalho é essencial. Todo negócio precisa colocar apostas em iniciativas de inovação fora de seu *core business* caso tenha a expectativa de alcançar um crescimento sustentável de longo prazo. À medida que seu modelo de negócio existente amadurece e perde potencial de crescimento, uma inovação desse tipo torna-se crucial.

### ◢ As lições dos Serviços Web da Amazon (Amazon Web Services ou AWS)

A Amazon trouxe um poderoso exemplo da importância de inovar além do *core business*. A empresa começou com um modelo varejista de negócios, captando pedidos on-line e despachando bens físicos ao consumidor. Esse *core business* começou com livros e se expandiu para outras categorias de produtos. A Amazon estendeu seu modelo de negócio acrescentando um *marketplace* para incluir outros vendedores em seu site. E acrescentou um modelo imensamente bem-sucedido de assinatura, o Amazon Prime, baseado em frete grátis. Mas a Amazon também buscou crescimento bem além de seu *core business* varejista –

incluindo mídia por *streaming* (música, TV e filmes) e dispositivos eletrônicos (*e-readers* Kindle, dispositivos domésticos inteligentes, e sua assistente Alexa). O mais importante, sua inovação além do *core* incluiu o Amazon Web Services (AWS).

A ideia do AWS foi sugerida num artigo de 2003 pelo engenheiro de redes Benjamin Black e seu chefe Chris Pinkham. O artigo propunha construir uma nova arquitetura de computação para o site da Amazon.com que fosse mais flexível, estável e escalável. No final do artigo, Black e Pinkham acrescentaram a sugestão de que a empresa poderia inclusive vender o uso de sua arquitetura a outras empresas como um serviço de computação na nuvem B2B.[10]

Essa ideia, de entrar no mercado de computação na nuvem, era muito distante do *core business* da Amazon. Na época, a Amazon era um negócio varejista voltado apenas ao consumidor. A computação na nuvem era radicalmente diferente. Atenderia a clientes totalmente diferentes (empresas em vez de compradores), exigiria um processo de vendas totalmente diverso e uma interface com um ecossistema que diferia radicalmente dos parceiros de TI.

Bezos aprovou o trabalho na iniciativa, e com o tempo a AWS tornou-se não só um empreendimento imensamente bem-sucedido, mas a parte mais lucrativa da Amazon. Quando a empresa revelou publicamente as finanças da unidade pela primeira vez, em 2015, a AWS já era um negócio de 5 bilhões de dólares, o que impressionou os investidores.[11] Seis anos depois, com a AWS respondendo por 63% de todos os lucros da empresa, seu chefe, Andy Jassy, sucedeu Bezos como CEO da Amazon.[12]

Outros negócios da era digital prosperaram ao inovar além de seu *core*. Basta pensar na Apple, que começou como fabricante de computadores e estendeu-se para outros negócios de hardware – MP3 players, *smartphones*, tablets e relógios. Mas a Apple cresceu além de seu *core* de hardware. Ampliou seu ecossistema e seus lucros aventurando-se na venda de música, jogos e *apps*. Lançou sua própria televisão e estúdio de cinema. Chegou a criar um serviço de fitness movido a dados. Veremos o mesmo padrão em exemplos bem-sucedidos de DX ao longo deste livro. A inovação digital da New York Times Company inclui *apps* e e-mails para seus novos assinantes, mas também empreendimentos em *podcasting*, eventos ao vivo e assinaturas digitais além das notícias. A transformação da Walmart estendeu seu varejo físico ao mundo do comércio eletrônico, mas inclui também empreendimentos movidos por dados em assistência médica e serviços financeiros. E a Mastercard não só estendeu seu negócio essencial de cartão de crédito para carteiras digitais e pagamentos on-line; ela descobriu novo crescimento em cibersegurança e serviços de identidade digital.

## ◢ Esforços além do *core*

Apesar desses exemplos, os negócios mais estabelecidos acham muito difícil buscar inovação além de seu *core*. Isso é quase inevitável. *Os responsáveis são designados e geridos para a meta primária de otimizar seu atual modelo de negócio.* Como resultado, funcionários que aparecem com grandes ideias fora do atual negócio podem achar impossível levar essas ideias até o mercado. Examine esses exemplos famosos:

> **Cisco** - A Cisco já era líder de mercado em tecnologia de videoconferência com seu produto WebEx quando seu funcionário Eric Yuan propôs inovar numa nova direção. Para complementar seu sucesso no mercado empresarial, Yuan concebeu planos para uma ferramenta de videoconferência mais orientada ao consumidor. Mas dentro da Cisco essa ideia foi descartada como distante demais do foco da empresa em seu *core*. Frustrado, Yuan saiu da Cisco e montou a própria empresa, e introduziu sua inovação no mercado como Zoom.[13] Quando a pandemia da Covid-19 espalhou quarentenas globais e produziu um surto de demanda para videoconferências, isso poderia ter sido uma enorme oportunidade para a Cisco. Em vez disso, a empresa teve que assistir usuários correndo em bando para a plataforma Zoom, até então pouco conhecida. Os usuários diários do Zoom chegaram a 200 milhões, partindo de apenas 10 milhões no ano anterior.[14] Do dia para a noite, o WebEx virou um perdedor em sua própria categoria.

> **IBM** - Em 1999, o grupo de estratégia da IBM reportou ao seu CEO, Lou Gerstner, que a empresa havia desenvolvido 29 recentes

tecnologias pioneiras – em áreas como reconhecimento de fala, identificação por frequência de rádio [*radio frequency identification*, RFID], inteligência de negócios e o primeiro roteador de internet –, todas elas não comercializadas pela IBM porque os executivos estavam focados em atender seus mercados atuais e eram recompensados por entregar resultados previsíveis no curto prazo. Resultado: empresas de segundo escalão como Nuance, Akamai e Cisco capturaram imensos mercados em áreas que poderiam ter sido dominadas pela IBM.[15]

➤ **Xerox** - Quando a Xerox fundou seu legendário laboratório Xerox PARC, reuniu vários dos maiores cientistas e engenheiros de computação do mundo. O trabalho deles produziu inovações próximas do *core business* da empresa (fotocópias), como a impressora a laser, que foi um sucesso comercial para a empresa. Mas a maior inovação de longe a sair do PARC foi o Xerox Alto, o primeiro computador do mundo com uma interface gráfica de usuário [*graphic user interface*, GUI]. Se você nunca ouviu falar dele, é porque a Xerox deixou o Alto mofando no laboratório. A empresa não conseguiu perceber o potencial comercial do Alto porque era algo muito distante do *core business* da Xerox. Foi Steve Jobs que viu o Alto numa visita ao PARC, reconheceu-o como um grande avanço, e colocou a GUI no mercado com seu computador Macintosh, logo seguido pelo sistema operacional Windows da Microsoft. Jobs mais tarde declarou: "Se a Xerox soubesse o que ela tinha e tivesse tirado partido dessa real oportunidade [poderia ter se tornado] a maior empresa de alta tecnologia do mundo".[16]

Por que empresas estabelecidas falham em investir nas inovações de seus funcionários e em colocá-las no mercado? Existem diversas razões pelas quais empresas estabelecidas acham difícil inovar além de seu *core*:

➤ **Estrutura organizacional** - Oportunidades de crescimento fora do *core* não se enquadram com facilidade nas unidades de negócio existentes, portanto, não há um centro de poder na empresa que possa apoiá-las e patrociná-las de modo eficaz.

> **Métricas** - Métricas de negócios estabelecidas costumam ser pouco apropriadas para julgar o sucesso de um novo modelo de negócio. Como resultado, a oportunidade parece pouco atraente, arriscada ou pequena demais para merecer atenção.

> **Recursos** - Numa organização típica, executivos que geram a maior receita no presente controlam o investimento de recursos para o futuro. Ideias que são irrelevantes para suas unidades de negócio acabam ficando apenas com as sobras dos recursos.

> **Foco no cliente** - É compreensível que as empresas tenham foco nos seus atuais clientes. Clayton Christensen identificou esse paradoxo: a maioria das empresas falha em investir em inovações disruptivas por estarem focadas demais em seus atuais clientes para enxergar a oportunidade de atender a um mercado diferente.[17]

> **Canibalização** - Inovações promissoras sofrem resistência ativa e são até descartadas quando percebidas como ameaças que poderiam canibalizar o *core business* que gera lucros no momento.

> **Visão estreita** - Com o tempo, o sucesso faz com que a visão que a empresa tem do seu futuro seja definida pelos produtos do seu passado. As empresas desenvolvem uma visão estreita, voltada ao passado, como atestado por Ted Levitt em sua famosa descrição disso como miopia estratégica. Os estúdios de Hollywood que achavam estar no negócio do cinema e não no negócio do entretenimento desapareceram quando mídias mais novas surgiram. As empresas ferroviárias que falharam em focar no mercado mais amplo de transportes depararam com um beco sem saída.[18] Levitt percebeu que as empresas bem-sucedidas falharam em épocas de mudança porque focaram nos produtos que haviam construído em vez de nos problemas que haviam solucionado.

O resultado é um perene desafio para os negócios estabelecidos: quanto menor a proximidade de uma inovação com o *core business*, mais difícil é para a empresa gerir seu crescimento.

Acabamos de ver por que tantas empresas estabelecidas têm dificuldade para inovar, ao deparar com o desafio duplo da incerteza e da proximidade. Mas vimos também exemplos de empresas que superaram esses dois obstáculos e tiveram tremendo crescimento. Vamos examinar as lições da era digital para ver como qualquer negócio pode vencer os desafios da incerteza e da proximidade.

## SUPERANDO A INCERTEZA

É possível inovar mesmo com grande incerteza. Isso fica bem óbvio no crescimento de negócios digitais incrivelmente valiosos iniciados ao redor do mundo com investimento de capital de risco [*venture capital*, VC]. Cada uma dessas empresas começou sob tremenda incerteza, por estar inventando um novo modelo de negócio digital. Foram adiante ao usar duas alavancas disponíveis a todo gestor: experimentação e financiamento iterativo.

### ◢ Experimentação: O que fazem as *startups*

É um truísmo no Vale do Silício que grandes *startups* não começam com uma grande ideia; começam com *uma* ideia e então testam e pivotam seu caminho para aquilo que funciona no mercado. Em vez do automatismo corporativo tradicional de planejar, planejar, planejar e depois construir, as *startups* são bem-sucedidas por meio de um processo constante de experimentação. No meu livro *Transformação Digital*, defino experimentação como "um processo iterativo de aprender o que funciona e o que não".[19] Seja nas *startups* ou no método científico, o objetivo da experimentação é o mesmo: *validar* suas hipóteses ou suposições principais.

Num experimento científico, busca-se validar se a condição X leva ao resultado Y (isto é, se o paciente toma um comprimido em vez de um placebo, a saúde dele melhora?). Para desenvolver um remédio, muitas hipóteses devem ser validadas. O comprimido acelera a recuperação? Em quanto? Em que dose? Em quanto tempo faz efeito? Há efeitos colaterais?

Na experimentação nos negócios, a meta é validar os principais pressupostos em seu modelo de negócio para qualquer iniciativa. Entre os pressupostos a testar estão: Quem é o cliente? Qual seu problema ou necessidade não atendida? Ele está interessado na solução que você propõe? Quanto pagaria por ela? Quando, onde e como irá usá-la? Como iríamos entregá-la? Que margem de lucro teríamos? Qual o possível tamanho total do mercado? A experimentação é a filosofia definidora dos negócios nativos digitais. Se você convive um tempo com *startups* de rápido crescimento ou com gigantes como Google e Amazon, logo vai pegar todo um vocabulário inusitado a respeito de inovação: "MVP", "*fail fast*", "design *sprint*", "pivotar", "métrica *lean*", "*squads agile*", "pensamento em produto" e assim por diante. Qualquer líder de negócios que queira hoje dominar a arte da inovação deve saber que esses termos e práticas derivam de quatro poderosas abordagens à inovação que surgiram na era digital. Essas quatro escolas de pensamento são: *lean startup*, software *agile* de desenvolvimento, *design thinking*, e gestão de produto. Penso nelas como as Quatro Religiões da Inovação Iterativa, porque cada uma tem seus rituais e seus adeptos fervorosos, embora todas compartilhem os mesmos princípios essenciais de gerir a inovação por meio de experimentação iterativa. Para aprender a respeito de cada uma, veja o box "As Quatro Religiões da Inovação Iterativa".

## AS QUATRO RELIGIÕES DA INOVAÇÃO ITERATIVA

Apesar das diferenças, as Quatro Religiões da Inovação Iterativa foram todas desenvolvidas para lidar com o mesmo desafio de gestão: como inovar e resolver problemas sob enorme incerteza. Cada uma lida com o desafio da incerteza com uma abordagem que busca mais aprender que planejar. E todas veem a aprendizagem como um processo altamente iterativo que busca gastar menos no início, construir algo tangível o quanto antes e usá-lo para validar suposições e reduzir rapidamente a incerteza.

A *lean startup*, também conhecida como desenvolvimento do cliente, surgiu entre as *startups* do Vale do Silício. Pretendia tomar o lugar do planejamento de negócios tradicional introduzindo novos modelos de negócio. As ideias essenciais foram formuladas a partir de 2000 por

Steve Blank e seu coautor Bob Dorf, e ampliadas pelo aluno de Blank, Eric Ries. Blank define a *startup* como "uma organização temporária voltada a buscar um modelo de negócio replicável".* Essa busca se dá aprendendo diretamente dos clientes com entrevistas e MVPs destinados a capturar feedback do cliente por meio de rápida experimentação.

O *desenvolvimento de software agile*, quase sempre abreviado como *agile*, nasceu no mundo dos desenvolvedores de TI. Foi formulado em reação às práticas tradicionais de desenvolvimento de software dentro de grandes organizações, que eram demasiado lentas, custosas e inflexíveis. O *agile* é composto por várias metodologias diferentes, como *Scrum, Kanban*, XP e outras, e é fruto de uma reunião de seus fundadores, em 2001, num alojamento de esqui de Utah, quando produziram um manifesto conjunto sobre como melhorar a prática de desenvolvimento de software.[†] Os princípios-guia são times autodirigidos, foco nas necessidades do cliente, ciclos rápidos de iteração e a contínua entrega de software por meio de implementações incrementais.

O *design thinking* originou-se de designers que trabalhavam para grandes organizações; sua meta era extrair princípios de bom design da última fase do desenvolvimento do produto (Qual deve ser a aparência do nosso produto?) e das primeiras fases (O que o produto deve ser? Que problema ele tenta resolver?). Embora com raízes em teorias de fatores humanos e criatividade que datam da década de 1960, o *design thinking* foi popularizado na década de 2000 por empresas de design como a IDEO. O *design thinking* não tem um texto unificador ou um modelo; seus princípios essenciais são estruturar a inovação em torno das necessidades dos clientes, estudar minuciosamente o problema a ser resolvido e recorrer à prototipagem iterativa para conseguir um feedback tangível o quanto antes e com a maior frequência possível.[‡] Na prática, utiliza times que combinam *expertise* em diferentes campos, como design industrial, antropologia e ciência de dados.

*Gestão de produto* é uma expressão ouvida com muita frequência em grandes empresas nativas digitais (como Alphabet, Meta) para descrever como elas organizam times trabalhando em iniciativas e em produtos atuais. Não tem uma metodologia particular e tipicamente aplica várias ferramentas das outras três religiões (MVPs, *design sprints*, mapas de jornada etc.). Empresas individuais desenvolvem também as próprias ferramentas: os gerentes de produto da Amazon escreverão um "*press release* futuro" para se referir a qualquer inovação proposta a fim de visualizar o impacto imaginado no cliente e trabalhar de trás para frente para iniciar o desenvolvimento.[§] A gestão de produto costuma ser contrastada com a *gestão de projeto* – uma prática tradicional mais adequada quando você sabe o aspecto da entrega que você precisa construir, e sua meta é atender a um cronograma fixado com recursos definidos.[||]

[*] Steven G. Blank e Bob Dorf, *The Startup Owner's Manual: The Step-By-Step Guide for Building a Great Company* (Pescadero, CA: K & S Ranch, 2012).

[†] Kent Beck *et al.*, "Manifesto for Agile Software Development", 2001, http://agilemanifesto.org/. A história da reunião que produziu o manifesto é recontada em Jim Highsmith, "History: The Agile Manifesto", 2001, http://agilemanifesto.org/history.html.

[‡] Jon Kolko, "The Divisiveness of Design Thinking", 2017, https://www.jonkolko.com/writing/the-divisiveness-of-design-thinking. O artigo de Kolko dá uma excelente visão das raízes do *design thinking*, e faz também uma crítica de sua banalização e comercialização em algumas áreas.

[§]. Werner Vogels, "Working Backwards", *All Things Distributed*, 1º de novembro de 2006, https://www.allthingsdistributed.com/2006/11/working_backwards.html.

[||] Kyle Evans, "Product Thinking vs. Project Thinking", *Medium*, Product Coalition, 21 de outubro de 2018, https://productcoalition.com/product-thinking-vs-project--thinking-380692a2d4e.

Quaisquer que sejam os métodos que adote ou combine, cada grande empresa digital tem usado a experimentação para encontrar seu caminho para crescer. Foi por meio de constante testagem e aprendizado que os fundadores da Airbnb validaram seu modelo de negócio para um mercado multifacetado a respeito de alojamento em viagens. Desde seu primeiro teste da ideia (quando eles mesmos receberam hóspedes num fim de semana em que os hotéis de São Francisco estavam todos lotados) até as incontáveis iterações em uma cidade após outra, foram aos poucos validando o que iria atrair usuários ao seu site, o que ganharia a confiança tanto dos viajantes quanto dos anfitriões, de que modo a empresa poderia cumprir a miríade de leis e regulamentações locais, e como poderiam alavancar efeitos de rede para neutralizar a concorrência e crescer numa escala fenomenal.

Não se pode esperar que a incerteza desapareça na inovação ou seja banida por um planejamento detalhado. Todos os empreendimentos digitais vencedores sabem que a única maneira de reduzir a incerteza é aprendendo diretamente no mercado por meio de experimentação para converter hipóteses em fatos.

## ◢ Financiamento iterativo: O que os VCs fazem

A segunda alavanca que gestores usam para resolver o desafio da incerteza é o financiamento iterativo. *Startups* digitais usam a experimentação para validar seu caminho para o crescimento; os investidores de VC (*venture capital* ou capital de risco) usam o financiamento iterativo para investir nessas mesmas *startups*. A intenção principal do investimento de VC é apoiar iniciativas novas, de alto grau de incerteza. Empresas de VC lidam com o risco investindo pequenas quantias (nas avaliações mais baixas) quando uma *startup* é nova e sua incerteza é alta, e aumentando o investimento em rodadas posteriores se a *startup* se mostra capaz de validar suas hipóteses de negócios (ver Figura 2.1).

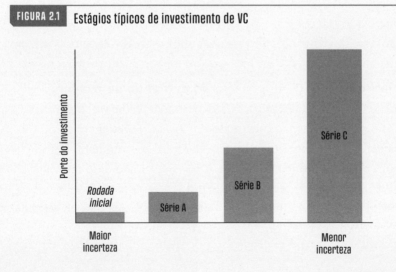

FIGURA 2.1  Estágios típicos de investimento de VC

Essa abordagem é exatamente o oposto de como a maioria dos negócios estabelecidos aloca capital. Vale relembrar que a CNN gastou nada menos que 300 milhões de dólares em seu primeiro ano para lançar o CNN+, e planejava um orçamento similar para cada um dos três anos seguintes. A abordagem tradicional de financiamento à inovação corporativa é retardar o investimento e, enquanto isso, é feito o máximo possível de planejamento e análise. Depois, se um alto líder, após muita deliberação, decide seguir adiante, a empresa faz um grande investimento inicial na expectativa de aumentar as chances de sucesso. Sob as condições de alta incerteza da era digital, essa abordagem está condenada ao fracasso. Em lugar dela, a fim de praticar o financiamento iterativo, os negócios devem seguir quatro princípios simples:

> **Invista menos quando a incerteza é alta; invista mais quando a incerteza é menor** - Se a incerteza é baixa (isto é, investir em armazéns para o seu negócio estabelecido de comércio eletrônico), você pode bancar um grande investimento desde o início. Quanto maior for a incerteza no início de um projeto, menor deve ser o investimento inicial. Com novos modelos de negócio e ideias de mercado ainda não testadas, você deve começar com o menor investimento possível.

> **Faça mais apostas quando a incerteza for alta** - No estágio da rodada inicial, as empresas de VC fazem apostas em muitas *startups* diferentes. Depois, quando a incerteza se reduz, investem num número menor de ideias (aquelas que vêm sendo validadas por meio do teste de mercado). Se a meta da sua empresa é encontrar um par de grandes inovações que promovam uma mudança em seu negócio todo, comece investindo num monte de ideias de alta incerteza, experimente e selecione algumas a partir daquilo que tiver aprendido.

> **Saiba no que é que você está gastando** - Quando você investe com baixa incerteza, está gastando dinheiro para obter um retorno financeiro. Isto é, sua meta é "gastar para ganhar". Mas ao investir sob alta incerteza, sua meta deve ser "gastar para aprender". Os primeiros investimentos não devem ser direcionados para lançar um produto, mas para realizar testes pequenos e baratos que reduzam

a incerteza. Mesmo que você acredite estar compreendendo as necessidades do cliente e o problema que ele quer ver resolvido, sua primeira meta é testar e validar.

> **Acelere o gasto à medida que a incerteza diminui** - Se a experimentação reduz a incerteza de uma ideia, você deve passar rapidamente para um investimento maior – por exemplo, para preparar um produto para o lançamento no mercado. Mas vá com calma. Os aumentos de investimento devem acontecer apenas em marcos de aprendizado, ou seja, quando algumas hipóteses cruciais de negócios são validadas. Não libere mais dinheiro apenas porque o calendário avançou no seu orçamento.

Quando o Facebook recebeu sua primeira rodada de investimento liderada pelo investidor Peter Thiel, o serviço existia há apenas quatro meses, não tinha receita e havia sido testado em uns poucos campi universitários. Thiel investiu 500.001 dólares por uma participação de 10,2%, o que deu à empresa uma avaliação de 4,9 milhões de dólares. No ano seguinte, o Facebook havia ultrapassado 1 milhão de usuários e gerava receita obtida de grandes anunciantes, como Mastercard. Em sua rodada da Série A, o Facebook recebeu 12,7 milhões e foi avaliado em 98 milhões. No ano seguinte, conforme o Facebook se espalhou pelas faculdades, escolas e corporações, sua rodada de Série B levou a empresa a ser avaliada em 500 milhões. No ano seguinte, quando o Facebook foi lançado em celular, e deu início ao Feed de Notícias [Newsfeed] e abriu para desenvolvedores de *apps*, a Microsoft liderou sua rodada de Série C, fazendo o Facebook ser avaliado em 15 bilhões. A ideia essencial do Facebook não mudou entre seu lançamento e a rodada de Série C. Mas o valor de mercado dessa ideia foi de 5 milhões para 15 bilhões – embora a empresa ainda ficasse sem gerar lucro por mais dois anos. O que mudou entre 2004 e 2007? A incerteza do modelo de negócio do Facebook.

## ◢ Maximizar o positivo, minimizar o negativo

A dura verdade a respeito da inovação é que a maioria das ideias que parece boa no papel revela-se impraticável no mundo real. Inovar sob incerteza só funciona usando experimentação e financiamento iterativo. Os dois juntos não lhe darão melhores ideias nem uma bola de cristal para ver o futuro. (Você ainda vai sonhar com inovações, como o *smartphone* em 3D, que parecem incríveis, mas vão fracassar no mundo real.) O que eles fazem é capturar o lado positivo de cada ideia que funciona, ao mesmo tempo que minimizam o lado negativo de ideias que não funcionam.

O problema com a CNN+ não é ter fracassado, mas ter custado 300 milhões para fracassar! Era de fato uma boa ideia a ser testada, mas poderia ter sido testada gastando apenas 30 mil dólares. Ao combinar as duas alavancas – experimentação e financiamento iterativo –, qualquer negócio pode dominar a inovação sob a incerteza – cortando bem cedo as perdas em ideias que se mostram inviáveis e redobrando as apostas naquelas com as maiores chances de sucesso.

Nos cinco passos do *Roadmap* da DX, vamos aprender como lidar com a incerteza usando ferramentas e estruturas que podem ser aplicadas a qualquer organização. Apresentaremos os Quatro Estágios da Validação usados para testar os pressupostos subjacentes a qualquer modelo de negócio. Vamos aplicá-los com uma ferramenta visual para guiar a experimentação da sua próxima inovação, desde o esboço no bloco de notas até a execução global. Também aprenderemos como aplicar o financiamento iterativo, recorrendo a conjuntos de recursos destinados e alocando-os de modo rápido e flexível, ao mesmo tempo em que encerramos de modo inteligente aquelas iniciativas sem perspectivas, a fim de evitar desastres caracterizados por desperdício.

## RESOLVENDO POR PROXIMIDADE

Como temos visto, o outro desafio da inovação enfrentado por todo negócio estabelecido é a proximidade – como gerir a inovação que se afasta do *core business*. Isso é difícil por várias razões, entre eles os obstáculos estruturais (métricas, recursos e design organizacional), assim como as mentalidades (visão, foco e medo). Apesar disso, vemos empresas digitais maduras como Amazon, Apple e Alibaba, e negócios legados como Walmart, Mastercard e *New York Times*, buscando inovação com sucesso além de seu *core business*. À medida que formos explorando o *Roadmap* da DX, vou dar mais exemplos de empresas que estão vencendo o desafio da proximidade. Você pode fazer o mesmo em seu negócio seguindo alguns princípios essenciais:

**➤ Foque nos problemas que acentuam seus pontos fortes** - De que modo um negócio encontra ideias de crescimento fora de seu *core business* e escapa da armadilha da miopia estratégica? A resposta é focar nos problemas do cliente a serem resolvidos, e não nos seus produtos ou setor atuais. Mas depois que você amplia seu campo visual desse modo, o quanto você pode se afastar de seu atual negócio? Se a Ford Motors decide que não é mais uma indústria automobilística, mas uma empresa de mobilidade, será que ela agora deve construir aviões? Não necessariamente. A estratégia eficaz olha não apenas as oportunidades, mas os aspectos em que você detém uma vantagem única sobre os concorrentes. Como foi que a Alibaba, que era uma empresa de varejo on-line, decidiu passar para pagamentos digitais? Isso começou com um problema do cliente que precisava ser resolvido: seus próprios clientes precisavam de maneiras de pagar uns aos outros no próprio *marketplace*. Mas a Alibaba também tinha uma capacidade única para resolver esse problema, por ter condições de alavancar sua escala, pela sua base existente de clientes e por sua riqueza de dados de usuários.

**➤ Torne a iniciativa independente** - Muitas oportunidades de inovação digital devem ser geridas nas próprias unidades de negócio existentes, porque envolvem diretamente seu *core business* e não podem ser buscadas fora dele (pense na Domino's Pizza reinventando a experiência de entrega de seus restaurantes). Mas quando você busca um novo empreendimento que diverge de seu *core business* (tendo outros clientes, outra receita, outra estrutura de custos ou recursos), essa iniciativa deve ser gerida de modo independente de seu *core* – pelo menos nos estágios iniciais. Essa independência pode até incluir distância física, para evitar interferências e intromissões. Quando a Amazon decidiu ir atrás de sua ideia para AWS, fez sentido conduzir o projeto de modo independente da divisão de comércio eletrônico. A AWS foi iniciada como um grupo independente de cinquenta e sete pessoas, lideradas por Jassy, com a maioria dos funcionários contratados fora da Amazon.[20] Uma equipe liderada por Pinkham instalou-se na Cidade do Cabo, África do Sul, para construir o EC2, um dos dois produtos iniciais da AWS.[21] (O que é tão longe da sede de Seattle quanto possível!)

➤ **Mantenha um cordão umbilical** - Por mais importante que seja a independência, nenhuma iniciativa de crescimento além do *core business* deve ser deixada afundar ou nadar inteiramente por sua própria conta. Essas iniciativas ainda precisam de acesso a ativos e de recursos cruciais da empresa-mãe. Nos primeiros dias da Web, a cadeia de supermercados britânica Tesco lançou o Tesco.com, primeiro comércio eletrônico de supermercados a fazer sucesso no Reino Unido. Seu CEO, Terry Leahy, montou o time como uma unidade operacional distinta, pois sabia que a cultura da Tesco era ferozmente competitiva – até internamente. Ele viu que havia um risco real de a empresa rejeitar a nova unidade ponto-com. Mas apesar de sua independência, o relacionamento da iniciativa com o *core business* (a loja física) foi fundamental. Funcionários da Tesco.com precisavam pegar produtos da prateleira para uma entrega rápida a clientes próximos. Portanto, eram atribuídas às lojas de varejo algumas métricas contábeis "paralelas", que alocavam nelas parte dos lucros do negócio on-line. O negócio on-line também tinha acesso aos conjuntos de dados do *core* e às suas listas de clientes, das quais podiam garimpar *prospects*, e compartilhava a mesma agência de marketing externa. Chris Reid, líder da Tesco.com na época, explicou-me que sua unidade era de muitas maneiras dirigida como uma *startup*, mas com "um cordão umbilical firme com o negócio principal".

➤ **Gerir com regras diferentes** - Iniciativas fora do *core* precisam mais do que apenas a separação em unidades distintas. Essas unidades têm que ser geridas por regras diferentes – mesmo que alojadas na mesma sede corporativa que o *core*. Precisam operar com orçamento e fonte de financiamento próprios. Precisam de uma métrica própria para alcançar sucesso; e do seu próprio grupo de talentos, vários deles contratados fora da empresa; e ainda de seu próprio patrocínio executivo, relatórios e supervisão. A Alphabet tem usado o X (anteriormente Google X) como um "laboratório *moonshot*", para explorar iniciativas bem afastadas de seu *core business* – como veículos autônomos, software para cadeia de suprimentos, e assistência médica. O X foi montado para ter métricas, financiamento e liderança diferentes do *core business,* centrado em busca e publicidade digital. O *New York Times* criou seu Grupo de Produtos e Iniciativas Independentes para desenvolver e lançar novos produtos digitais paralelos às suas assinaturas de notícias. O grupo foi montado em outro andar da sede da Times, e cada novo *app* ou produto dispunha de um time multifuncional que aplicava métodos de gestão de produto e de trabalho numa sala de reuniões exclusiva.

> **Planeje onde irá pousar** - Sempre que um time for montado para iniciar um empreendimento fora do *core business*, seus patrocinadores devem pensar com antecedência onde esperam "pousar". Se a iniciativa for bem-sucedida, acabará ou numa fusão com o *core* ou tornando-se uma unidade de negócio permanente – em alguns casos, originando um redesenho da organização inteira. A AWS foi montada como unidade própria de negócios antes de seu lançamento público em 2006; ela continuou crescendo rapidamente e segue até hoje como unidade separada. Varejistas como a Tesco, que implantaram times ponto-com nos primeiros dias do comércio eletrônico, acabaram convergindo numa estratégia *onmichannel*. Na maioria das empresas, isso significou reorganizar segundo categorias de produto ou tipos de cliente. Equipes on-line e de loja física foram combinadas e receberam métricas unificadas (como a de valor vitalício do cliente), priorizando o valor total para a empresa. Na gestão de iniciativas fora do *core*, comece com um plano, mas esteja disposto a fazer adaptações ao avançar. Esforços que precisam ser separados no início podem ser bem combinados à medida que o mercado e a organização amadurecem.

Nos cinco passos do *Roadmap* da DX, vou apresentar as ferramentas e estruturas para gerir crescimento além do *core* em qualquer empresa. Vou fornecer ferramentas para permitir que você foque sua estratégia em problemas a resolver e evite a armadilha da miopia estratégica. Veremos como definir um cenário futuro e o direito único que você tem de vencer, e como usar essas perspectivas para selecionar as oportunidades a perseguir. E vou apresentar um modelo chamado os Três Caminhos para o Crescimento, voltado a aplicar a governança certa em iniciativas tanto dentro quanto além do *core*.

Nenhuma empresa consegue sobreviver à era digital se ignora os desafios da inovação. A transformação digital não pode ser apenas investimento de baixo risco com *benchmarks* claros e melhores práticas. Não pode ser um mero *upgrading* e digitalização do *core*. A transformação digital é acima de tudo o uso de ferramentas digitais para resolver novos problemas e impulsionar novo crescimento. É por isso que o *Roadmap* da DX assume uma abordagem holística, focada em crescimento – esteja ele integrado ao seu trabalho em estratégia, inovação, governança e cultura ou ao seu planejamento de TI.

Nos cinco próximos capítulos, veremos como ligar a visão digital à estratégia e à inovação, como focar nos clientes e nos problemas a resolver, como experimentar com iniciativas, enquanto se aplica governança para fazê-las crescer em escala, e como apoiar tudo isso com as capacidades e a cultura certas.

As cartas estão na mesa. Agora é hora de começar.

CAPÍTULO 3

# PASSO 1: DEFINA UMA VISÃO COMPARTILHADA

## VISÃO

Na conferência TED 2011 realizada em Long Beach, Califórnia, William "Bill" Clay Ford Jr. subiu ao palco para falar de uma visão a respeito do futuro dos transportes. Bill Ford era o executivo e recém-empossado CEO da Ford Motor Company. Tinha passado toda a carreira no setor automotivo; era bisneto do fundador da empresa, Henry Ford. No entanto, iniciou sua fala com uma pergunta provocativa: e se o futuro da Ford Motor não fosse mais simplesmente produzir e vender carros? A apresentação que se seguiu não foi típica do TED Talk, e sim o esboço de uma visão corporativa definidora, feita por um diretor de uma grande corporação global.

Bill Ford definiu dois grandes desafios do setor automotivo: o do impacto ambiental e o de uma crise de mobilidade à espreita. Em relação ao primeiro, a Ford Motor já vinha fazendo progressos em direção à eletrificação de motores e outras tecnologias voltadas a desenvolver veículos com zero emissões. Quanto ao segundo desafio, Ford apontou os crescentes estresses da urbanização; uma classe média global em crescimento; e a ameaça de um engarrafamento global, de Pequim a Abu Dhabi, que poderia ameaçar a liberdade de mobilidade que seu grande bisavô havia defendido ao iniciar o negócio. A solução existente – vender mais veículos e construir mais estradas – era insuficiente para uma futura população de 8 bilhões de pessoas, 75% das quais viveriam em cidades. As implicações eram uma asfixia do crescimento econômico e a incapacidade de fornecer comida, assistência médica e serviços essenciais de modo eficaz para a comunidades ao redor do mundo.

A resposta que Bill Ford deu foi investir na construção de uma rede inteligente de veículos, estradas, postos de abastecimento e transporte público usando dados e tecnologia digital para conectar cada componente e criar soluções integradas em torno de viagens, estacionamento, pagamento e segurança. Destacando exemplos de inovação de Hong Kong a Masdar [Abu Dhabi], ele descreveu um futuro de veículos conectados conversando uns com os outros num "sistema integrado que utiliza dados em tempo real para otimizar a mobilidade pessoal numa escala massiva". Ele se comprometeu a focar a Ford Motor em perseguir essa visão não apenas como fabricante de veículos, mas como uma empresa de serviços de mobilidade orientada digitalmente.[1]

Essa visão seria mantida e iria moldar a estratégia da Ford Motor pela década seguinte e além, mesmo que a visão continuasse a evoluir e a ser refinada. A visão levou a novos investimentos e aquisições digitais de bilhões de dólares e moldou a escolha dos três CEOs seguintes. Ela continua a moldar a estratégia da Ford hoje, à medida que a empresa continua avançando no futuro digital.

## POR QUE UMA VISÃO COMPARTILHADA É IMPORTANTE

Mudar é fácil... numa crise. Durante a pandemia da Covid-19, Lucy Kueng, uma acadêmica do setor de mídia, observou que a Covid-19 propiciou uma oportunidade única na vida para que empresas de legado se transformassem. "As organizações estão descongelando. As pessoas têm a expectativa de mudanças... Não haverá tempo melhor para lidar com as profundas mudanças que precisam acontecer."[2] No contexto de uma crise imediata, todo mundo em seu negócio percebe que o *status quo* é insustentável – portanto, todos estão a postos para a ação e para deixar de lado velhas formas de trabalhar.

Mas, na grande maioria dos casos, você não está nesse tipo de crise. (Ainda bem, não?) No resto do tempo, *a transforma*ção é algo muito difícil. Há resistências a mudar. O *status quo* é o padrão, e a tendência dos funcionários é em direção a mais do mesmo. O pressuposto não expresso do planejamento é que o futuro será parecido com o passado. O sucesso fomenta a complacência – por que mudar o que está funcionando? Como um alto executivo comentou comigo: "Nosso maior obstáculo para o futuro é que fomos muito bem-sucedidos nos primeiros 79 anos de nossa empresa".

A fim de gerar esse sentido de urgência em relação à mudança durante a transformação digital (DX), consultores muitas vezes vão incentivá-lo a "encontrar sua plataforma em chamas". Essa expressão [*burning platform*] vem da Nokia, de um memorando que o CEO Stephen Elop escreveu para reunir a empresa enquanto seu negócio de telefone celular sofria a disrupção causada pelo iPhone da Apple e pelos *smartphones* mais baratos Android.[3] Mas o memorando chapa quente de Elop foi bem-sucedido? Não. A Nokia caiu de sua posição de liderança e acabou sendo excluída completamente dos telefones celulares. A lição real da Nokia é que uma plataforma em chamas não é suficiente.

A urgência negativa sozinha – a que proclama que o céu está desabando e que os disruptores digitais estão logo virando a esquina – não é uma história que motive funcionários ou acionistas. Uma grande empresa de varejo latino-americana para a qual prestei consultoria estava muito focada na ameaça colocada pela Amazon, e disse aos funcionários que eles precisavam mudar para sobreviver. Mas a mensagem ignorou a história da empresa como varejista – décadas de crescimento impulsionado pela centralidade no cliente e pela inovação nos negócios – e como ela podia apontar o caminho para avançar em seu futuro digital. A urgência negativa é útil apenas quando está lado a lado com a urgência positiva: uma visão de como a transformação digital é capaz de criar novo valor, desatar novo crescimento e resolver novos problemas.

À medida que você monta uma história positiva de criação de valor, lembre-se de que o valor para o acionista não é suficiente. Explicar de que modo sua transformação digital irá impulsionar novas eficiências e aumentar os ganhos por ação pode inspirar investidores. Mas lucros trimestrais sozinhos não inspiram funcionários a assumir a incerteza e o trabalho duro de transformar sua organização. Para inspirar funcionários, os líderes devem mostrar o impacto e o significado de seu trabalho.

Para impulsionar mudanças, os líderes devem apelar ao que motiva os acionistas, isto é, à motivação *extrínseca* (ROI; lucros; redução de custos; e lucros antes de juros, impostos, depreciação e amortização [*earnings before interest, taxes, depreciation, and amortization*, EBITDA]). Mas devem também apelar ao que motiva os funcionários, isto é, à motivação *intrínseca* (valor criado para os clientes, funcionários, parceiros e a sociedade).[4] Quando Bill Ford apresentou seu ponto de vista para o futuro digital da Ford Motor, deu-lhe motivação intrínseca ao vinculá-lo à fundação da empresa: "Meu bisavô, Henry Ford, realmente acreditava que a missão da Ford Motor Company é tornar melhor a vida das pessoas e fabricar carros de preço acessível para que todos pudessem ter um. Isso porque acreditava que a mobilidade traz liberdade e progresso".[5] Bill Ford estruturou sua visão de um transporte futuro conectado como uma maneira de salvaguardar valores essenciais de liberdade e mobilidade para a próxima geração.

O primeiro passo do *Roadmap* da Transformação Digital (DX) é definir uma visão compartilhada do futuro de seu negócio, uma visão que inspire, alinhe e justifique a mudança. Essa visão deve ser *compartilhada*; isto é, deve ser do conhecimento de todos na organização. E deve ser única da sua empresa. Um compromisso genérico de "tornar-se a primeira em termos digitais", de "ser reconhecida como líder digital" ou de "colocar nosso negócio à prova do futuro" não será suficiente. Todo negócio precisa de uma visão que seja específica – que descreva para onde seu mundo está indo, que papel sua organização irá desempenhar e por quê.

A importância de uma visão compartilhada está bem estabelecida. A clássica pesquisa de Daniel Goleman sobre liderança constatou que o mais poderoso dos seis estilos de liderança é aquele em que os líderes "mobilizam as pessoas em direção a uma visão".[6] Mais recentemente, a pesquisa da McKinsey constatou que o maior fator isolado de sucesso para a DX é ter uma "história clara de mudança".[7]

Portanto, é chocante ver quantas empresas carecem desse tipo de visão compartilhada. Em meus *workshops* com grandes organizações, os participantes consistentemente a escolhem como um de seus principais obstáculos: "[não temos] uma visão compartilhada do futuro digital de nossa empresa". O recém-empossado CEO de uma empresa de seguros recentemente comentou comigo: "Honestamente, se você perguntar a três pessoas qual é nossa visão de transformação digital nesse negócio, obterá três respostas diferentes". Numa discussão com cinquenta executivos de uma grande empresa biofarmacêutica, fui informado de que seu CEO havia anunciado que iriam se tornar uma empresa "líder digital" e que havia contratado um diretor digital (CDO), assim como haviam feito seus concorrentes. Mas quando pressionei seus líderes de divisão a respeito do que significava para seus negócios ser digital, confessaram que estavam confusos a respeito e que tinham a expectativa de que eu lhes explicasse isso.

Não é fácil definir uma visão compartilhada do futuro. Mas sem uma resposta clara e estimulante à questão "Por que devemos mudar?", qualquer DX terá tropeços. O Quadro 3.1 mostra alguns sintomas-chave de sucesso *versus* fracasso no primeiro passo do *Roadmap* da DX.

| QUADRO 3.1 | O que está em jogo - Passo 1: Visão |
| --- | --- |

| Sintomas de Fracasso: Visão | Sintomas de Sucesso: Visão |
| --- | --- |
| • Os funcionários temem a mudança e não têm uma noção clara de para onde a empresa está indo. | • Funcionários de todos os níveis compreendem a agenda digital e dão apoio. |
| • O apoio para investimentos digitais é fraco por parte de investidores, CFOs, e chefes de L&P. | • O apoio a investimentos digitais é forte por parte de investidores, CFOs e chefes de L&P. |
| • As iniciativas digitais são genéricas e seguem o exemplo dos pares. | • Apenas iniciativas digitais com uma vantagem competitiva recebem investimentos. |
| • Utilizam-se métricas genéricas de maturidade digital para guiar os esforços. | • O impacto do digital nos negócios é claramente definido, com métricas que medem e rastreiam os resultados. |
| • A empresa segue o mercado, reage aos outros e é surpreendida pelos novos participantes. | • A empresa lidera o mercado e está alerta a tendências cruciais enquanto ainda há tempo para escolher uma linha de ação. |

## ◢ O que há pela frente

Neste capítulo, veremos como um líder define uma visão compartilhada para os esforços de DX de sua organização, unidade de negócio ou time. Examinaremos quatro elementos essenciais de uma forte visão compartilhada. Cada elemento busca uma resposta a uma pergunta diferente:

> ❯ **Cenário futuro** - Para onde você vê que se dirigem seu mundo e o contexto de seu negócio?

> ❯ **Direito de vencer** - Quais os pontos fortes únicos e os limites de sua organização que definirão o papel que você desempenha?

> ❯ **Impacto da estrela guia** - Que impacto você busca ter a longo prazo, e por quê?

> ❯ **Teoria de negócios** - Como você espera captar e recuperar os investimentos que faz para o futuro?

Após examinar cada um desses quatro elementos, além de diversos estudos de caso, apresentaremos uma ferramenta de planejamento estratégico, o Mapa da Visão Compartilhada. Ele irá ajudá-lo a definir cada elemento de sua visão compartilhada para a DX que está conduzindo. Por fim, veremos por que definir uma visão compartilhada é tão crucial para mudar o estilo de uma organização, para que deixe de ser de cima para baixo e se torne de baixo para cima.

## CENÁRIO FUTURO

O primeiro elemento de uma visão compartilhada para o seu negócio é o que eu chamo de *cenário futuro* – uma descrição de para onde seu mundo está indo e de que maneira o contexto de seu negócio está mudando. Como foi descrito pelo CEO da Microsoft, Satya Nadella, a tarefa de um líder é "ver as oportunidades externas e a capacidade e cultura internas, e todas as conexões entre elas". Ele explica: "É uma forma de arte, não uma ciência. E um líder nem sempre acerta. Mas a média de acertos de um líder, o quanto ele ou ela faz isso bem, irá definir sua longevidade nos negócios".[8]

Seu cenário futuro deve captar as mudanças mais significativas no mundo de seus clientes, parceiros e concorrentes – e as ameaças e oportunidades que elas constituem para o seu negócio. Seu negócio legado é um setor muito regulamentado (como finanças ou assistência médica), no qual as regulamentações estão mudando, e novos participantes surgem com modelos de negócio nativos digitais que buscam "desbancar" sua empresa ao oferecer um subconjunto de serviços que você fornece, mas sem o nível de carga regulatória que você enfrenta?

Você é uma indústria que investiu pesado em ativos fixos (poços de petróleo, frotas de navios ou redes de telecomunicações), que costumavam ser obstáculos à entrada de concorrentes, mas vê surgir novas *startups* que de bom grado se apoiam em seus ativos e constroem novos modelos de negócio baseados em dados, análises preditivas e integração de sistemas? Talvez você seja uma empresa de serviços profissionais (publicidade, auditoria ou recursos humanos) com negócio baseado em profundos relacionamentos com seus clientes. Mas os problemas que você costumava resolver para eles são cada vez mais tratados por algoritmos e IA – e você tem que reinventar seu negócio em torno de novas necessidades dos clientes, redefinir os serviços que vende e transformar o talento de sua força de trabalho para ficar à altura dos desafios.

Compreender seu cenário futuro – para onde seu mundo particular está indo – é crucial para definir onde e como você almeja competir no futuro digital, quais mercados atenderá e onde irá buscar crescimento.

## ◢ Escaneando o futuro

Como me revelou Sami Hassanyeh, CDO da AARP, uma das maiores organizações sem fins lucrativos dos Estados Unidos: "A tarefa de um CDO é garantir que nos aspectos cultural, tecnológico e estratégico a sua organização esteja à altura das demandas em constante mudança do cliente". Para fazer frente à mudança, os líderes de organizações devem constantemente se engajar num processo de escanear o ambiente, tanto dentro quanto fora de seu setor imediato. Qualquer negócio deve aprender a olhar bem além de seus tradicionais pares, concorrentes e clientes, caso espere ter uma boa compreensão de seu futuro digital.

Ao desenvolver seu cenário futuro, defendo colocar foco em quatro áreas gerais:

> ❯ **Clientes** - Foco em compreender as mudanças em comportamentos, expectativas e necessidades de seus clientes. Nesse aspecto, esteja ciente de influências de fora de seu setor. Mesmo que você venda maquinário para departamentos de compras de grandes empresas, as pessoas desses departamentos estão usando Amazon, Google e Netflix todo dia, e suas expectativas (de customização, velocidade,

experiências de autosserviço etc.) mudam com rapidez. Você precisa ficar por dentro! Ao estudar o futuro de seus clientes, concentre-se não só naqueles que são os atuais legados (que construíram seu negócio e podem ainda responder pela maior parte de sua atual receita), mas nos novos clientes (que irão prover seu crescimento e receita futuros). Muitas vezes os comportamentos e expectativas deles são bem diferentes e exigem estratégias próprias para lidar com um mercado dividido.

> **Tecnologia** - Identifique e saiba o máximo possível sobre novas tecnologias que estejam moldando a experiência de seus clientes, em especial tecnologias por meio das quais eles descobrem, compram e usam serviços como os que você oferece. Mas concentre-se também em tecnologias que impactem suas operações internas de negócios e as de seus parceiros, a cadeia de suprimentos e setores adjacentes. Ao estudar o cenário tecnológico, procure ter uma visão ampla do tempo atual e da maturidade tecnológica. Comece com as tecnologias *ativamente usadas agora*: de que modo seu parceiro fabricante está atualizando sua fábrica? Que mídias sociais seus clientes usam? Depois procure informar-se sobre tecnologias que estejam *apenas começando a ser usadas* por uma pequena parcela de *early adopters* (adotantes iniciais). Rastrear *startups* em seu setor é uma boa maneira de conhecer novas aplicações da mais recente tecnologia. Por último, fique de olho nos laboratórios de pesquisa e nos investimentos de capital de risco em tecnologia que *ainda não esteja no mercado,* para detectar tendências de longo prazo que possam reformatar seu setor.

> **Competição** - Dê uma olhada geral na concorrência e nos parceiros enquanto busca entender o ecossistema de seu negócio que definirá seu futuro. Quem são os novos participantes do setor? Que novos produtos e negócios estão sendo testados? Qual o ritmo da mudança e o nível de ameaça competitiva que você enfrenta nas diversas partes de seu negócio? Ao analisar a futura concorrência, leve em conta os concorrentes simétricos (seus pares tradicionais, com o mesmo modelo de negócio) e os assimétricos (empresas com uma proposta de valor concorrente, mas modelo de negócio diferente).

Em muitos casos, entre os concorrentes assimétricos estarão seus parceiros de negócios mais próximos (ver Figura 3.1).

> **Tendências estruturais** - Estude as grandes tendências no ambiente externo do seu negócio que possam moldar seu contexto futuro. Examine tendências demográficas – crescimento populacional, diferenças geracionais, urbanização e envelhecimento da população. Examine as tendências macroeconômicas – desenvolvimento econômico, globalização e disponibilidade de recursos – e as governamentais – leis, regulamentações, tarifas e investimentos. Por fim, examine quaisquer outras tendências – sociais, ambientais, de saúde, climáticas, geopolíticas – que você acredita que podem impactar seu negócio. Se o seu negócio opera em múltiplos mercados, certifique-se de detectar as diferenças entre eles e identificar quais tendências têm maior potencial de impactar cada um deles.

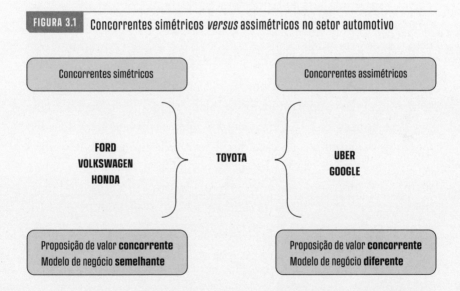

**FIGURA 3.1** Concorrentes simétricos *versus* assimétricos no setor automotivo

Seus insights em todas essas quatro áreas devem vir de fontes de dentro e de fora de sua empresa – conversas com clientes, encontros com novas *startups* e com seus atuais parceiros, relatórios de pesquisas e atualizações regulares quanto aos pontos de vista dos funcionários da linha de frente.

## ◢ Ferramentas para escanear o futuro

As quatro ferramentas de meu último livro, *Transformação Digital*, serão úteis quando você trabalhar para desenvolver seu cenário futuro.

No *Roadmap* da Proposta de Valor (no Capítulo 6 do *Transformação Digital*) há uma ferramenta indispensável para destilar conhecimento a respeito das necessidades em evolução de seus clientes. Primeiro, essa ferramenta o ajudará a segmentar seus clientes com base em suas necessidades e no valor que elas atualmente recebem de seu negócio. Em seguida, você examina cada elemento de valor que entrega (será que algum está sendo substituído ou sofrendo disrupção?) e faz um levantamento das novas tecnologias e tendências, a fim de identificar novos elementos de valor possíveis. Finalmente, a ferramenta o guiará para definir uma nova proposta de valor que atenda às necessidades futuras de cada segmento de clientes.

O Trem de Valor Competitivo (no Capítulo 3 do *Transformação Digital*) vai ajudá-lo a entender seu ecossistema competitivo – a interação entre competição e cooperação que sua empresa faz com os negócios ao redor dela. Tenho usado essa ferramenta com numerosos executivos para analisar novos participantes digitais em seus setores (seguros, varejo, bens de consumo etc.) e para entender o mix de ameaça competitiva *versus* oportunidade de colaboração que eles representam.

No Capítulo 8 do *Transformação Digital*, você encontra duas ferramentas para avaliar a ameaça de disrupção digital ao seu negócio. A primeira, o *Roadmap* de Modelo de Negócio Disruptivo, ajuda a definir se um novo modelo de negócio de fato constitui uma ameaça disruptiva ao examinar dois lados de cada modelo de negócio (a proposta de valor e a rede de valor). A segunda ferramenta, o Planejador de Reação Disruptiva, ajuda a avaliar suas opções diante de um desafio disruptivo. A ferramenta examina seu disruptor em três dimensões, para ajudá-lo a identificar qual das seis reações estratégicas é sua melhor opção.

Todas essas ferramentas definem a disrupção digital como um chamado a inovar e a liderar em direção ao seu futuro. Como me revelou Chris Reid, agora vice-presidente executivo [*Executive Vice President*, EVP] da Mastercard: "Acho que a disrupção muitas vezes é uma coisa boa, desde que você seja ágil, desde que possa prevê-la.

Você precisa ser capaz de imaginar como pode navegar em torno dela ou como pode tirar vantagem".

Uma visão clara de seu cenário futuro é propiciada quando você se educa para saber continuamente o que está acontecendo na vida de seus clientes, no cenário em evolução da tecnologia digital, e entre outros negócios com os quais você deve competir e cooperar para ser bem-sucedido.

## Qual a aparência de um cenário futuro

Bem, mas qual deverá ser a aparência desse cenário futuro? O resultado do trabalho acima mencionado pode ser muito detalhado ou extremamente sucinto. O importante é que forneça um bom guia para a ação, a fim de que você possa avançar de acordo com a sua visão da direção que sua unidade de negócio ou empresa irá tomar e das oportunidades que irá perseguir. As seções a seguir descrevem três exemplos: Merck Animal Health, BSH Home Appliances e Acuity Insurance.

### Merck Animal Health

Na Merck Animal Health (conhecida como MSD Animal Health fora dos Estados Unidos e Canadá), o CMO global Fernando Riaza está focando em compreender o futuro de um negócio que atende tanto a donos de pets como a empresas agrícolas de criação de animais (bovinos, laticínios, aves, suínos e peixes). Ele vê dramáticas mudanças no lado do consumidor à medida que os pets são integrados à nossa vida digital e também vê mudanças igualmente grandes no lado da agropecuária. O "caminho para a compra" entre os clientes de medicamentos para animais está mudando dramaticamente, e depende menos de comparações intermediadas por veterinários e mais de vendas digitais diretas. Em vez de aceitar que seja o veterinário quem toma as decisões, os clientes estão procurando seu próprio conteúdo e ferramentas digitais para decidir. Também vêm sendo moldadas oportunidades futuras por meio de tendências tecnológicas no setor agrícola, onde sensores digitais fornecem cada vez mais dados em tempo real para negócios de laticínios e carnes.

## BSH Home Appliances

A BSH Home Appliances é uma das maiores provedoras mundiais de eletrodomésticos para cozinha, lava-louças, lava-roupas e refrigeração; a empresa vende sob as marcas Bosch, Siemens, Gaggenau, Thermador, Neff e outras. O cenário futuro da empresa começa pelo entendimento das mudanças na vida de consumidores conectados digitalmente e na maneira com que usam *apps*, dados e serviços habilitados por *smartphones* para atender às necessidades básicas de comida e vestuário. Como resultado, a BSH está não só acompanhando os produtos habilitados digitalmente que são desenvolvidos por fabricantes concorrentes de eletrodomésticos (como o último modelo de geladeira digital), como observa novos participantes, como Uber Eats (para entrega de comida), *apps* de receitas, influenciadores on-line e *startups* de serviços de lavanderia. Essa visão do futuro está formatando a expansão da BSH de eletrodomésticos para novas soluções digitais, para atender às necessidades de cozinha e limpeza dos clientes de amanhã.

## Acuity Insurance

Tive a oportunidade de trabalhar em profundidade com Ben Salzmann, CEO da Acuity Insurance, enquanto seu time de liderança desenvolvia um cenário futuro para seu negócio de propriedades e seguros contra sinistros. A Acuity opera no mercado B2C (linhas pessoais), vendendo seguros residenciais e de veículos a indivíduos. Mas também opera no mercado B2B (linhas comerciais), vendendo apólices de seguros mais complexas para pequenas e médias empresas em setores como construção civil, transporte rodoviário e fábricas. No lado B2C, a Acuity enxerga uma divisão geracional, com clientes mais jovens buscando mais opções de praticidade, customização e autosserviço por meio de seus celulares. No lado B2B, novos clientes incluem setores em crescimento, como o de cuidado de idosos e o de trabalhadores na *gig economy*; e clientes de longa data cada vez mais recorrem à Acuity quando precisam de insights e conselhos a respeito de seu setor.

As tendências tecnológicas também se movem rapidamente. Os clientes atuais esperam serviços prestados por celular, internet, *chat* e mídias sociais, e querem ser capazes de entrar com uma reclamação e acompanhar seu processo num *app* de *smartphone*, rolando a tela e clicando. Sensores domésticos populares como Nest e Ring fornecem novas fontes de dados para seguros de propriedades. Robótica e automação estão sendo adotados por muitos clientes de negócios da Acuity – o que tem impacto na seleção de quais ativos precisam ser segurados, assim como no prêmio de seguro do trabalhador, que é exigido para uma força de trabalho cada vez mais especializada. Ao mesmo tempo, a Acuity acompanha o desenvolvimento de veículos autônomos. No futuro, se a autonomia total tiver ampla disseminação, isso irá mudar radicalmente a necessidade de seguros de veículos – sejam eles propriedade de famílias, de empresas de transporte ou de outros negócios.

O cenário competitivo também está mudando para a Acuity. A empresa trabalha com vários parceiros novos – sejam plataformas digitais de anúncios para mercados on-line, sejam provedores de dados para assinatura e avaliação de risco. Seu setor tem atraído investimentos de VC numa série de novas *startups* com modelos de negócio bastante diversos. Utilizamos o Trem de Valor Competitivo para analisar mais de 100 novos participantes digitais em algumas poucas categorias – incluindo agregadores, agências virtuais, parceiros de valor agregado e subscritores digitais diretos – e para definir a ameaça competitiva e a oportunidade de cada um. Também identificamos ameaças potenciais futuras, como a do modelo de negócio "fabricante como segurador".

Embora haja intensa empolgação dos investidores com o setor de seguros com tecnologia [*insurtech*], ficou claro que nem todas as empresas tinham um caminho viável de lucratividade. A Acuity constatou que seu negócio B2C enfrenta maior risco do que seu negócio B2B (no qual a complexidade das apólices de seguros impõe um obstáculo aos novos participantes). E umas poucas empresas *insurtech* estão tentando causar disrupção a seguradoras como a Acuity (com a maioria buscando se associar a elas). A ameaça digital mais imediata é para as agências de seguros com as quais a Acuity tem historicamente se associado. Mas no longo prazo, a maior ameaça à Acuity é ela não conseguir se adaptar com suficiente rapidez às mudanças nas necessidades dos clientes.

Passo 1: Defina uma visão compartilhada

## ◢ A falácia de Parmênides

Talvez a razão mais importante para descrever seu cenário futuro é ser capaz de responder à pergunta: o que acontecerá se não fizermos nada?

Essa pergunta é crucial para evitar o que Philip Bobbitt chama de falácia de Parmênides: o erro de comparar um novo curso de ação com seu estado presente em vez de com aquilo que o futuro parecerá se você não fizer nada. (A falácia de Parmênides é assim chamada em referência ao filósofo grego que defendia que toda mudança é ilusória.)[9] Com muita frequência, as decisões nas grandes organizações são moldadas por uma suposição não explícita de que o futuro será mais ou menos como o presente. (Um dos argumentos mais perversos que ouvi contra a DX se baseia no sucesso financeiro presente: "Não podemos nos dar ao luxo de mudar; nosso EBITDA é alto demais!".)

A falácia de Parmênides tem muita força em razão de uma série de bem conhecidas distorções cognitivas: o viés do *status quo*, o efeito do fundo patrimonial e o viés da omissão. Seu efeito líquido é que tendemos a temer os riscos de ações ao mesmo tempo em que permanecemos cegos de bom grado aos riscos da inação. Mas numa época de rápidas mudanças, esse é um grave erro. Como John F. Kennedy teria dito: "Há riscos e custos num programa de ação. Mas são muito menores que os riscos e custos a longo prazo de uma inação confortável".[10]

## DIREITO DE VENCER

O segundo elemento de qualquer visão compartilhada é o seu *direito de vencer* no futuro que vê adiante. Por que justamente você? O que dá ao seu negócio uma razão para ser bem-sucedido no seu cenário futuro? Quando Jim Hackett assumiu como CEO da Ford Motor, afirmou que o maior desafio a ser colocado aos funcionários da Ford era "fazer com que todos olhassem para o futuro... e, em segundo lugar, que você tem o direito de ser vencedor nesse cenário. Que não temos que ceder isso a ninguém. Seja a Tesla, ou quem for. Vencer é um direito nosso".[11]

Para encontrar seu direito de vencer, você terá que compreender seus pontos fortes únicos enquanto organização, as qualidades que colocam você à parte dos outros. Também precisará identificar os limites ou restrições mais importantes às suas escolhas estratégicas. Nas questões em que seu cenário futuro depende de conhecimento externo (por meio de um aprendizado contínuo a respeito de clientes, concorrentes e forças externas ao seu negócio), seu direito de vencer irá decorrer de um profundo conhecimento interno sobre a própria organização.

## ◢ Vantagens únicas

Descobrir seu direito de vencer começa com o conhecimento dos pontos fortes que distinguem seu negócio para competir no mercado. No que a sua organização é particularmente boa? Que ativos ou talentos caracterizam seu negócio, acrescentam valor aos seus produtos ou serviços, e dão a você uma vantagem competitiva? Chamo isso de suas vantagens únicas.

Quando a Netflix fez sua oferta pública inicial de ações [*initial public offering,* IPO] em 2002, sua documentação identificava três vantagens únicas que distinguiam a empresa: sua base de assinantes, seus massivos conjuntos de dados sobre preferências de mídia de seus clientes e sua capacidade comprovada de entregar experiências personalizadas.[12] Desde então, a Netflix tem alavancado essas várias vantagens conforme foi testando uma variedade de modelos de negócio para impulsionar seu dramático crescimento.

Para a Mastercard, sua vasta rede de consumidores e parceiros de negócios (tanto bancos quanto comerciantes) é uma força central quando ela olha para seu futuro digital. Outra força é seu acesso a massivos conjuntos de dados econômicos ligados a transações comerciais individuais.

Quando a Walmart foca em crescimento na era digital, ela começa examinando suas vantagens únicas. A primeira delas é sua rede de lojas. Como me revelou seu COO [*Chief Operating Officer*], Jeff Shotts: "O nosso maior ativo são as 4.700 lojas nos EUA que estão dentro de um raio de 16 quilômetros de 90% da população dos Estados Unidos". As lojas da Walmart, embora construídas para o *core business* de varejo da empresa, estão agora sendo alavancadas também para o seu negócio on-line – graças aos 150 mil produtos, em média, em cada uma das lojas, prontos para serem entregues a consumidores das proximidades. Outro poderoso ativo da Walmart é seu vasto conjunto de dados sobre os padrões de compra dos clientes, dos 150 milhões de compradores que a frequentam toda semana.

A Canadian Automobile Association (CAA) enfrenta grandes desafios para reinventar seu modelo de negócio, já que muitos dos serviços tradicionais oferecidos aos seus membros podem agora ser obtidos de graça por meio de *apps* de celular como Waze, Google Maps e Uber. No entanto, como seu presidente Tim Shearman me explicou, a CAA ainda preserva alguns ativos estratégicos: uma filiação de 36 milhões de membros; um tesouro de dados de transações que esses membros fazem usando o programa de fidelidade da CAA com uma série de outros negócios; e a marca CAA, que foi classificada como a marca mais confiável no Canadá dentre todos os setores. São essas justamente as vantagens que podem ser alavancadas com inovação de modelos de negócio digitais.

O Quadro 3.2 lista as vantagens únicas de todas essas quatro empresas: Netflix, Mastercard, Walmart e CAA.

Cada organização tem seus pontos fortes e vantagens únicos; caso contrário, não estaria mais no mercado. Podem variar de ativos físicos a patentes, tecnologia, dados, relacionamento com clientes, reputação de marca, parcerias estratégicas, aptidões dos funcionários etc. Quando você identifica suas vantagens únicas, é essencial que tenha um olho crítico e cético. Sempre que uma vantagem for proposta para fazer parte de sua lista, questione o quanto ela é de fato única. (Será que somos de fato inigualáveis nessa dimensão? Ou estamos apenas na faixa de 20% mais alta junto com nossos pares? Ou na faixa de 50% mais alta?). Em seguida, pergunte a si mesmo: Qual o benefício competitivo que isso confere ao nosso negócio? (Essa vantagem reduz nossos custos? Torna nossos clientes mais fiéis? Ajuda a fazer brotar o melhor talento dos outros?) Sem uma avaliação honesta dessas duas questões, tenho visto a discussão sobre vantagens únicas virar uma lista de coisas em que uma organização é relativamente boa, mas que são simplesmente as "apostas na mesa" necessárias para operar uma empresa moderna em seu setor. Certamente são qualidades necessárias, mas não a diferenciam da concorrência.

**QUADRO 3.2** Vantagens únicas de empresas selecionadas

| Empresa | Vantagens únicas |
|---|---|
| Netflix | • Base de assinantes<br>• Dados sobre preferências de mídia do cliente<br>• Capacidade de entregar experiências personalizadas |
| Mastercard | • Rede de parceiros de negócios (bancos e comerciantes)<br>• Rede de consumidores (usuários de cartão)<br>• Volume sem paralelo de dados econômicos acionáveis a partir das transações |
| Walmart | • Lojas de varejo<br>• Proximidade dos clientes<br>• Dados sobre padrão de compras de 150milhões de compradores |
| Canadian Automobile Association (CAA) | • Base de filiados<br>• Dados sobre transações via programas de lealdade da CAA<br>• Marca mais confiável do país, dentre todos os setores |

## ◢ Colocando vantagens únicas em prática

Conhecer suas vantagens únicas é crucial porque a estratégia eficaz não tem a ver com detectar oportunidades que poderiam funcionar para *qualquer* negócio. Trata-se de encontrar oportunidades que combinem com seus pontos fortes, com as quais você terá uma vantagem "injusta" sobre outras empresas que poderiam tentar a mesma coisa. Essas oportunidades não são apenas ideias genericamente boas que qualquer negócio deve perseguir. São oportunidades nas quais você tem um legítimo direito de vencer.

Para alavancar suas vantagens únicas, examine de que modo elas podem ajudá-lo a criar valor para os clientes. Tão importante quanto, descubra onde elas podem ajudar a capturar valor – alcançar mais lucros do que um concorrente conseguiria com o mesmo modelo de negócio.

A Mastercard, como parte de sua ambição de se tornar uma empresa *fintech* com serviços que vão além dos pagamentos com cartão de crédito, tem perseguido várias estratégias digitais. Cada uma busca tirar partido dos pontos fortes únicos da Mastercard como eixo global de transações comerciais. Uma das áreas de crescimento tem sido a análise de dados e insights de varejo. A Mastercard lançou um serviço que permite aos negócios terem acesso a dados mapeados geograficamente sobre padrões de compras no varejo no nível de um quarteirão. (Os usuários são bancos, incorporadoras imobiliárias e até formuladores de políticas públicas interessados em identificar "desertos alimentares" para intervir.) Outra nova estratégia da Mastercard é em cibersegurança e autenticação de identidade digital – com novas tecnologias (geolocalização, biometria etc.) para verificar a identidade e com isso habilitar (*enable*) pagamentos digitais seguros. Tanto as análises de varejo como seus esforços em identidade digital são favorecidos pelos pontos fortes da Mastercard – sua rede inigualável de parceiros de negócios e seu acesso a dados transacionais.

Outro exemplo vem da Intuit. Quando Rania Succar foi recrutada para trabalhar na empresa, esta já era líder de mercado em ferramentas de contabilidade, folha de pagamento e outras, atendendo pequenas e médias empresas sob a marca QuickBooks. Succar assumiu a tarefa de perseguir uma nova oportunidade estratégica para a Intuit: prover crédito a pequenos negócios. A iniciativa, segundo me explicou, baseava-se numa vantagem única: "Nós na Intuit acreditamos ser capazes de conceder empréstimos a pequenos negócios de uma maneira que ninguém mais consegue. Temos melhor acesso que ninguém a dados sobre pequenos negócios – por meio do que eles colocam na QuickBooks. E a hipótese era alavancar esses dados em favor de pequenos negócios, para construir os melhores modelos de *underwriting* [assinatura] e conseguirmos melhorar a lucratividade de pequenos negócios e aumentar muito a taxa de acesso a capital". Após experimentação e validação, o produto foi lançado como QuickBooks Capital, alavancando 26 bilhões de pontos de dados para treinar um algoritmo capaz de oferecer empréstimos de até 100 mil dólares a pequenos negócios nos EUA. Os clientes adoraram, e 90% disseram que isso teve impacto direto no crescimento de seus negócios.

## Vantagem recíproca

As estratégias mais poderosas alavancam não só as vantagens existentes do negócio para promover novas estratégias. Elas perseguem o que eu chamo de *vantagem recíproca* – à medida que um modelo de negócio dá certo,

**FIGURA 3.2** Vantagem recíproca

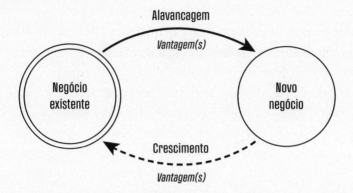

ele não só alavanca como faz crescer os ativos essenciais de outros, num ciclo virtuoso (ver Figura 3.2). Isso é muito mais que um simples conglomerado que combine negócios desconectados (como o Grupo Samsung, que opera em produtos eletrônicos, serviços financeiros e construção de navios) ou que seja verticalmente integrado dentro de uma única cadeia de suprimentos (por exemplo, um fabricante de automóveis que adquire uma empresa de pneus). Em vez disso, uma organização baseada em vantagem recíproca combina modelos de negócio que apoiam o crescimento um do outro compartilhando e melhorando os ativos estratégicos que ligam cada negócio (por exemplo, dados, algoritmos e clientes).

Podemos ver essa dinâmica em ação nas empresas mais bem-sucedidas da era digital – Google, Apple, Amazon e outros. O Google Maps, por exemplo, é um produto incrível que a empresa está sempre fazendo evoluir e inovando para que seja mais útil aos clientes. No entanto, a Google fez pouco para monetizar o Google Maps diretamente ao longo dos anos. Como é que a empresa consegue continuar investindo no produto? A resposta é que o Google Maps não só *alavanca,* mas também *faz crescer* as vantagens únicas dos outros modelos de negócio da Google – ao capturar imensos volumes de dados sobre localização e ao expandir enormemente o tempo em que os usuários ficam logados num serviço da Google. Naqueles outros modelos de negócio (busca, publicidade, YouTube etc.) é onde a empresa monetiza suas vantagens com altas margens e com uma receita tremenda (ver Figura 3.3).

**FIGURA 3.3** Vantagem recíproca da Google

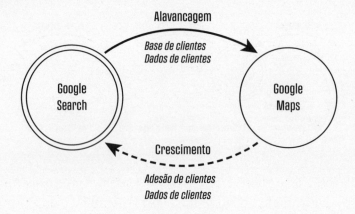

A vantagem recíproca é uma oportunidade na DX também para empresas de legado. A Walmart está seguindo esse caminho ao considerar novas estratégias digitais (ver Figura 3.4). Seu negócio de comércio eletrônico, o Walmart.com, consegue alavancar a proximidade de lojas para entregar mais rápido aos clientes, assim como os dados de vendas das lojas para prever demanda de produtos. Mas o site também expande os dados de compra do cliente da Walmart, com insights no comportamento de seleção de produtos. E ao projetar para que as vendas on-line sejam repostas nas lojas, o site também dirige mais tráfego para o negócio de varejo. Depois de estabelecer seu negócio de comércio eletrônico, a Walmart expandiu-se num mercado on-line para outros vendedores. Essa estratégia alavancou o tráfego on-line existente da empresa. E também expandiu a seleção de produtos no Walmart.com, gerando ao mesmo tempo mais dados sobre as buscas dos clientes e sobre os interesses por produtos. Mais recentemente, a Walmart expandiu-se em dois novos setores promissores – assistência médica e finanças – ao lançar serviços dentro de suas lojas (clínicas Walmart Health e Walmart Money Centers, respectivamente).

Esses novos modelos de negócio se beneficiam do tráfego de clientes pelas lojas, assim como de seus dados (por exemplo, na avaliação das condições para concessão de crédito a clientes). Ao mesmo tempo, esses novos negócios beneficiam as lojas ao fazer crescer seu valor para o cliente, aumentando a frequência de visita às lojas, e gerando ainda

**FIGURA 3.4** Vantagem recíproca da Walmart

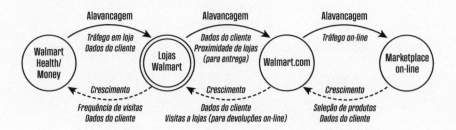

mais dados. Como Shotts explicou: "Nós pensamos no ecossistema que estamos construindo... Não se trata apenas de onde é que as pessoas gastam seu dinheiro, é de onde elas gastam seu tempo, e de como você aumenta seu valor e relevância em ambos".

### Restrições estratégicas

Tão importante quanto entender suas vantagens únicas é compreender suas restrições estratégicas. Ao formular novas estratégias digitais, é fundamental identificar quaisquer *guardrails* nos quais você não deve encostar, limites dentro dos quais seu negócio terá que operar, ou locais onde você não irá (e onde outras empresas poderão ir).

Não estamos falando aqui dos desafios de processo, cultura, talento e tecnologia que o *Roadmap* da DX se propõe a enfrentar e melhorar com tempo e iteração. Em vez disso, devemos olhar para as restrições – como as regulamentações do governo ou os contratos legais – dentro das quais seu negócio terá que operar, mesmo quando amadurecer digitalmente, e que todos os que trabalham na sua organização precisam conhecer. Entre os tipos comuns de restrições estratégicas estão:

> **Propriedade ou estrutura legal** - Você é uma empresa de capital aberto? Um negócio familiar? Uma estatal? Uma franquia? A CAA é parte de uma organização global, a Fédération Internationale de l'Automobile (FIA), que abriga 246 clubes em 146 países, cada um enfrentando fontes muito similares de disrupção digital. Mas a FIA é uma organização global muito pequena, com orçamento e poder

residindo em suas organizações nacionais afiliadas. Essa estrutura significa que a FIA não pode ditar ou mesmo gerir de modo centralizado uma estratégia digital global. Em vez disso, deve focar em moldar o pensamento de suas divisões nacionais, compartilhando suas melhores práticas, e coordenando seus esforços de colaboração.

> **Acordos entre parceiros** - Isso costuma assumir a forma de conflito de canais – quando as ambições de uma empresa entram em conflito com as de seus parceiros de vendas. Muitas empresas que tenho aconselhado tiveram que lidar com conflitos dessa ordem ao considerar novos modelos de negócio digitais. Outras estavam amarradas por contratos legais com fornecedores centrais que as proibiam de competir em certas áreas de produto ou certos mercados. Lembre-se de que a CNN foi incapaz de introduzir seu conteúdo mais apreciado (seus programas diários de notícias por TV a cabo) no serviço de *streaming* digital da CNN+ porque isso era vetado por contratos com seus parceiros distribuidores por cabo.

> **Regulamentação legal** - Essa é uma grande restrição estratégica para muitas empresas, especialmente em setores como assistência médica e serviços financeiros. Bancos como Citibank e Chase, ao considerarem novas estratégias digitais, têm que lidar com uma ampla gama de regulamentações – em torno de privacidade de dados, conformidade com o *know your customer* (KYC) [regulamentações que em serviços financeiros exigem verificar identidade, adequação e riscos envolvidos na relação comercial com cada cliente], segurança etc. A estratégia da Acuity para crescimento por expansão geográfica é limitada pelas diferentes exigências de licenciamento para seguradoras em todos os cinquenta estados americanos. Em muitos casos, regulamentações do setor são aplicadas de modo diferente no caso de novas *startups* digitais em relação ao que ocorre com negócios legados, e isso cria um campo de jogo desigual.

> **Infraestrutura local** - Infraestrutura, como disponibilidade de banda larga, boas redes de transporte ou instituições de classificação de crédito, pode impor significativas restrições às suas novas

estratégias de modelos de negócio. A disponibilidade de matéria-prima essencial ou a falta de padrões técnicos dentro de um setor também podem impor restrições significativas. Quando a Amazon entrou na Índia, suas restrições estratégicas incluíam regulamentações governamentais, mas também obstáculos logísticos numa nação que carece dos parceiros de transporte, rodovias e sistemas de endereçamento disponíveis em mercados mais desenvolvidos. Quando a Alibaba entrou no setor de pagamentos por celular (lançando a Alipay), foi porque o mercado chinês não tinha um sistema bem desenvolvido para cobrar o consumidor, como os cartões de crédito que vemos em outros países.

➤ **Outros fatores** - Vários outros fatores, como a missão social de uma empresa, podem colocar restrições estratégicas. A estratégia digital da New York Times Company é moldada por seu compromisso com sua missão jornalística (não apenas com uma meta de criar conteúdo que chame mais a atenção). Quando o Banco Comercial Nacional da Arábia Saudita (NCB na sigla em inglês) iniciou sua DX, uma grande restrição era sua baixa rotatividade de funcionários e seu compromisso de não deixar sair o pessoal contratado e treinado para operar um banco físico.

À medida que identifica suas limitações, você reconhece que elas podem ter uma variedade de implicações para a tomada de decisões. Às vezes, uma restrição não chega a barrar completamente uma estratégia. Em vez disso, a restrição pode ser tratada como um fator de risco com o qual será preciso lidar. Novas estratégias que deparem com essa restrição vão exigir uma consideração bem ponderada do seu apetite por riscos e das razões pelas quais você pode se dispor a enfrentá-lo.

Em outros casos, seu negócio vai querer definir linhas vermelhas estratégicas muito claras que você não se sentirá à vontade para cruzar. Por exemplo, a liderança da Acuity declarou que não iria crescer por meio da aquisição de outras entidades que envolvessem riscos (por exemplo, outra seguradora), porque isso comprometeria a vantagem única da Acuity de ter subscrições excepcionalmente bem geridas em seu "portfólio" de apólices.

## IMPACTO DA ESTRELA GUIA

O terceiro elemento de uma visão compartilhada para um negócio é o que eu chamo de seu *impacto da estrela guia*, que é uma declaração do que você busca alcançar ao longo do tempo. Ficou famoso o comentário de Steve Jobs referindo-se à Apple e seus funcionários como buscando "deixar uma marca no universo".[13] Que impacto você deseja produzir por meio de sua DX? Sua resposta, como uma estrela guia, pode dar orientação e direção aos seus esforços ao longo do tempo. Ao considerar o impacto de sua estrela guia, tente responder às seguintes questões:

> Que impacto você busca produzir no mundo?

> Que problemas você está numa posição única e capaz de resolver?

> Por que o mundo sentiria sua falta se você desaparecesse?

O impacto de sua estrela guia deve ser fruto de seu conhecimento externo do mundo (cenário futuro) e do conhecimento interno de sua organização (direito de vencer), assim como de uma compreensão da sua história de fundação. Seu impacto da estrela guia não deve ser uma simples sequência de palavras inspiradora. Precisa ser uma declaração que molde as decisões de seu negócio pelos próximos anos – os investimentos que você fizer, as pessoas que recrutar para cargos de liderança e as estratégias que escolher perseguir.

Empresas nativas digitais costumam ser conhecidos por uma enunciação clara do impacto que pretendem ter. O Google tem uma missão, enunciada por extenso, de "organizar a informação do mundo". A Microsoft, com sua longa história de construir ferramentas de tecnologia para os outros, tem a missão de "empoderar cada pessoa e cada organização do planeta a alcançar mais". Mas também temos exemplos de negócios não nativos digitais. Toda empresa que tenho visto com uma agenda coerente de DX foi guiada por uma noção muito clara do impacto que quer produzir. O Quadro 3.3 mostra quatro exemplos.

Duas coisas se destacam das declarações de impacto da estrela guia no Quadro 3.3. Primeiro, são muito ambiciosas. Nenhuma delas refere-se a metas fáceis de alcançar e concluídas a curto prazo. Segundo, abrangem

| QUADRO 3.3 | Impacto da estrela-guia em nível da empresa |

| Empresa | Impacto da estrela-guia para a DX da empresa |
| --- | --- |
| Ford Motor | Atender às necessidades ambientais e de mobilidade de um planeta em crescimento e urbanização, com veículos e sistemas de transporte conectados. |
| Mastercard | Prover e proteger o comércio seguro no mundo digital, em todo dispositivo, parceiro e plataforma. |
| BSH Home Appliances | Melhorar a experiência do consumidor digitalmente conectado em suas necessidades de cozinha e limpeza. |
| Domino's Pizza | Oferecer a melhor experiência de entrega de pizza para os consumidores atuais, digitalmente conectados. |

tanto a essência em evolução e as partes mais novas do negócio. A meta fala com cada indivíduo em cada uma das partes da organização. Isso significa que cada um tem uma aposta no futuro da empresa.

Embora esses quatro exemplos se refiram ao impacto da DX na empresa como um todo, o impacto da estrela guia pode ser definido em qualquer nível da organização. Para a Merck Animal Health, um time pode definir o impacto de sua DX nos fazendeiros de laticínios, enquanto outro define o impacto da DX para donos de pets. Para a Acuity Insurance, sua divisão de Linhas Pessoais definiria o impacto da DX nos indivíduos e famílias segurados, enquanto a divisão de Linhas Comerciais definiria o impacto nos pequenos negócios.

## ◢ Por que *versus* o quê

O ponto mais importante a ressaltar sobre qualquer impacto da estrela guia é que ele busca responder à pergunta "Por quê?", e, não, à pergunta "O quê?". Precisa ser uma declaração do que você espera *alcançar*, não do que você espera *fazer*. É sobre resultados, não sobre atividades. Essa distinção costuma não ser feita por executivos quando elaboram o que acreditam ser declarações de missão ou estratégias corporativas. Adam Bryant, que entrevistou centenas de CEOs, observou:

Passo 1: Defina uma visão compartilhada

"Examinei muitos documentos sobre estratégia que vão a grandes altitudes e apenas descrevem o que a empresa faz, e não o que estão tentando alcançar".[14]

Isso é especialmente crucial no caso da DX. O foco do impacto de sua estrela guia deve ser responder "por que" você deve transformar antes de entrar nas eventuais questões sobre "o que" irá fazer. Como já escrevi, *transformação digital não tem a ver com tecnologia*. Vejo muitas empresas que não conseguem escrever uma sentença a respeito de seus esforços de DX sem mencionar termos como "inteligência artificial", "*blockchain*" e "metaverso". Mas antes que você comece a pensar nas tecnologias específicas que irá implementar, deve primeiro identificar o propósito para o qual estará fazendo uso delas.

A Domino's Pizza, por exemplo, não usa tecnologia digital em razão de suas possibilidades intrínsecas. Por isso não se esforçou para imprimir seus *pepperoni* em 3D, ou criar uma *blockchain* para sua muçarela, ou criar *tokens* não fungíveis [*non-fungible tokens,* NFTs) para seu pão de alho. Embora a Domino's veja a si mesma como "uma empresa de tecnologia tanto quanto empresa de pizza", todos os seus esforços digitais foram firmemente focados na meta de oferecer a melhor experiência de pedido e entrega de pizza – simples, sem entraves, em qualquer lugar, com rapidez e bastante conveniência.

As *startups* de tecnologia Web3 mais impressionantes que tenho visto estão focadas no problema do cliente que tentam resolver. Por exemplo, a missão da qikfox é "tornar a internet mais confiável e segura para os consumidores". Não diz nada sobre se a *startup* vai usar *blockchain* ou JavaScript ou alguma outra tecnologia para conseguir isso.

A meta da transformação digital nunca deve ser definida em termos da tecnologia que você usará. Tampouco deve ser definida em termos das capacidades que pretende construir (análise de dados, aprendizagem de máquina, infraestrutura de nuvem etc.) ou dos processos que irá utilizar (jornadas do cliente, *squads agile* etc.). Em vez disso, use o impacto de sua estrela guia para garantir que seus esforços de DX estejam focados em seu impacto. Quando Olivier Delabroy, vice-presidente de marketing, descreve a DX da gigante industrial Air Liquide, diz que eles têm "obsessão" em definir o digital como um propiciador de criação de valor. "Minha meta para qualquer transformação é ela ser para o negócio, pelo negócio... Não é digital por ser digital, mas para criar valor para os clientes, acionistas e funcionários."

Ao pensar no impacto que você quer produzir, lembre-se do poder da motivação intrínseca e foque seus esforços de mudança no valor que sua DX criará para os outros – clientes, parceiros ou a sociedade em geral.

### Zoom out

Ao definir o impacto de sua estrela guia, pode ser útil recuar um passo e redefinir a categoria em que você está. Chamo isso de *zooming out* porque envolve tipicamente dar um passo para trás em relação a uma definição estreita do produto de seu negócio para buscar uma definição mais ampla baseada nas necessidades que você está atendendo.

Ao pensar no seu futuro digital, a Ford fez um *zoom out* dos produtos que já havia produzido e colocou foco nos desafios da sustentabilidade ambiental e mobilidade, voltadas a um planeta em crescimento e urbanização. A Ford redefiniu a si mesma, de fabricante de veículos a empresa de serviços de mobilidade – com automóveis conectados (em rede, elétricos, autônomos) como seu componente central. Ajay Banga, por longo tempo CEO da Mastercard, começou a jornada digital da empresa declarando que ela não era mais uma empresa de cartão de crédito, e sim uma *fintech* que usava tecnologia para habilitar (*enable*) comércio por meio e além dos pagamentos. A Mastercard fez um *zoom out* da categoria de produto "cartões de crédito" ou mesmo "pagamentos" para focar nas necessidades comerciais de consumidores e comerciantes num mundo sempre ligado, conectado por celular.

Claro que há limites para o *zooming out*. Como um executivo me perguntou: "Se a Ford é uma empresa de mobilidade, isso significa então que eles devem fabricar aviões e competir com a Boeing?". A chave é olhar para o seu direito de vencer ao repensar os parâmetros de seu negócio. Apenas uma definição que combine suas vantagens únicas e suas restrições será sustentável no altamente competitivo ambiente digital.

Experimente o *zooming out* perguntando: "Em qual negócio de fato estamos?". Uma resposta honesta a essa questão pode ajudar qualquer negócio a fugir da armadilha de Ted Levitt de miopia estratégica e manter o foco nos problemas que ele visa resolver.

Passo 1: Defina uma visão compartilhada

## ◢ Definição do sucesso

A declaração do impacto de sua estrela guia deve ser ambiciosa e qualitativa ("oferecer a melhor experiência em entrega de pizza", "prover e proteger o comércio eletrônico" etc.). Mas pode ser muito útil aliar esse tipo de declaração qualitativa a uma ou mais métricas concretas, o que chamo de uma definição do sucesso. O ponto aqui não é bem medir tudo o que você vai fazer, mas, sim, responder esta simples pergunta: Como saber se estou progredindo em direção ao impacto da minha estrela guia?

A meta abrangente da Mastercard é transformar-se de empresa cujo legado é o cartão de crédito em uma *fintech* capaz de prover comércio seguro no mundo digital – e ela lançou novas unidades de negócio focadas em cibersegurança e outros serviços para o setor financeiro. Para medir o progresso em direção à sua meta, a empresa montou dois alvos ambiciosos: fazer seu negócio de serviços crescer no dobro do ritmo de seu *core business* de cartão de crédito e aumentá-lo para 40% da receita total da empresa. Juntos, esses dois alvos fornecem uma medida poderosa do sucesso da DX da Mastercard.

De modo similar, o *New York Times* definiu alvos mensuráveis para a transformação de seu modelo de negócio de número um em publicidade e analógico, para número um em assinatura e digital. O primeiro objetivo da empresa foi aumentar a receita digital para 800 milhões de dólares por ano (uma cifra que sustentaria o jornalismo do *Times* se a edição impressa fosse completamente extinta). O segundo era chegar a 10 milhões de assinaturas de seus produtos de notícias e não noticiosos.

O Quadro 3.4 mostra esses dois casos, do *New York Times* e da Mastercard. No quadro, refiro-me à declaração qualitativa do impacto da estrela guia da empresa como seu "objetivo" e à definição mensurável de sucesso como seu(s) "resultado(s)-chave". São termos emprestados do método de gestão conhecido como objetivos e resultados-chave [*objectives and key results*, OKRs]. Esse método, que teve origem na Intel sob o CEO Andy Grove, foi refinado por John Doerr (que iniciou sua carreira na Intel); evangelizado por Doerr em seu trabalho como investidor e mentor em VC; e acabou sendo adotado por inúmeras organizações, do Google à Intuit, da Under Armour à Fundação Gates. O segredo do método OKR é fazer uma discriminação entre seus objetivos (as metas que pretende alcançar) e seus resultados principais (os passos mensuráveis que você acredita que irão fazer avançar a cada objetivo).[15]

O impacto de sua estrela guia (objetivo) faz uma descrição qualitativa do que você quer alcançar. Promove alinhamento ao motivar todo mundo a pensar em como contribuir para essa ambiciosa meta. Por contraste, sua definição do sucesso (resultados centrais) é quantificada. Não capta tudo o que você quer alcançar, mas promove alinhamento justamente porque cada um pode ver o progresso que você está fazendo objetivamente.

**QUADRO 3.4** Definição do sucesso para o impacto da estrela guia

| Empresa | Impacto da estrela guia (Objetivo) | Definição do sucesso (Principais resultados) |
| --- | --- | --- |
| Mastercard | Fornecer e proteger comércio seguro no mundo digital | • Aumentar os novos negócios para 40% da receita da empresa<br>• Aumentar os serviços duas vezes mais rapidamente que o *core business* em cartões de crédito |
| New York Times Company | Garantir nossos esforços jornalísticos na economia digital | • Dobrar a receita digital para $800 milhões em cinco anos (suficiente para sustentar a veiculação de notícias)<br>• Chegar a 10 milhões de assinaturas por volta de 2025 |

Há um tremendo poder em alinhar times e indivíduos em uma organização com metas claras, ambiciosas e mensuráveis como esta. Um exemplo que vi veio da Google nos primeiros dias de seu negócio no YouTube. Em 2012, a liderança do YouTube definiu uma meta audaciosa de aumentar o número de horas de vídeo assistidas em sua plataforma por um fator de dez, para alcançar 1 bilhão de horas por dia. Esse número pareceu astronômico no início, mas se tornou um grito de guerra em toda a empresa. Cada um dos vários times contribuiu para a meta introduzindo inovações em tudo, desde a busca no

Passo 1: Defina uma visão compartilhada

YouTube e a recomendação de algoritmos a aprimorar seus centros de dados para uma melhor banda larga, a acrescentar realidade virtual e videogames pela primeira vez, e melhorar a experiência de sala de estar ao "colocar" o YouTube no seu televisor. Como explicou a CEO do YouTube, Susan Wojcicki, o ponto era que os líderes dissessem a todos na empresa: "É essa a direção que queremos seguir, então digam-nos como é que vocês pretendem chegar lá".[16]

Outra razão para elaborar uma definição do sucesso é envolver todos no processo de escolher métricas. Um dos princípios centrais do método OKR é que ele é praticado em todos os níveis da organização, do CEO até a parte mais baixa do organograma. Todos os times estão envolvidos e constantemente perguntam a si mesmos: "qual é o nosso objetivo?" e "como poderemos saber se estamos alcançando?".

Há muito tempo defendo que a parte mais importante da mensuração é o engajamento num debate sério a respeito de quais devem ser suas métricas. Feito do jeito certo, esse processo promove um alinhamento estratégico e um empoderamento dos funcionários. Você já terá colhido 90% dos benefícios de suas métricas – antes de medir qualquer coisa!

## TEORIA DE NEGÓCIOS

Citando o psicólogo social Kurt Lewin: "Não há nada tão prático quanto uma boa teoria".[17] O quarto e último elemento de uma visão compartilhada é, portanto, uma *teoria de negócios*: sua hipótese a respeito de como esperar recuperar os investimentos que irá fazer para o futuro.[18] Sua hipótese deve explicar como você irá não só criar valor para os clientes, mas capturar valor de volta. Vou ser claro: uma teoria de negócios é uma teoria causal de que fazendo X você terá Y, mas ela *n*ão é um *business case*, com projeções financeiras ou resultados específicos ligados a determinadas datas. Não é um modelo quantitativo descrevendo coisas como unidades econômicas, margens brutas ou seu ponto preciso de lucratividade. Ao contrário, uma teoria de negócios trata de questões mais amplas, direcionais. Será que seu retorno financeiro virá de vender mais, de reduzir custos, de gerar novas fontes de receita ou de algum mix disso tudo? Seu crescimento irá decorrer de inovações internas, de aquisições ou de um mix de ambas?

Algumas das mais famosas teorias de negócios foram traduzidas em forma visual. O diagrama de Walt Disney (fácil de encontrar na internet, mas não pode ser reproduzido aqui pelas normas estritas de licenciamento da Disney) mapeava a teoria de negócios que iria levar sua empresa a décadas de crescimento lucrativo. Esboçado em 1957 (dois anos após o lançamento da Disneylândia), o diagrama mostrava visualmente como cada expansão além do *core business* da Disney alavanca, cria receita adicional e revigora o *core*. O diagrama coloca o negócio de filmes da Disney – com sua vantagem única de talento criativo – no centro de uma rede de setas rotuladas que se cruzam. As setas ligam o *core* a todas as outras categorias – parques temáticos, televisão, música, livros, revistas, quadrinhos, *merchandise* e licenciamento de personagens –, e ligam esses empreendimentos entre eles, mostrando como as categorias *core* e além do *core* fazem uma polinização cruzada entre elas. Por exemplo, os filmes "fornecem melodias e talento" para a música; a música "ajuda a 'promover' filmes novos [e relançamentos]" e "mantém os filmes na mente", enquanto os parques temáticos geram "ideias para álbuns" e "promovem os filmes".[19]

Grandes empresas da era digital também foram montadas a partir de teorias de negócios simples. O comércio eletrônico da Amazon foi guiado desde o início por uma teoria muito específica. Jeff Bezos proclamou como um "artigo de fé" que manter os preços da Amazon baixos criaria no consumidor confiança e que essa confiança do cliente geraria fluxo de caixa livre a longo prazo.[20] Essa teoria foi expandida quando a Amazon incluiu outros vendedores em seu site pela primeira vez. De certa forma, esse movimento parecia arriscado – apresentar concorrentes diretamente aos clientes da Amazon. Mas Bezos tinha uma nova teoria de negócios, que ele chamou de "ciclo virtuoso" da Amazon (ou *flywheel* – "volante"). A teoria – que ele esboçou num guardanapo (ver Figura 3.5) – explicava como outros vendedores iriam fazer crescer o negócio de comércio eletrônico da Amazon por meio de ciclos de benefício mútuo. Os preços baixos da Amazon e a ampla seleção haviam criado uma experiência que atraía os clientes. Esse tráfego de clientes iria atrair outros vendedores a vender na Amazon. Outros vendedores iriam não só pagar uma comissão; expandiriam ainda mais a gama de produtos do site. Também baixariam o custo da estrutura da Amazon – ao aumentar o uso de ativos fixos como servidores e armazéns –, o que permitiria à Amazon baixar ainda mais seus preços. Preços mais baixos e maior gama de produtos atrairiam ainda mais clientes, promovendo crescimento num ciclo virtuoso.[21]

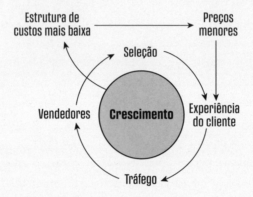

FIGURA 3.5 Ciclo virtuoso da teoria de negócios da Amazon, [ca. 2001]

Uma boa teoria de negócios é essencial para as empresas que investem recursos significativos em DX. Quando o NCB da Arábia Saudita começou sua transformação digital, seu CDO Omar Hashem sabia que não seria fácil nem barato.[22] Para justificar os grandes investimentos que o NCB faria (em tecnologias *back-end*, experiências digitais voltadas ao consumidor e retreino de sua força de trabalho no varejo), o banco precisava de uma teoria sobre como o investimento digital criaria valor para a empresa. Hashem e seu CEO começaram com dois grandes insights a respeito do negócio deles. Primeiro, o NCB sofria com seus sistemas de TI legados, cujos *bugs* causavam uma baixa taxa de processamento direto. Isso significava que um número excessivo de transações exigia intervenção manual diária do pessoal do banco. Em segundo lugar, o NCB tinha uma grande oportunidade não explorada de atender clientes que não tinham conta bancária fora das áreas urbanas da Arábia Saudita, onde a empresa vinha historicamente atuando. Esse mercado inexplorado era bem conhecido, mas o NCB carecia dos recursos humanos para atender clientes ali.

Com base nisso, os líderes do NCB desenvolveram uma clara teoria de negócios para a DX: reduzir os erros no processamento direto permitiria projetar um *app* bancário de alto nível e liberar os funcionários para conquistar novos mercados ainda não atendidos por bancos. Ao mesmo tempo, a experiência melhorada do *app* digital iria ajudá-los a conquistar esses novos mercados. A estratégia levou anos para ser executada, mas os resultados foram claros: os erros de processamento diminuíram, aumentou o uso dos *apps* do NCB pelos clientes e a força de trabalho reposicionada gerou grande expansão geográfica. Sem uma teoria clara sobre como a DX renderia frutos, o NCB talvez nunca teria sustentado o investimento necessário para fazer tudo isso acontecer.

## ◢ Selecione seus *drivers* de valor

Como é que você pode começar a definir sua teoria de negócios? Uma maneira é selecionar alguns dos principais *drivers* de valor para a sua DX. Esses *drivers* de valor são categorias amplas nas quais você espera que o digital gere valor para a sua organização. Já vi várias empresas usando os seguintes *drivers* de valor para pensar sua DX:

➤ **Experiência do Cliente [*Customer Experience*, CX]** - Inclui qualquer benefício financeiro gerado por inovações digitais que envolvam o cliente: novos produtos, novos serviços, experiências melhoradas ou mudanças no marketing. O valor costuma ser medido a partir da aquisição e retenção de clientes e da média de receita por usuário.

➤ **Excelência Operacional [*Operational Excellence*, OpEx]** - Este é qualquer benefício financeiro trazido pelas inovações digitais que melhorem suas operações ou reduzam riscos ao seu negócio, incluindo eficiências em sua força de trabalho e cadeia de suprimentos (por exemplo, por meio de dados, IA, automação ou outras métricas). Normalmente, isso é medido em redução de custos.

➤ **Novos Modelos de Negócio [*New Business Models*, NBMs]** - Os dois primeiros *drivers* descrevem valor a partir de melhorar seu negócio atual, mas este *driver* abrange valor de quaisquer modelos de negócio que você trouxer para o mercado.

Passo 1: Defina uma visão compartilhada

Esses três *drivers* de valor funcionam bem. No entanto, você pode querer definir *drivers* de valor diferentes para a sua organização. Uma organização sem fins lucrativos que aconselhei definiu seus *drivers* de valor como *impacto* (valor social criado em apoio à sua missão), *relevância* (lealdade e afinidade entre seus milhões de membros, fundamentais para o trabalho da organização e para sua saúde financeira) e *receita* (medidas financeiras vinculadas aos seus diferentes modelos de negócio). Cada iniciativa digital dessa entidade sem fins lucrativos deve definir sua contribuição a um ou mais desses *drivers* para ser aprovada.

Depois de obter concordância quanto aos *drivers* de valor para a DX, a próxima questão é: de onde você espera obter o maior valor? Tente definir um gráfico de pizza com o mix esperado de seus *drivers* de valor. Você acredita que os esforços digitais vão gerar 50% de seu valor de OpEx, 40% de CX e 10% de NBMs? Ou o mix seria de 20%, 30% e 50%? Não se trata aqui de um processo orçamentário, mas de uma conversa sobre prioridades. Alcançar concordância sobre os *drivers* de valor esperados trará clareza a cada um dos esforços digitais. Quando Mario Pieper foi para a BSH como seu primeiro CDO, o CEO deixou claro que seu foco prioritário era o crescimento da receita – com uma meta de dobrar a receita e ao mesmo tempo crescer no dobro de ritmo de seus pares. "Quando eu soube disso, ficou claro que não estávamos falando de usar o digital principalmente para eficiências em nossa linha de produção", Pieper me contou. "Estaríamos dando atenção ao crescimento dos clientes, a vender produtos de maior valor, sim. Mas também precisaríamos de novos modelos de negócio como serviços [digitais] que pudessem nos expandir para novas fontes de receita."

## ◢ Benefícios de uma teoria de negócios

Uma clara teoria de negócios traz muitos benefícios. O primeiro é o alinhamento nos resultados que você espera. É muito importante conceder esse tempo para se alcançar consenso entre os *stakeholders* quanto à teoria de negócios para a DX. É melhor alinhar todos os *stakeholders* em torno da teoria para um investimento modesto do que garantir um grande orçamento para sua DX sem que todos concordem quanto ao que ela pretende entregar. São inúmeras as transformações digitais que começam sem um consenso sobre como ou quando os investimentos irão se pagar.

Outro benefício de uma teoria de negócios é guiar a alocação de recursos. Vince Campisi, CDO da United Technologies Corporation (UTC), usou o próprio conjunto de *drivers* de valor para pensar na alocação de recursos que faria mais sentido para os esforços de DX de sua empresa. Campisi definiu os *drivers* de valor para os esforços digitais da UTC como "dar um *reboot* na produtividade" (OpEx), redesenhar a atual experiência do cliente (CX) e adotar novos modelos de negócio baseados em dados e análises das vendas de equipamento industrial da UTC (NBMs). Ao avaliar os esforços atuais da empresa, estimou que 95% dos recursos digitais eram gastos em OpEx, 5% em CX, e 0% em NBMs. Depois de definir a teoria de negócios para a agenda digital da UTC, ele promoveu o reequilíbrio: o OpEx era ainda a maior parte, com 70%, mas os outros dois *drivers* finalmente receberam recursos suficientes para fazer uma diferença.

O terceiro benefício de uma teoria de negócios é direcioná-lo às métricas certas (ou resultados centrais) para avaliar seus esforços digitais únicos. Para o NCB, sua teoria de negócios sugeria algumas métricas iniciais ao reconfigurar os sistemas de TI (medir a taxa de processamento direto e quanto tempo os funcionários levavam corrigindo bugs). Depois, a teoria sugeriu métricas para rastrear o impacto do negócio (expansão de clientes em novos mercados e adoção pelos usuários do *app* do NCB). A teoria do ciclo virtuoso da Amazon envolve várias métricas para acompanhar a saúde de seu negócio de comércio eletrônico: seleção de produtos, custos gerais, preços dos produtos e tráfego e retenção de clientes.

## Teoria de negócios e comunicação com acionistas

Para empresas de capital aberto, a teoria de negócios tem mais um benefício importante: comunicar sua visão aos acionistas. Qualquer CEO de uma empresa desse tipo tem a responsabilidade de comunicar aos investidores a visão compartilhada da empresa e explicar como ela irá gerar retorno financeiro. Todo ano, desde sua oferta pública inicial, o CEO da Amazon publica uma carta aos acionistas explicando a teoria de negócios da empresa e sua relação com os investimentos daquele ano.

Quando o CEO da Disney, Bob Iger, decidiu fazer uma grande aposta estratégica na mídia por *streaming* lançando a Disney+, sabia que teria que explicar sua teoria de negócios aos investidores. Na época, a Disney licenciava seu conteúdo mais apreciado (filmes clássicos da Disney, Pixar, Star Wars e Marvel) à Netflix e outros *streamers* digitais. Mas esses lucrativos acordos de licenciamento teriam que ser encerrados para que a Disney+ pudesse ser lançada com uma biblioteca de conteúdo exclusivo. Então Iger expôs sua visão aos investidores e o pensamento por trás dela. O conteúdo único da Disney era seu maior ativo. Durante anos, afirmou ele, a Disney "vendeu nossa tecnologia de armas nucleares" a um concorrente (Netflix). Encerrando esses contratos, a Disney seria afetada por uma "redução substancial de nossa receita" no curto prazo. Mas, explicou Iger, isso "nos faria entrar num negócio [*streaming*] que é o mais atraente *driver* de crescimento da mídia atual".[23] Bloquear um fluxo atual de receita renovável é um movimento arriscado para qualquer empresa de capital aberto. Iger sabia muito bem que a Disney+ não teria lucro algum nos primeiros anos. Mas ao lançá-la em 2019, os acionistas reagiram elevando o preço das ações da Disney em 9% em dois dias.[24]

O objetivo de uma boa teoria de negócios não é persuadir todo investidor do acerto da sua visão para a empresa. É explicar sua visão para que os investidores que a apoiem sejam atraídos para suas ações, e os que não concordem possam transferi-las a outras empresas. Bezos credita Warren Buffett por ter explicado: "[Buffett] disse: 'Você pode realizar um concerto de rock, tudo bem. Pode realizar um balé, e tudo bem. Mas não promova um concerto de rock anunciando que é um balé'. Uma empresa de capital aberto tem que ser clara e dizer se está realizando um balé ou um concerto de rock, e então os investidores podem fazer sua escolha".[25]

## FERRAMENTA: MAPA DA VISÃO COMPARTILHADA

Vimos os elementos principais de uma visão compartilhada para o futuro e por que ela é essencial a qualquer organização que busque uma DX. O Mapa da Visão Compartilhada, nossa primeira ferramenta de planejamento, ajuda a elaborar uma visão compartilhada própria de sua organização, alinhando funcionários, investidores e *stakeholders* à sua DX (ver Figura 3.6). Faremos um breve passeio por esses passos da ferramenta para ver como aplicar o mapa ao nosso negócio.

**FIGURA 3.6**  O Mapa da Visão Compartilhada

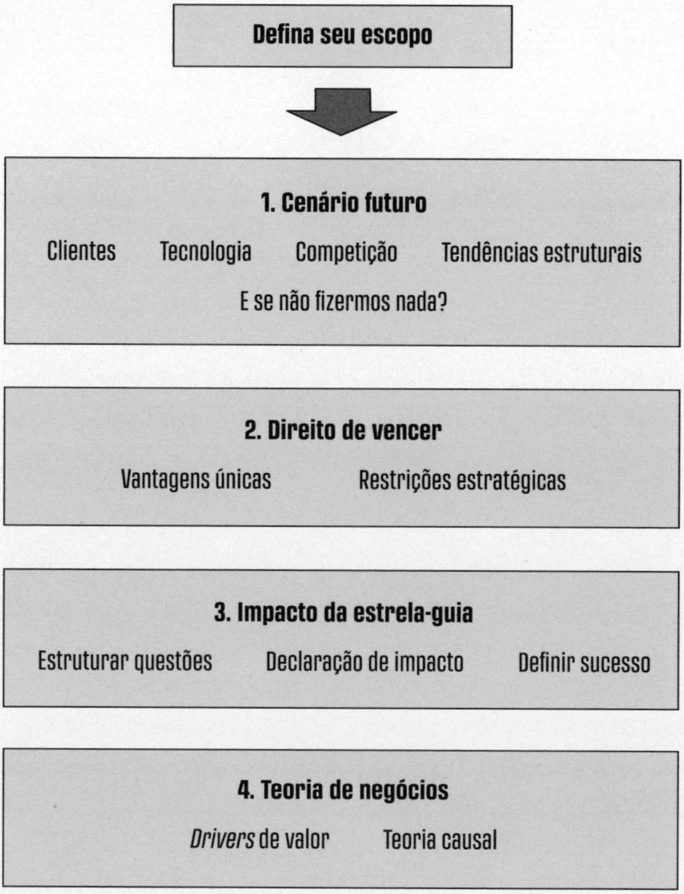

**Defina seu escopo**

**1. Cenário futuro**
Clientes   Tecnologia   Competição   Tendências estruturais
E se não fizermos nada?

**2. Direito de vencer**
Vantagens únicas     Restrições estratégicas

**3. Impacto da estrela-guia**
Estruturar questões   Declaração de impacto   Definir sucesso

**4. Teoria de negócios**
*Drivers* de valor     Teoria causal

## Defina seu nível

Antes de começar, o passo mais importante é definir em que nível você está tentando definir a visão compartilhada. Ela tem que ser a visão compartilhada para uma transformação digital no âmbito da empresa inteira? Ou a sua tarefa é liderar esforços de DX dentro de uma única unidade de negócio, ou dentro de uma função (marketing, RH ou cadeia de suprimentos)? O Mapa da Visão Compartilhada pode ser usado em qualquer desses níveis, ou mesmo no nível de um time individual, para definir para onde seu mundo está se dirigindo e o papel que procurará desempenhar nesse futuro. Vamos começar definindo o nível para o qual você está definindo uma visão compartilhada.

### ◢ 1. Cenário futuro

O primeiro elemento de sua visão compartilhada será seu cenário futuro, que descreve para onde seu mundo está indo e como o contexto de seu negócio está mudando. Certifique-se de envolver o maior número possível de perspectivas ao elaborar isso; procure clientes, parceiros de negócios, analistas externos e pontos de vista diversos, de pessoas de todos os níveis dentro da sua organização. Sua meta é sintetizar essas diferentes perspectivas para definir uma rica visão do cenário para onde seu mundo está indo. Ao fazer isso, concentre-se em descrever as quatro áreas: clientes, tecnologia, competição e tendências estruturais.

#### Clientes

➤ **Necessidades e expectativas em mudança** - De que maneira as necessidades de seus clientes estão mudando na era digital? Quais são as novas expectativas deles em relação a negócios como o seu?

➤ **Clientes legados *versus* clientes em crescimento** - De que maneira seus clientes antigos diferem dos que estão impulsionando seu atual crescimento?

➤ **Setores emergentes de clientes** - Há segmentos de clientes que você espera alcançar pela primeira vez? O que você já sabe a respeito de suas preferências e necessidades?

#### Tecnologia

➤ **Tecnologia comercializada** - Examine as tecnologias digitais que têm ampla adoção pelo mercado. Qual delas é a mais relevante para o seu negócio? Quais têm sido adotadas por seus clientes? E por seus parceiros? Que exemplos de uso por outros setores poderiam ser aplicados ao seu caso?

**➤ Tecnologia viável** - Examine tecnologias que sejam tecnicamente comprovadas, mas cujas aplicações não sejam claras. Alguma delas pode ser aplicada para resolver problemas específicos de clientes ou negócios em seu setor? Você poderia aprender com algum outro setor que tenha encontrado um uso viável para ela?

**➤ Tecnologia emergente** - Examine tecnologias ainda em desenvolvimento técnico. Em que VCs e grandes empresas de tecnologia estão investindo? Que tecnologias, caso se tornem disponíveis no futuro, poderiam causar o maior impacto no seu setor?

## Competição

**➤ Novos produtos e serviços** - Que novos produtos e serviços estão aparecendo no seu setor? Quais estão para ser lançados, mas já vêm gerando interesse?

**➤ Novos participantes** - Quais são os novos participantes da era digital no seu setor? Examine parceiros, disruptores e substitutos.

**➤ Análise do Trem de Valor Competitivo** - Aplique o Trem de Valor Competitivo para analisar novos participantes: de que maneira eles interagem com seu atual modelo de negócio, e qual o mix de ameaça e oportunidades que trazem.

**➤ Ritmo da mudança** - Qual a rapidez da mudança nas diferentes partes de seu negócio? Quem está se movendo mais rápido e mais lento no seu setor?

**➤ Níveis de ameaça** - O quanto é severa a ameaça de mudança digital às diferentes partes de seu negócio? Examine as diferentes unidades de negócio, segmentos de clientes e linhas de produtos.

## Tendências estruturais

Examine as tendências estruturais mais amplas que podem impactar seu ambiente operacional – como demografia, talento, regulamentações, cadeias de suprimentos, macroeconomia etc. Quais são (ou podem se tornar) os principais *drivers* de mudança no seu setor? Se você opera em diferentes mercados globalmente, procure detectar aspectos comuns e diferenças nessas tendências. Considere a volatilidade: Será que essas tendências permanecerão estáveis, ou você precisa se preparar para possíveis mudanças radicais?

## E se não fizermos nada?

Seu cenário futuro fornece um ponto de vista claro a respeito das maneiras mais importantes em que o mundo está mudando e as ameaças e oportunidades ao seu negócio específico. Seu cenário futuro deve também responder à questão crucial: o que acontece se não fizermos nada?

Discuta o provável impacto de tendências em seu negócio se você simplesmente "mantiver o curso". Avalie colocar a seguinte pergunta aos colegas: *se não mudarmos nada, em que momento no futuro poderíamos não estar mais no negócio?*. (Não há uma resposta certa. A única resposta errada é "nunca".) Se alguns dos membros de seu time acham que a ameaça de total disrupção está a cinco anos de distância, mas outros falam em trinta anos, promova uma discussão robusta e procure chegar a um ponto de vista de consenso.

## ◢ 2. Direito de vencer

O segundo elemento de qualquer visão compartilhada é seu direito de vencer no futuro que você vislumbra. Onde e como seu negócio tem uma razão especial de ser bem-sucedido no futuro?

## Vantagens únicas

Comece fazendo uma lista das vantagens de sua organização ao competir com organizações similares. Pense nos seus pontos fortes e vantagens em qualquer das seguintes áreas:

> **Ativos** - Ativos tangíveis e intangíveis.

> **Capacidades** - Talentos, insights, treinamento ou talento.

> **Relacionamentos** - Reputação da marca, relacionamentos com clientes ou parcerias de negócios.

> **Posicionamento** - Diferenciação dos pares em relação a onde você compete e como vai ao mercado.

> **Cultura e processo** - Cultura dos funcionários, gestão eficaz, velocidade ao mercado.

> **Outras** - Quaisquer pontos fortes que não se encaixem nas categorias anteriores.

Para cada vantagem que você tiver listado, defina como ela beneficia sua organização. Por exemplo, você pode definir que uma das suas vantagens únicas é sua "reputação de marca como empresa inovadora". Mas o quanto isso *beneficia* especificamente sua empresa? (É algo que leva a uma maior retenção de clientes? Ajuda a comercializar novas ofertas? Atrai ótimos talentos para a sua equipe?). Se não consegue identificar um benefício de negócios claro, risque esse item da sua lista. Avalie cada uma das vantagens restantes em duas dimensões:

> O quanto elas são únicas

> O quanto são benéficas ao seu negócio

Agora crie uma matriz de suas vantagens em duas dimensões. Suas vantagens importantes alcançarão as pontuações mais altas em singularidade ou benefícios. A mais importante vai ocupar o primeiro lugar em ambas.

## Restrições estratégicas

A seguir, identifique as restrições que irão afetar quais escolhas estratégicas estão disponíveis para você. Avalie cada uma das áreas a seguir:

> Propriedade ou estrutura legal

> Relacionamentos com parceiros

> Missão social

> Regulamentação

> Infraestrutura local

> Outras restrições do setor

Para cada restrição que identificar, pergunte: que limitação isso irá impor à sua estratégia? Por exemplo, será que diferenças de regulamentação significam que você precisará testar estratégias primeiro em certos mercados, antes de tentá-las em outros?

Examinando todas as suas restrições, crie uma lista de seus maiores riscos estratégicos. Qual seu apetite de risco para cada uma? (Você está disposto a assumir um alto grau de risco, um grau moderado ou nenhum risco nessa área para a oportunidade certa?) Depois pergunte que perdas e ganhos fariam você considerar assumir tal risco. (Por exemplo, você estaria disposto a correr o risco de um maior escrutínio regulatório para expandir seu negócio numa nova categoria de produto ou região?) Por fim, examine quaisquer restrições que pareçam invioláveis: linhas vermelhas estratégicas que você nunca se disporia a cruzar. Especifique quaisquer estratégias que estejam totalmente fora de cogitação, e por quê. Isso indicará quando essa linha vermelha poderá ser reconsiderada caso haja uma mudança nas condições.

## 3. Impacto da estrela guia

O terceiro elemento de sua visão compartilhada é o impacto de sua estrela guia – o que você busca alcançar ao longo do tempo e por quê.

### Estruturando questões

Ao considerar o impacto de sua estrela guia, tente responder a essas questões:

➤ Que impacto buscamos ter no mundo?

➤ Que problemas temos capacidade única de resolver?

➤ Por que o mundo sentiria nossa falta se desaparecêssemos?

Tente reenquadrar seu negócio fazendo um *zooming out*, expandindo sua definição de seu negócio. Faça a si mesmo as seguintes perguntas:

➤ Que produtos ou serviços entregamos?

➤ Que necessidades fundamentais de clientes esses produtos satisfazem?

➤ Em que negócio estamos *realmente*?

### Declaração de impacto

Agora você está pronto para redigir uma declaração do impacto que você busca ter. Ao redigir uma declaração do impacto de sua estrela guia, certifique-se de focar nas razões pelas quais você faz as coisas e não naquilo que você faz como negócio. Sua declaração deve descrever resultados e impacto – não as ações empreendidas, as ferramentas usadas ou os produtos entregues.

Qual é a meta mais importante que você definiria para unir seu time, unidade de negócio ou empresa e alcançar em sua DX? Olhe para o futuro: que novos problemas as tecnologias digitais poderiam permitir resolver que você não tenha conseguido resolver antes? Como a DX poderia permitir que você atendesse a um novo tipo de cliente? Que problemas emergiram na era digital que você talvez seja capaz de resolver?

Assim que tiver o esboço de uma declaração de impacto, tente aplicar os seguintes testes:

➤ Ela é ambiciosa (por exemplo, não é algo que você poderia concluir em três anos)?

> Ela abrange todo o seu trabalho (tanto o trabalho mais extenso quanto as iniciativas)?

> Ela fornece motivação intrínseca (descreve o valor que irá criar para clientes, parceiros ou para a sociedade)?

## Definição de sucesso

A seguir, junte essa declaração de impacto a algumas métricas concretas – sua "definição de sucesso". Essas métricas não precisam captar tudo o que você vai fazer em sua DX, mas devem ser bons indicadores de que você está fazendo progressos em direção ao impacto de sua estrela guia. Escolha de uma a três métricas que sejam claramente mensuráveis e atribua alvos ambiciosos que irão levar anos para serem alcançados. Essas métricas devem alinhar seu trabalho de DX e oferecer evidência de sua criação de valor a longo prazo.

## 4. Teoria de negócios

O último elemento de sua visão compartilhada é sua teoria de negócios. Pense no tipo de investimentos digitais que você pretende fazer. Como você imagina que esses investimentos irão se pagar ao longo do tempo?

### *Drivers* de valor

Tente definir de três a cinco *drivers* de valor bem amplos para captar os diferentes tipos de valor que seu esforço de DX trará. Leve em conta esses *drivers* de valor comuns: experiência do cliente, excelência operacional e novos modelos de negócio. Considere também sua própria formulação dos *drivers* de valor aplicáveis ao seu negócio. Se você é uma organização orientada por missão (por exemplo, uma entidade sem fins lucrativos, empresa do setor público ou organização não governamental), escolha *drivers* de valor que definam o impacto que você procura produzir com a sua DX. Crie um gráfico de pizza com o mix que você espera obter de seus *drivers* de valor. Que porcentagem do valor a partir do digital você espera conseguir de cada *driver*?

### Teoria causal

Procure ir além de seus *drivers* de valor e esboçar uma teoria operacional sobre como seus investimentos produzirão valor dentro de sua empresa. Examine os exemplos fornecidos pelas teorias de negócios da Disney, Amazon e NCB.

Quais são os atuais obstáculos que você vislumbra para o crescimento ou a lucratividade? Que novas ações pretende realizar? Quais acredita que serão os resultados dessas ações? Você enxerga um ciclo virtuoso no qual uma mudança positiva leve a outra?

Conforme for elaborando uma teoria de negócios para a sua DX, pergunte a si mesmo se ela irá passar pelo teste do investidor. Se você explicar sua teoria ao seu CFO ou numa carta aos acionistas, acredita que ficarão convencidos e lhe darão os recursos para perseguir sua visão?

## VISÃO DE BAIXO PARA CIMA

A visão compartilhada costuma ser vista como vinda de cima, mas uma visão compartilhada não é uma ferramenta concebida para uma liderança do tipo comando-e-controle. Numa organização clássica de cima para baixo, não há necessidade de uma visão compartilhada. Os funcionários não precisam compreender o pensamento de longo prazo implícito em suas tarefas. Não precisam compreender qual é a missão ou propósito que guia a organização (embora isso possa contribuir para elevar o moral). Basta serem informados do que precisam fazer e de que números precisam alcançar até a sua próxima avaliação de desempenho.

Mas a visão compartilhada é essencial para conduzir qualquer organização de uma maneira que seja de fato de baixo para cima. Só quando todos estão alinhados em torno de uma visão que diga para onde o negócio está indo – e por que razão – é que os indivíduos e times podem adquirir real posse e responsabilidade por decisões. É isso que libera a velocidade e adaptabilidade em todos os níveis e constitui a marca de uma organização de baixo para cima. Como Bill Ford afirmou: "Uma clara visão do futuro – depois que você tem isso, toma decisões com muita rapidez".[26]

## Uma visão em cada nível

Costumamos pensar na visão compartilhada como algo que se assenta no nível da organização toda, e, de fato, uma visão compartilhada central é essencial. Mas para que ocorra uma real transformação, cada uma das partes da organização deve definir uma visão compartilhada apropriada ao seu nível. Isso significa uma visão para cada unidade de negócio, cada função e cada time.

Se você, por exemplo, lidera uma DX para a função de marketing de seu negócio, é imperativo definir um cenário futuro para o marketing: Onde você situa o futuro de seu trabalho quando examina as novas tecnologias de marketing, as novas expectativas dos clientes e os novos parceiros de marketing e concorrentes? Que novas tendências estruturais, como as regulamentações sobre privacidade de dados, irão afetá-lo?

O time de marketing deve também definir os elementos remanescentes de uma visão compartilhada. Qual o impacto de sua estrela guia que você quer alcançar por meio da DX em seu marketing? Quais as vantagens únicas e os limites estratégicos que moldam seu direito de vencer? Qual a sua teoria de negócios a respeito de como a DX entregará retornos financeiros no marketing? Quais são os *drivers* de valor para o digital em sua parte do negócio?

## Em cascata para cima, não para baixo

Seja qual for o nível do qual você parte para definir sua visão, o que fizer em seguida será crucial. Quando falo a respeito de uma visão compartilhada, o habitual é que os executivos digam: "Entendi! Os líderes propõem isso, e então fazemos com que desça em cascata para o resto da organização". "Descer em cascata" significa que um plano foi elaborado no topo pelos líderes, que então transmitem isso ao nível inferior, este ao nível inferior seguinte e assim por diante, descendo no organograma. Mas não é assim que a transformação acontece nos casos de grande sucesso da DX. Eu incentivo os líderes a pensarem no sentido oposto, naquilo que eu chamo de cascata para cima.

A diferença entre descer em cascata e subir em cascata está na conversa que ocorre em cada conjuntura. Numa conversa de cima para baixo, o líder diz: "Essa é a minha meta", e *diz* àqueles que se reportam diretamente a ele: "Eis o que eu preciso que você faça para apoiar isso". Numa conversa de baixo para cima, o líder diz: "Essa é a minha meta", e *pergunta* aos que se reportam a ele diretamente: "O que você acha que deve fazer para apoiar isso?". Então surgem ideias daqueles que irão fazer o trabalho. Segue-se uma discussão. O líder ainda deve assinar embaixo do plano, mas é responsabilidade de cada pessoa propor qual papel ela deve assumir e que metas cada uma deve alcançar. Assim que se chega a um acordo, cada um daqueles que se reportam diretamente pode ter a mesma conversa de baixo para cima com aqueles que se reportam a eles.

Recordemos a audaciosa meta do YouTube de aumentar seu tempo total de assistência por um fator de dez. Os líderes não disseram a cada time o que eles precisavam fazer para apoiar essa meta. Disseram qual era a meta e perguntaram: "De que maneira vocês podem nos ajudar a alcançar isso? Que métrica e que objetivo vocês propõem para o seu próprio trabalho?".

Ao compartilhar sua visão para a DX com os outros, tenha em mente que seu papel como líder não é como seria numa organização tradicional de cima para baixo. A liderança na era digital consiste em três atribuições: definir uma visão que expresse para onde você está indo e por quê, comunicar e alinhar todo mundo com essa visão, e permitir que os outros ajam em apoio a essa visão.

Nenhuma transformação digital eficaz pode ser iniciada sem primeiro alinhar todo mundo com uma visão compartilhada do futuro. Uma visão compartilhada dá alinhamento de propósito e direção. Oferece uma compreensão compartilhada de para onde seu mundo está indo e do papel que seu negócio desempenhará no futuro digital. Uma visão compartilhada também confere motivação para mudar. Para investidores e executivos que gerem L&Ps, sua teoria de negócios provê uma motivação extrínseca – uma resposta sobre como o digital irá gerar retornos financeiros. Isso será essencial para garantir os recursos a longo prazo para a sua transformação. Para os funcionários, o impacto de sua estrela guia irá prover motivação intrínseca – por meio da promessa de valor criado para os clientes, a sociedade e outros. Isso será essencial para reunir o esforço sustentado, a vontade e a criatividade para uma mudança constante. Tanto sua teoria de negócios quanto o impacto de sua estrela guia requerem que você tenha uma visão clara e motivadora de seu cenário futuro e de seu direito único de vencer.

Uma visão compartilhada pode moldar as ações de um negócio durante anos. Quase uma década depois da fala de Bill Ford no TED, a *Chief Transformation Officer* da Ford, Marcy Klevorn, contou-me que "os temas daquela fala foram grande parte da minha inspiração e da inspiração de meu time a respeito do que priorizar em nosso trabalho". Mas uma visão compartilhada também é uma obra em progresso. No *Roadmap* da DX, você não "conclui" sua visão compartilhada e a coloca numa prateleira e parte para a etapa seguinte. Você continua trabalhando nela, aprofundando-a, renovando-a, mesmo quando começa a usar essa visão como fundamento para os próximos passos do *Roadmap* da DX. Com o primeiro esboço em mãos, você não terminou o trabalho com sua visão compartilhada, mas está pronto para iniciar seu próximo passo.

Quando iniciam uma DX, muitas organizações ficam logo sobrecarregadas de ideias para projetos digitais e inovações, sem dispor de critérios para poder avaliá-los. Uma visão compartilhada motivadora – com o compromisso de empoderar times – rapidamente inspira ideias em cada um dos níveis da organização. De que maneira escolher entre todas essas ideias e evitar se mover ao mesmo tempo em 100 direções diferentes? No próximo capítulo, veremos como qualquer líder pode definir prioridades estratégicas para perseguir as metas de uma visão compartilhada. Você pode encarar essas prioridades como problemas centrais a serem resolvidos ou como oportunidades para crescer. Ambos darão foco aos seus esforços digitais – definindo o escopo de onde irá competir e buscar criar valor com a sua DX.

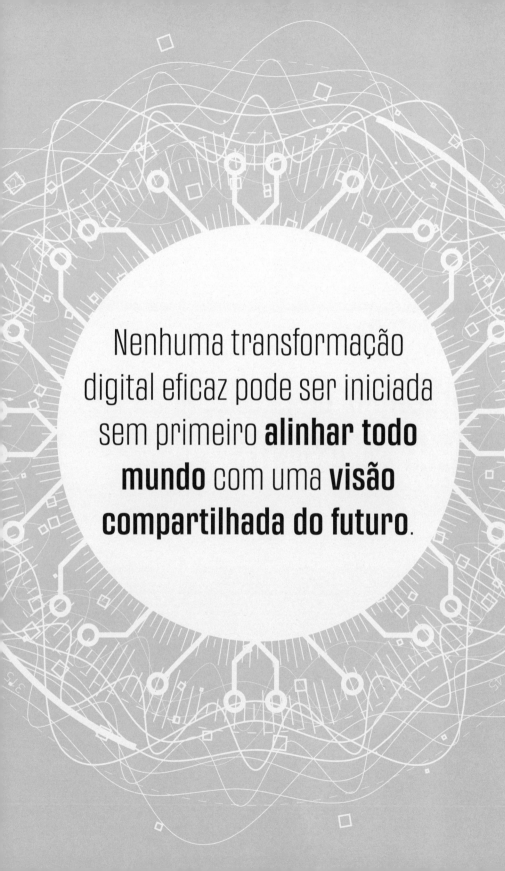

Nenhuma transformação digital eficaz pode ser iniciada sem primeiro **alinhar todo mundo** com uma **visão compartilhada do futuro**.

**CAPÍTULO 4**

# PASSO 2: SELECIONE OS PROBLEMAS MAIS IMPORTANTES

## PRIORIDADES

Quando Imran Haque assumiu um novo papel liderando a estratégia digital da Pfizer Animal Health, era o candidato ideal. Haque começara sua carreira numa agência digital fundando uma *startup* de assistência médica antes de entrar no mundo corporativo das grandes farmacêuticas. Na Pfizer, havia liderado vários projetos de tecnologia: aplicando *big data* aos processos de testes clínicos, remodelando as ferramentas de análise em termos de segurança e gestão de riscos, e supervisionando investimentos em tecnologia para operações ao redor do mundo. Agora Haque tinha que exercer outro papel: definir uma estratégia de crescimento digital para a unidade de negócio de saúde animal, que logo iria se desdobrar num negócio separado chamado Zoetis.

Haque começou estudando grandes tendências que iriam definir o futuro digital da saúde animal. No cenário mais amplo de tecnologia, ele acompanhou a ascensão da web por celular e das mídias sociais, o crescimento da educação on-line e as tendências da computação na nuvem, da *big data* e da Internet das Coisas [*Internet of Things*, IoT]. O setor de saúde animal não havia sido um pioneiro na inovação digital, mas Haque estava focado menos em negócios equivalentes do que nas necessidades em rápida mudança de seus clientes. Estes eram donos de pets; negócios agrícolas de criação de gado bovino e suíno, aves e peixes; e veterinários que, até então, eram ao mesmo tempo o canal de vendas e os principais influenciadores de cada decisão de compra. Entre esses clientes, Haque observou um apetite cada vez maior por conteúdo de saúde animal, um interesse nascente em comércio eletrônico e necessidades em evolução na zootecnia – por exemplo, a crescente importância do diagnóstico quando os criadores buscavam detectar precocemente alguma doença em seus animais.

Com uma clara visão do futuro, o desafio seguinte de Haque foi transformar isso numa estratégia de crescimento. Fez isso buscando identificar problemas específicos de clientes a serem resolvidos e oportunidades de negócio que poderiam ser alavancadas. Fez uma lista curta de prioridades estratégicas para o seu negócio, que incluíam: (1) melhorar o caminho digital de compra do cliente – de descoberta on-line a comércio eletrônico e a programas de lealdade; (2) prover aprendizado e conteúdo on-line para profissionais de saúde animal; (3) entrar no crescente mercado de diagnóstico para detectar e prevenir doenças em animais; e (4) empoderar a gestão de gado com rastreamento e análise digital. Enquanto outros em seu setor estavam ainda focados em otimizar suas operações legadas e seus canais de vendas, Haque tinha agora um conjunto definido de prioridades para crescer.

Essas prioridades estratégicas levaram Haque e seu time a lançar uma ampla gama de inovações digitais ao longo dos anos seguintes. Algumas ficavam no âmbito do marketing digital – renovar a presença no celular, na web e nas mídias sociais de uma família diversificada de marcas de produtos; ampliar um programa digital de lealdade para o setor pecuário; e lançar o primeiro canal de comércio eletrônico do setor. Outras inovações eram oportunidades de novas vias de receita, incluindo treinamentos e certificação à distância para veterinários e publicação de conteúdo pago na forma de relatórios sobre bem-estar visando diferentes segmentos de clientes. Outras ainda envolviam também novos modelos de negócio. A Zoetis lançou um negócio de serviços digitais para criação animal, ajudando fazendeiros em todos os aspectos, desde faturamento digital a verificar quais porcas estavam prenhas. A empresa passou rapidamente para o negócio de diagnóstico por meio de inovações internas e de várias aquisições de *startups*. E com iniciativas de IoT como a Smart Bow, a Zoetis deu a criadores de animais a capacidade de rastrear seu gado usando pequenos sensores em cada animal, capazes de medir e analisar seus movimentos, seu consumo de água e alimento e seus sinais vitais, a fim de detectar doenças e a época ideal para a procriação.

As inovações digitais da Zoetis tiveram ampla adoção pelos clientes e conquistaram apoio para a transformação digital (DX) ao longo do tempo em toda a organização. Durante seus primeiros quatro anos como empresa de capital aberto, e enquanto Haque foi o chefe do negócio digital, a Zoetis cresceu de 13 bilhões de dólares de valor de mercado no seu lançamento para 60 bilhões. Durante esse tempo, Haque liderou e apoiou uma gama diversificada de iniciativas digitais. Essas iniciativas não surgiram aleatoriamente, mas de uma lista clara e em desenvolvimento de prioridades estratégicas para o crescimento digital.

## POR QUE PRIORIDADES SÃO IMPORTANTES

Ao considerarmos o papel da estratégia na DX, é útil começar com uma pergunta simples: – por que toda organização *precisa* de uma estratégia? A teoria da gestão nos diz que o propósito da estratégia é guiar a tomada de decisões ao definir prioridades em meio a recursos limitados. Todo negócio precisa fazer compensações cruciais entre as opções. Assim, a estratégia trata fundamentalmente de escolhas: – definir em quais oportunidades você irá colocar foco e, tão importante quanto, em quais você não colocará. Como Michael Porter observa: "A essência da estratégia é escolher o que *não* fazer".[1]

Definir prioridades estratégicas pode parecer um passo inicial óbvio na DX. Podemos ver o quanto isso funcionou bem para a Zoetis. Mas a estratégia costuma ser menosprezada. Como me confiou um experiente CDO: "É isso que torna tão difícil encontrar pares com os quais conversar [em outras empresas]. Eles não fizeram esse exercício. Foram por outro caminho: lançaram projetos digitais, mas sem um foco estratégico". Em muitas organizações, a DX opera num vácuo estratégico, como pouco mais que uma coleção de projetos individuais. Sem prioridades claras para crescimento, é muito comum um negócio terminar sobrecarregado de ideias para novos projetos digitais. Sem nenhum critério para tomada de decisões, o digital acaba sendo sequestrado pelas novidades mais atraentes do mundo da tecnologia. Com frequência, a DX fica limitada a cortar custos e otimizar processos legados. Nos piores casos, o digital é designado a um time dedicado a ele, separado dos desafios do dia a dia do negócio. Esse pequeno grupo fica focado em ideias digitais criativas enquanto o resto da empresa segue com seu trabalho inalterado.

Passo 2: Selecione os problemas mais importantes

No primeiro passo do *Roadmap* da Transformação Digital (DX), sua tarefa foi definir uma visão compartilhada do futuro digital de sua empresa. No segundo passo do *Roadmap*, você deve construir algo em cima dessa visão, definindo prioridades específicas de investimento de seus limitados recursos e tempo. Quais são suas maiores prioridades digitais para o futuro? Pense nelas como *problemas* a serem resolvidos para seus clientes e seu negócio, e como *oportunidades* para sua empresa criar e capturar novo valor.

| QUADRO 4.1 | O que está em jogo - Passo 2: Prioridades |
| --- | --- |

| Sintomas de Fracasso: Prioridades | Sintomas de Sucesso: Prioridades |
| --- | --- |
| • A transformação digital é uma série de projetos dispersos sem um rumo claro. | • Prioridades claras dão direção à transformação digital em toda a organização. |
| • Os esforços digitais são definidos pelas tecnologias que usam. | • Os esforços digitais são definidos pelos problemas que resolvem e oportunidades que perseguem. |
| • O digital tem foco só em operações, corte de custos e otimização do negócio atual. | • O digital tem foco no crescimento futuro assim como em melhorar o negócio atual. |
| • Poucas pessoas na organização conduzem o digital, enquanto o resto fica preso às velhas maneiras de trabalhar. | • Cada departamento persegue as próprias iniciativas digitais, com um *backlog* de ideias a serem tentadas em seguida. |
| • A transformação está desconectada das necessidades do negócio e perde apoio com o tempo. | • A transformação está ligada às necessidades do negócio e ganha apoio com o tempo. |

Sua conversa aqui não deve ser sobre tecnologia ("temos que alavancar a aprendizagem de máquina") ou aptidões digitais ("precisamos de pessoas que entendam de cripto"). Deve ser sobre prioridades para o crescimento e a criação de valor. Você não está procurando uma lista de projetos digitais ou ideias inovadoras. Em vez disso, está definindo, no início, *onde* irá procurar inovações – isto é, o *escopo* de ideias que irá explorar. Em vez de novos produtos ou soluções digitais, pense primeiro onde irá inovar e competir.

Escolher as prioridades mais importantes para o futuro de seu negócio não é tarefa fácil. Mas sem um conjunto definido de prioridades estratégicas, qualquer DX irá falhar em alcançar um impacto duradouro. O Quadro 4.1 mostra alguns dos sintomas-chave do sucesso *versus* os de fracasso no Passo 2 do *Roadmap* da DX.

## ◢ O que temos pela frente

Neste capítulo, vou tratar do Passo 2 do *Roadmap*. Veremos como qualquer organização e qualquer líder pode definir um conjunto focado de prioridades estratégicas para seus esforços de DX. Olharemos através de duas lentes – *problemas* e *oportunidades* – e veremos o poder de cada uma dessas lentes para definir suas prioridades estratégicas. Examinaremos como alguns métodos populares – como mapas da jornada do cliente e entrevistas com clientes – podem ajudar a identificar problemas e oportunidades valiosos. Apresentaremos duas novas ferramentas: declarações de problema/oportunidade (para cristalizar suas prioridades estratégicas e fazer brotar ideias para inovações) e a Matriz de Problema/Oportunidade (para definir prioridades estratégicas em qualquer nível da organização). Vamos também aprender que engajar todo mundo no processo de estratégia é central para fazer a mudança de uma organização de cima para baixo para uma de baixo para cima.

## A LENTE DOS PROBLEMAS

A primeira lente através da qual devemos definir nossas prioridades estratégicas é a lente dos *problemas*. Ela nos leva a pensar na estratégia em termos do conjunto de problemas que queremos resolver, e não em termos das soluções conhecidas das quais podemos lançar mão. Por exemplo, em vez de simplesmente focar nas maneiras de vender mais antibióticos para o gado, a Zoetis escolheu focar em um grande problema para os pecuaristas – como acompanhar sinais vitais num grande rebanho a fim de detectar doenças e tratá-las mais cedo. Outro problema que a Zoetis escolheu foi o da necessidade dos veterinários de um treinamento e certificação profissional, e também a necessidade dos donos de pets de comprar mais facilmente produtos como xampus medicinais.

Neste capítulo, vou guiá-lo para utilizar a lente dos problemas com eficácia na sua DX. No início, é importante notar que muito da moderna prática de inovação se assenta nessa perspectiva. Tanto na gestão *agile* quanto na gestão de produto, cada time multifuncional é definido em termos de um problema persistente em que ele está trabalhando para resolver iterativamente ao longo do tempo, seja como parte do lançamento de um novo produto ou para otimizar um processo de negócios já estabelecido. No *design thinking*, a lente dos problemas combina-se com um estudo de uma meta-chave a fim de resolver problemas complexos, centrados no humano e baseados no sistema. Muitas das ferramentas mais populares do *design thinking* são focadas na definição de problemas. O livro de Thomas Wedell-Wedellsborg, *What's Your Problem?*, contém muito do que há de melhor nesse pensamento.[2]

Você pode identificar a lente dos problemas sob outros nomes; um "problema" de inovação pode ser chamado de "dor" [*pain point*], ou de "tarefa a ser feita" para o cliente, ou de "necessidade não atendida". Como enfatizou o CEO da Microsoft, Satya Nadella: "O quanto somos capazes de invocar nossa capacidade de atender necessidades não atendidas, não articuladas: essa é a fonte da inovação".[3]

Seja qual for o nome, a lente dos problemas exige uma grande mudança das organizações tradicionais. Gestores de produto costumam se referir a essa mudança como *product thinking* ["pensamento no produto"] ou "mentalidade no produto". Esses nomes são um pouco enganosos, e o ponto é que você deve se concentrar no *problema* que almeja resolver, mais que no *produto* que acha ser capaz de criar.[4] Essa mudança é muito bem descrita num dos princípios de inovação da Amazon como "trabalhar retroativamente a partir das necessidades dos clientes".[5]

## ◢ Apaixone-se pelo problema, não pela solução

Não é fácil focar nos problemas do cliente. Na maioria das empresas, as pessoas adoram começar com a solução em mente: "Me diga o que fazer e lhe direi de que jeito faremos!". A tendência natural num negócio estabelecido é focar nas suas competências essenciais e nos produtos e serviços que você entrega. Em vez disso, você deve encarar tudo do ponto de vista do cliente, não do seu. Tudo começa com a pergunta: qual é a necessidade de nosso cliente? De que jeito vamos satisfazê-la? Numa analogia famosa de Ted Levitt, se você tem uma loja de ferragens, talvez ache que está *vendendo* uma broca de um quarto de polegada, mas o que o cliente está *comprando* é um orifício de um quarto de polegada. Jeff Bezos aplicou o mesmo pensamento reverso ao comércio eletrônico da Amazon, observando: "Não ganhamos dinheiro quando vendemos coisas. Ganhamos dinheiro quando ajudamos os clientes a tomarem decisões de compra".[6]

Essa mentalidade reversa requer humildade e uma disposição de controlar o entusiasmo que temos pelas nossas ideias iniciais. O método da *lean startup* reconhece que a maioria dos empreendedores começa com uma solução em mente – alguma brilhante invenção que querem trazer ao mundo. Com isso, o método começa conversando com os clientes, a fim de validar que problema sua inovação realmente resolveria.

Com muita frequência, a lente dos problemas requer algum tipo de persuasão. No acelerador digital da United Technologies Corporation (UTC), gestores de diferentes unidades de negócio fazem regularmente solicitações de uma nova solução digital que gostariam de introduzir. A primeira tarefa do time do acelerador digital é engajar o gestor num *workshop* para definir uma clara enunciação do problema, que inclui a experiência do cliente ou o resultado que o negócio está tentando criar. A requisição inicial da unidade de negócio é na realidade "um problema disfarçado de solução", diz o CDO Vince Campisi. "Dez de cada dez vezes em que uma oportunidade entra pela nossa porta, na hora em que ela sai, a solução que vamos de fato construir tem aspecto muito diferente."[7]

Talvez o maior benefício de focar no problema é que ajuda a olhar de maneira mais ampla para as possíveis soluções a explorar. Mario Pieper explicou de que modo ajudou seu time na BSH Home Appliances a olhar além das inovações incrementais – por exemplo, acrescentar telas de receitas aos seus refrigeradores – para vislumbrar maneiras inteiramente novas de ajudar os clientes a satisfazerem suas necessidades na cozinha. "Se a dor de alguém na cozinha é que ele quer comer, então você pode, é claro, cozinhar, mas pode também pedir alguma coisa", observou Pieper. "A questão é, será que devemos também descobrir inovações onde entregamos comida e não usamos a cozinha? Isso é exatamente o que queremos fazer – perguntar a nós mesmos 'qual é a melhor solução para o problema?', e não 'que produto temos e o que podemos fazer com ele?'"

Ao realizar qualquer esforço de DX, é fundamental compreender que a própria tecnologia pode se tornar algo que desvia a atenção da estratégia. Com muita frequência, gestores de negócios ficam com ideia fixa numa nova tecnologia específica e em como irão utilizá-la, em vez de focar nos problemas que estão tentando resolver (ver o box "A distração da nova tecnologia"). Durante anos, tenho dito a executivos que a IA não é uma estratégia. O mesmo é verdade para *blockchain*, NFTs, Web3 ou qualquer outra tecnologia. Mas o que você faz se sua organização já alocou recursos a um time focado numa tecnologia como IA ou *blockchain*? Uma maneira comum de contornar a questão é pedir que o time fique focado em alguns poucos casos de uso. Em outras palavras, escolha alguns poucos problemas que você acredita que podem ser solucionados usando essa nova capacidade e teste para ver se você consegue entregar resultados. Nesse sentido, "casos de uso" vira sinônimo de problemas de negócios – um substituto que parece palatável àqueles que pensam primeiro em tecnologia.

### A DISTRAÇÃO DA NOVA TECNOLOGIA

Tecnologia nova exerce uma poderosa força gravitacional, e desvia a atenção dos líderes do negócio do pensamento estratégico e do foco nos problemas. Quando uma nova tecnologia alcança o pico de seu ciclo de difusão (pense na IoT em 2016, na *blockchain* em 2019, no metaverso em 2022), observadores menos apaixonados irão descrevê-la como "uma solução em busca de um problema". Essa descrição soa verdadeira, mas descreve um estágio particular – antes que a atenção se desloque para a solução de problemas do mundo real.

Vou dar um exemplo. No período de 2012–2014, uma série de avanços pioneiros em redes neurais artificiais (usando a chamada aprendizagem profunda para pareamento de padrões) criou tremenda excitação a respeito do potencial da IA. Numa série de demonstrações, tecnólogos no Google mostraram pela primeira vez que sistemas de IA treinados com grandes volumes de dados podem detectar fotos de gatos entre imagens tiradas da Web. Outras empresas fizeram demonstrações igualmente assombrosas de como a aprendizagem profunda era capaz de compreender a fala. Isso gerou tremenda empolgação a respeito do campo pouco conhecido da IA. De repente, todo executivo com um pedigree digital sentia-se pressionado a explicar sua "estratégia de IA".

Apesar de um influxo de capital de risco, a nova geração de IA teve que se esforçar de início para produzir valor. Os primeiros esforços de vender a aprendizagem profunda como uma capacidade bruta a outras empresas falhou no mercado. Sim, a IA era capaz de identificar um gato entre milhares de imagens, mas... e daí? Em poucos anos, porém, as coisas começaram a mudar. O real valor da aprendizagem profunda emergiu conforme novas *startups* começaram a definir problemas comuns de negócios que ela era capaz de resolver. A aprendizagem profunda tornou-se "produtizada" em numerosos nichos de serviços: um algoritmo treinado para detectar transações fraudulentas para bancos, um algoritmo para localizar defeitos em construções de concreto usando fotos tiradas por drones, um algoritmo capaz de "ouvir" quando as pessoas que ligavam para a sua linha de atendimento ao cliente estavam frustradas com o seu pessoal. A essa altura, o burburinho havia passado à próxima nova tecnologia. Mas isso era também um sinal de que a aprendizagem profunda havia finalmente começado a criar real valor.

Já vi mais de uma empresa deslocar seus esforços de DX de sua função TI para assegurar que a DX fique focada nos problemas dos clientes – que as unidades de negócio conhecem melhor. Um executivo comandando uma estratégia digital na Schlumberger, uma empresa de serviços de petróleo e gás, enfatizou para mim a importância de terem se movido da TI, onde haviam começado. "Tivemos que tirar o digital de nossa vertical de software para trazê-la a uma horizontal que percorresse a organização toda, porque um dos nossos princípios é que o digital resolve os problemas do cliente."

À medida que você foca na inovação digital em seu próprio negócio, lembre-se desse mantra persistente entre os empreendedores do Vale do Silício: "Apaixone-se pelo problema, não pela solução".

## ◢ De quem é o problema?

Todo problema tem um *stakeholder* – a pessoa ou grupo diretamente afetado por ele e que se beneficiará com a solução. O mais comum é pensarmos em problemas nos quais o *stakeholder* é um cliente – seja um consumidor final (num negócio B2C) ou um cliente corporativo (num negócio B2B). A estratégia digital da Zoetis pôs foco em resolver problemas para donos de pets assim como para negócios comerciais e veterinários ligados à criação de animais. Mas é importante reconhecer também que o problema que você está resolvendo pode estar relacionado a um *stakeholder* dentro da sua própria empresa – o que poderíamos encarar como um "problema do negócio".

Podemos ver exemplos tanto de problemas de clientes quanto de problemas de negócios no trabalho de DX na Air Liquide, fornecedora global de gases e tecnologias para empresas de assistência médica e de manufatura. Um importante *problema do cliente* no qual a Air Liquide coloca foco é em ajudar hospitais e fabricantes a saber quando seus tanques de gás (oxigênio, hidrogênio etc.) estão em nível baixo, para que possam ser repostos antes de se esgotarem. Resolver esse problema exige inovações nos sensores digitais dos tanques, análise preditiva baseada em seu consumo, alertas e notificações ao usuário e uma reordenação sem entraves. Cada aspecto da solução deve ser projetado e testado para assegurar que funcione para os clientes da Air Liquide no contexto de seu trabalho no dia a dia.

A Air Liquide também está trabalhando em um *problema de negócios* na mesma divisão: como prever o *churn* (rotatividade) de clientes. Resolver isso implica prever quais clientes têm maior risco de parar de assinar seu serviço nos próximos trinta dias. As soluções envolvem modelos de previsão baseados em padrões de uso ao longo de toda a base de clientes, ser cauteloso para evitar falsos positivos estatísticos (como quando um pequeno negócio reduz seu uso durante umas férias ou uma desaceleração sazonal). Nesse caso, o *stakeholder* do problema é interno – o time de marketing da Air Liquide encarregado das atuais contas e da retenção de clientes. Qualquer solução para o problema deve ser concebida para esse time, ser adotada por esse time e entregar resultados no contexto de seu fluxo de trabalho diário.

Claro que é importante reconhecer que tentar entender o problema de um *stakeholder* às vezes o levará a descobrir um problema que afeta outro *stakeholder*. Por exemplo, sei de uma empresa de software-como-serviço [*software-as-a-service*, SaaS] que foi muito bem-sucedida em vender uma nova solução de software, mas teve que lidar com um *problema de negócios,* o alto *churn* (evasão) de clientes. Ao examinar não apenas quem estava desistindo das assinaturas, mas também por que o faziam, descobriram um *problema de cliente* que não havia sido resolvido: os usuários acharam o software difícil demais de usar. Depois de alguns meses pagando por ele sem colher seus benefícios, os clientes cancelavam a assinatura. Ao resolver o problema externo dos clientes (com um melhor programa de treinamento para acompanhar novas vendas), a empresa de SaaS resolveu seu próprio problema de negócios de *churn* de clientes.

## ◢ Os limites da lente dos problemas

A lente dos problemas é poderosa para definir prioridades estratégicas em qualquer negócio, mas também tem suas limitações. Depender demais de definir problemas pode levá-lo a focar exclusivamente em seus atuais clientes e em ajustes finos na melhoria do negócio que você conhece melhor – seu atual *core business*. Na prática, tenho visto que muitas ferramentas de *design thinking* têm maior probabilidade de descobrir problemas dentro do seu atual negócio do que apontar novas oportunidades fora de sua zona de conforto.

De que maneira podemos superar esse viés inerente da lente dos problemas? Podemos começar fazendo maior pressão no nosso trabalho de insight dos clientes. O popular método dos cinco porquês usa a repetição para encontrar motivações ou necessidades subjacentes mais profundas por trás das ações do cliente. E podemos voltar à questão da "miopia estratégica" de Levitt, que o leva a reconsiderar os limites de sua empresa – *em que negócio estamos de fato?* Além disso, podemos expandir nossa busca de prioridades estratégicas implementando uma segunda lente que nos dê outra perspectiva para a busca de crescimento: a lente das oportunidades.

## A LENTE DAS OPORTUNIDADES

A segunda lente por meio da qual podemos definir nossas prioridades estratégicas é a lente das *oportunidades*. Ela leva a pensar a estratégia em termos de novas maneiras de criar valor, tanto para os clientes quanto para o negócio. O poder da lente das oportunidades é fazê-lo ver além de seu atual negócio e pensar em estratégia de uma maneira mais ampla.

Uma das prioridades estratégicas da Zoetis para a sua DX foi entrar na categoria em crescimento de diagnóstico de saúde animal. A Zoetis não tinha nenhum papel no diagnóstico quando a empresa ganhou autonomia como *spin-off* da Pfizer. Entrar nesse mercado não foi uma solução para nenhum problema atual, mas foi uma oportunidade atraente de criar valor.

Na era digital, muitos dos maiores produtos pioneiros surgiram ao se perseguir uma oportunidade claramente definida de criar novo valor. Quando a Apple começou a trabalhar no iPod, a visão de Steve Jobs era dar ao cliente "1.000 canções no seu bolso". Quando a Amazon começou a trabalhar no que acabaria se tornando o Kindle, sua ambição era oferecer "todos os livros já impressos, em qualquer idioma, disponíveis em menos de 60 segundos".[8] Tratavam-se, cada uma delas, de oportunidades estratégicas incríveis a serem exploradas, mas não eram exatamente problemas urgentes para os quais os clientes da Apple ou da Amazon estivessem clamando por uma solução. Ao procurar criar algo verdadeiramente novo para o mercado, ideias que pressionem os limites têm maior probabilidade de ser descobertas com uma lente de oportunidades.

Outra maneira de pensar nisso vem do mundo do capital de risco [*venture capital*, VC]. Quando procurava *startups* para investir, o VC Kevin Fong ficou famoso por perguntar a empreendedores: "Você está vendendo analgésicos ou vitaminas?".[9] Em outras palavras, você está criando um produto que resolverá um problema urgente para o cliente, ou que lhe dará uma vida melhor de maneiras que ele ainda não sabia que queria? A sabedoria comum no âmbito dos investimentos é que os "analgésicos" têm maiores chances de sucesso. É mais fácil comercializar o produto porque os clientes compreendem seu valor imediatamente e veem por que razão iriam desejá-lo. Por outro lado, pode haver um aspecto positivo mais forte se uma *startup* acha um jeito de ser bem-sucedida com uma "vitamina", isto é, um produto pioneiro que ninguém estava pedindo porque ainda não o tinha imaginado.

Essas duas lentes também são úteis para pensar na sua proposta de valor para um produto ou negócio já estabelecido. Ao definir os benefícios que você oferece aos clientes, tente fazer as duas perguntas: Que frustrações atuais ou dores estamos aliviando? Que novos deleites estamos oferecendo? (Refiro-me aos dois como elementos de valor. Alex Osterwalder chama esses dois tipos de "alívios de dores" e "criadores de ganhos."[10])

Ao fazermos uso das lentes de oportunidades, é importante lembrar o que é uma oportunidade estratégica e o que não é. A oportunidade estratégica não é apenas uma métrica de negócios ("aumentar a receita de primeira linha em 20% este ano"). Tampouco é uma solução que você já decidiu adotar ("construir um capacete de realidade virtual [RV] com uma bateria de vida útil mais longa"). Em vez disso, é uma ideia focada no *valor que seu negócio poderia criar* e *onde ele poderia competir* ("criar uma experiência de reunião por RV para designers que seja melhor do que estar na mesma sala de reuniões").

### ◢ De quem é a oportunidade?

Como ocorre com os problemas, podemos pensar em oportunidades estratégicas do ponto de vista do cliente ou do negócio.

**Oportunidades de clientes** focam em maneiras de criar novo valor para um cliente específico. Pense nas declarações de visão para o iPod e o Kindle. Quando o Uber começou seu negócio, definiu uma oportunidade de oferecer "transporte tão confiável como água da torneira, por toda parte e para todos".[11] Enquanto os problemas de clientes lidam com um evidente ponto de fricção ou dor, oportunidades de clientes produzem um inesperado benefício ou deleite. Essa qualidade de deleite inesperado é crucial para teorias de satisfação do cliente. O modelo Kano, por exemplo, distingue benefícios do produto que o cliente valoriza, demandas e expectativas, em contraposição a benefícios chamados de "deleitantes", que são inesperados, mas criam a maior empolgação entre clientes quando entregues.[12]

**Oportunidades de negócio**, por outro lado, focam em novo crescimento e expansão para o negócio. A Zoetis, por exemplo, identificou uma oportunidade de se expandir no negócio em ascensão de diagnóstico. Vale lembrar da ambição do YouTube de alcançar 1 bilhão de horas assistidas por dia – outra oportunidade claramente definida. O Amazon Web Services (AWS) começou como uma oportunidade para o varejista de gerar receita a partir de sua nova infraestrutura de TI ao alugá-la a outras empresas como um serviço.

## ◢ Definindo uma oportunidade

Observei quatro maneiras poderosas pelas quais empresas definem prioridades estratégicas com a lente de oportunidades:

➤ **Declaração de satisfação do cliente** - Tente descrever uma experiência inesperada e agradável a ser criada para o cliente. O sonho de Bezos para o Kindle era "todos os livros já impressos, em qualquer idioma, disponíveis em menos de 60 segundos".

➤ **Mercado atraente com direito de vencer** - Encontre um mercado grande ou em crescimento para entrar, um no qual seu negócio tenha uma vantagem inerente. Para a Zoetis, a oportunidade de "entrar no negócio de diagnóstico" significou vender a uma base existente de clientes, mas que ela já atendia com tratamentos e vacinas.

➤ **Novas capacidades com clara aplicação ao seu negócio** - Procure novos talentos ou tecnologias emergentes que sejam relevantes a uma parte importante de seu modelo de negócio. A Amazon decidiu investir em robótica em razão de uma aplicação específica: retirar produtos de prateleiras de armazéns. Mais recentemente, fabricantes de medicamentos têm investido em aprendizagem de máquina em razão de sua aplicação específica a etapas centrais do processo de descoberta de drogas.

> **Ampliar 10 vezes uma meta** - Tente vislumbrar criação de valor em escala, não apenas em melhorias incrementais. "Aumentar o tempo assistindo a vídeos para 1 bilhão de horas por dia" foi uma meta superambiciosa para o YouTube e uma oportunidade de negócio atraente. Um dos princípios essenciais do Google é "pense em multiplicar por 10, não em 10%".[13] Da mesma forma, a Fundação Gates define metas ambiciosas para a saúde pública ao entrevistar médicos e incentivá-los a pensar grande, perguntando: "O que você faria se tivesse recursos ilimitados?".[14]

Ao definir oportunidades, force-se a pensar grande a respeito do que mais importa. Lembre-se: estratégia é definir suas altas prioridades de crescimento, que devem sobrepujar todas as demais.

## Duas lentes complementares

É importante compreender que problemas e oportunidades são duas lentes poderosas e complementares para examinar estratégias. Na realidade, um problema e uma oportunidade podem ser apenas duas maneiras de descrever a mesma ideia. Para a Zoetis, entrar no mercado de diagnósticos era uma clara oportunidade de negócio. Mas poderia ser descrito também como um problema dos fazendeiros – como detectar mais cedo as doenças de seus animais para poder tratá-las melhor.

O que começa como uma ampla oportunidade de crescimento pode muitas vezes evoluir para problemas mais específicos a serem resolvidos. A entrada da Zoetis nos diagnósticos foi uma grande oportunidade para a empresa capitalizar em cima de sua posição no mercado. Mas perseguir essa oportunidade significou escolher que clientes atender primeiro. Quais de seus clientes tinham em maior grau a necessidade não atendida de detectar doenças nos animais? Que problemas específicos a Zoetis poderia ajudá-los a resolver primeiro? Essa é uma evolução típica: de definir uma oportunidade a identificar os *stakeholders* envolvidos, compreender suas maiores necessidades não atendidas ou problemas a serem solucionados.

Costumo aconselhar as empresas a começarem seu processo de estratégia com a lente dos problemas e depois expandir seu pensamento com a lente das oportunidades. As melhores oportunidades, com o tempo, irão levar de volta a novos problemas a serem resolvidos.

## FERRAMENTA: DECLARAÇÃO DE PROBLEMA/OPORTUNIDADE (P/O)

Agora que temos uma clara compreensão de por que as prioridades estratégicas são importantes e como podem ser identificadas por meio das lentes complementares dos problemas e das oportunidades, vamos começar com a primeira ferramenta do Passo 2 do *Roadmap* da DX: a declaração de problema/oportunidade (P/O).

Quer você use a lente dos problemas, das oportunidades ou ambas, o que você quer é terminar com uma lista de prioridades estratégicas. Cada prioridade deve ser resumida numa declaração concisa que ofereça uma orientação e inspiração claras para uma gama de diferentes soluções possíveis. Chamo essas declarações de problema/oportunidade, ou P/Os, para abreviar.

O Quadro 4.2 lista exemplos de declarações de P/Os que descrevem prioridades estratégicas para o *Roadmap* da DX de quatro empresas. Em cada caso, a declaração descreve uma clara oportunidade estratégica ou problema para o negócio ou seus clientes.

| QUADRO 4.2 | Declarações de problema/oportunidade para a Estratégia de DX |
|---|---|

| Empresa | Declarações de problema/oportunidade para Estratégia de DX |
|---|---|
| Zoetis | • Melhorar o caminho digital de compra do cliente – da descoberta on-line ao comércio eletrônico, à lealdade. <br> • Oferecer aprendizagem e conteúdo on-line para profissionais de saúde animal. <br> • Entrar no mercado diagnóstico em crescimento para detectar e prevenir doenças em animais. <br> • Empoderar a gestão de animais de criação com rastreamento e análises digitais. |

| Empresa | Declarações de problema/oportunidade para Estratégia de DX |
| --- | --- |
| Mastercard | • Oferecer inclusão financeira para comunidades sem serviços bancários.<br>• Resolver necessidades empresariais para cibersegurança por meio de autenticação digital de identidade.<br>• Equipar nossos dados de transações do varejo para análises e insights.<br>• Entregar inovação como um serviço a parceiros no setor de serviços financeiros. |
| Air Liquide | • Alavancar dados em nossos ativos físicos – de plantas industriais a cilindros de gás – para melhorar operações e liberar novo valor.<br>• Empoderar e conectar com nossos clientes ao longo de todos os canais de comunicação – de *app* a web, a celular, a representantes de vendas.<br>• Colaborar com um ecossistema em expansão – de funcionários, parceiros e novas *startups* – por meio de novos modelos de negócio digitais e ferramentas para colaboração. |
| Acuity | • Oferecer novas apólices de seguros a clientes comerciais para os riscos de negócios da era digital.<br>• Usar novas fontes de dados em nossos modelos de assinatura e de marketing para oferecer ao cliente certo a cobertura certa pelo preço certo.<br>• Fornecer serviços ao cliente sem entraves, *omnichannel*.<br>• Vender seguros diretamente aos compradores que queiram comprar on-line em vez de por meio dos intermediários tradicionais. |

Note que cada declaração de P/O fornece uma clara descrição de onde a empresa irá procurar criar e capturar valor, sem decidir de antemão o tipo de solução que irá adotar. Ao definir a própria estratégia, lembre-se de se concentrar no "quê" e não ainda no "como". Defina as oportunidades ou problemas que você irá atacar, mas evite descrever as soluções que poderá usar para lidar com eles.

Quando a Amazon começou a trabalhar no que acabaria se tornando sua plataforma Kindle de livros digitais, a empresa sequer tentou especificar como seria o perfil da solução em termos de hardware e software. Ela definiu a oportunidade: "todos os livros já impressos, em qualquer idioma, disponíveis em menos de 60 segundos". Conforme o Kindle seguiu sua trajetória ao longo dos anos, a solução teve mudanças significativas, evoluindo de um recurso de hardware para leitura eletrônica a uma biblioteca baseada na nuvem, de livros criados tanto por editores tradicionais como por edições de autor, e acessível em praticamente qualquer tipo de *smartphone*, tablet, computador ou leitor digital [*e-reader*].

## ◢ Declarações de P/O em diferentes níveis

As prioridades estratégicas devem ser definidas não só para a empresa toda, mas para outros níveis também. P/Os podem ser usados para definir a estratégia de uma função particular (por exemplo, marketing ou recursos humanos) ou de uma unidade de negócio específica (como a unidade de saúde animal da Pfizer). P/Os podem ser definidos para um time individual a fim de esclarecer a estratégia para a parte do negócio que ele estiver gerindo, seja qual for. P/Os podem ainda ser definidos para uma decisão ou evento específico – como a aquisição de outro negócio – para definir as oportunidades estratégicas que ele oferece.

Para um exemplo de P/Os em níveis diferentes da mesma organização, vamos examinar a DX da Walmart no Quadro 4.3. Num *nível empresarial*, podemos ver três P/Os principais para a Walmart: definir o comércio eletrônico futuro de compras de supermercado, alavancar lojas do varejo para conquistar o último trecho de comércio on-line-para-off-line, e reinventar a interação de humanos com a IA no local de trabalho varejista. Descendo mais no quadro, no *nível do canal* (lojas *versus e-commerce*), P/Os podem descrever as prioridades estratégicas da Walmart para cada canal. Para as lojas Walmart, um P/O é "garantir disponibilidade na prateleira quando um cliente entra pela porta para buscar um produto específico" (uma área em que a Walmart tem usado a robótica com sucesso). Para a Walmart.com, um P/O é "melhorar a frequência de compra on-line de nosso cliente". Para os esforços *omni-channel* de ligar os dois canais, um P/O importante é "alavancar nossos funcionários de loja para propiciar uma entrega mais rápida de pedidos on-line a clientes das redondezas". Descendo mais ainda pelo quadro, no *nível do time*, podemos ver como P/Os específicos guiam a DX da Walmart. O time que trabalha no *app* de celular da Walmart tem foco em resolver vários problemas de clientes, entre os quais "melhorar a experiência de devoluções do cliente dentro da loja". Esse P/O levou a acrescentar no *app* um recurso de Devoluções Expressas por Celular, que permite ao cliente escanear seu recibo de papel com o telefone, selecionar os itens a devolver, deixar esses produtos numa via de fluxo rápido na loja usando o QR code [quick-response (QR) code], e receber a devolução do dinheiro no prazo de um dia. A solução final reduziu o tempo que o cliente gasta na loja para uma devolução em 74%.[15]

Uma empresa latino-americana bastante diversificada, que aconselhei, aplicou a abordagem P/O para priorizar sua DX em três níveis. Primeiro, cada unidade operacional focou em oportunidades estratégicas para o digital *dentro* do próprio negócio (elas estavam em setores bem diferentes). Segundo, o time corporativo se concentrou em oportunidades estratégicas *em toda* a empresa – vinculando seus dados e capacidades para gerar novos insights e valor. Terceiro, o time de iniciativas da empresa identificou oportunidades *fora* de seu mix atual de setores – a serem perseguidas por meio de aquisições, iniciativas conjuntas e investindo em *startups* digitais.

**QUADRO 4.3** Declarações de problema/oportunidade da Walmart em diferentes níveis

| Nível da Organização | Escopo da estratégia | Declarações de problema/oportunidade |
|---|---|---|
| Empresa | Walmart, Inc. | • Definir o futuro do comércio eletrônico de compras de supermercado.<br>• Alavancar lojas para conquistar o último trecho do comércio on-line-para-off-line.<br>• Reinventar a interação de humanos e IA no local de trabalho varejista. |
| Canal | Lojas Walmart | • Garantir disponibilidade na prateleira quando um cliente entra na loja procurando um produto específico. |
| Canal | Walmart.com | • Melhorar a frequência de compra on-line do nosso cliente. |
| Canal | *Omnichannel* | • Alavancar nossos funcionários da loja para que propiciem entrega rápida de pedidos on-line a clientes das redondezas. |
| Time | *App* Walmart celular | • Melhorar a experiência de devolução do cliente na loja. |

Passo 2: Selecione os problemas mais importantes

## ◢ Declarações que geram ideias

Uma ótima declaração de P/O pode gerar novas ideias para inovação. Isso fica particularmente claro em desafios de inovação ou *hackathons*, que podem envolver funcionários internos ou parceiros externos, *startups* e clientes. No início de qualquer desafio de inovação, o problema-a-ser-resolvido é declarado, e promete-se uma recompensa – por exemplo, um prêmio em dinheiro, um investimento na *startup* ou a possibilidade de emprego – àquele que apresentar a melhor solução.

Para gerar ideias úteis, é essencial ter uma declaração de P/O bem definida. Stephen Liguori, ex-chefe de inovação global da General Electric (GE), contou-me sobre o primeiro desafio de inovação deles: a empresa pediu simplesmente que os participantes apresentassem "soluções inovadoras de energia limpa". Logo ficaram sobrecarregados. "Recebemos 77 mil contribuições para serem julgadas por cinco pessoas!", conta Liguori. Entre as sugestões estavam ideias como "coloque um monte de enguias elétricas numa piscina que tenha fios elétricos conectados". Em desafios posteriores, a GE forneceu declarações de problemas mais claras, trabalhando com engenheiros para acrescentar detalhes técnicos. Num desafio para explorar impressão em 3D para partes de motor de jatos, Liguori disse: "Recebemos 155 contribuições, das quais 125 superaram qualquer coisa que tivéssemos imaginado até então!".

Clareza, detalhe e foco são essenciais para qualquer boa declaração de P/O. Mas aspectos gramaticais também influenciam. Uma maneira fácil de melhorar uma declaração de P/O é simplesmente transformá-la numa pergunta. A vantagem de redigir seu P/O como uma pergunta é que isso o força a focar de fato no problema, não na solução. Uma das minhas técnicas favoritas é começar cada P/O com as palavras "como poderíamos". Por exemplo, a primeira declaração de P/O da Zoetis no Quadro 4.2 poderia ser reescrita como: "Como poderíamos melhorar o caminho digital do cliente para a compra – de descoberta on-line a comércio eletrônico e à lealdade?". "Como poderíamos" é uma frase comum em inovações e design; foi cunhada por Min Basadur quando trabalhava na Procter & Gamble na década de 1970. Hoje é amplamente usada em empresas como Google, Facebook, IDEO e o Cooper Hewitt National Design Museum.[16] Ao usar "como poderíamos" você rapidamente recua de quaisquer soluções presumidas ou predeterminadas (por exemplo, ter em mente apenas o programa de lealdade para veterinários no qual seus times de marketing já estão trabalhando), e abre seu pensamento a inovações mais abrangentes. Uma grande pergunta vale mil respostas.

## Oito qualidades das grandes declarações de P/O

A partir de minhas observações e do *coaching* com líderes a respeito de estratégia em diversos contextos, identifiquei oito princípios-chave de uma declaração de P/O eficaz:

**1** Ela é formulada como pergunta "Como poderíamos...?". ("Como poderíamos fornecer inclusão financeira a comunidades sem serviços bancários?")

**2** Tem foco num problema ou oportunidade importante para criar valor. ("Melhorar o caminho digital de compra do cliente – de descoberta on-line passando por comércio eletrônico até lealdade.")

**3** Adota o ponto de vista do cliente ou da empresa. Se a declaração de P/O é para um cliente, use a linguagem que o cliente usaria ("funciona bem no meu celular atual"); se é para a empresa, use termos corporativos ("fazer *upsell* nas vendas a clientes aos nossos mais recentes planos de dados").

**4** Concentra-se no resultado desejado ("melhore o rastreamento na nossa cadeia de suprimentos") e evita sugerir uma solução (exemplo: "criar um registro de *blockchain* para rastrear nossa cadeia de suprimentos").

**5** É suficientemente aberta para inspirar diferentes escolhas. ("Entrar no mercado para diagnósticos" em vez de "adquirir a companhia de diagnósticos X".)

**6** É suficientemente restrita para oferecer uma orientação útil. ("Melhorar a experiência de devoluções de produtos na loja" em vez de "criar uma melhor experiência do usuário".)

**7** Evita construções compostas. (Em vez de "reduzir erros de entrega e aumentar a velocidade" escreva um P/O para "reduzir os erros de entrega" e outro para "aumentar a velocidade de entrega".)

**8** Inclui uma definição mensurável de sucesso. ("Reduzir o tempo de contratação de funcionários em 75%.")

O teste real de uma declaração de P/O é a inspiração que gera naqueles que a leem. Lembre-se de que um bom P/O irá ajudá-lo a se apaixonar pelo problema, não pela solução.

## DE UM P/O A VÁRIAS INICIATIVAS

Quando você começa a desenvolver uma lista curta de prioridades estratégicas para seu próprio time, unidade de negócio ou empresa é importante compreender o vínculo entre estratégia e inovação. Em termos simples: cada declaração de P/O deve gerar diferentes ideias de inovação. Se cada P/O coloca a questão ("Como poderíamos?"), essa simples pergunta deve gerar várias respostas possíveis. Cada uma dessas respostas – novos produtos, serviços, processos, modelos de negócio – sugere uma possível solução a esse mesmo problema ou oportunidade.

Vemos isso ilustrado no caso da NextGen Cup Challenge ["Desafio dos Copos para a Próxima Geração"], um projeto de inovação radical lançado em conjunto por Starbucks e McDonald's com apoio da empresa de design IDEO. Os dois negócios patrocinadores produzem bilhões de copos de papel por ano, e, para manter o café do cliente quente por mais tempo, esses copos têm um revestimento de plástico que impede a reciclagem. As duas empresas estão procurando ideias inovadoras para reduzir o impacto ambiental desses copos. Em vez de apresentar uma solicitação de proposta [*request for proposal*, RFP] aos fabricantes de copos para que ofereçam uma solução específica, anunciaram um desafio aberto de inovação, com uma clara declaração de P/O para resolver o problema do desperdício de copos.

O NextGen Cup Challenge atraiu sugestões de centenas de equipes propondo uma ampla gama de soluções para a declaração de P/O. O CupClub adaptou ideias do compartilhamento de bicicletas, com um plano inovador para copos reutilizáveis que poderiam ser depositados em latões de reciclagem especialmente identificados. A Muuse propôs colocar QR codes nos copos reutilizáveis para permitir seu rastreamento, coleta, limpeza e reuso. O Colombier Group focou no aspecto da reciclagem em vez do reuso, objetivando substituir a camada de plástico por uma cobertura à base de água, reciclável ou compostável. O sucesso dessas ideias exigirá testes iterativos e protótipos no mundo real para validar a viabilidade tecnológica, o comportamento e adoção humanos, e a economia em escala. Para iniciar o processo de validação, cada equipe vencedora recebeu 1 milhão de dólares para testar e tentar comercializar suas ideias.[17]

O NextGen Cup Challenge demonstra a meta de qualquer boa declaração de P/O: gerar uma variedade de possíveis inovações, ou o que eu chamo de iniciativas de crescimento. Uma iniciativa de crescimento pode assumir várias formas. Pode ser um processo de inovação, um novo produto ou serviço, ou mesmo um novo modelo de negócio. Uso a expressão "iniciativas de crescimento" para enfatizar que tais iniciativas devem sempre ser definidas em termos de crescimento. Qualquer inovação digital nessa etapa deve ser definida como *criando valor* e *capturando valor* para a empresa. Cuide para que suas iniciativas de crescimento não sejam definidas em termos de tecnologia ("investir em computação na nuvem"), ou em construção de aptidões ("melhorar o talento de nossos profissionais de marketing nas redes sociais"). Esse tipo de construção de capacidades é crucial, mas ele virá no Passo 5 do *Roadmap* da DX, quando você já tiver começado a explorar e testar uma variedade de possíveis inovações geradas pelos seus P/Os.

O Quadro 4.4 mostra como um único P/O pode levar a muitas ideias de iniciativas possíveis para uma empresa. Na Walmart, times que inovaram em cima do P/O "Como poderíamos oferecer pedidos on-line de supermercado convenientes para os clientes?" perseguiram ideias que vão desde uma taxa anual de filiação para entrega de compras a uma experiência gratuita do tipo "compre-on-line-e-retire-na-loja" [*buy-online-pickup-at-store,* BOPS], a parcerias com o *app* de entrega DoorDash, à opção para que funcionários da Walmart entreguem os pacotes ao voltarem de carro para casa.

Uma grande oportunidade para a DX da New York Times Company tem sido o uso de áudio digital para engajar novas audiências. Suas diversas iniciativas têm incluído podcasts de notícias com os repórteres do *Times* comentando as principais histórias do dia, podcasts dos redatores de sua seção de Opinião, contratar um produtor de podcasts bem-sucedido e adquirir uma *startup* que produz versões de áudio de artigos de revistas de destaque.

No Citibank, um P/O crucial para o digital tem sido "Como poderíamos aumentar a vitalidade econômica de indivíduos e comunidades mal atendidos?". Isso gerou múltiplas inovações, entre elas uma plataforma on-line conectando investidores a zonas de oportunidade para investir, e uma ferramenta guiada por dados para ajudar aqueles que procuram emprego a avaliar caminhos de carreira e desenvolver novas aptidões. Ao mesmo tempo, o braço de investimento em empreendimentos do Citibank pode contribuir com esse mesmo P/O investindo em *startups* que ofereçam as próprias soluções para o empoderamento econômico.

| QUADRO 4.4 | Cada problema/oportunidade (P/O) leva a múltiplas iniciativas possíveis | |
|---|---|---|
| **Empresa** | **P/O** | **Possíveis Iniciativas de crescimento para essa P/O** |
| Walmart | Como podemos fornecer pedidos on-line convenientes de produtos de supermercado para nossos clientes? | • Entrega ilimitada de produtos a partir de uma filiação anual. |
| | | • Experiência "compre-on-line-retire-na-loja" (BOPS), sem taxas. |
| | | • Parceria com o *app* de entrega DoorDash. |
| | | • Funcionários da Walmart entregam os pacotes ao voltarem de carro para casa. |
| New York Times Company | Como podemos captar audiências que buscam uma experiência de jornalismo por áudio? | • Lançar um podcast diário de notícias que entreviste nossos repórteres sobre as histórias principais que estejam cobrindo. |
| | | • Lançar um mix de podcasts de opinião sobre diferentes temas, como parte da seção de Opinião. |
| | | • Comprar a Serial – uma produtora de podcasts de sucesso sobre temas não-ficcionais. |
| | | • Comprar a Audm – uma *startup* que contrata atores de voz para ler artigos de revistas de destaque. |

| Empresa | P/O | Possíveis Iniciativas de crescimento para essa P/O |
|---|---|---|
| Citibank | Como podemos aumentar a vitalidade econômica de indivíduos e comunidades mal atendidos? | • Plataforma on-line para conectar investidores a zonas de oportunidade para investir.<br>• Ferramenta digital para quem procura emprego, usando dados de mercado para avaliar caminhos de carreira e desenvolver aptidões.<br>• Investir em *startups fintech* oferecendo empréstimos entre pares ou microcrédito. |
| Starbucks e McDonald's | Como podemos reduzir o impacto ambiental de copos de café descartados? | • Criar um sistema de compartilhamento de copos reutilizáveis descartados em latões de reciclagem.<br>• Colocar QR codes em copos reutilizáveis para permitir rastrear, coletar, limpar e reusar.<br>• Substituir a camada de plástico por camada à base de água que seja reciclável ou compostável. |

Nossa meta, então, para o processo de estratégia é que uns poucos P/Os irão gerar uma *carteira de iniciativas* [*venture backlog*] – uma lista priorizada de novas ideias de iniciativas de crescimento alinhadas às suas prioridades estratégicas e à sua visão compartilhada. O time, unidade ou divisão apropriados podem então começar a validar e testar aquelas ideias de iniciativas e investir nas que funcionem melhor. (Estou pegando emprestado o termo "*backlog*" de seu uso e significado no software de desenvolvimento *agile*.) Veremos mais sobre o uso de um *venture backlog* no Passo 4 do *Roadmap* da DX, assunto do Capítulo 6.

## FERRAMENTAS EFICAZES PARA IDENTIFICAR P/OS

De onde surgem grandes declarações de P/Os? Primeiro, elas devem emergir da visão compartilhada que você definiu no Passo 1 do *Roadmap* da DX. Há também ferramentas úteis que costumam ser usadas na pesquisa de insights sobre o cliente. E recomendo particularmente usar quatro das ferramentas de estratégia que desenvolvi em *Transformação Digital*. Vamos examinar brevemente como você pode juntá-las para formular declarações de P/O valiosas para qualquer negócio.

## ◢ Visão compartilhada

O primeiro lugar em que podemos procurar para identificar P/Os valiosos é na visão compartilhada que definimos no Passo 1 do *Roadmap* da DX. Isso inclui nosso cenário futuro, direito de vencer, impacto de sua estrela guia e teoria de negócios. Cada um desses quatro elementos deve nos ajudar a identificar P/Os.

### Cenário futuro

Seu cenário futuro é uma visão compartilhada de como o contexto de seu negócio está evoluindo com base em insights sobre seus clientes, novas tecnologias, o ecossistema competitivo, e tendências estruturais mais amplas na economia. Esses são justamente os tipos de insights que devem encaminhá-lo para novos problemas e oportunidades para o seu negócio. Vejamos alguns exemplos:

➤ O P/O da Zoetis para "Empoderar gestão de animais de criação com rastreamento e análise digital" surgiu de tendências nos *big data* e IoT, e de compreender como fazendas de médio porte estavam ainda lutando para adotar essas tecnologias de maneira bem-sucedida.

➤ O P/O da Walmart para "Definir o futuro do comércio eletrônico para compras de supermercado" surgiu de ver uma necessidade de cliente para entrega de compras de supermercado que os concorrentes ainda não haviam resolvido, deixando mais espaço para inovação do que outras categorias de comércio eletrônico.

➤ O P/O da Acuity de "Oferecer novas apólices de seguro a clientes comerciais para os riscos de negócios da era digital" foi incentivado por tendências rumo a robótica e automação nas empresas de manufatura, pela ascensão da *gig economy*, e pela vulnerabilidade dos clientes a riscos de cibersegurança.

### Direito de vencer

P/Os devem surgir também de seu direito de vencer – sua definição das vantagens únicas e dos limites de sua própria organização. Como Michael Porter diz: "Estratégia tem a ver com ser diferente. Significa escolher deliberadamente um conjunto diferente de atividades para entregar um mix de valor único".[18] Ao ligar sua estratégia ao seu direito de vencer, você pode perseguir oportunidades onde tiver uma vantagem única.

➤ A Intuit usou a vantagem única de seus dados – sobre folha de pagamento e dados de impostos compartilhados por clientes que usam seus produtos existentes – para identificar uma oportunidade de fornecer crédito a pequenos negócios não atendidos por outras agências de empréstimos.

➤ A Walmart usou suas próprias vantagens únicas – sua rede de lojas varejistas e seus dados de compradores – para identificar oportunidades de entrar em serviços de assistência médica e financeiros ao consumidor

### Impacto da estrela guia

O impacto de sua estrela guia – o impacto a longo prazo que você procura alcançar – deve ser também uma fonte de orientação para identificar P/Os.

➤ O impacto da estrela guia da Mastercard, de "prover e proteger comércio seguro no mundo digital", ajudou a direcioná-la ao P/O de resolver necessidades empresariais de autenticar identidade digital.

➤ O impacto da estrela guia da Ford Motor, definido por Bill Ford, é "atender às necessidades ambientais e de mobilidade de um planeta em crescente expansão e urbanização". Vários P/Os emergiram disso, como os referentes a veículos autônomos e gestão de frotas, veículos elétricos e redes de recarga, compartilhamento de caronas e soluções de mobilidade urbana, e transações e pagamentos no veículo.

## Teoria de negócios

Sua teoria de negócios – explicar como você espera capturar valor de seus investimentos no futuro – pode direcioná-lo a P/Os específicos para o seu negócio.

> ➤ O mapa da teoria de negócios de Walt Disney de 1957 identifica claramente P/Os em parques temáticos, *merchandise*, televisão e música, licenciamento de personagens e livros, revistas e quadrinhos.

> ➤ A teoria da Amazon do ciclo virtuoso da seleção de produtos e crescimento de clientes direcionou a empresa para o P/O de trabalhar com outros vendedores.

## Ferramentas de insights a respeito do cliente

Além da sua visão compartilhada, tenho visto que muitos métodos populares para obter insights sobre clientes podem ser úteis para identificar P/Os. Três ferramentas usadas em *lean startup*, *agile*, *design thinking* e gestão de produto podem ser particularmente úteis para descobrir problemas de clientes a serem resolvidos e oportunidades para agradar o cliente. Vejamos quais são.

### Saia do edifício

O espírito da *lean startup* talvez seja mais bem capturado no imperativo de Steve Blank: "saia do edifício"[19] – isto é, parar de criar planos de negócio em seu escritório e passar a se engajar diretamente com o cliente para aprender com ele. Na realidade, o primeiro estágio do processo da *lean startup* de "desenvolvimento do cliente" começa com simples entrevistas com clientes – sem protótipos, sem MVPs, sem sequências de slides – apenas conversar com o cliente no próprio campo dele.

O time digital da UTC passa regularmente um tempo em campo – de Las Vegas a Xangai e a Turim – conversando com clientes industriais para avaliar seu interesse nas inovações digitais que ela está considerando. Na Zoetis, o time digital dedica-se regularmente a passeios com clientes, como passar o dia com um veterinário para saber o que está acontecendo em seu negócio e como as necessidades do setor estão mudando. Observar um dia na vida de um cliente pode trazer bem mais insights do que uma pesquisa ou um grupo de foco.

## PR/FAQ

Outra ferramenta poderosa para identificar e definir P/Os é o que a Amazon chama de PR/FAQ (*press release/frequently asked questions* ou "*press release/*perguntas mais frequentes"). Essa ferramenta foi desenvolvida como uma maneira de instilar a filosofia de "trabalhar retroativamente a partir das necessidades do cliente". Em outras palavras, não comece com o produto que você tem a intenção de vender; comece com o impacto que você quer criar no seu cliente. O PR/FAQ vem em duas partes: um *press release* que anuncia o produto imaginado como se já estivesse pronto para ser lançado, e a seção FAQ que responde a perguntas adicionais. O *press release* tem menos de uma página de extensão. Deve nomear o produto de uma maneira que o cliente possa entender. Depois descreve os benefícios que o cliente terá e os problemas que resolverá. Conclui com citações da empresa e de um cliente hipotético descrevendo o valor que ambos estão recebendo do novo produto. Segue-se o FAQ, que pode ter até cinco páginas de extensão. Ele responde a uma lista de perguntas que se espera que o cliente faça (Como o produto funcionará? Quanto vai custar?) e também relativas ao negócio (Qual o tamanho do mercado, a viabilidade técnica, os parceiros de negócios?).[20]

### Mapeamento da jornada do cliente

O mapeamento da jornada do cliente é um método popular de pesquisa amplamente usado tanto no *design thinking* quanto no *agile*. A atual experiência que o cliente tem com sua empresa é definida como uma jornada, dividida numa sequência de estágios (por exemplo, da pré-compra à pós-compra). É feita uma pesquisa em cada estágio para compreender o comportamento do cliente (as ações que faz, os *touch points* usados), e suas experiências (metas, motivações, questões, sentimentos e dores). Esses achados são usados para identificar oportunidades estratégicas para melhorar.

O mapeamento da jornada do cliente pode ser uma ferramenta poderosa para identificar P/Os para o seu atual negócio, especialmente problemas do cliente que precisem ser resolvidos. Mas tome nota: essa ferramenta ficou tão popularizada que tenho visto empresas acreditarem que o propósito de sua DX era "mapear as jornadas do cliente". Não confunda o processo com a meta! O propósito da DX é, e continua sendo, a criação de valor, que começa com uma grande declaração de P/O.

## ◢ Ferramentas de estratégia digital

Várias ferramentas de estratégia no meu livro anterior, *Transformação Digital*, são destinadas a ajudar qualquer negócio a identificar oportunidades estratégicas, isto é, declarações de P/O. Quatro delas particularmente podem ser úteis a você:

➤ **Comportamentos de rede de clientes** - No capítulo sobre estratégia do cliente, descrevo cinco comportamentos do cliente – os desejos de *acessar, engajar, customizar, conectar* e *colaborar* – que exercem influência sobre nós na era digital. A ferramenta explica como descobrir oportunidades de criar valor (em produtos, serviços e experiências do cliente) ao inovar em torno desses cinco comportamentos essenciais dos clientes.

➤ **Modelos de valores de dados** - No capítulo sobre estratégias de dados, descrevo quatro modelos para criar valor a partir de dados – *insights, targeting, personalização* e *contexto*. A ferramenta correspondente mostra como um negócio pode identificar oportunidades de criar valor ao aplicar esses modelos a seus ativos de dados atuais e dar passos para fazê-los crescer ao longo do tempo.

➤ **Trem de Valor Competitivo** - No capítulo sobre estratégias competitivas, apresento o Trem de Valor Competitivo (também descrito no Capítulo 3 deste livro). Ao aplicar essa ferramenta a qualquer parte de seu negócio, você identifica os parceiros *upstream* e *downstream* que o ajudam a entregar valor ao seu cliente final, e o intercâmbio e alavancagem de valor que existe em cada ponto de interação. Com esses insights, o Trem de Valor Competitivo consegue ajudar a identificar novas oportunidades de negócio que possam dar maior alavancagem ao seu ecossistema – como aumentar a exclusividade de seu papel, estender mais seu negócio *upstream*, ou estendê-lo *downstream* a um relacionamento direto com o cliente.

➤ **Roadmap da Proposta de Valor -** No capítulo sobre estratégias de proposta de valor, apresento o *Roadmap* de Proposta de Valor (também descrito no Capítulo 3 deste livro). Ao analisar sua proposta de valor atual e seus elementos de valor crescentes e decrescentes, essa ferramenta irá ajudá-lo a identificar P/Os estratégicos que aumentem seu valor futuro para cada um dos seus segmentos de clientes.

## FERRAMENTA: A MATRIZ PROBLEMA/OPORTUNIDADE (P/O)

Estamos agora prontos para apresentar outra nova ferramenta, a Matriz Problema/Oportunidade (P/O). O propósito dessa ferramenta não é gerar um único P/O. Em vez disso, é organizar e esclarecer uma lista curta dos P/Os mais importantes de qualquer negócio, divisão, unidade, função ou time. Assim, é melhor utilizá-la após o trabalho inicial com algumas das ferramentas descritas na seção anterior.

A Matriz Problema/Oportunidade na Figura 4.1 tem duas dimensões: problema *versus* oportunidade (nossas duas lentes para definir estratégia), e cliente *versus* negócio (os pontos de vista de *stakeholders* externos e internos). A matriz resultante é composta por quatro quadrantes – problemas do cliente, problemas da empresa, oportunidades do cliente e oportunidades da empresa. Cada um desses quatro quadrantes oferece um meio diferente de identificar uma prioridade estratégica para o seu negócio. Mas lembre-se de que o mesmo P/O pode ser escrito de diferentes maneiras (isto é, como um problema do cliente ou como uma oportunidade de negócio), e que os P/Os evoluem com o tempo. O objetivo da Matriz P/O não é selecionar o quadrante "certo" para qualquer estratégia dada. Em vez disso, use os quatro quadrantes para ajudá-lo a localizar as diferentes prioridades para crescimento que você de outro modo poderia deixar de ver.

Passo 2: Selecione os problemas mais importantes

Eu desenvolvi a Matriz Problema/Oportunidade enquanto trabalhava com várias organizações para definir as prioridades estratégicas mais importantes em suas DXs. Vamos dar uma rápida olhada em cada passo da ferramenta para ver como aplicar a Matriz em sua organização.

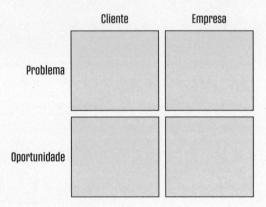

FIGURA 4.1 A Matriz Problema/Oportunidade (P/O)

## 1. Escolha seu nível e seus clientes

Primeiro, comece decidindo para qual nível de seu negócio você está definindo prioridades estratégicas. É para um time de produto? Para um canal de vendas em particular? Uma unidade de negócio ou região? Uma função como marketing, finanças ou RH? Para a organização toda? A Matriz P/O pode ser aplicada a qualquer nível de sua empresa. Portanto, antes de começar, você precisa escolher a unidade organizacional na qual irá colocar foco.

A seguir, identifique seus clientes mais importantes. Eles são seus *stakeholders* principais, externos à sua unidade escolhida. O mais comum é ter vários tipos de clientes. Lembre-se, por exemplo, que os clientes da Zoetis incluíam donos de pets; criadores de gado bovino, suíno e de outros animais; e veterinários ligados a cada um desses setores. Se você está usando a Matriz para definir estratégia para uma função interna (como RH ou financeiro), seus clientes podem incluir *stakeholders* em outros setores de sua empresa. Para uma divisão de RH, "clientes" podem ser funcionários da empresa assim como faculdades de onde você recruta talentos. Para uma divisão de cadeia de suprimentos, "clientes" podem ser times ou linhas de negócios cujos produtos você entrega.

## ◢ 2. Defina P/Os para cada quadrante

Agora que você já escolheu sua unidade organizacional e os clientes que está atendendo, é hora de começar a definir P/Os para cada um dos quatro quadrantes da Matriz.

> ➤ **Problemas de clientes** - Para o primeiro quadrante, examine cada um dos seus clientes que você identificou no Passo 1. Para cada um, quais são os maiores e mais persistentes problemas que você pode ajudá-los a resolver? Qual é a necessidade deles não atendida mais urgente?

> ➤ **Problemas da empresa** - Nesse quadrante, pergunte: quais são as dores mais urgentes que estão agora sendo enfrentadas por sua empresa? (De novo, pense na unidade organizacional que você escolheu no Passo 1.) Para cada problema, qual é o *stakeholder* crucial (por exemplo, um gerente de marketing ou diretor do RH) que precisará usar e adotar qualquer solução?

> ➤ **Oportunidades para os clientes** - Examine de novo cada um dos clientes que identificou no passo 1. Qual valor, ganho ou benefício inesperado você poderia criar para eles? Tente redigir para cada cliente uma "declaração de satisfação do cliente" – mais ou menos como a promessa do Kindle de oferecer "todos os livros já impressos, em qualquer idioma, disponíveis em menos de 60 segundos".

> ➤ **Oportunidades para a empresa** - Nesse quadrante, pergunte: onde minha unidade poderia se expandir para criar e capturar novo valor para a empresa? Tente identificar um mercado atraente em crescimento onde você tenha um claro direito de vencer. Procure uma nova capacidade com uma aplicação específica ao seu negócio. (Por exemplo, em vez de "usar aprendizagem de máquina" escreva

"usar aprendizagem de máquina para descobrir medicamentos".)
Tente redigir uma meta estendida 10x – para algo que você normalmente tenta melhorar apenas 10%, mas onde pode haver uma oportunidade de melhorar dez vezes.

Dentro de cada quadrante identifique o maior número possível de P/Os interessantes. Procure achar pelo menos três ou quatro por quadrante. Ao escrever cada declaração de P/O, relembre as oito qualidades das ótimas P/Os, vistas neste capítulo, e siga as seguintes linhas gerais:

> **Formule como pergunta** usando a expressão de Min Basadur: "como poderíamos...".

> **Evite sentenças compostas** se o seu P/O tem a palavra "e" nele, divida-o em duas ideias!

> **Nunca entregue o "como"** especifique o resultado que você quer, não os meios. Um bom P/O não é uma solução disfarçada de problema.

> **Escreva com um ponto de vista claro** se você escreve um problema do cliente, não use jargão de negócios; use a linguagem que o cliente usaria.

Lembre-se que um dado P/O pode ser escrito de forma diferente para se encaixar em mais de um quadrante. Se um de seus P/Os não soa claro ou atraente o suficiente, tente reescrever o problema como oportunidade (ou vice-versa), ou mudando o ponto de vista de negócios para cliente (ou vice-versa).

## 3. Escolha seus guardiões e combine

Como passo seguinte, você deve rever todos os P/Os que escreveu e escolher e manter apenas os mais importantes. Cada um deve estar focado em resolver um problema concreto ou em criar um valor significativo. Cada um deve ter claramente importância para um cliente específico (externo) ou para o negócio (interno). Os P/Os devem ser também interessantes, projetando novas ideias a respeito de como você pode criar e capturar valor. Depois, tire seus P/Os escolhidos dos quatro quadrantes e combine-os numa lista única. Agora você deve ter uma lista de declarações de P/O redigidas como perguntas ("Como poderíamos...?").

### ◢ 4. Refine cada P/O

Tome um tempo para discutir e refinar cada P/O da sua lista. Para cada um, veja de novo qual o principal *stakeholder* que deverá usar e se beneficiar de qualquer eventual solução.

Certifique-se de que cada P/O é *restrito* o suficiente para possibilitar foco a um time. Por exemplo, náo escreva "Como podemos atrair mais clientes?", mas sim "Como podemos engajar audiências que preferem audiojornalismo?".

Certifique-se de que cada P/O seja *amplo* o suficiente para poder ser respondido de várias maneiras: em vez de "Como podemos criar um podcast diário de notícias que entreviste repórteres a respeito da principal notícia da manhã?", pergunte "Como podemos usar o áudio para engajar leitores à nossa cobertura de notícias?".

### ◢ 5. Teste de *brainstorming*

Agora é hora de fazer com seus P/Os o que chamo de teste de *brainstorming*. Examine cada declaração de seus P/Os refinados e tente fazer um *brainstorming* de múltiplas ideias para soluções – isto é, dar diferentes respostas à mesma pergunta. Ao fazer isso, tente encontrar ideias que sejam genuinamente diferentes uma da outra; isto é, que assumam uma abordagem diferente para a solução do mesmo problema ou para capturar a mesma oportunidade.

Este passo revela se uma P/O é genuinamente útil para os futuros esforços de inovação. Se você só consegue pensar em uma ideia de solução para uma P/O, procure contribuições de outras pessoas para ampliar seu pensamento. Se ainda assim só conseguir ver uma solução, provavelmente seu P/O é uma "solução disfarçada de problema".

Passo 2: Selecione os problemas mais importantes

## ◢ 6. Métricas do sucesso

Como último passo, tente definir métricas de sucesso para cada P/O. Faça a si mesmo a pergunta "Como iremos usar os dados para escolher a melhor solução entre as que acabamos de submeter a *brainstorming* e outras que podem ser propostas no futuro?". Para cada P/O ainda na sua lista, defina também uma métrica (ou duas ou três) que distinguiriam a melhor solução para esse problema/oportunidade.

Se você fez seu trabalho direito, deve estar agora sentindo vontade de designar um time de funcionários de alto valor para trabalhar em um de seus P/Os. E deve estar disposto a dar a esse time amplo espaço para explorar novas inovações, sabendo que irão testá-las e validá-las com suas métricas de sucesso como guia.

## ESTRATÉGIA DE BAIXO PARA CIMA

A abordagem à estratégia que temos visto neste capítulo foge de como muitos negócios estabelecidos operam. Em muitas organizações, "estratégia" é um item da agenda anual de um grupo seleto. Altos executivos reservam algumas semanas todo ano para passar um tempo em reuniões ou talvez em algum retiro, atualizando a estratégia da empresa. A estratégia resultante é um documento – um objetivo, como um orçamento, por exemplo, a ser entregue uma vez por ano – cujo intuito é ser repassado ao resto da organização.

Mas esse modelo é totalmente inadequado aos desafios da era digital, com sua mudança constante e a necessidade de adaptação contínua. Para qualquer negócio atual, a estratégia é algo que deve acontecer não no topo, mas em cada um dos níveis da organização. E a estratégia deve tornar-se não um produto anual, mas um processo contínuo, em andamento.

## ◢ Estratégia a cada nível

Como temos visto, prioridades estratégicas (P/Os) têm importância crucial para cada nível da organização. Quer você esteja liderando uma DX para a empresa toda, para uma divisão, função ou time, todas as unidades organizacionais devem estar focadas em identificar seus problemas mais importantes de serem resolvidos e nas oportunidades para criar novo valor. Quando uma organização faz essa mudança, as pessoas em todos os níveis ficam engajadas na estratégia.

Na empresa de serviços de energia Schlumberger, a expectativa é cada chefe de unidade de negócio desenvolver a própria estratégia digital, a partir da orientação e dos insights do time de estratégia digital no nível corporativo. O *New York Times*, no relatório do Grupo de 2020 sobre inovação digital, traçou uma meta de que cada "editoria" (grupo de jornalistas que cobrem uma área de notícias) precisa ter a própria declaração de estratégia – definir seus clientes (audiência-alvo), proposta de valor (o que irá cobrir e o que não irá), competição (e como irá se distinguir dela), métricas (o que pode ser considerado sucesso) e operações (que talentos precisará desenvolver e como irá interagir com outras editorias ou departamentos).[21]

A estratégia empresarial geral de cada companhia deve moldar o trabalho de cada uma das partes da organização. Mas, de novo, essa influência deve acontecer por meio do processo que eu chamo de cascata para cima. Um alto líder corporativo não deve dizer, a quem se reporta a ele, "Minhas prioridades estratégicas são X, portanto as suas devem ser Y". Ao contrário, deve dizer: "Minhas prioridades estratégicas são X", e então perguntar: "Quais vocês acham que deveriam ser as prioridades estratégicas do seu time para apoiar as minhas?". Por meio dessa cascata para cima, os P/Os da empresa ficam vinculados às prioridades estratégicas em cada um dos níveis e em cada um dos departamentos.

## ◢ Estratégia como uma conversa contínua

Definir suas prioridades estratégicas é um processo contínuo, em andamento. Todo líder e todo time devem rever regularmente seus P/Os para avaliar e incorporar novo aprendizado. Uma prioridade estratégica pode ganhar ou perder importância por muitas razões: o interesse do cliente às vezes diminui, novos concorrentes podem entrar no mesmo espaço e reduzir a probabilidade de lucro, um evento inesperado como a pandemia da Covid-19 pode invalidar seus cronogramas e acrescentar novas restrições externas.

A estratégia deve ser reimaginada – não como algo objetivo, mas como um processo em andamento para o qual todos contribuem.

Passo 2: Selecione os problemas mais importantes

Donald Sull descreve estratégia como uma série de conversas que precisam acontecer em cada nível de uma organização, de uma maneira contínua, iterativa.[22] Essa abordagem pode ser vista na DX da UTC. Steve Serra, que lidera o acelerador digital da UTC, descreve como seus times têm reuniões regulares com os presidentes das unidades da UTC para entender o que está na pauta principal de seus negócios, mostrar tendências emergentes e exemplos de outros mercados, e identificar oportunidades estratégicas que tenham maior importância para seus negócios.

Uma poderosa mudança de mentalidade acontece à medida que cada um se envolve nessas conversas sobre estratégia. Em cada nível da organização as pessoas começam a assumir uma mentalidade voltada a definir problemas. Cada uma de suas tarefas, projetos ou fluxos de trabalho começa com um passo atrás para perguntar: "Por que estou fazendo isso? O que estou resolvendo?". À medida que todos começam a fazer essa mudança – a pensar em novas maneiras de resolver os problemas que têm maior relevância para seu próprio trabalho –, sua criatividade é liberada.

## ◢ Times e líderes

Os resultados de promover a estratégia continuamente e de baixo para cima serão claros. Cada time será guiado por sua própria *visão compartilhada* definida por sua divisão ou unidade particular. Cada time terá seu próprio conjunto de *prioridades estratégicas* – talvez de três a sete P/Os – para guiar o próprio trabalho, alinhado às prioridades da empresa como um todo. E cada time deverá ter o próprio *backlog de iniciativas* – uma lista de dez a trinta ideias para inovações a serem exploradas –, que muda regularmente, mas está alinhado aos seus P/Os estratégicos.

À medida que a estratégia se torna de baixo para cima, a liderança também muda. O papel de um líder não é mais o de pensar nas respostas certas, mas o de formular as perguntas adequadas.

Relembre as tarefas de um líder apresentadas no Capítulo 3. Elas se traduzem nas três tarefas que qualquer líder deveria focar em relação à estratégia. Primeiro, os líderes devem definir os problemas e oportunidades mais importantes que guiarão os esforços de seus times. Em segundo lugar, devem comunicar isso em P/Os claros e trabalhar para alinhar todo mundo dentro de seus times. Finalmente, devem empoderar os outros à medida que testam novas ideias e perseguem novas soluções para essas metas estratégicas compartilhadas.

Para que a transformação digital seja bem-sucedida, você deve primeiro definir onde ela irá competir e procurar criar valor. Sem prioridades, qualquer DX vira uma série de projetos esparsos, desconectados das necessidades da empresa e facilmente sequestrados pela empolgação com novas tecnologias. No Passo 2 do *Roadmap* da DX, você viu como qualquer organização pode definir suas prioridades estratégicas e vincular a DX a uma agenda clara de crescimento. Viu o poder de pensar tanto em problemas como em oportunidades, e de que maneira diversas ferramentas de estratégia podem ajudar a definir P/Os para o seu negócio. E viu o vínculo entre estratégia e inovação – por que você deve primeiro definir os problemas que importam mais antes de procurar ideias para soluções.

Cada estratégia é uma obra em processo, mas, tendo um primeiro esboço bem estabelecido, você pode agora dar o próximo passo do *Roadmap* da DX. Com os P/Os identificados e as ideias para inovações digitais estimuladas por eles, você está pronto para começar a transformar essas ideias em iniciativas de crescimento no mundo real.

À medida que entrarmos no Passo 3 do *Roadmap* da DX, teremos que lidar com o desafio da incerteza identificado no Capítulo 2. Humildade e experimentação são a chave. Para transformar suas novas ideias de iniciativas em *drivers* de crescimento para o seu negócio, você não precisa de uma bola de cristal. Precisa de um processo claro para validar rapidamente qualquer ideia, testar suas suposições de negócios e descobrir se é capaz de entregar resultados em escala no mundo real. No Capítulo 5, veremos como validar iniciativas ao longo de toda a sua organização e começar a criar real valor por meio da DX.

CAPÍTULO 5

# PASSO 3: VALIDE INICIATIVAS

## EXPERIMENTAÇÃO

Quando visitei os laboratórios da Walmart no Vale do Silício para me encontrar com o COO Jeff Shotts [*Chief Operating Officer*, ou Diretor de Operações], sua empresa estava envolvida numa ampla transformação digital (DX). A Walmart buscava numerosas inovações ao mesmo tempo, desde melhorias operacionais e novas experiências do cliente a novos modelos de negócio digitais.

Uma inovação recente era o Jetblack, um serviço de comércio conversacional exclusivamente a partir de convite. O Jetblack permitia que os clientes enviassem por texto uma requisição de compra – por exemplo, "preciso de um presente de aniversário para um garoto de dez anos de idade" – e, com algumas mensagens trocadas, tinham um produto perfeito entregue no prazo de um dia. Em outra inovação, robôs que percorriam os corredores das lojas do Walmart limpavam o piso e ao mesmo tempo usavam visão de máquina para escanear as prateleiras e detectar produtos que precisavam ser repostos. Outra solução de robótica estava sendo desenvolvida nos centros de abastecimento para agilizar a operação de coleta de alguma seleção dos milhões de produtos oferecidos em seu site. Ao mesmo tempo, os planos da Walmart para pedidos de supermercado on-line estavam sendo preparados para uma ampla implementação em nível nacional.

Em cada uma dessas inovações digitais, os times da Walmart tinham o cuidado de não se "apaixonar pela solução". Em vez disso, nos times em toda a empresa, a Walmart engajava-se num ciclo constante de rápida experimentação – testando no mercado, com frequência usando protótipos rápidos e simples, para descobrir o que funcionava ou não no mundo real. Muito desse aprendizado era a respeito dos clientes.

Quais eram suas grandes necessidades não atendidas? Que aspectos eles julgavam mais importantes? De que modo a Walmart poderia criar a experiência do cliente ideal? Outra parte do aprendizado referia-se às operações. Quais eram os requisitos de tecnologia para uma dada solução? Que questões de segurança ou privacidade de dados precisavam ser resolvidas? Qual era a escalabilidade dessa ideia? Havia ainda outros experimentos focados em economia: realizar testes sobre preços, custos operacionais e valor para a empresa de benefícios como dados adicionais de clientes. Como Shotts me explicou, com cada inovação a Walmart tinha que "tentar descobrir como podemos escalar e oferecer o que é bom para o cliente, e que ao mesmo tempo atenda a algumas restrições econômicas nossas". Isso significa aprender enquanto você testa e valida novas ideias no mercado – e manter-se flexível em seus próximos passos.

Um exemplo desse tipo de aprendizado vem dos robôs da Walmart, quando os testes de mercado levaram a diferentes decisões para diferentes casos de uso. Os robôs varredores de piso tiveram bom desempenho de início, poupando custos de mão de obra na reposição das prateleiras da loja. Portanto, de alguns poucos locais, passaram a ser implementados num teste nacional em 10% das lojas Walmart. Mas o programa acabou sendo encerrado quando a empresa descobriu que poderia alcançar resultados comparáveis melhorando o desempenho humano.[1] Mas nos centros de abastecimento Walmart os robôs continuaram cruciais para o modelo de negócio on-line. Na realidade, assumiram um novo papel quando a Walmart começou a construir armazéns bem menores, cada um adjacente a uma loja tradicional. Nesses armazéns pequenos, os robôs trabalhavam junto com funcionários humanos, que percorriam a pé os corredores das lojas e pegavam os produtos certos para entrega no mesmo dia. O teste numa loja em New Hampshire mostrou que essa solução híbrida proporcionava maior disponibilidade de produtos, maior rapidez no atendimento de pedidos e maior utilização do espaço do armazém da Walmart. Esses resultados comprovados levaram a um investimento e implementação bem maiores.[2]

Nem toda inovação avança depois de testada. Shotts cita o exemplo do Jetblack, o serviço de mensagens de texto para prover *concierge* de compras. Os clientes adoraram. "Estamos vendo que lançamos uma proposta de valor que tem suficiente apelo junto aos clientes para que parem de usar a concorrência [Amazon]. Mas não podemos parar por aqui. Precisamos descobrir como podemos escalar essa oferta para 200 milhões de pessoas nos EUA – e será que podemos fazê-lo de modo lucrativo?" O primeiro teste do Jetblack foi em mercados urbanos selecionados. Dependia de uma retaguarda humana que nunca iria escalar, mas permitiu à Walmart testar que a experiência de usuário iria modificar o comportamento do cliente. Mas oferecer uma boa experiência ao cliente não foi suficiente. A meta havia sido implantar o Jetblack em algoritmos de aprendizagem de máquina, mas a tecnologia não estava pronta para assumir o lugar de agentes humanos. Escalar o Jetblack seria impossível. Então a Walmart pegou o que havia aprendido e fechou o projeto.

Ao mesmo tempo, os experimentos da Walmart em pedidos de alimentos on-line mostraram que havia uma real demanda dos clientes e múltiplos caminhos para atendê-la em escala. Um aspecto crucial desconhecido era se o cliente se disporia a pagar pela entrega dos produtos. "É difícil ganhar dinheiro em cima de uma cesta de 25 dólares se você entrega de graça", explica Shotts. "Não me oponho a testar isso. Mas escalá-lo é um desafio e tanto." A Walmart realizou vários experimentos, testando diferentes pontos de preço para entrega paga, entrega gratuita com tamanho mínimo de compra, e um modelo de filiação anual como o Amazon Prime. Considerando que a Walmart tem preços baixos e margens muito estreitas, encontrar a fórmula certa era essencial para atrair a adesão de clientes e ao mesmo tempo ser financeiramente sustentável. No final, a empresa lançou um serviço de âmbito nacional chamado Walmart+, cuja filiação concedia um ou dois dias de entrega gratuita de produtos on-line, mais entrega no mesmo dia de produtos alimentícios de uma loja. A entrega desses produtos também era oferecida sem filiação, cobrando-se 7,95 dólares por entrega.

Mas testes e aprendizado não terminam quando um produto ou serviço é lançado. À medida que o serviço on-line de entrega de alimentos da Walmart cresceu no mercado, a empresa continuou aprendendo a se adaptar aos comportamentos em mudança dos clientes. Os muitos *lockdowns* durante a pandemia da Covid-19 criaram um grande aumento de demanda para o que a Walmart chamou de "clique e retire" ["*click and collect*"] – fazer o pedido de alimentos on-line, e então ir de carro até a loja onde um funcionário trazia suas sacolas e as colocava no porta-malas do seu carro.[3] Conforme os *lockdowns* foram cessando, a Walmart descobriu um novo desejo surpreendente do cliente – contar com uma pessoa de entrega não só para trazer os alimentos até sua casa mas para entrar e guardar tudo. O serviço, apelidado de Walmart InHome, é oferecido com maior personalização, medidas adicionais de segurança, e um preço *premium* para os clientes.[4]

## POR QUE A EXPERIMENTAÇÃO É IMPORTANTE

Ao descrever a notável DX da New York Times Company durante o seu tempo na empresa, o editor executivo Dean Baquet confessou: "Não temos ideia de como será o futuro do jornalismo. Quando começamos com os podcasts, não tínhamos ideia. Assumimos riscos, erramos, tentamos coisas... não sabemos o que vai dar certo".[5]

Líderes transformadores compartilham essa humildade de Baquet. Reconhecem desde o início que qualquer ideia digital que possam ter é apenas um conjunto de hipóteses não testadas – a respeito de clientes, competição, operações, lucros, tecnologia e mais. Abordam cada ideia prontos para aprender, porque sabem o que não sabem. É por essa razão que as Quatro Religiões – *lean startup*, *design thinking*, *agile* e gestão de produto – são construídas em torno de ciclos rápidos de testagem e experimentação. Cada uma delas começa com a admissão da incerteza em relação a qualquer iniciativa.

Muitos líderes de negócios erram ao achar que a chave da inovação é ter boas ideias. Mas *ideias raramente são uma fonte de vantagem competitiva*. O verdadeiro desafio da inovação é ser competente em validar: aprender o mais cedo e com o menor custo possível qual das suas ideias pode funcionar e como. O foco equivocado em ter ideias decorre em parte da teoria tradicional de inovação, que põe toda a atenção em descobrir de onde vêm as ideias. Mas as modernas teorias da inovação dão bem menos atenção à ideação; põem foco nos melhores métodos de validação e aprimoramento de ideias (identificar pressupostos, conversar com clientes, projetar MVPs, coletar dados e adaptar com base no aprendizado). Grandes ideias são produzidas, elas não nascem.

Nos dois primeiros passos do *Roadmap* da Transformação Digital (DX), você trabalhou para definir uma visão compartilhada do futuro, escolher prioridades estratégicas (seus P/Os) e começou a gerar ideias para iniciativas baseadas nesses P/Os. No terceiro passo do *Roadmap* da DX, sua meta é testar rapidamente essas iniciativas para validar quais delas podem funcionar e como.

As melhores empresas digitais dão certo porque aprendem rápido com os clientes e com o mercado, e usam esse aprendizado para revisar, pivotar e ajustar uma ideia até que ela alcance a combinação certa de fatores para decolar. O desafio da Walmart e de qualquer empresa envolvida na DX é ficar boa em fazer isso com diferentes ideias ao longo da empresa. Iniciativas de crescimento podem assumir diversas formas: novos produtos, novas experiências do cliente, novas estratégias de marketing, ou modelos de negócio totalmente novos. Para construir mesmo que seja uma só iniciativa que tenha impacto em seu negócio você precisará testar várias ideias, desistir de algumas e mudar outras, repetidamente, em resposta aos testes e ao feedback. Fazer isso requer operar importantes mudanças em como as empresas encaram a gestão de inovações:

> **➤ Pense como um cientista** - Evite debates baseados apenas em opiniões. Em vez disso, assente as decisões estratégicas em dados. Use dados da sua experiência, em vez de dados preexistentes de terceiros. Todo experimento deve começar com uma teoria e visar a validação de algo específico – a respeito de seu cliente, da sua tecnologia, do problema que você imagina estar resolvendo etc. Pense em hipóteses. E não crie testes para tentar provar que está certo; em vez disso, pense como um cientista e projete testes que possam provar que a sua hipótese está *errada*. Se sua iniciativa continuar superando esses testes, pode ter certeza de estar bem encaminhado!

> **➤ Vá ao mercado mais cedo para aprender mais rápido** - Esforce-se para que suas ideias cheguem às mãos dos clientes no mundo real o mais cedo possível. Apenas seis meses depois de começar a trabalhar no produto de crédito para pequenas empresas da Intuit, o time de Rania Succar lançou uma versão simplificada, restrito ao estado da Geórgia. Parecia incrivelmente cedo, mas mostrou ser

incrivelmente valiosa. "Aprendemos que tudo que esperávamos que fosse acontecer com o produto... acabou sendo 100% diferente", ela me explicou. O time dela precisou pivotar imediatamente e mudar o escopo do produto para reagir aos aspectos que mais importavam para gerar demanda de cliente. "O que aprendi com essa experiência é que você precisa chegar ao mercado super-rápido, para saber o que ainda não sabe. Porque seu *roadmap* provavelmente está todo errado, com base nas suposições que você tem na cabeça. Portanto, precisa pressionar os times para que cheguem ao mercado rapidamente." Como Steve Blank afirma: nenhum modelo de negócio sobrevive ao primeiro contato com o cliente.[6] Lembre-se de que todo aprendizado verdadeiro vem do cliente – não dos *benchmarks* ou de especialistas. Portanto, a única maneira de avançar é ir direto aos clientes, o quanto antes e com a maior frequência possível.

> **➤ Acelere seu aprendizado** - Depois que começar a documentar suas suposições e testar suas ideias com MVPs, o passo seguinte é acelerar o processo todo. "Teste em minutos, não em meses" é um axioma do *design thinking*. Métodos *agile*, como o *Scrum*, estabelecem sua cadência em torno de uma unidade de trabalho chamada *sprint*, que inclui um ciclo de ideação, design, escrita do código, publicação do código e mensuração da reação. As *sprints* são curtas, de uma a quatro semanas. Quando Jonathan Becher estava construindo a SAP Digital, descobriu que a métrica mais importante para a sua *startup* dentro de uma empresa não era o retorno sobre o investimento [*return on investment*, ROI], mas a velocidade medida como tempo-para-o-mercado [*time-to-market*] para cada inovação, aspecto ou experimento.[7] A experimentação é um ciclo constante de aprendizagem e adaptação. Cada teste lança nova luz sobre as oportunidades e fragilidades de sua ideia, o que por sua vez leva a uma nova ideação e a novas questões a serem testadas. Acelere esse ciclo de aprendizagem.

Inovar por meio de rápida experimentação pode soar simples em tese, mas é difícil na prática. Já vi várias organizações estabelecidas contratarem *coaches agile* ou realizarem *workshops* de *design thinking*, mas em seguida elas têm dificuldades para mudar a maneira de operar.

A liderança continua focada em escolher algumas poucas grandes ideias. E antes de tomar quaisquer decisões, aguardam análises detalhadas e *business case*. Depois que uma solução é escolhida, todos ficam apegados a entregá-la de acordo com o plano. Algumas ideias genuinamente boas podem surgir, mas elas avançam lentamente em comparação com os concorrentes nativos digitais. Nessas organizações, a DX cria uma torrente de projetos que produzem bons *press releases*, mas nunca operam um impacto sustentado nos fundamentos do negócio.

| QUADRO 5.1 | O que está em jogo - Passo 3: Experimentação |
| --- | --- |

| Sintomas de Fracasso: Experimentação | Sintomas de Sucesso: Experimentação |
| --- | --- |
| • A inovação está concentrada em apresentar algumas poucas grandes ideias. | • A inovação se concentra em testar várias ideias para ver qual funciona melhor. |
| • As decisões são tomadas com base em *business case*, dados de terceiros e opiniões de especialistas. | • As decisões são tomadas com base em experimentar e aprender com o cliente. |
| • Depois que iniciam um projeto, os times se comprometem a implantar a solução integralmente. | • Os times ficam focados no problema, mas flexíveis em relação à solução. |
| • Fracassos são custosos, assim o medo do risco é grande. | • Fracassos são baratos, portanto, a tendência a assumir riscos é grande. |
| • Boas ideias andam devagar e não parecem mudar o rumo dos negócios. | • Boas ideias crescem rápido e entregam valor ao negócio em escala. |

Tornar-se uma empresa verdadeiramente orientada por experimentação requer uma profunda mudança nas práticas, hábitos e na mentalidade da maioria das organizações. Mas é a única via para uma DX eficaz. O Quadro 5.1 mostra alguns dos principais sintomas do sucesso *versus* os do fracasso no Passo 3 do *Roadmap* da DX.

## ◢ O que há pela frente

Neste capítulo, veremos como qualquer time em qualquer organização pode rapidamente validar iniciativas e obter novo crescimento digital. Vou propor um novo modelo – Quatro Estágios de Validação –, para organizar o processo de aprendizagem contínua para qualquer iniciativa. Você vai aprender como usar MVPs para testar suas ideias no mercado, e aprender a diferença entre MVPs ilustrativos e funcionais. Vou oferecer também uma nova ferramenta, o Navegador de Crescimento de Rogers, para guiar qualquer iniciativa pelos Quatro Estágios de Validação, desde o primeiro esboço num guardanapo de papel até a entrega global em escala. Finalmente, você aprenderá por que a experimentação em cada nível e em cada função e departamento de seu negócio é crucial para se tornar uma organização de baixo para cima.

Antes de passarmos aos Quatro Estágios de Validação, vamos ver dois elementos que com frequência são mal usados ou mal compreendidos: MVPs e métricas. Ambos são essenciais para os Quatro Estágios de Validação.

## MVPs QUE ACELERAM O APRENDIZADO

Uma das ideias mais importantes e mais mal compreendidas na teoria da inovação é o MVP, Produto Viável Mínimo [*Minimum Viable Product* em inglês]. Vou dar minha definição: um MVP *é um artefato mínimo projetado para testar uma suposição de negócios*. Um MVP pode ser tão simples quanto um esboço num guardanapo de papel que você põe sobre a mesa para mostrar a um cliente potencial ou então algo tão complexo quanto uma versão beta de um videogame disponibilizado a clientes selecionados para obter feedback. O termo "MVP" foi cunhado na década de 1980 por Frank Robinson e popularizado por Steve Blank, Eric Ries e outros como elemento central do método *lean startup*.[8] A principal confusão em torno dos MVPs vem da palavra "produto". Como Blank e Ries enfatizaram, um MVP não precisa ser de modo algum um produto – na realidade, costuma ser bem menos que um protótipo de trabalho.

A chave para um ótimo MVP está em duas coisas: *custo mínimo* (em tempo, assim como em dinheiro) e *aprendizado* máximo. O *"lean"* ["magro", "enxuto"] do *lean startup* é porque sua meta não é apenas aprender o que funciona ou não em sua iniciativa de negócios, mas gastar o mínimo absoluto em tempo e recursos para aprender.[9] Pare de gastar meses construindo um protótipo complexo apenas para validar se os clientes estão interessados no seu produto – provavelmente você poderia aprender isso em alguns dias com um simples teste on-line! Na verdade, um MVP tosco costuma ser melhor para gerar um feedback perspicaz do cliente. Como Joe Brown, da IDEO, me explicou: "Se você mostra ao cliente um protótipo de aspecto muito bem-acabado, eles irão ver apenas suas falhas. Se você mostra um protótipo tosco, eles verão seu potencial".

Um MVP famoso por seu caráter inacabado foi o usado por Marc Lore e Vinit Bharara para testar a visão deles sobre uma loja on-line focada em produtos para bebês, a Diapers.com. Num MVP inicial, os dois empreendedores anunciaram uma oferta – entrega de fraldas à noite – nas suas páginas pessoais e nas de suas esposas no Facebook. De manhã, haviam recebido 240 pedidos, que eles tiveram que se virar para atender, dirigindo as minivans da família até lojas próximas e enviando os pacotes pela UPS (United Parcel Service) local. Esse experimento básico não constituiu nenhum teste de operações, de custos ou margens de lucro de um negócio escalável, mas os fundadores obtiveram seus primeiros dados do mundo real a respeito da demanda do cliente, preferência de produtos e nível de preço, tudo em apenas vinte e quatro horas. Cinco anos mais tarde, após um crescimento fenomenal, venderam sua *startup* por mais de 500 milhões de dólares.[10]

### ◢ MVPs ilustrativos *versus* MVPs funcionais

Em muitas organizações, termos como "MVP", "protótipo" e "prova de conceito" são usados sem uma clara definição ou propósito. O resultado é inovação em que os MVPs são muito poucos e nada mínimos – consomem muito mais tempo e recursos e geram dados inconclusivos. Em contraste, inovadores eficazes têm uma clara compreensão dos diferentes tipos de MVPs que estão usando e por quê.

Achei útil pensar em dois tipos gerais de MVPs: os MVPs ilustrativos e os MVPs funcionais. Cada tipo tem seu lugar e ajuda você a aprender coisas diferentes em estágios diferentes de validação de uma iniciativa.

Passo 3: Valide Iniciativas

## MVPs ilustrativos

MVPs ilustrativos *ilustram* os benefícios, aspectos e design da sua solução proposta, *mas não entregam* esses benefícios ao cliente. Um MVP ilustrativo poderia ser um esboço num guardanapo de papel que você mostra a um cliente potencial para avaliar a reação dele. Pode ser um *wireframe* estático mostrando capturas de tela de uma experiência digital planejada ou um *wireframe* interativo, que inclua rolagem de tela, botões para clicar e feedback simulado com dados fictícios. Um MVP ilustrativo para um serviço poderia ser um vídeo mostrando o aspecto desse serviço na vida do cliente. Para um produto físico, poderia ser um protótipo feito de argila que o cliente pode segurar na mão e se imaginar usando. Você pode ouvir outras formas de se referir a um MVP ilustrativo, como MVP de baixa fidelidade (por Steve Blank e Bob Dorf), "pré-tótipo" (por Alberto Savoia), ou prova de conceito (*proof of concept*, POC), em gestão de produto.

A função do MVP ilustrativo é dar ao cliente algo tangível ao qual possa reagir, em vez de só ficar ouvindo você descrever sua planejada inovação. Quando os clientes estiverem interagindo com o MVP ilustrativo, procure observar e ouvir com cuidado aquilo que eles notam ou deixam de perceber, aquilo que não entendem e quais são as perguntas que fazem.

## MVPs funcionais

Um MVP funcional é uma versão de sua inovação limitada em seu escopo, mas que *entrega sua proposta de valor essencial* ao cliente *dentro do contexto real do trabalho ou da vida deles*. Um MVP funcional de fato funciona. Quaisquer dados que utilize são reais (não são apenas dados para ocupar espaço). Ele entrega valor e resolve um problema para o cliente. E, o mais crucial, deve ser usado pelo cliente dentro do contexto da vida real para o qual a inovação foi concebida (seja seu ambiente de trabalho ou sua vida pessoal). Um MVP funcional é chamado às vezes de MVP de alta fidelidade (por Blank e Dorf) ou protótipo (embora para engenheiros este termo implique um produto unitário construído com o conjunto completo de recursos, e *não é* o que queremos indicar aqui).

Note que um MVP funcional *não é* uma versão completa do seu produto ou serviço. Deve ser limitado em seu escopo, tendo apenas um mínimo de recursos para uso (o que reflete a meta de "chegue ao mercado o mais cedo possível"). Ele é fornecido apenas para um número limitado de clientes inicialmente – seja por convite, num local restrito, seja por tempo limitado. Com frequência depende de operações manuais que não são escaláveis para um lançamento final.

Rania Succar usa a metáfora da roda giratória do hamster para descrever como os funcionários da Intuit processaram manualmente os dados para o primeiro teste do produto de empréstimos para pequenas empresas da Intuit. Ela sabia que o processo precisaria ser automatizado para ser possível lançar o produto amplamente. O primeiro MVP da Diapers.com seguiu a mesma abordagem. Passar a noite toda indo de uma loja a outra, reembalando fraldas e mandando pelo correio as encomendas individualmente não tinha a intenção de ser uma operação escalável. Mas deu aos clientes a experiência de uma entrega de fraldas noturna, e gerou insights de valor inestimável a respeito de como os clientes iriam usar o serviço na vida real.

## ◢ Não um só MVP, mas vários

Lembre-se de que um time empreendedor bem-sucedido não produz apenas um MVP, mas vários! Uma única inovação pode passar por vários MVPs ilustrativos (de esboços em guardanapo de papel a robustos *wireframes*) para esclarecer e validar o que você está planejando construir. Quando você chega aos MVPs funcionais, essa iteração prossegue. Succar me contou: "Lançamos sete versões de nosso produto ao longo de três meses durante a fase de testes, enquanto convidávamos clientes a usá-lo e a comentar a respeito da interface, dos recursos e mais coisas". Não há um número padrão de MVPs a serem feitos. Mas quantos mais você fizer, mais rápido irá acelerar seu ritmo de aprendizagem.

Testar vários MVPs promove flexibilidade no seu time. O guru da *lean startup* Bob Dorf diz: "Suas primeiras MVPs devem ser feitas de gelatina" – ou seja, infinitamente maleáveis. O que você quer é que seu time tenha um compromisso inabalável com o problema que você está resolvendo, mas combinado com uma mente aberta e com flexibilidade a respeito de qual será a melhor solução final. Eric Ries descreve isso como uma disposição de pivotar. Todo empreendedor começa com uma solução em mente, mas aqueles que são bem-sucedidos conseguem sê-lo modificando constantemente suas ideias conforme obtêm novo feedback dos clientes. Esteja sempre disponível a ouvir o cliente e a reagir.

Todo bom MVP é projetado para atender a questões específicas que tenham a maior importância para a sua iniciativa no presente momento. Um dos meus exemplos favoritos é dos primeiros dias da Netflix, quando a empresa planejava lançar um serviço de aluguel de DVD pelo correio. Os cofundadores Marc Randolph e Reed Hastings enviaram um único disco a eles mesmos (uma gravação dos maiores sucessos de Patsy Cline), usando um envelope cor de rosa de cartão de felicitações e a agência de correio de Santa Cruz, Califórnia. Esse teste simples foi fundamental. Embora não envolvesse clientes, permitiu que validassem três coisas: poderiam usar o Serviço Postal dos EUA para as entregas? Qual a rapidez dessa entrega? Os DVDs podiam ser enviados em envelopes de papel sem quebrar? O sucesso desse teste os fez levar adiante uma ideia que se revelou revolucionária.[11]

Lembre-se sempre: todo MVP é um salto criativo. Deve ser projetado em torno das necessidades daquele momento particular em sua jornada de inovação. Ao projetar seu próximo MVP, faça a si mesmo três perguntas:

**1** Qual a coisa que preciso *aprender em seguida* a respeito da minha iniciativa?

**2** Que *dados* seriam mais úteis para que eu aprendesse isso?

**3** Qual o *teste* mais rápido, mais barato, mais simples que eu posso fazer para obter esses dados?

Lembre-se: custo mínimo, tempo mínimo e aprendizado máximo. Deixe que sua criatividade faça o resto.

## MÉTRICAS IMPORTANTES

Quando assumir uma abordagem iterativa com os MVPs, você vai querer fazer o mesmo com as métricas. Tenha em mente os seguintes princípios:

➤ **Meça aquilo que importa agora** - Nos diversos momentos da vida de sua inciativa, a métrica mais importante em que você deve focar será diferente. O que você precisa aprender numa semana pode ser que tipo de cliente está mais interessado em sua solução. Mas, na semana seguinte, talvez seja quais aspectos são mais convincentes para que os usuários de seu teste gratuito se tornem clientes pagantes. Coloque foco no que você precisa validar em seguida e escolha as métricas compatíveis com isso. Suas métricas irão mudando rapidamente à medida que você avança.

➤ **Seja cético** - Cuidado com as métricas vaidosas – dados que são fáceis de coletar e que fazem sua ideia parecer boa, mas não geram um significado relevante para o seu negócio. Tampouco acredite em tudo o que um cliente diz gostar, valorizar, ou afirma que faria. O feedback do cliente é mais significativo quando ele tem "algo em jogo"; ou seja, quando investiu dinheiro ou tempo, o que comprova que seu interesse é genuíno.

➤ **Equilibre dados comportamentais e psicológicos** - É uma máxima comum na experimentação priorizar dados comportamentais – medir mais o que os clientes fazem do que aquilo que dizem. Mas dados psicológicos também são essenciais: o que importa para o cliente, o que ele lembra, no que presta atenção, no que pensa? Esse tipo de dados ajudará você a entender as necessidades do cliente e orientará as alterações no design que conduzirão à próxima mudança no comportamento do cliente. Procure um equilíbrio entre os métodos qualitativo e quantitativo.

➤ **Combine métricas persistentes e métricas direcionais** - Métricas persistentes medem resultados atuais do negócio, como receita, tráfego no seu site ou loja, e outros indicadores-chave de desempenho [*Key Performance Indicators*, KPIs]. Métricas principais são dados que permitem prever resultados futuros. Você pode descobrir que a frequência com que um cliente usa seu serviço (duas vezes ao mês, ou duas vezes por hora) é indicativa de que ele tem probabilidade de cair fora nos próximos trinta dias. Reclamações de clientes ou o boca a boca também podem ser métricas importantes. Conseguir enxergar o futuro ao saber as causas de crescimento *versus* as de declínio é algo poderoso! Portanto, procure sempre encontrar métricas direcionais que permitam prever seus futuros KPIs.

➤ **Foque em poucas métricas por vez** - Mantenha sua lista curta. Coloque um foco de laser em três a seis variáveis principais que sejam mais decisivas para a sua iniciativa naquele momento. Para encontrá-las, relembre os princípios de design dos MVPs: comece por aquilo que você mais precisa aprender e então encontre métricas compatíveis. Sempre haverá outras métricas que também parecem importantes, mas você pode focar nelas no seu próximo teste.

## OS QUATRO ESTÁGIOS DE VALIDAÇÃO

Com qualquer iniciativa de crescimento, o caminho de uma ideia empolgante até o sucesso em escala é incrivelmente intimidante. Muita coisa pode dar errado. Como Succar me contou: "Sempre que começamos uma iniciativa, o volume de incerteza é paralisante". Qualquer iniciativa enfrenta uma série de questões, tais como:

➤ Quem é meu cliente?

➤ Qual a dimensão da oportunidade de mercado?

➤ Quem é meu concorrente?

➤ Qual a minha vantagem competitiva?

➤ Que preço devo cobrar?

> Devo cobrar um preço fixo, cobrar pela utilização ou uma taxa de filiação?

> Que recursos devo desenvolver primeiro?

> Consigo entregar a experiência que prometo?

> Tenho os talentos necessários ou a propriedade intelectual [PI]?

> Será que a tecnologia vai funcionar?

> Os parceiros concordarão em trabalhar comigo?

> Onde encontro meus primeiros clientes?

> Que canais devo usar para vender para eles?

> Quais são meus custos para fazer negócios?

> Será que estou resolvendo o problema certo?

> Será que alguém realmente dá importância a isso?

Os experimentos possíveis que você pode fazer e os MVPs que pode construir serão igualmente numerosos. Para os líderes que conheço, o desafio mais desconcertante é por onde começar. Sabemos que devemos adotar uma abordagem guiada por experimentação. Mas por onde começar? Como podemos organizar todos esses testes e aprendizagens? O que tenho visto em grande número de empresas é que os times precisam desesperadamente de um guia para navegar partindo de seus primeiros testes de mercado até promover crescimento em escala.

Com base em meus anos de aconselhamento de times e de estudar iniciativas bem-sucedidas, criei um modelo para definir a sequência de uma inovação efetiva. Chamo esse modelo de Quatro Estágios de Validação (ver Figura 5.1).

Cada um desses estágios busca *validar* (isto é, aprovar ou desaprovar) um aspecto diferente de sua inovação. Os Quatro Estágios de Validação testam quatro coisas – o *problema* (que você pensa estar resolvendo), a *solução* (que você acha que vai funcionar), o *produto* (que você imagina que o cliente usará) e o *negócio* (que você pretende construir a partir dessa inovação). Cada um desses estágios foca em responder a uma única e essencial questão (ver Quadro 5.2). Cada teste, MVP e entrevista com cliente deve ser projetado para produzir dados que respondam a uma dessas quatro questões fundamentais. Somente respondendo a todas essas quatro questões é que você pode validar se uma iniciativa irá criar valor no mundo real.

**FIGURA 5.1** Os Quatro Estágios de Validação

Problema ▶ Solução ▶ Produto ▶ Negócio

**QUADRO 5.2** Os Quatro Estágios de Validação e as Principais Perguntas a Responder

| Estágio de validação | Principal pergunta a responder |
|---|---|
| 1. Validação do problema | Estamos focados num problema genuíno para um cliente real? |
| 2. Validação da solução | O cliente vê valor na solução que propomos? |
| 3. Validação do produto | Podemos entregar uma solução que os clientes vão usar? |
| 4. Validação do negócio | Podemos capturar valor suficiente dessa inovação? |

## ◣ Estágios em sequência e sobrepostos

Você deve compreender dois aspectos centrais dos Quatro Estágios de Validação antes de colocá-los para funcionar.

O primeiro aspecto crucial dos quatro estágios é sua *sequência* (mostrada na Figura 5.1). É aqui que a inovação corporativa costuma enfrentar problemas. Na maioria das grandes organizações, os times se apressam para dar início aos estágios seguintes – focar no produto, em suas características, ou no *business case* – antes de validar o problema que está sendo resolvido e quem (se é que alguém) tem esse problema.

Por exemplo:

> Em empresas orientadas por finanças, vemos uma pressa para começar o estágio 4 – a validação do negócio: "Me mostre primeiro o *business case*. Depois podemos aprovar o orçamento a ser gasto em testes de mercado ou validação".

> Em empresas orientadas por engenharia, vemos a urgência para começar o estágio 3 – validação do produto: "Sabemos qual é a solução que precisamos. Vamos construir um protótipo como prova do conceito para ver se pode ser feito. Você pode mostrá-lo aos clientes assim que construirmos um produto completo para eles testarem".

> Em empresas orientadas por marketing, vemos um foco maior no cliente e uma inclinação a começar com o estágio 2 – validação da solução: "Temos uma grande ideia que surgiu de nosso *brainstorming* estratégico. Vamos montar alguns *wireframes* para obter feedback do cliente o mais rápido possível!".

Todas essas abordagens estão equivocadas! Elas dão início ao processo de validação no lugar errado. Em contraste com isso, todos os processos de inovação efetivos que já vi começam com o estágio 1 – validando o problema que você espera resolver com o cliente que você imagina que precisa resolvê-lo – e então se movimentam pela sequência dos estágios.

O segundo aspecto crítico dos Quatro Estágios de Validação é que eles se *sobrepõem*. A sequência na Figura 5.2 (problema > solução > produto > negócio) indica apenas o início de cada estágio. Ou seja, você começa a validar seu problema antes de começar a validar sua solução; começa a validar a solução antes de começar a validar um produto funcional; começa a validar seu produto antes de começar a validar seu negócio. As setas que circulam de volta na figura mostram que cada estágio continua vigente, mesmo quando os outros já começaram.

Os Quatro Estágios de Validação não são um processo em cascata ou do tipo *stage-gate*, quando o sucesso depende de você concluir um estágio para só então passar para o seguinte. Na realidade, nenhum dos estágios é concluído. Mesmo enquanto você testa as finanças do seu negócio (estágio 4) e passa para um lançamento do seu produto ao público, continua a aprender e a revisar sua compreensão do problema que está resolvendo (estágio 1), os elementos que precisa em seguida para sua solução (estágio 2), e como pode entregá-los para os casos de uso certos do cliente (estágio 3). No final, você valida os quatro estágios simultaneamente. No momento em que a Intuit fazia uma série de testes de seu produto de empréstimos com seus primeiros clientes, o time de Succar lidava com problemas e questões em cada um dos níveis – como subscrever empréstimos com precisão (produto), estimular a demanda de cliente com os recursos certos (solução), rever as projeções de receita (negócio), e assim por diante.

FIGURA 5.2 — A sobreposição dos Quatro Estágios de Validação

Para que qualquer inovação entregue valor ao seu negócio, você deve validar todos os quatro estágios. A verdadeira inovação significa mais do que simplesmente provar que seus clientes querem sua solução (adequação produto-mercado). Significa validar o modelo de negócio inteiro. É por isso que os Quatro Estágios de Validação não terminam com seu primeiro MVP funcional nas mãos dos primeiros clientes; você tem que percorrer o caminho todo, passar por uso, entrega, custos, receita e caminho para o lucro. Como Chris Reid me contou: "Essa é a tarefa do Gerente de Produto. A meu ver, você é responsável pela cadeia de valor da sua solução: ter uma base de custos competitiva, desenvolver uma proposta de valor, definir como operá-la de forma competitiva, como vendê-la de forma competitiva. Eu só acho que essa última parte, num ambiente digital, é onde algumas pessoas param e não dão suficiente atenção".

Para vermos como tudo isso funciona no mundo real ao montar uma iniciativa, vamos examinar cada um dos Quatro Estágios de Validação em detalhe. Para cada estágio, vamos identificar o melhor uso dos MVPs, as métricas principais a rastrear, e as maiores ameaças ao sucesso de sua inovação.

## ESTÁGIO 1: VALIDAÇÃO DO PROBLEMA

O primeiro estágio de validação de qualquer iniciativa é a validação do problema. Nesse estágio, a pergunta central a ser respondida é: *Estamos focados num problema genuíno para um cliente real?*. Responder a essa pergunta começa definindo o problema que você acha estar resolvendo e depois conversando com clientes reais para descobrir *se* e *como* esse problema realmente tem importância para a vida ou o trabalho deles.

Insisto em enfatizar o quanto é importante começar sua jornada de inovação por aqui, validando primeiro seu problema e seu cliente. É tentador correr para trabalhar em projetar sua solução, mas, como Bob Dorf costuma me lembrar: "A maioria das novas empresas morrem por falta de clientes!". É por isso que o processo Discovery 10x do Citibank sempre começa com a validação do problema. Como me explicou a *Chief Innovation Officer* [Diretora de Inovação] Vanessa Colella, toda iniciativa do Citibank começa com um esforço em profundidade para "testar e chegar a ver o que é que os clientes querem fazer de modo diferente. Usamos uma variedade de técnicas para validar isso bem cedo, antes que qualquer coisa tenha sido construída".

A validação do problema foca em compreender e confirmar o *problema* que você está resolvendo, as necessidades não atendidas dos clientes, o contexto em que eles experimentam esse problema, e a urgência que têm em resolvê-lo. Esse estágio também foca em aprender o quanto você conseguir a respeito de quem é o *cliente*, onde você pode encontrá-lo, e quais clientes têm maior interesse em seu problema. Sua meta deve ser encontrar um segmento de clientes altamente motivados, os chamados *early adopters*, que irão se dispor a testar sua primeira solução antes que os demais. (*Dica:* Se nenhum cliente sente empolgação por aquilo que você está resolvendo, você deve passar a resolver outro problema!)

Se você de fato identifica um problema urgente, também precisa saber o que os clientes estão fazendo atualmente para resolvê-lo. Isso pode variar de soluções improvisadas a uma mera resignação (isto é, "Simplesmente convivemos com isso"). Podemos pensar nisso como *alternativas existentes* a qualquer solução que você possa buscar desenvolver. É importante saber quais são essas alternativas, o quanto elas são satisfatórias para o cliente, e onde elas fracassam.

## ◢ Saiba quem é o cliente

A validação do problema começa e termina ouvindo o cliente. Para encontrar seu primeiro cliente pergunte: de quem é o problema que pensamos que estamos resolvendo com essa iniciativa de crescimento? Quem de fato usará qualquer solução que a gente desenvolva? Cuidado para não rotular equivocadamente a *empresa* à qual você está vendendo como sua cliente. O cliente é sempre uma *pessoa* – quer seja um arquétipo de consumidor ("pais novos com conhecimento de tecnologia") ou a função dentro de um negócio ("supervisor de fábrica").

Se você está desenvolvendo uma inovação interna, seu cliente é alguém que trabalha na sua própria empresa. Penso no problema da Air Liquide de prever o *churn* de clientes para o seu negócio de botijões de gás. A fim de validar esse problema de negócios no estágio 1, o time da Air Liquide precisou falar com o funcionário de marketing que iria usar a solução em seu trabalho no dia a dia.

Qualquer inovação que use um modelo de negócio de plataforma irá atender a vários clientes, cada um com suas necessidades particulares. Pense na plataforma da Uber, que conecta passageiros e condutores, ou no Amazon Marketplace, que conecta outros vendedores com clientes. A Uber precisa de um *app* que seja bem-sucedido com os condutores, assim como precisa de um *app* que funcione bem para os passageiros.

Se você tem um modelo de negócio multifacetado, deve validar sua inovação com cada tipo de cliente com o qual ele tenha contato.

Inovações B2B geralmente atendem a múltiplos clientes também. Se você está criando uma solução SaaS [software como serviço] empresarial, seus clientes incluirão todos os *stakeholders* na empresa do cliente cujas necessidades precisam ser atendidas, a fim de que a sua inovação tenha sucesso. Isso inclui os usuários de seu novo serviço SaaS, o supervisor de TI que deverá aprová-lo para a intranet deles, o gerente de compras que precisará concordar com os seus termos de assinatura, e o gerente financeiro que deverá aprovar o gasto orçamentário.

Na validação do problema, todo cliente importa! Certifique-se de saber quem são seus clientes e que você escuta cada um deles para validar as necessidades não atendidas que eles têm.

### ◢ Estágio 1: Sem MVPs

Cada um dos Quatro Estágios de Validação usa os MVPs de modo diferente. Nesse primeiro estágio da validação do problema, na realidade é melhor evitar usar qualquer MVP. A razão: nesse estágio, você quer manter o foco totalmente em compreender o problema do cliente e não na solução que você propõe.

Em vez de um MVP, use entrevistas de observação em profundidade para aprender com os clientes. Chamadas com frequência de entrevistas de problema, são o ponto de partida para descobrir clientes na *lean startup*. No *design thinking*, esta é pesquisa etnográfica e qualitativa realizada inicialmente para capturar a experiência e a voz do cliente. Seja qual for o nome que você lhe der, a meta é chegar ao cliente e conhecer suas histórias, sua linguagem e experiência a fim de compreender suas necessidades e motivações.

A coisa mais importante de lembrar em entrevistas de problemas é que essas conversas não são um discurso de vendas. Você deve evitar rigorosamente falar sobre a sua solução proposta. Em vez disso, foque em ouvir e observar. A seguir, dicas importantes para entrevistas de problemas:

➤ **Use perguntas abertas** - Sua meta é fazer o cliente falar. Nunca faça perguntas em que a resposta seja sim ou não.

> ❯ **Cale-se e ouça!** - Fale o mínimo possível. Seja paciente e dê ao seu cliente tempo para elaborar as respostas.

> ❯ **Entreviste e observe no contexto** - Se possível, converse com o cliente na própria casa ou local de trabalho dele, para ver onde e como o problema se manifesta.

> ❯ **Tente perceber emoções** - Sua meta é focar nas dores extremas e nas necessidades mais prementes do cliente. Preste sempre atenção às coisas que despertam alguma reação emocional.

> ❯ **Explore aspectos específicos** - Faça uma exploração adicional perguntando quando, onde, como e por quê. Pergunte ao cliente o que ele vem fazendo atualmente a respeito do problema e o quanto isso está funcionando ou não.

> ❯ **Não fale a respeito de sua solução** - Essa não é uma conversa de vendas! Não tente vender sua ideia. Em vez disso, deixe para dizer qualquer coisa a respeito da sua solução proposta em futuras conversas.

## Estágio 1: Métricas e aprendizado

Suas métricas para a validação do problema serão as mais simples dentre as métricas dos quatro estágios, pois sua validação aqui é principalmente qualitativa, não quantitativa. No entanto, é central definir metas para os membros de seu time e pressioná-los quanto a alguns números importantes. Sua métrica mais importante é o número total de clientes com os quais você fala. Conforme identifica diferentes segmentos de clientes, procure manter a contagem do número de entrevistas que realizar em cada segmento. Anote medidas de profundidade, como o número de visitas presenciais à casa ou local de trabalho de um cliente, páginas de anotações do entrevistador, transcrições literais do que os clientes disseram e vídeos de entrevistas. Registre também o número de clientes de alto interesse com os quais você falou em entrevistas – aqueles que expressaram grande interesse em seu problema e podem se tornar *early adopters*.

### Padrão ouro

Na validação do problema, o padrão ouro de aprendizado (isto é, o melhor resultado possível) é encontrar alguns poucos usuários destacados [*"lead users"*] que não só mostram obsessão pelo seu problema, mas que mostram os *hacks* ou protótipos que eles construíram para funcionarem como gambiarras, e então pedem para você construir algo similar para eles comprarem. O termo *"lead users"* vem de Eric von Hippel, o primeiro a observar que muitas das melhores inovações vêm de observar os esforços diligentes realizados por clientes hipermotivados.[12]

### Aprendizado típico

É mais comum no estágio da validação do problema que você descubra que a definição do cliente ou do problema não estão suficientemente corretos. Seu possível cliente pode enfrentar um problema de certo modo diferente daquele que você imaginava, ou o problema em que você está focado pode ser importante, mas para outro tipo de cliente. Quanto mais rápido você aprender isso, mais rápido irá iterar e refocalizar sua inovação para a melhor oportunidade de sucesso que ela pode ter.

### ◢ Estágio 1: Ameaças

Ao começar a trabalhar na validação do problema engajando-se com clientes em entrevistas de problema, procure os seguintes sinais de alerta – indicadores comuns de que a iniciativa que você planeja não está prometendo um bom começo:

➤ **Nenhum problema encontrado** - Você não consegue identificar nenhum cliente com o problema premente que você está resolvendo (o que significa que o que você tem é "uma solução em busca de um problema").

➤ **Problema de baixa prioridade** - Os clientes assentem afirmativamente com a cabeça quando você menciona o problema, mas nenhum deles mostra grande urgência em resolvê-lo. (Dorf diz que, a não ser que ele esteja entre os "cinco principais problemas" do cliente, não há nenhum negócio a ser construído para resolvê-lo.)

> **O *status quo* é bom o suficiente -** O cliente está satisfeito com as alternativas existentes para lidar com o problema. Podem não ser as ideais, mas são boas o suficiente para o cliente.

No estágio da validação do problema, sua principal ameaça competitiva é a *inércia do cliente*. Será que seu cliente se importa o suficiente com o problema que você identificou para mudar seu comportamento? Em muitos casos, a resposta é não. Por isso é vital examinar as alternativas existentes. Se o cliente está satisfeito com suas atuais gambiarras (isto é, empurrando com a barriga o atual estado de coisas), então mesmo o produto mais engenhoso do mundo irá fracassar.

## ESTÁGIO 2: VALIDAÇÃO DA SOLUÇÃO

Depois que você tiver começado a validar o problema que está solucionando com um grupo de clientes do mundo real para os quais ele é de fato urgente, estará pronto para começar a trabalhar no segundo estágio de validação: a validação da solução. No estágio 2, a pergunta crucial a ser respondida é: *o cliente vê valor na solução que você propõe?*. Isso significa testar se o cliente entende sua ideia de inovação, se ele se interessa pelos recursos e benefícios que você planeja entregar, e se está motivado e pronto para mudar seu comportamento para adotá-la.

Esse estágio requer definir e validar sua *proposta de valor*: quais são as dores que você irá aliviar e os ganhos que irá oferecer ao seu cliente? Qual a tarefa que vai ajudá-lo a concluir? Você precisa listar cada elemento de valor que está planejando oferecer, e para cada um deles validar se o cliente de fato tem interesse.

Você também validará o design de sua *solução* – ou seja, como pretende entregar seus benefícios ao cliente (face-a-face ou por autoatendimento? Numa experiência imersiva ou pura e simples? Com um programa de treinamento de doze meses ou com uma biblioteca de recursos on-line?). Isso também significa esboçar e validar um *roadmap* de recursos: que recursos você precisa lançar junto, e quais deles são a próxima alta prioridade para o cliente?

Nesse estágio, você também vai procurar medir e quantificar a *demanda de clientes*. Quantos clientes de fato querem seu produto? Com que intensidade querem, e por quais recursos se dispõem a pagar? Uma boa prova de demanda de clientes para uma inovação costuma ser referida como "adequação produto-mercado".[13]

## Estágio 2: MVPs

No estágio 2, de validação da solução, faremos uso extensivo de MVPs ilustrativos. Como explicado antes neste capítulo, esses são os MVPs que *ilustram* as características, os benefícios e o design da solução proposta sem ainda *entregar* esses benefícios ao cliente. Um MVP ilustrativo pode ser extremamente rudimentar (um esboço desenhado à mão), ou relativamente elaborado (um *wireframe* de um serviço digital planejado, mostrando várias telas interativas com dados simulados).

Olivier Delabroy, da Air Liquide, destaca a simplicidade de um MVP ilustrativo (ou prova de conceito, como a Air Liquide prefere chamá-lo) e de que modo é usado em sua empresa industrial: "Pode ser super simples – uma maquete ou uma tela simples. Você apenas quer checar se o usuário final vai entender seu valor e usá-lo". Ele também enfatiza usar o mínimo de tempo e de recursos: "Construa algo super barato, que você possa jogar no lixo no dia seguinte. A única expectativa é validar se ele cria valor". Esse tipo de validação de design e de experiência de usuário pode ser feito virtualmente, mas costuma se beneficiar de um teste presencial – no qual você pode observar como o cliente interage com o MVP, ouvir as perguntas que ele faz e ver que aspectos o cliente requisita ou ignora.

A demanda de clientes é mais bem validada com dados comportamentais. Não pergunte se o cliente compraria. Em vez disso, coloque um botão "comprar" e veja se a intenção de compra é apenas da boca para fora ou tem fundamento. Anuncie sua planejada inovação a diferentes audiências, com anúncios que descrevam diferentes benefícios ou recursos, e meça quem clica e que descrições geram melhores reações. Esse tipo de teste é rápido de fazer com publicidade de baixo custo em motores de busca e nas redes sociais. Para um produto pago, sua meta é ver se alguém dá o número de seu cartão de crédito para fazer um pré-pedido. (O serviço Kickstarter de financiamento coletivo [*crowdfunding*] é todo construído em cima dessa ideia – coletar depósitos que os clientes pagaram adiantado por um novo produto que ainda não está pronto – como uma maneira de saber se o mercado realmente quer isso.) Em outros casos, em que você não planeja cobrar do usuário (por exemplo, um produto baseado em publicidade ou uma inovação interna para funcionários), você pode medir quantos clientes se dispõem a criar uma conta ou fornecer seu endereço de e-mail para serem notificados quando a inovação ganhar vida.

Construir esses MVPs simples, com rapidez e interação constante com o cliente, é uma grande mudança para empresas com uma cultura de engenharia tradicional. "Isso não está no DNA do nosso setor", Delabroy explica. "Estávamos habituados a ir ver os clientes apenas quando tínhamos 200% de confiança de que o produto estava funcionando. Nossa mentalidade está progredindo rápido agora." Desaprender esses hábitos é essencial se você quer acelerar o aprendizado nos primeiros estágios do seu processo de inovação.

## ◢ Estágio 2: Métricas e aprendizado

Métricas são essenciais para uma validação efetiva da solução. Nesse estágio, você deve medir a prioridade dos benefícios que está prometendo e as características que pretende construir. Quais benefícios importam mais a quais clientes? Que recursos eles querem que você priorize no *roadmap* de seu produto? Além disso, as métricas do estágio 2 devem focar em medidas da demanda de clientes. Dependendo da sua inovação, essas medidas podem incluir registros on-line, *downloads* de *app*, testes de produto, pedidos de clientes ou mesmo depósitos em dinheiro. Lembre-se: você ainda não está entregando uma solução funcional concreta a nenhum cliente (isso vem no estágio 3). Mas se conseguir ilustrar bem o suficiente a solução esperada, pode constatar uma demanda mensurável de clientes que estão prontos a começar a pagar ou a usar sua inovação.

Por fim, não acredite simplesmente no cliente quando ele lhe diz o que quer! O melhor teste a respeito de quanto crédito você pode dar à resposta de um cliente é examinar o quanto ele "coloca em jogo" (um dos pontos favoritos de Alberto Savoia).[14] Quanto mais tempo, esforço ou dinheiro seu cliente compromete, mais você pode confiar no que ele está dizendo. É por isso que um depósito em dinheiro é um indicador muito melhor da demanda de clientes do que um registro de e-mail.

### Padrão ouro

O padrão ouro da validação da solução é o cliente fazer um depósito em dinheiro para o produto que você irá lançar – como fez a Tesla, ao coletar depósitos de 1.000 dólares para o seu Model 3 mais de um ano antes do primeiro carro ser construído.[15] Para uma inovação B2B, o equivalente é um cliente fornecer uma ordem de compra assinada, com as especificações de entrega exigidas e um preço acertado caso você entregue pontualmente.

### Aprendizado típico

O mais comum nesse estágio é você aprender que muitos dos aspectos ou benefícios que planejou na realidade não importam para o seu cliente, enquanto outros recursos não priorizados se mostram essenciais para eles até mesmo para levar em conta sua inovação. A chave é você aprender isso *agora*, antes de construir seu primeiro produto operacional! Assim evitará o imenso desperdício de tempo e recursos que poderiam ser gastos na engenharia de um protótipo funcional sem antes ter validado o que seus clientes realmente querem e por quê.

## ◢ Estágio 2: Ameaças

Enquanto estiver usando MVPs ilustrativos e validando o interesse do cliente em sua solução proposta, procure os seguintes sinais de alerta – indicadores comuns de que você não conseguiu adequação produto-mercado:

> ➤ **Não há demanda urgente** - Você encontra um interesse educado em sua solução ("É muito interessante. Por favor, fique em contato

Passo 3: Valide Iniciativas

e avise quando fizer o lançamento"). Mas não há solicitações de registro, uso ou compra ("Em quanto tempo você teria algo pronto?" ou "Gostaríamos de participar de seu primeiro piloto").

➤ **Não há um recurso de grande destaque** - Quando você testa sua proposta de valor, não há nenhum recurso ou benefício que se destaque como "puxando" a demanda de clientes. Muitos dos seus benefícios parecem atraentes ao cliente, mas nenhum é suficiente para motivar uma mudança de comportamento.

➤ **Não mostra vantagens em relação às soluções existentes** - Quando você descreve a solução que planeja, os clientes identificam uma solução comparável a ela no mercado, e não veem uma razão que justifique escolherem a sua no lugar dela.

No estágio da validação da solução, sua principal ameaça competitiva são as *soluções existentes*. Assim que você propuser uma solução específica ao seu cliente, ele irá compará-la com uma solução já existente no mercado (quer você concorde com essa comparação ou não). Certifique-se bem antes de validar. Quais das soluções existentes o cliente compara à sua? A sua solução tem algum ponto de diferenciação ou alguma vantagem, no entender do cliente? Se não, você estará se encaminhando para uma batalha longa e onerosa.

## ESTÁGIO 3: VALIDAÇÃO DO PRODUTO

Na cultura das *startups*, há um foco imenso em alcançar a adequação produto-mercado (a meta do estágio 2). E, em muitas empresas, os times de inovação acham que, depois de descobrirem uma proposta de valor pela qual os clientes se mostrem muito interessados, já podem passar sua iniciativa para o marketing, vendas e a cadeia de suprimentos a fim de dar início à construção do produto e escalá-lo no mercado. Mas a tarefa do time de inovação está apenas na metade! Depois de validar que um segmento de clientes promissor vê valor em sua solução planejada e está ansioso para testá-la, você está pronto para começar o terceiro estágio de validação: a validação do produto.

Nesse estágio, a questão principal a ser respondida é: *temos como entregar uma solução que os clientes usem?* Isso significa testar duas coisas ao mesmo tempo. A primeira é como o cliente usa sua inovação no mundo real – ou seja, no seu contexto do dia a dia, no trabalho ou na sua vida (e não isolando-a em um teste de laboratório em sua empresa). A segunda é o que seu negócio deve fazer para entregar o valor essencial da sua inovação ao cliente (que tarefas devem ser cumpridas, que recursos são necessários, que parceiros serão cruciais etc.).

### ◢ Uso e entrega

Boa parte do estágio 3 é focada em validar o *uso* pelo cliente – quais são os diferentes casos de utilização (ou contextos) nos quais os clientes usam sua solução? Para cada caso de utilização, qual é a jornada do cliente do início ao fim? Você só vai saber como os clientes irão usar seu produto quando o puser nas mãos deles.

Susie Lonie trabalhava para a empresa de telecomunicações Vodafone e sua subsidiária queniana, a Safaricom, quando o time dela desenvolveu um novo *app* para celular chamado M-Pesa. O *app* permitia fazer pequenos pagamentos e receber de qualquer um que tivesse uma conta de celular na sua rede. O plano da empresa era que o M-Pesa seria uma ferramenta para apoiar o setor de microfinanças da economia do Quênia, facilitando o pagamento de pequenos empréstimos por empreendedores que não tivessem conta em banco. Mas quando o M-Pesa chegou às mãos de seus primeiros clientes, eles começaram a achar vários outros usos para ele. Proprietários de negócios passaram a usá-lo por segurança ao viajar, depositando seu dinheiro na carteira digital antes de partir em viagem e retirando-o ao chegar ao destino. Trabalhadores urbanos usavam o M-Pesa para fazer remessas às suas famílias em vilas distantes. Uma cliente o usou para mandar dinheiro ao marido dela que estava ilhado, para que pudesse pegar um ônibus e voltar para casa. À medida que clientes encontravam mais usos para o M-Pesa, a primeira *wallet* de celular do mundo decolou e rapidamente dominou a economia do Quênia. Em outros países, tem sido usada para combater a corrupção (um governo passou a pagar sua força policial digitalmente para assegurar que todos recebessem seu salário integral) e para trazer transações do mercado paralelo para a economia formal.[16] Seja qual for a inovação realmente pioneira, os *early adopters* vão ensinar o uso real de seu produto. Portanto, coloque um primeiro MVP funcional nas mãos deles o quanto antes e descubra o verdadeiro potencial de sua inovação e que características ela precisa ter de fato.

A outra área principal de validação no estágio 3 é como seu negócio vai *entregar* sua solução ao cliente. Isso inclui validar os ativos e talentos com os quais você precisa contar, definir que atividades seu negócio precisará realizar bem, e o que deverá ficar a cargo de parceiros externos. Também significa validar a viabilidade de sua tecnologia e de sua capacidade de atender a quaisquer requisitos relacionados a risco, regulamentação ou segurança. Questões operacionais desse tipo só podem ser respondidas entregando sua proposta de valor pelo menos a uns poucos clientes do mundo real.

Quando a rede de restaurantes Panera desenvolveu uma série de novos serviços digitais para realização de pedidos (incluindo quiosques dentro do local, um *app* de celular e motoristas de entrega), não fez o lançamento em todas as suas centenas de estabelecimentos. Em vez disso, testou a nova experiência de pedidos digitais durante alguns meses num único restaurante em Braintree, Massachusetts. Os resultados mostraram que os clientes adoraram os novos recursos digitais, mas que estes causavam problemas operacionais, como erros no preparo dos pratos e novos gargalos no tráfego de clientes. Só depois que esses problemas foram resolvidos é que foi lançada a nova experiência do cliente em escala, e com grande sucesso.[17]

O uso pelo cliente e a entrega do produto costumam estar entrelaçados de maneira crítica. Antes de seguir por um caminho particular de entrega, certifique-se de validar a disposição de seu cliente em utilizá-lo. Chris Reid, da Mastercard, explicou como a disposição do cliente é importante ao desenhar soluções digitais para finanças. "Mesmo antes de pegar a caneta para desenhar seu produto ou de passá-lo a um time *Scrum*, você precisa dizer: 'Isso tem que caber no *app* de alguém'. Portanto, será que vamos entregar isso por meio de uma simples API [*Application Programming Interface* ou "interface de programação de aplicativos"]? Ou por meio de uma integração de SDK [*Software Development Kit* ou "kit de desenvolvimento de software"], que significa mais trabalho?" Sua empresa pode ter uma clara preferência por uma dessas duas rotas técnicas, mas, se o cliente não se dispõe a usar seu modelo preferido, não há por que seguir com ele. Como Reid disse: "Se você não ponderou a respeito disso, há um risco significativo de que mesmo um grande produto não seja bem-sucedido".

Por último, para que qualquer inovação dê certo no longo prazo, você precisará de algum tipo de *fosso competitivo* para impedir que outros façam a mesma coisa tão bem quanto você. Como parte da validação do produto, não se esqueça de verificar se ele conta com alguma vantagem única sobre as demais empresas que possa ajudá-lo a entregar essa inovação.

## Estágio 3: MVPs

No estágio da validação do produto, MVPs ilustrativos têm uso apenas limitado – por exemplo, mostrar a um cliente os diferentes casos possíveis de uso do seu produto para você aprender quais são os mais relevantes para testar.

Em vez disso, quase todo o seu aprendizado no estágio 3 virá de MVPs funcionais, que entregam sua proposta de valor essencial ao cliente dentro do contexto real dele de trabalho ou de vida. Seu primeiro MVP funcional deve ser um produto básico com o mínimo absoluto de recursos. (Lembre-se que o propósito de um MVP funcional não é entregar um produto acabado, mas entregar aprendizado!) Primeiro, use esse MVP para aprender se sua inovação de fato cria valor na vida de seu cliente. Segundo, aprenda de que maneira o cliente o utiliza. (Quando e onde ele o utiliza? Quais recursos são usados e quais são ignorados? A interface de usuário é confusa ou óbvia demais?) Terceiro, use o MVP para aprender o que você deve fazer para entregar essa inovação. (Que questões precisam ser resolvidas em termos de cadeia de suprimentos, *compliance*, serviço ao cliente etc.?)

Por uma questão de velocidade e aprendizado rápido, seu primeiro MVP funcional deve trabalhar apenas num único caso de uso limitado. Ele pode tomar atalhos técnicos e depender de trabalho que seja feito manualmente nos bastidores. (Já ouvi isso ser chamado de MVP "Mágico de Oz", ou, como diz Eric Ries, um MVP "*concierge*".)[18]

É provável que ele tenha um lançamento apenas limitado para que uns poucos usuários possam testá-lo no mundo real (talvez apenas alguns funcionários selecionados). Lembre-se de que a velocidade de aprendizado é sua prioridade máxima. Como disse Reid Hoffman, fundador do LinkedIn: "Se você não sente nenhum constrangimento com a primeira versão de seu produto, é sinal de que o lançou tarde demais".[19]

Conforme prossegue a validação do produto, você deve evoluir de um MVP improvisado, com frequência tosco, a um produto ou serviço bem mais escalável. Cada MVP iterativo deve acrescentar mais recursos com base naquilo que os usuários pedem. Ele deve operar numa faixa mais ampla de casos de uso. O produto final deve ficar mais robusto – mais automatizado, mais seguro, usando mais dados, e capaz de atender a mais clientes. Esse processo iterativo irá guiar sua validação do produto de um lançamento limitado (só por meio de convite ou em um mercado de teste local) a um lançamento público de fato.

## ◢ Estágio 3: Métricas e aprendizado

Durante a validação do produto, muitas das suas métricas mais importantes vão girar em torno da adoção e do uso pelo cliente. Você quer medir não apenas quantos clientes testam sua inovação uma vez, mas o que acontece em seguida. Eles continuam usando? Com que frequência? Em que locais e em que horas do dia? Que recursos agradam mais? Eles recomendam sua inovação a outros?

Uma métrica central a ser rastreada é o crescimento no número total de usuários ao longo do tempo. Mas igualmente importante é rastrear grupos específicos de clientes (grupos pequenos que começam ao mesmo tempo com o mesmo conjunto de recursos) para que possa medir seu uso repetido (aderência), sua satisfação e suas taxas de referência ou defesa (como o *Net Promoter Score*). Também é crucial medir diferentes segmentos de clientes, acompanhar as diferenças entre eles. Será que empresas em um setor fazem um uso mais frequente do seu produto do que os de outro setor? Esse tipo de insight será fundamental para escalar seu produto.

Além de rastrear o uso pelo cliente, você deve rastrear métricas relacionadas com sua própria entrega e operações. Quantos erros você vê no seu produto ou serviço? Com que confiabilidade você consegue entregá-lo no prazo e para o cliente certo? Com que rapidez e qualidade você entrega a clientes diferentes e para diferentes casos de uso? Que taxa de crescimento você é capaz de sustentar ao introduzir seu produto? Todos esses pontos serão essenciais para melhorar as operações e validar que você pode escalar seu atual produto.

### Padrão ouro

O padrão ouro na validação do produto é quando os clientes adotam seu produto, continuam a usá-lo e atraem outros com o boca a boca – criando um crescimento exponencial em seu número de clientes. Ao mesmo tempo, dados e feedback do cliente proporcionam clareza a respeito de que casos são mais promissores e que aspectos são mais importantes. Suas operações se mostram robustas e facilmente escaláveis.

### Aprendizado típico

O mais comum nesse estágio é você aprender que o cliente usa sua inovação de várias maneiras diferentes daquelas que foram planejadas. Você pode descobrir que a incerteza técnica em torno de sua inovação é maior ou menor do que imaginou, que seu tempo de entrega será mais longo ou mais curto, ou que será melhor terceirizar as tarefas que planejou fazer você mesmo (ou vice-versa). Todo esse aprendizado irá colocá-lo em posição bem melhor para entregar sua inovação em escala no mundo real.

## ◢ Estágio 3: Ameaças

À medida que você usa MVPs funcionais para validar o uso do cliente e a entrega de seu produto ou serviço, procure identificar os seguintes sinais de alerta:

➤ **Há interesse, mas ele não leva à utilização -** Os clientes podem gostar da sua inovação em tese, mas não a utilizam quando é oferecida. Ou você pode ter um teste inicial positivo junto aos clientes, mas pouco uso repetido, ou um rápido *churn* de clientes.

> **Difícil demais de entregar** - Você não consegue encontrar uma via para entregar uma solução que os clientes se disponham a usar. Talvez a tecnologia atual não esteja pronta. Talvez você não conte com aspectos essenciais como talentos, ativos ou parceiros de distribuição, ou pode não ter como superar obstáculos regulatórios.

> **Fácil demais de entregar** - Sua solução funciona bem, mas os concorrentes podem facilmente entregar a mesma coisa tão bem ou melhor que você.

No estágio da validação do produto, sua principal ameaça competitiva são os *produtos copiados,* lançados por outras empresas assim que a sua inovação se mostra popular. Será que se outras empresas copiarem seu produto você terá alguma vantagem única (parceiros exclusivos, dados ou PI únicos, efeitos de rede) que lhe permita entregá-lo melhor ou mais barato que eles? A imitação pode ser a forma mais sincera de elogio (segundo Oscar Wilde), mas pode arrasar muitos pioneiros nos negócios.

## ESTÁGIO 4: VALIDAÇÃO DO NEGÓCIO

Depois que você começa a validar de que maneira os clientes vão usar sua solução e como irá entregá-la, está pronto para começar a trabalhar no quarto estágio de validação: a validação do negócio. Nesse último estágio, a pergunta central a ser respondida é: *podemos capturar suficiente valor dessa inovação?*. Para que qualquer iniciativa seja bem-sucedida, ela deve entregar não apenas valor aos clientes, mas também valor ao seu negócio. Isso significa mostrar não apenas a adequação produto-mercado e uso pelo cliente, mas também ROI para a sua empresa.

Um exemplo histórico pode lançar luz nesse ponto. Talvez nenhum indivíduo seja tão associado à inovação quanto Thomas Edison e a invenção pela qual ficou mais conhecido, a da lâmpada elétrica. Mas a lâmpada incandescente foi inventada pelo químico inglês Humphry Davy e outros. A contribuição de Edison a partir dessa inovação técnica foi a obstinada busca de um modelo econômico que pudesse transformar a eletricidade na tecnologia dominante para a iluminação doméstica. Edison precisava fazer com que a economia e o preço funcionassem para poder convencer os consumidores médios a passarem da lamparina de querosene para um futuro elétrico. Sem contar com a inovação certa no fator econômico, a inovação técnica não teria significado nada para a vida das pessoas.

Um dos obstáculos econômicos que Edison identificou foi o alto custo do cobre, usado para transmitir eletricidade das estações de energia para os lares. Por meio de experimentação, Edison descobriu que era possível reduzir a quantidade de cobre necessária se a corrente elétrica fosse transmitida em alta voltagem. Mas essa voltagem iria queimar toda lâmpada a não ser que fossem projetados filamentos com uma resistência muito mais elevada. Isso ia contra o pensamento dos engenheiros de lâmpadas (filamentos de alta resistência desperdiçavam energia), mas era essencial para baixar os custos de transmissão e, em última instância, para baixar os preços o suficiente para estimular a adoção pelo consumidor. Ao estudar os cadernos de anotações de Edison, o historiador Thomas Hughes descobriu que continham tantas observações sobre experimentos econômicos quanto sobre os científicos.[20]

Para ter sucesso com qualquer inovação, devemos todos aprender, como fez Edison, a focar em testar e aperfeiçoar nossos modelos econômicos tanto quanto os produtos e propostas de valor. Nosso quarto estágio, a validação do negócio, requer que, para qualquer iniciativa de crescimento, tenhamos a disposição de testar e aprender as respostas a várias questões:

> **De que modo seu negócio irá capturar valor da sua inovação?** - O valor pode vir da nova receita. Pode vir de reduzir custos ou riscos operacionais. Algumas inovações geram valor não monetário, como, por exemplo, dados ou relacionamento com clientes que você monetiza de outra forma. Para uma organização sem fins lucrativos, o valor pode ser medido em termos do impacto sobre sua missão essencial.

> **Qual é o valor vitalício do seu cliente [Customer Lifetime Value ou CLV]?** - Inovações costumam criar valor por meio da aquisição de clientes, ao melhorar a retenção de clientes ou ao expandir a receita média que você obtém por usuário. Qual desses aspectos será afetado por sua inovação?

**➤ Qual a estrutura de custos de sua inovação? -** Custos podem incluir marketing, operações e parceiros externos, bem como P&D (Pesquisa e Desenvolvimento) em andamento para manter a competitividade de sua inovação. É crítico entender quais são os custos variáveis e quais os fixos (isto é, aqueles que valem tanto se você atende dez clientes quanto dez mil) e que economia de escala você pode alcançar se crescer.

**➤ Qual é seu caminho para o lucro? -** A meta da inovação deve sempre ser a criação de valor líquido. Chegar a isso requer uma fórmula para quando a captura de valor superar os custos. Mesmo que sua inovação seja lucrativa com certeza, você precisa saber quando passará a ser e também qual a máxima vantagem a ser obtida. Com base em margens e tamanho do mercado, você diria que a sua inovação é uma oportunidade de 1 milhão ou de 1 bilhão? A resposta pode ser essencial para decidir até que ponto ela deve ser realizada.

Ao validar o fator econômico de qualquer inovação, tenha cuidado para não alavancar falsos aspectos econômicos e exagerar o que eles prometem. Para inovações empresariais, talvez seja possível fazer o time de vendas de sua empresa promover seu produto a clientes existentes ou alavancar outros relacionamentos para acelerar o crescimento inicial de seu empreendimento. Mas esse tipo de ajuda, que não pode ser escalado indefinidamente, às vezes mascara a verdadeira economia do que você está construindo. É melhor descobrir o quanto antes qual será o custo para entregar todos os aspectos de sua iniciativa a partir do seu próprio orçamento do que ser surpreendido mais tarde ao descobrir que uma ideia promissora se torna insustentável quando tem que seguir com as próprias forças.

Mais uma advertência sobre a validação do negócio: eu costumo encontrar executivos que são instruídos a fazer primeiro o estágio 4. Ou seja, construir um *business case* para o ROI de sua iniciativa *antes* de validar o problema que estão resolvendo, validar o cliente que irão atender, a solução que planejam ou o produto que vão entregar. É importante entender que qualquer *business case* construído antes que esses três estágios de validação tenham sido iniciados é pura ficção. Não entre nessa de entregar dados falsos no estágio 4! Se a sua atual burocracia não libera nenhuma verba para inovação sem um *business case*, não a solicite. Em vez disso, peça um pequeno orçamento para "pesquisa de mercado". (Ninguém espera obter ROI de uma pesquisa de mercado.) Use esse dinheiro para iniciar seus primeiros estágios de validação, e então volte com a validação do negócio (e a requisição de um orçamento maior) depois de ter alguma validação daquilo que você está ainda tentando construir.

## Estágio 4: MVPs

No estágio de validação do negócio, os MVPs ilustrativos serão de uso limitado para coletar dados. Você pode mostrar aos clientes diferentes ofertas e perguntar sobre a disposição deles de pagar. Talvez seja possível estimar os custos de aquisição de seu cliente fazendo um "*dry testing*" de diferentes canais de marketing (isto é, promovendo um produto que você ainda não tem com anúncios colocados em diferentes mídias).

No entanto, quase todo o seu aprendizado no estágio 4 virá de MVPs funcionais – versões de sua inovação que entregam a sua proposta de valor essencial aos clientes em seus contextos da vida real. Um MVP funcional é a única maneira de iniciar aprendizado sobre seus verdadeiros custos operacionais e seu caminho para a lucratividade. Você talvez ache que pode prever sua receita fazendo uma pesquisa junto aos clientes sobre o preço que se disporiam a pagar, mas nunca vai saber seu verdadeiro nível de preço até começar a entregar valor aos clientes. Depois que testarem seu produto, eles podem pedir um desconto no preço. E, acredite ou não, podem até pedir para pagar mais! (Já vi isso com empreendedores cujos primeiros clientes queriam desesperadamente que eles ficassem no negócio.) Com um MVP funcional, você vai saber se muitos clientes devolvem seu produto ou pedem um reembolso e se você pode aumentar sua receita oferecendo um desconto por volume.

Na prática, a validação do negócio requer testes de uma ampla gama de *drivers* financeiros. Por exemplo, a simples validação de seus custos de marketing pode exigir vários testes – de canais de publicidade, taxas de

Passo 3: Valide Iniciativas

conversão, *churn* de clientes e boca a boca. Seus primeiros MVPs só darão informações parciais sobre esses *drivers*. O primeiro MVP da Diapers. com mediu o quanto um cliente médio podia gastar numa semana em fraldas pelo correio, mas esse era apenas um fator na estimativa da receita. O teste de correio da Netflix mediu o custo de enviar um disco a um cliente, mas os custos de envio também seriam moldados pela frequência com que os clientes devolvessem seus DVDs pelo correio todo mês.

À medida que você segue pelo caminho da validação do negócio, deve progredir de testes de *drivers* financeiros específicos (receita semanal, custos de envio etc.), a testes mais amplos da lucratividade total. No caso do redesenho digital da experiência de pedidos do cliente feito pela Panera, isso significou validar o impacto total no lucro das lojas com base em numerosas mudanças nos custos, receita e comportamento do cliente a partir de suas inovações digitais. À medida que seus próprios MVPs funcionais se tornam mais completos, os dados econômicos que eles validam se tornam também mais ricos.

## ◢ Estágio 4: Métricas e aprendizado

Na validação do negócio, todas as métricas nas quais você põe foco são métricas financeiras. Incluem métricas relacionadas à receita (nível de preço, receita total, crescimento *top-line* etc.), assim como custos (variáveis e fixos) e lucro líquido. Suas métricas financeiras principais dependerão do seu modelo de negócio. Varejistas focam em métricas como vendas por metro quadrado. Negócios por assinatura focam na receita média por usuário [*average revenue per user*, ARPU] e CLV. Em iniciativas nas quais seu valor vem de reduzir riscos, as métricas financeiras devem focar na assinatura e no custo do resseguro. Para inovações que atendem a clientes internos de sua empresa, a métrica financeira mais simples costuma ser determinar o quanto você pagaria a um vendedor externo por esse mesmo resultado ou o que está pagando atualmente.

Organizações sem fins lucrativos costumam ser menos aptas a desenvolver modelos financeiros, mas não é menos crucial para elas a validação do investimento em inovações. A Fundação Gates usa uma métrica chamada *disability-adjusted life years* (DALYs), ou "anos de vida ajustados à incapacidade", para comparar o impacto de investimentos abrangentes em saúde global. As organizações sem fins lucrativos devem perguntar a qualquer inovação: quanto nos custa alcançar um resultado comparável (isto é, vidas salvas ou crianças educadas) por meio de nossos meios atuais? Será que essa inovação entrega o mesmo impacto com menos recursos? Para cada inovação, a organização deve perguntar se esse é o uso mais eficaz de seus recursos.

### Padrão ouro

O padrão ouro na validação do negócio é capturar valor, ou gerar lucro, já a partir dos primeiros usuários – isto é, ter um projeto de autofinanciamento desde o início. No mundo das *startups*, esse caminho é conhecido como *bootstrapping* – quando você é capaz de montar um novo negócio sem ajuda de capital de risco [a expressão vem de *bootstrap*, aquela tira de couro que ajuda a calçar uma bota].

### Aprendizado típico

O mais comum nesse estágio de validação é você aprender que custos, receita e lucratividade são diferentes do que imaginou. Talvez descubra que os clientes em que colocou foco não são os mais lucrativos para construir um negócio (mas há outros que podem ser). Pode descobrir que o que você imaginava que fosse um novo projeto de receita na realidade pode ser mais bem conduzido como um projeto de retenção de clientes ou como um projeto para poupar custos. Uma grande solução para um problema real geralmente captura valor para o seu negócio em alguma área, mas talvez não esteja no lugar em que você procurou de início! Quanto mais cedo você aprender alguma dessas coisas, mais cedo descobrirá o caminho para a lucratividade de sua inovação e se a oportunidade é grande o suficiente para você avançar por esse caminho, ou se deve mudar o foco para outra ideia de inovação.

## ◢ Estágio 4: Ameaças

Ao usar MVPs funcionais para validar o valor para o negócio de sua iniciativa, procure identificar os seguintes sinais de alerta:

➤ **Não há captura de valor** - Os clientes gostam da sua oferta, mas não pagarão por ela, e você não vê outra fonte de valor para sua empresa.

➤ **Não há caminho para lucro** - Você está capturando algum valor, mas seus custos são altos demais, e não irão se reduzir o suficiente para encontrar um ponto de equilíbrio conforme você escalar.

➤ **A recompensa é pequena demais** - Mesmo com uma margem de lucro, você pode descobrir que o potencial máximo de sua inovação não é suficiente para merecer um foco continuado por parte de sua organização. Como um gerente de inovação de uma grande empresa comentou comigo: "A pior coisa que eu posso apresentar aos nossos líderes é uma ideia de 10 milhões de dólares".

No estágio da validação do negócio, sua principal ameaça competitiva são *outras oportunidades de investimento*. Cada iniciativa vem com um custo de oportunidade – você o persegue em vez de perseguir outra coisa. Em muitas empresas, o CFO vai calcular uma taxa de retorno interna [*internal rate of return*, IRR], para refletir o retorno financeiro que a empresa pode obter ao gastar em investimentos seguros (por exemplo, pagar dívidas ou investir em infraestrutura). A réplica clássica de um CFO a qualquer inovação proposta é: "Parece excelente. Mas será que o seu ROI ganha do meu IRR?". No estágio 4, você deverá perguntar a mesma coisa. Mesmo que sua iniciativa cresça em escala, será que não há lugares melhores para investir os recursos da empresa?

## RECAPITULANDO: MÉTRICAS E COMPETIÇÃO

Para concluir nosso *tour* pelos Quatro Estágios de Validação, vamos recapitular o que aprendemos resumindo as métricas que usamos em cada estágio e as ameaças competitivas que enfrentamos. O Quadro 5.3 recapitula as métricas quantitativas importantes em cada um dos Quatro Estágios de Validação. É verdade que muito do aprendizado a partir das entrevistas com clientes e de MVPs será qualitativo (as perguntas que os clientes fazem, os problemas que apontam, a emoção de suas respostas etc.). Mas métricas quantitativas esclarecerão muitos dos nossos maiores insights, e o ajudarão a medir o progresso de seu time na validação de qualquer iniciativa.

**QUADRO 5.3** Métricas Quantitativas por estágio de validação

| Estágio de validação | Tipos de métricas | Métricas de amostra |
| --- | --- | --- |
| **1. Validação do problema** | Métricas de entrevista com clientes | • Número de entrevistas<br>• Clientes entrevistados em cada segmento de usuários<br>• Número de visitas a sites<br>• Horas de conversa registradas<br>• Transcrições literais<br>• *Early adopters* identificados |
| **2. Validação da solução** | Métricas de demanda de clientes | • Taxa de adoção ou conversão de *leads*<br>• Número de registros on-line<br>• Pedidos para pilotar o produto<br>• Teste do produto ou *downloads*<br>• Depósitos ou pedidos de compra de clientes |
| **3. Validação do produto** | Métricas de uso e operações | • Número total de usuários<br>• Crescimento no número de usuários<br>• Satisfação do usuário<br>• Repetição do uso/adesão<br>• Taxa de recomendação feita pelos clientes<br>• Net Promoter Score<br>• Precisão operacional<br>• Tempo de inatividade operacional<br>• Velocidade de entrega |
| **4. Validação do negócio** | Métricas financeiras | • Nível de preço<br>• Receita total<br>• Custo de aquisição de clientes<br>• Taxa de retenção (ou *churn*)<br>• Custo para atender (marginal *versus* fixo)<br>• Margem de lucro (ou ROI)<br>• ARPU<br>• Valor vitalício do cliente (LTV)<br>• Lucro total *versus* perda |

Passo 3: Valide Iniciativas

| **QUADRO 5.4** | Análise competitiva nos Quatro Estágios de Validação |

| Estágio de validação | Principal concorrente | Principais questões competitivas |
|---|---|---|
| **1. Validação do problema** | Inércia do cliente | O cliente se preocupa o suficiente com o problema para mudar seu comportamento? |
| **2. Validação da solução** | Soluções existentes | Sua solução tem uma vantagem atraente em relação a soluções comparáveis? |
| **3. Validação do produto** | Produtos copiados | Se outras empresas copiam seu produto, você oferece alguma vantagem única ao entregá-lo? |
| **4. Validação do negócio** | Outras oportunidades de investimento | Se esta inovação tiver sucesso, vai entregar um retorno melhor que outras oportunidades conhecidas? |

O Quadro 5.4 lista as principais ameaças competitivas com as quais você terá que lidar em cada um dos Quatro Estágios de Validação. Cada estágio deve abordar um concorrente principal diferente, e cada estágio coloca uma questão competitiva diferente. Somente se a validação fornecer uma clara resposta positiva a todas as quatro questões é que a sua inovação pode ser considerada pronta para implementação em escala.

## FERRAMENTA: O NAVEGADOR DE CRESCIMENTO DE ROGERS

Estamos agora prontos para introduzir a nossa ferramenta seguinte, o Navegador de Crescimento de Rogers. Desenvolvi o Navegador ao longo de anos de trabalho com times de inovação para poder lidar com a sua área mais fundamental de confusão: como sequenciar e organizar a experimentação nos negócios. O Navegador de Crescimento de Rogers põe fim a essa confusão ao permitir que você mapeie visualmente seu progresso através dos Quatro Estágios de Validação (ver Figura 5.3).

O Navegador é projetado para guiar iniciativas de crescimento de qualquer tipo – seja um novo produto disruptivo, uma experiência do cliente redesenhada ou um plano para otimizar as operações de seu negócio. Ele funciona para grandes empresas e para *startups*. E funciona para o ciclo de vida inteiro da inovação – desde o esboço feito na lousa até a operação em escala global.

O Navegador de Crescimento de Rogers captura três coisas: as atuais premissas de seu negócio, seu aprendizado experimental até a presente data, e o que você precisa testar e aprender em seguida. Ao combinar tudo isso num diagrama, o Navegador oferece uma visão unificada e compartilhada da iniciativa, que você pode usar para alinhar tanto seu time quanto os patrocinadores. Conforme você testa e aprende, seu Navegador passa por várias revisões. Ao manter cópias de cada iteração semanal você tem uma visão de seu pensamento ao longo do tempo.

---

**FIGURA 5.3**  O Navegador de Crescimento de Rogers

### 1. Validação do problema

| Problema | Cliente |
|---|---|
| Definição do problema | Segmentos disponíveis |
| Alternativas existentes | Mercado Total Disponível (MTD) |
| Necessidades não atendidas | *Early adopters* |

### 2. Validação da solução

| Proposta de valor | Solução |
|---|---|
| Elementos de valor | Entrega e design |
| Trabalho a ser feito | Diferenciação competitiva |
| | *Roadmap* de recursos |

**Resumo do essencial**  Para [Cliente] Que [Problema], X é uma [Solução] Que [Proposta de valor].

**Resumo do essencial**  Métricas que importam agora.

### 3. Validação do produto

| Uso | Entrega |
|---|---|
| Casos de uso pelo cliente | Atividades de negócios |
| Jornadas do cliente | Requisitos técnicos |
| | Compliance e risco |

| Capacidades | Direito de vencer |
|---|---|
| Ativos essenciais | Vantagens únicas |
| Competências principais | Benefícios competitivos |
| Parceiros externos | Aprofundar o fosso |

### 4. Validação do negócio

| Captura de valor | Valor Vitalício do Cliente (CLV) |
|---|---|
| Modelo de receita | CLV por segmento |
| Clientes pagantes | Aquisição |
| Economia de custo/risco | Retenção |
| Valor não monetário | Expansão |

| Estrutura de custos | Caminho para o lucro |
|---|---|
| Custos fixos | Fórmula do lucro |
| Custos marginais | Prazo |
| Economias de escala | Ganho máximo |

---

*Passo 3: Valide Iniciativas*

Vamos examinar brevemente cada bloco do Navegador de Crescimento de Rogers para ver como você pode usá-lo para capturar aprendizado nos Quatro Estágios de Validação para a sua próxima iniciativa de crescimento.

## ◢ 1. Validação do problema

Os dois primeiros blocos do Navegador de Crescimento de Rogers irão capturar sua hipótese e aprendizado do estágio 1: validação do problema.

### Problema

Nesse primeiro bloco do Navegador, você vai capturar tudo a respeito do problema que a sua inovação pretende resolver, incluindo:

➤ **Definição do problema** - Qual é exatamente o problema que você está tentando resolver? Por que esse problema é importante? Qual é o grau de urgência desse problema? (Está entre os "cinco principais" problemas de todo mundo?)

➤ **Alternativas existentes** - Que alternativas existentes estão sendo usadas para resolver esse problema? Mesmo que você ache que sua solução será a primeira do seu tipo, os clientes estão claramente adotando alguma abordagem ao problema no momento (mesmo que seja apenas para atenuá-lo). Qual é essa abordagem alternativa?

➤ **Necessidades não atendidas** - Quais são as deficiências dessas alternativas? Que necessidades elas deixam de atender para os clientes que você está tentando conquistar?

### Cliente

Nesse bloco, você vai capturar seu aprendizado a respeito do cliente que enfrenta o problema que você está resolvendo. Comece dividindo seus clientes em segmentos distintos, que podem usar sua inovação de diferentes maneiras ou por diferentes razões:

> **Segmentos disponíveis** - Quais são os diferentes segmentos de clientes que enfrentam esse problema? Concentre-se nos distintos grupos que você poderia alcançar ou abordar separadamente. Para consumidores, descreva cada segmento em termos de demografia, psicografia e tecnografia. Para clientes de negócios, descreva o tipo de organização e o papel da pessoa que usará ou tomará decisões a respeito da sua inovação.

> **Mercado Total Disponível (MTD)** - Para cada segmento, qual é o mercado total disponível? Ou seja, quantas pessoas ou empresas se encaixam nesse momento na sua descrição? Como isso pode mudar se você criar uma oferta suficientemente atraente?

> *Early adopters* - Toda inovação bem-sucedida é adotada primeiro por uma pequena parcela de clientes excepcionalmente motivados. Quem serão seus *early adopters*? Por que o problema que você está resolvendo se mostra mais importante para eles do que para outros clientes? Por que eles se dispõem a tentar primeiro uma solução ou MVP?

## 2. Validação da solução

Nos dois blocos seguintes do Navegador de Crescimento de Rogers é onde você irá capturar sua hipótese e aprendizado do estágio 2: validação da solução.

### Proposta de valor

Nesse bloco, defina o valor que você fornecerá ao cliente. É fundamental evitar falar sobre os recursos do produto: em vez disso, descreva os benefícios de sua iniciativa a partir do ponto de vista do cliente:

> **Elementos de valor** - Liste todos os benefícios que você fornecerá ao cliente. Inclua o maior número possível, e descreva-os sempre do ponto de vista do cliente. Primeiro, pense nas atuais dores que sua inovação resolverá para o cliente, e depois liste maneiras pelas quais ele irá deleitar o cliente e melhorar sua experiência.

Passo 3: Valide Iniciativas

(O conceito de elementos de valor é explicado em detalhes no meu livro *Transformação Digital*.)

> **Trabalho a ser feito** - Este conceito poderoso vem dos escritos de Clayton Christensen e Michael Raynor.[21] A ideia é descrever o benefício de qualquer inovação perguntando o que ela permite que o cliente faça ou consiga. Descreva esse "trabalho" como algo que realmente tem importância para o cliente.

### Solução

Nesse bloco, defina o produto ou serviço que você usará para entregar sua proposta de valor ao cliente. Agora você deve passar de descrever a experiência do cliente para descrever seu produto e seus recursos:

> **Entrega e design** - De que maneira você entregará os benefícios de sua proposta de valor ao cliente? No caso de um produto, qual será seu aspecto e como funcionará? Para uma inovação de serviço ou processo, quando, onde e como serão entregues?

> **Diferenciação competitiva** - Com quais soluções existentes o cliente irá comparar essa inovação? Que diferenças motivarão os clientes a escolher sua solução em lugar dessas concorrentes ou deixar de usá-las e adotar a sua, caso as estejam usando? Por acaso os clientes estão "presos" a usar esses concorrentes, ou terão facilidade para mudar de escolha?

> **Roadmap de recursos** - Que recursos você já construiu até agora, se é que construiu algum? Que recursos você precisa acrescentar em seguida, e em que ordem? Que recursos existentes você poderia eliminar? Que recursos planejados você pode protelar?

### ◢ Resumo do essencial

O objetivo desse bloco é capturar a essência de sua iniciativa em uma única frase. Pense nela como um argumento rápido e conciso que você usaria para vender sua ideia a um potencial patrocinador ou investidor.

Um bom resumo do essencial usa uma única frase para capturar os pontos mais essenciais dos primeiros quatro blocos de seu Navegador. No início de sua jornada, essa será uma declaração da sua visão para a iniciativa. À medida que for validando, você revisará o resumo para capturar as coisas mais essenciais que aprendeu dos estágios 1 e 2. Recomendo usar o seguinte modelo para o seu resumo do essencial:

> **Para** [Cliente]

> **Quem** [Problema],

> [nome de sua inovação]

> **É uma** [Solução]

> **Que** [Proposta de valor].

Por exemplo, um resumo do essencial para o serviço InHome da Walmart poderia ser: "Para compradores que querem produtos de supermercado acessíveis, baratos e também economia de tempo e praticidade, o Walmart InHome é um programa de adesão anual que lhes permite fazer pedidos on-line de produtos de supermercado fresco e com bons preços, para serem entregues direto na geladeira e nos armários de sua casa por um agente seguro e confiável da Walmart".

Ao redigir seu resumo do essencial, procure testá-lo com pessoas que não estejam plenamente familiarizadas com sua iniciativa. Evite o jargão. Pergunte a si mesmo se o resumo do essencial está claro para um cliente médio. (Melhor ainda, use-o com um cliente e veja se ele é claramente entendido.)

## Métricas que importam agora

Nesse bloco, identifique de três a seis métricas-chave que sejam mais importantes para a sua inovação nesse seu estágio atual de desenvolvimento. Ao fazer isso, apoie-se em cada um dos blocos do Navegador, abrangendo os Quatro Estágios de Validação. Pense em métricas do passado (*lagging metrics*) e do futuro (*leading metrics*). Foque nas métricas do cliente que "aposta no jogo". E lembre-se de que as métricas que mais importam devem evoluir constantemente. Identifique o que importa para a sua iniciativa *nesse exato momento*.

## ◢ 3. Validação do produto

Os quatro blocos seguintes do Navegador de Crescimento de Rogers irão capturar sua hipótese e aprendizado no estágio 3: validação do produto.

### Uso

Nesse bloco, você captura aprendizado a respeito do uso que seu cliente faz de sua inovação:

> **Casos de uso pelo cliente** - Em que diferentes situações os clientes utilizam sua inovação? Liste o maior número possível de casos, descrevendo o contexto de cada um e como ele molda o uso pelo cliente.

> **Jornadas do cliente** - Em cada caso de uso, de que maneira o cliente usa de fato sua inovação? Descreva a sequência de passos da experiência de um cliente típico, incluindo quando, onde e como usa a inovação. Que recursos ele usa e por quê?

### Entrega

Nesse bloco, você captura aprendizado sobre as operações internas exigidas para apoiar sua iniciativa:

> **Atividades de negócios** - O que seu negócio precisa fazer a fim de entregar sua inovação ao cliente em todos esses casos de uso? Concentre-se em suas atividades repetidas e naquelas que você tem que fazer excepcionalmente bem para que a iniciativa funcione.

> **Requisitos técnicos** - Quais padrões de tecnologia sua inovação precisa atender para funcionar de modo confiável e com eficácia?

Com que outras tecnologias ela precisa se integrar? Quais padrões de interoperabilidade ela precisa atender? Como sua solução pode atender a esses requisitos?

> **Compliance e risco** - A que exigências legais sua inovação precisa aderir? Que regras empresariais de *compliance* ou gestão de riscos você precisa respeitar? Como você vai fazer para garantir que suas soluções atendam a todas elas?

## Recursos

Use este bloco para definir os recursos que serão necessários para entregar essa solução, os parceiros que irão apoiá-lo, e os papéis que irão desempenhar. Lembre-se de que poucas inovações serão entregues apenas pela sua própria organização.

> **Ativos essenciais** - Que ativos tangíveis são necessários, como infraestrutura, imóveis ou materiais de manufatura? Que ativos intangíveis, incluindo propriedade intelectual, dados, códigos de software e reputação de marca são necessários?

> **Competências principais** - Em que a sua empresa precisa estar capacitada a fim de entregar essa inovação e se destacar nisso?

> **Parceiros externos** - Com quem você precisa estabelecer parceria para ajudar seu negócio a entregar essa inovação? Que atividades essenciais esses parceiros irão desempenhar para você? Que ativos ou aptidões eles oferecem e poupam você de precisar fazê-lo?

## Direito de vencer

Para que sua iniciativa dê certo a longo prazo, é preciso que haja algum tipo de obstáculo ou fosso competitivo que impeça os concorrentes de fazer um trabalho igual ou melhor na entrega dessa mesma coisa.

> **Vantagens únicas** - Que aptidões, ativos, relacionamentos ou outras vantagens únicas você tem que irão lhe permitir entregar

essa inovação? Para ideias, reveja nossa discussão sobre vantagens únicas no Capítulo 3.

➤ **Benefícios competitivos** - De que maneira exatamente essas vantagens ajudam a entregar a inovação melhor que os outros? Por exemplo, elas permitem que você reduza seus custos, mantenha uma base de clientes estabelecida ou proporcione uma experiência do cliente única e melhor?

➤ **Aprofundar o fosso** - Olhe para o futuro quando fizer a avaliação de seu fosso competitivo. De que maneira você reforçará suas vantagens únicas pensando no futuro? Ou como pode investir para desenvolver um fosso competitivo que não tem hoje?

## ◢ 4. Validação do negócio

Os quatro blocos finais do Navegador de Crescimento de Rogers são usados para capturar sua hipótese e aprendizado no estágio 4: validação do negócio.

### Captura de valor

Aqui, você precisa definir o valor capturado por sua própria organização a partir dessa inovação, incluindo quaisquer fontes de receita ou outras fontes de valor para o seu negócio:

➤ **Modelo de receita** - Você cobrará dos clientes por essa inovação? Se sim, como? As opções são: venda, licenciamento, aluguel ou taxa de utilização. Qual é o preço que o cliente se dispõe a pagar, e como você pode influenciar isso? Você está cobrando um preço fixo ou há uma escala móvel? Ou está usando um modelo *freemium* (com versões gratuitas e pagas)?

➤ **Clientes pagantes** - Quem paga você? É o usuário ou outra pessoa na organização dele? Para um modelo de negócio multifacetado, que tipo de cliente paga? Se sua inovação crescer, você será capaz de acrescentar fontes de receita de outro tipo de cliente (por exemplo, de um anunciante que procure chegar ao seu cliente primário)?

➤ **Economia em custo/risco** - Sua inovação permitirá que você poupe alguns custos para o seu negócio? Reduzirá algum risco significativo para o seu negócio? Nesse caso, você consegue quantificar o valor financeiro disso?

➤ **Valor não monetário** - Será que seu negócio pode capturar valor de outras maneiras (por exemplo, com dados ou novos relacionamentos)? Como você monetizará esses ativos? O que você pagaria por eles a um terceiro? Se sua inovação entrega valor a uma missão sem fins lucrativos, como você pode mensurar isso? O que você teria que gastar em outra parte para alcançar um impacto equivalente?

## ◢ Valor Vitalício do Cliente (*Customer Lifetime Value*, CLV)

Use esse bloco para definir o CLV da sua inovação – uma medida do lucro total que você pode esperar ganhar por cliente. O CLV é calculado com base na receita média por cliente, margem de lucro e ciclo de vida (isto é, o tempo antes que haja *churn*). Para maximizar seu CLV, concentre-se em quatro aspectos do valor do cliente:

➤ **CLV por segmento** - De que maneira o CLV varia por segmento de cliente? Quais clientes têm o maior valor de ciclo de vida e por quê? Que segmentos você deve evitar em razão de seu baixo valor?

➤ **Aquisição** - Qual o seu custo para adquirir clientes [*cost to acquire customers*, CAC)? Como você pode reduzir esse custo? Se o CAC é menor que o CLV (sua meta), quanto e com que rapidez você pode gastar para adquirir mais clientes?

➤ **Retenção** - Qual é sua taxa atual de *churn* de clientes? O que desencadeia, influencia ou faz prever o *churn* num cliente individual? Como você poderia reter os clientes por mais tempo? Quanto isso custaria?

> **Expansão** - Como você pode expandir a receita ou a margem de lucro – ou ambos – por cliente, por exemplo, fazendo um *upgrade* do plano deles, aumentando sua frequência de compra, vendendo produtos adicionais ou incentivando que recomendem novos clientes?

## Estrutura de custos

Use esse bloco para capturar todos os seus custos. Eles incluirão seus custos para adquirir e manter clientes (examine o bloco CLV de seu Navegador), os custos para entregar sua solução (examine seus blocos de entrega e recursos), e seus atuais custos de inovação (examine seus blocos de proposta de valor, solução e direito de vencer). Para entender sua estrutura de custos, categorize todos esses custos em três tipos:

> **Custos fixos** - Quais de seus custos são aproximadamente iguais, não importando quantos clientes você atenda?

> **Custos marginais** - Quais custos são variáveis e proporcionais ao seu número de clientes? Pense nesses como custos extra (de aquisição a entrega) para cada novo cliente.

> **Economias de escala** - Quais de seus custos são variáveis, mas irão custar menos por cliente à medida que você crescer em escala?

## Caminho para o lucro

Nesse bloco, junte custos e receita para projetar o valor líquido de sua inovação e avaliar se vale a pena seguir adiante:

> **Fórmula do lucro** - Combine sua estrutura de custos e sua captura de valor para criar uma fórmula para a perda líquida ou lucro líquido, conforme sua iniciativa escale em tamanho. Em que momento você alcança seu ponto de equilíbrio? Qual deve ser a margem de lucro dessa iniciativa quando escalar plenamente? (O jogo entre custos, receita e escala é descrito como a economia unificada de seu negócio.)

> **Prazo** - Quando você pretende obter um retorno financeiro líquido nessa iniciativa? O objetivo é aumentar a receita a curto prazo ou reduzir os custos? Ou trata-se de um investimento de crescimento a longo prazo?

> **Ganho máximo** - Que porção de seu mercado total disponível você imagina que pode capturar, sendo realista? O que isso significaria em lucro total para sua empresa se você for bem-sucedido? Essa oportunidade é grande o suficiente para você continuar perseguindo essa inovação?

## Dicas para usar o Navegador

No início, cada bloco de seu Navegador de Crescimento de Rogers conterá apenas hipóteses e suposições a respeito de sua iniciativa. (Quaisquer dados de terceiros que você possa ter encontrado são apenas outra hipótese que precisará ser testada no mundo real para ver se vale para a sua iniciativa.) Lembre-se, todo aprendizado vem diretamente do cliente!

Aconselho os times a preencherem apenas os seis blocos superiores do Navegador quando começam. Depois que você tiver feito progressos nos estágios de validação 1 e 2 – e aprendido algo a respeito de seu problema, cliente, proposta de valor e solução – é que pode começar a escrever suas hipóteses para os oito blocos de baixo do Navegador.

À medida que você testa e aprende com seu time, substituirá aos poucos as hipóteses não testadas que redigiu no Navegador por fatos validados que aprendeu no mundo real. Ao fazer isso, use código de *cores* para distinguir hipóteses de fatos (recomendo que escreva hipóteses em vermelho e fatos validados em verde). Escolha uma terceira cor (digamos, azul) para as hipóteses que você precisa validar em seguida. Esse uso de *cores* ajudará seu time a rastrear visualmente seu progresso.

Mantenha cópias das iterações semanais de seu Navegador para capturar seu pensamento ao longo do tempo. Você pode decidir acrescentar documentos complementares para se aprofundar num bloco com mais detalhes (por exemplo, um mapa detalhado da jornada de seu cliente ou de seu cálculo do CLV por segmento). Mas o próprio Navegador

*Passo 3: Valide Iniciativas*

continuará sendo seu resumo de visualização imediata – tanto de sua atual compreensão do seu modelo de negócio como a respeito do que precisa ser testado e aprendido em seguida.

Em alguns casos, sua iniciativa pode usar um modelo de negócio em plataforma (um que facilite um intercâmbio de valor entre dois ou mais tipos distintos de clientes).[22] Nesse caso, você deve completar um Navegador de Crescimento separado para cada tipo de cliente. Por exemplo, para a Uber, você criaria um Navegador para motoristas e um para passageiros. Cada Navegador define os problemas desse cliente, sua proposta de valor para ele, a jornada do cliente, e assim por diante. Alguns blocos podem se repetir inalterados entre seus Navegadores, mas é essencial que você valide seu modelo de negócio para cada tipo distinto de cliente. Também sugiro que utilize o Mapa do Modelo de negócio em Plataforma (uma ferramenta do *Transformação Digital*) para analisar o intercâmbio de valor entre clientes e através da sua empresa.

## A VALIDAÇÃO NÃO TERMINA NUNCA

Seja qual for a inovação, iniciativa de crescimento ou novo negócio, o processo de validação nunca termina. Como diz Bob Dorf a respeito de criar uma *startup*: "A validação só acaba quando você vende seu negócio por milhões, ou os seus móveis por alguns tostões!". Como temos visto, há uma sequência de Quatro Estágios de Validação, mas cada estágio é repetido iterativamente. Nenhum dos estágios – problema, solução, produto ou negócio – chega a ficar "concluído".

Qualquer iniciativa bem-sucedida fará progressos na validação dos estágios 1, 2, 3, e mesmo no estágio 4. No entanto, ainda precisamos voltar, revisitar e revalidar cada estágio. Por que isso? Por que, por exemplo, você precisaria continuar com a validação do problema ou da solução depois que já está no mercado com um produto que os clientes estão usando e pagando por ele? Há várias razões pelas quais uma inovação vai precisar voltar e iterar nos primeiros estágios. A seguir, algumas das mais comuns:

> **Implantação de recursos** - Seus atuais clientes estão usando ativamente seu produto (estágio 3). Agora você está pronto para construir

os próximos itens em seu *roadmap* de recursos (que você validou no estágio 2). Antes de construir qualquer coisa, certifique-se de voltar aos seus clientes para revalidar: eles querem os mesmos recursos daqui em diante, agora que estão de fato usando sua solução diariamente?

> **Problemas inesperados de negócios -** O crescimento está estagnado? O *churn* de clientes aumenta? As margens de lucro começam a se estreitar? Não importa qual seja o problema que sua iniciativa de crescimento enfrenta, a melhor maneira de identificar a causa que o origina e de corrigi-lo será voltar ao cliente e validar do estágio 1 em diante, com aprendizado contínuo.

> **Ampliar operações e entrega -** Se sua iniciativa está sendo bem-sucedida e é lucrativa (estágio 4), você vai querer escalar as operações a fim de se expandir em novos mercados e novos casos de uso. Isso pode exigir reconstruir o que está por trás de seu produto de diversas maneiras: mais automação e menos supervisão humana; mais dados de mais fontes; uma arquitetura de TI mais robusta com maior escala, confiabilidade e velocidade; diferentes canais de vendas e de marketing que possam escalar para volumes maiores; diferentes parceiros (em vez de fazer tudo você mesmo); mais segurança, já que iniciativas maiores atraem mais *players* maliciosos; mais *compliance*, especialmente se novos mercados apresentam novas regulamentações. Cada uma dessas mudanças vai exigir validação do estágio 3 para testar e aprender o que funciona melhor para entregar um produto robusto e escalável.

> **Mudanças inesperadas no ambiente -** Sempre que concorrentes entram no mercado ou mudam seu produto ou seu preço, você precisará revalidar se a sua oferta ainda está diferenciada aos olhos do cliente (estágio 2). Outras vezes, o que muda são as necessidades dos clientes. Um antigo aluno meu estava liderando as vendas digitais para uma destacada entidade bancária do Brasil, o Itaú Unibanco, quando veio a Covid. As necessidades de seus clientes em relação a bancos mudaram da noite para o dia em razão da quarentena,

exigindo um rápido redesenho do *app* de celular do banco. Isso exigiu voltar aos estágios 1, 2 e 3 – revalidar os novos problemas do cliente, os recursos que seriam úteis agora, e oferecer o melhor design de produto para entregar isso.

> **Novo mercado, novo cliente** - À medida que qualquer iniciativa cresce, ela se vê mudando para atender a diferentes clientes. Como Geoffrey Moore explica em seu livro *Crossing the Chasm* ["Atravessando o abismo"], costuma ocorrer uma grande mudança quando uma iniciativa se expande de seus *early adopters* para a população de clientes mais ampla.[23] Você pode também mudar de clientes por estar se expandindo para um novo mercado ou localização geográfica. Equipes bem-sucedidas focam em compreender cada segmento particular de clientes e em repetir continuamente os Quatro Estágios de Validação. Para cada segmento de clientes, certifique-se de estar compreendendo *esse* problema do cliente, qual a melhor solução *para ele*, quais são *os seus* casos de uso e necessidades a serem atendidas, e como definir preço e capturar valor especificamente *para ele*.

> **Encontrar seu cliente ideal** - Quando uma inovação consegue a adequação produto-mercado e é adotada, não é mais suficiente que você venda a qualquer cliente que tenha o seu problema e que comprará seu produto. Em vez disso, você precisa focar em validar e aprender qual de seus clientes irá gerar crescimento replicável, escalável e lucrativo. Qualquer líder de negócios deveria perguntar a si mesmo: estamos focados nos clientes certos para escalar nosso negócio? Para um bom exemplo, veja o box "A Optimizely revalida para um novo cliente".

## A OPTIMIZELY REVALIDA PARA UM NOVO CLIENTE

Quando Jay Larson assumiu como novo CEO da Optimizely, a *start-up* tinha oito anos de idade e estava pronta para o seu novo estágio de crescimento. A Optimizely foi fundada para fornecer às empresas ferramentas para realizar experimentos baseados em dados – para testar recursos, design, preços e personalização dentro de sites da internet e de comunicações.

Em seus primeiros dias como uma *startup* SaaS, o crescimento era a única coisa que importava para a Optimizely, e todo cliente era um cliente bom. Quando Larson assumiu, eles tinham mais de 5 mil clientes de negócios, que iam de pequenos negócios locais (que Larson apelidou de "A Maloca do Zé" ["Joe's House of Wicker"] a marcas globais como Nike, Best Buy e o *Wall Street Journal*. Larson logo percebeu que nem todos os clientes eram iguais, e que a Optimizely precisaria focar nos clientes certos a fim de alcançar seu estágio seguinte de crescimento.

O time de Larson se concentrou em aprender quais clientes de negócios estavam conseguindo mais valor das ferramentas da Optimizely. Descobriram que eram as empresas com muitas interações entre clientes (que forneciam mais dados) e com modelos de negócio como *e-commerce* ou assinaturas, nos quais a experimentação propiciou mudança mensurável na receita. Uma análise adicional descobriu que esses clientes já estavam gastando mais de 50 mil dólares por ano com a Optimizely. Empresas que gastavam menos estavam obtendo menos benefícios da Optimizely e tinham uma retenção bem menor (uma métrica importante para qualquer negócio SaaS).

Larson decidiu mudar o mercado-alvo. Disse ao seu time que não haveria mais vendas para a "Maloca do Zé", e implementou um piso de 50 mil dólares para todas as novas vendas. Os clientes de pequenos negócios foram informados de que precisariam pagar mais ou encontrar outro produto. Ao mesmo tempo, a Optimizely mudou seu foco para passar a vender a empresas que se encaixassem no perfil de cliente de mais alto valor.

À medida que a Optimizely se assentou em seus clientes de maior valor, foi redesenhando seus produtos e serviços para atender às necessidades particulares deles. A empresa lançou um novo produto do tipo "pacote completo", que permitia aos clientes realizar experimentos em seu próprio código de software, integrando uma parte

CAPÍTULO 5

Passo 3: Valide Iniciativas

bem maior de suas operações do que apenas sites e comunicações. Nas entrevistas com clientes, o time de Larson descobriu que o maior obstáculo ao sucesso dos clientes não era a falta de ferramentas de experimentação, mas o desafio de construir uma cultura que fosse mais baseada em dados. As empresas viam o valor da experimentação, mas precisavam desaprender velhos hábitos de tomada de decisões. Para lidar com essa necessidade, a Optimizely criou uma nova divisão de sucesso do cliente focada em serviços de consultoria, para ajudar empresas clientes a se tornarem experimentadores mais eficazes.

Essas mudanças tiveram imenso impacto nos clientes da Optimizely. A Nike, por exemplo, havia começado como cliente quando seu departamento de marketing procurava uma alternativa para fazer testes de site sem passar pelo próprio departamento de TI. Agora, a Nike começou a usar a solução de pacote completo da Optimizely para fazer experimentos não apenas em sites, mas também em seus *apps* e em serviços como o Nike Run Club. Trabalhando com o time de sucesso do cliente, a Nike derrubou obstáculos entre os próprios silos e juntou seus times para olhar para o *e-commerce* e compreender o fluxo de compras de clientes individuais. A Nike usou a Optimizely até para experimentar com os próprios fornecedores, medir o ROI que vinha obtendo de cada um e pressioná-los a trabalhar mais forte para a empresa.

Larson também decidiu revalidar o modelo de preços e receita da Optimizely. Quando examinou os dados de desempenho do cliente, descobriu uma desconexão financeira. Os melhores clientes, como o *Wall Street Journal*, estavam registrando ganhos de receita de mais de 50 milhões de dólares anuais graças à Optimizely, mas pagavam menos de 1% disso em taxas. Como reação, a Optimizely começou a definir preços de seus serviços de outra maneira, às vezes com base numa divisão dos ganhos de receita de seus clientes, para com isso capturar maior valor para a empresa.

Os resultados de reorientação e revalidação do modelo de negócio em cima de seus clientes mais importantes foram impressionantes. A Optimizely elevou o porte médio de seus novos clientes de 40 mil para 200 mil dólares. Eliminaram-se os clientes com o valor mais baixo e maiores taxas de rotatividade. Foram bem-sucedidos e subiram de nível até os clientes empresariais que podiam entregar crescimento sustentável no futuro.

## ◢ Validação para cada *stakeholder*

À medida que você prossegue fazendo crescer uma iniciativa ou negócio, procure validar para cada *stakeholder*, tratando cada uma como um cliente cujas necessidades precisam ser atendidas. Num mundo interconectado, sua inovação só será bem-sucedida se você conseguir trazer os parceiros certos.

Quando Edison preparava seu negócio com iluminação elétrica para o mercado, não pôs foco apenas nos usuários de lâmpadas no trabalho ou em casa. Focou em todo o ecossistema de lâmpadas elétricas – medidores, linhas de transmissão de energia, estações e geradores – e nos indivíduos e organizações por trás disso tudo. Edison alinhou-se com parceiros do setor em relação ao padrão técnico para corrente elétrica. Conduziu seus primeiros pilotos perto da Wall Street para atrair o interesse de investidores. E utilizou sua fama e reputação para angariar apoio de reguladores e vencer resistências do sindicato de acendedores de lampiões.[24]

Conforme você escala sua iniciativa, examine os parceiros externos em seu Navegador de Crescimento de Rogers e também os aliados que serão mais importantes para o seu sucesso. Inclua fornecedores *upstream* e parceiros de negócios *downstream*, padrões tecnológicos e fornecedores de dados, assim como responsáveis por políticas públicas e outros influenciadores. Uma de minhas alunas, que comandava uma *startup* de saúde voltada a consumidores, descobriu que era igualmente importante validar e resolver os principais problemas do grande parceiro varejista dela, e validar e resolver os problemas do usuário final de seu produto.

Se a sua iniciativa enfrenta resistência de sua própria organização, tente aplicar internamente os Quatro Estágios de Validação. Trate cada *stakeholder* interno – pode ser *compliance*, força de vendas ou CDO – como um cliente. Então faça a validação com eles: quem são (isto é, cargo e função)? Qual o problema deles (isto é, a causa principal pela qual negam apoio à sua iniciativa)? Qual é a sua solução (isto é, como você pode lidar com as preocupações deles para trazê-los a bordo)? Sim, isso significa entrevistas com os *stakeholders* internos, como se faz com clientes externos. E é particularmente crucial na validação dos estágios 3 e 4, quando você testa como entregará sua inovação e como pode fazer isso de modo lucrativo. Lembre-se sempre: validação não é um estágio de inovação. Validação é inovação.

## EXPERIMENTAÇÃO DE BAIXO PARA CIMA

Implementar essa abordagem à inovação vai exigir uma mudança na maneira em que vários líderes encaram seu papel. Inovação não é mais caracterizada por algumas pessoas importantes que têm "a grande ideia" ou mostram seu apoio a ela. É a respeito de muitas pessoas tendo muitas ideias e usando um processo replicável de testar e aprender até concluir quais delas podem funcionar e como. Líderes efetivos compreendem que ter ideias é fácil, mas validar é difícil.

A experimentação demanda também uma abordagem diferente à tomada de decisões. Em muitas organizações, as decisões são tomadas com base na antiguidade e na experiência. No Vale do Silício, isso é chamado de tomada de decisões pelos HIPPOs (*highest paid person's opinion,* isto é, "opinião das pessoas que ganham mais" – a sigla significa "hipopótamos"). Para apoiar uma cultura de experimentação, os líderes precisam evitar tomar decisões com base em opiniões e, em vez disso, passar para outros a tarefa de experimentar e encontrar os dados corretos. Como a vice-presidente de sucesso do cliente da Optimizely, Jennifer Ruth, me contou: "Se você tem um time de liderança no qual todos se baseiam na intuição e acreditam que ninguém mais no mundo sabe mais do que eles, então a experimentação não será bem-sucedida".

Líderes devem trabalhar duro para instilar uma cultura de experimentação. Isso significa incentivar os outros a apostar e a assumir riscos inteligentes, a gastar pouco para aprender muito. Significa celebrar "fracassos inteligentes", como o Jetblack da Walmart ou seus robôs varredores de piso. No meu livro *Transformação Digital*, ofereci um teste em quatro partes para fracassos inteligentes: Você aprendeu algo importante? Aplicou esse aprendizado para mudar sua estratégia? Compartilhou seu aprendizado na sua organização? Fracassou o mais cedo e com o menor custo possível? Os líderes devem fazer questão de celebrar fracassos que atendam a esse teste de quatro pontos.

Líderes eficazes focam em instilar a mentalidade correta em seus times. Comunicam e vivem continuamente os princípios centrais da experimentação: *em vez de debater, valide. Pense como um cientista. Vá ao mercado mais cedo para aprender mais rápido. Gaste o mínimo possível para aprender o máximo que puder. Teste em minutos, não em meses. Todo aprendizado vem do cliente. Comprometa-se com o problema; seja flexível quanto à solução.*

Assim como a estratégia, a experimentação deve acontecer em todos os níveis da organização. Não se trata de um time "fazer estratégia" e outro "fazer inovação" para o negócio. Como vimos no Capítulo 4, a estratégia faz cascata para cima – cada time aprimora seus P/Os estratégicos em apoio aos P/Os dos times acima deles. Cada time deve então desenvolver ideias de iniciativa com base em sua estratégia e ir validando iterativamente essas iniciativas no mercado.

Os métodos que expus a vocês – MVPs ilustrativos e MVPs funcionais, métricas por estágio, os Quatro Estágios de Validação, o Navegador de Crescimento de Rogers – são todos voltados a trabalhar em cada nível da organização. O mesmo processo de validação funciona quer você esteja construindo um negócio inteiramente novo, remodelando um produto existente ou atualizando um processo interno. A experimentação e o aprendizado contínuos devem ser aplicadas não só ao desenvolvimento de produto, mas a cada função: marketing, vendas, recursos humanos, gestão de risco, cadeia de suprimentos e assim por diante. Claro que não é isso o que vemos em muitas organizações. A inovação com frequência fica nas mãos de um time dedicado, numa "ilha de inovação" especial, isenta das regras normais do negócio. Como veremos no Capítulo 6, a experimentação de baixo para cima requer uma abordagem muito diferente da usada na gestão do crescimento ao longo da empresa.

No início de uma DX, nenhum negócio, não importa o quanto seja inovador, pode saber que produtos digitais ou serviços ou modelos de negócio serão bem-sucedidos no mundo real, entregando valor aos clientes e capturando valor de volta. Sem experimentação, mesmo o maior compromisso da liderança de "ser digital" acabará em fracassos onerosos, como o CNN+, que perdeu 300 milhões de dólares lançando uma ideia que foi empurrada de cima para baixo. No Passo 3 do *Roadmap* da DX, vimos como qualquer organização pode evitar esse desfecho com aprendizado para validar iniciativas, a fim de aprender quais ideias podem funcionar e como. Você viu como testar suas suposições por meio de MVPs iterativos, cada um desenhado para atender a uma questão de negócios específica. E aprendeu como usar os Quatro Estágios de Validação para guiar qualquer iniciativa em seu caminho, da ideia no papel a um negócio em escala.

Ao começar a aplicar o processo de experimentação a iniciativas digitais em seu próprio negócio, você está pronto para começar o próximo passo do *Roadmap* da DX: repetir esse processo em escala ao longo de sua organização inteira. Será preciso enfrentar grandes desafios. Que inciativas devem receber fundos? Quem vai decidir o momento de fechar algumas delas? Que regras devem ser criadas para iniciativas já de início? De que maneira os sucessos serão repassados ao *core business*? O que você vai fazer com iniciativas digitais que não se encaixem na sua atual estrutura organizacional?

Para escalar o processo de experimentação em sua empresa, você precisará de uma abordagem clara à gestão de recursos e pessoas, com um portfólio de iniciativas voltadas a diferentes oportunidades estratégicas. Precisará de um modelo de governança que acolha as inovações digitais dentro e fora do seu núcleo, aceitando tanto a baixa quanto a alta incerteza. No Capítulo 6, veremos como gerir o crescimento em escala de modo que a transformação digital toque cada aspecto de sua empresa.

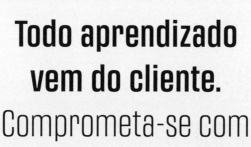

**Todo aprendizado vem do cliente.** Comprometa-se com o problema; seja flexível quanto à solução.

CAPÍTULO 6

# PASSO 4: COMO GERIR CRESCIMENTO EM ESCALA

## GOVERNANÇA

Quando Vanessa Colella foi nomeada diretora de inovação [*Chief Innovation Officer*, CIO] do Citibank, sua missão era criar um novo grupo chamado Citi Ventures, para ajudar a dar impulso à inovação ao longo da empresa global de 200 mil funcionários. O desafio era intimidante: ajudar um banco com legado a enfrentar o feroz ritmo de mudança impulsionado por tecnologias emergentes, as mudanças nas necessidades dos consumidores e o capital de risco que vinha sendo injetado em *startups* de *fintechs*.

O time de Colella trabalhou com o resto da empresa para identificar um conjunto de declarações de problemas/oportunidades (P/Os) que fossem mais importantes para o crescimento futuro do banco – com temas que iam de cibersegurança a pagamento de dividendos, de adaptar produtos do banco a acompanhar mudanças nas tendências sociais. Mas a questão essencial que Colella enfrentou foi: de que modo podemos perseguir essas prioridades estratégicas em uma corporação de porte tão grande? Qual seria a melhor estrutura e governança para iniciativas que nos permitisse mover-nos com rapidez, como uma *startup*, mas alcançando escala e impacto dentro de empresa imensa com legado? As iniciativas deveriam ser geridas dentro das unidades de negócio? Num laboratório separado? Totalmente fora do negócio, investindo em *startups*?

Colella decidiu desde o início que seria crucial não tentar avançar sem o próprio *core business*. "Já foi o tempo da inovação como uma unidade separada que depois transfere as coisas para a empresa", Colella comentou comigo. Em vez disso, a Citi Ventures buscava fazer uma parceria extremamente próxima com a empresa para garantir que seu processo de inovação ficasse profundamente integrado, e envolvesse os próprios bancários que trabalham e interagem diariamente com os clientes do Citibank.

O primeiro passo foi criar o D10X, um acelerador de inovação para as unidades de negócio existentes do Citibank. A intenção é dar apoio a inovações radicais, transformadoras, ainda relacionadas aos negócios essenciais do Citibank. Há dois aceleradores D10X, um para o Banco Global a Consumidores [Global Consumer Bank] e outro para o Grupo de Clientes Institucionais [Institutional Clients Group]. Como Colella explica: "Funcionários em corporações como o Citi também têm ideias fabulosas sobre como podem atender melhor seus clientes".[1] Eles só precisam de um processo replicável e de um conjunto de regras para transformar essas ideias em inovação com impacto.

Esse processo começa com uma declaração, como uma *startup* procurando investimento de um capitalista de risco. Funcionários do Citibank de todos os níveis (de estagiários aos vice-presidentes seniores) apresentam suas ideias de inovação a um painel de tomadores de decisões chamado "diretoria de crescimento". As ideias consideradas promissoras são introduzidas no programa D10X com uma quantia bem pequena de financiamento inicial. Os funcionários são colocados em pequenos times multifuncionais, recebem *coaching* de um conjunto de empreendedores-residentes e recebem um prazo muito curto para validar suas ideias com clientes, a fim de aprender se estão lidando com uma necessidade genuína do mercado. Em vez de focar na construção de um produto, o foco inicial é em validar o problema do cliente. Ao final dessa curta *sprint*, o time se dirige de novo à diretoria de crescimento para apresentar seus dados e – se o time acredita que os dados indicam uma oportunidade genuína – solicitar novos fundos e prazo adicionais. Essas sessões de apresentação, chamadas de Deal Days ["Dias de Fechamento de Negócios"], ocorrem de maneira contínua. Os times voltam a elas repetidamente, como se fossem uma *startup* independente indo atrás de investidores e buscando obter repetidas rodadas de investimento conforme as necessidades de seu negócio.

A qualquer momento dado, 100 desses times de *startups* internos podem estar trabalhando em vários estágios da D10X. Times da parte do banco ao consumidor têm lançado novas experiências de cliente para transformar os limites, a gestão de contas e as dívidas pessoais. Do lado do banco institucional, os projetos do D10X incluíram o CitiConnect for Blockchain, em parceria com a Nasdaq, e uma plataforma virtual de votação por procuração para investidores, chamada Proxymity, que fez tanto sucesso que se desdobrou como empresa de capital aberto separada.

Mas a D10X não é a única abordagem a impulsionar a inovação digital no Citi. Uma divisão chamada Citi Ventures Studio foi criada para buscar inovação fora do âmbito do *core business* do Citibank – onde os funcionários não poderiam buscar inovar. O Citi Ventures Studio foi iniciado por Valla Vakili, um empreendedor experiente que Colella contratou para trazer ideias de *lean startup* e de *design thinking* para o banco. Uma das primeiras iniciativas do Citi Ventures Studio foi a Worthi, uma ferramenta gratuita on-line que utiliza dados do mercado de trabalho para fornecer ferramentas personalizadas de desenvolvimento de carreira para indivíduos explorarem novos empregos, estimar salários e desenvolver talentos que correspondam às necessidades do mercado. Outra iniciativa foi o City Builder, uma plataforma baseada em dados para apoiar investimentos em zonas de oportunidades nos Estados Unidos, reunindo investidores, fundos e gestores de riquezas (no Citibank ou em outras partes), e em cidades que estejam buscando investimento para dar impulso a uma renovação econômica.

Outros programas no Citi Ventures vão além dos funcionários do Citibank para criar inovação. O programa Citi University Partnerships in Innovation and Discovery (CUPID) usa *hackathons* ["maratonas de hackers"] para engajar estudantes de grandes universidades em esforços de inovação ao longo do Citibank. O Citi Venture Investing investe diretamente no ecossistema das *startups*, financiando *fintechs* em estágio inicial que tenham conseguido adequação produto-mercado e estejam operando em alguma das áreas focais para o Citibank (pagamentos, fraude, aprendizagem de máquina, experiência do cliente etc.). Os investimentos incluíram *fintechs* excepcionalmente bem-sucedidas como a Docusign, que mais tarde fez uma oferta pública inicial de ações no Nasdaq, e a Honey, vendida ao PayPal por 4 bilhões de dólares.

Apesar das abordagens abrangentes que a Citi Ventures abrange, Colella é clara quanto à missão de seu time: "Nós não conduzimos inovação". Em vez disso, eles a propiciam para toda a empresa. A Citi Ventures conta com menos de 100 pessoas, mas sua influência é de longo alcance. Vários milhares de funcionários do Citibank têm participado do D10X, do Citi Ventures Studio, do CUPID e de outros programas.

Líderes veteranos de todas as unidades de negócio estão ativamente envolvidos nas diretorias de crescimento, supervisionando uma nova abordagem à inovação. O objetivo da Citi Ventures não é apenas lançar iniciativas, mas mudar a cultura e a prática da inovação na empresa toda.

## POR QUE A GOVERNANÇA É IMPORTANTE

Inovação rápida, iterativa, centrada no cliente, é possível em grandes empresas – mas não se você continua a manter todas as suas maneiras tradicionais de trabalhar. Iniciativas inovadoras precisam de governança inovadora.

Quando a BASF lançou seu laboratório Onono em São Paulo, Brasil, sua missão era acelerar inovação para a empresa química global por meio de rápida colaboração com parceiros e *startups*. Mas o diretor da Onono, Antonio Lacerda, foi avisado que o laboratório teria que seguir a mesma política de dados voltada a assegurar toda a infraestrutura de nuvem da empresa. Como Lacerda me explicou, isso teria tornado impossível estabelecer parcerias de modo rápido e ágil com novas *startups*. Assim, antes de lançar o Onono, ele gastou um capital político significativo para conseguir uma exceção: uma "*sandbox*" de dados separada foi criada para o time do Onono, com permissão especial de compartilhar APIs com novos parceiros. Lacerda conseguiu customizar a governança para apoiar o Onono, mas a transformação digital (DX) não pode depender de uma série de decisões *ad hoc* e de isenções às regras do negócio concedidas pelos superiores hierárquicos. Precisa de novas práticas de gestão que sejam escalonadas e se repitam.

No Passo 4 do *Roadmap* da Transformação Digital (DX), você encara o desafio de gerir o crescimento em escala. No Passo 3, sua tarefa era validar, adaptar e fazer crescer uma única iniciativa digital. Agora sua meta é fazer crescer não apenas uma iniciativa, mas um portfólio de iniciativas que atenda a uma série de prioridades estratégicas. No Passo 4, você expande seu foco para gerir crescimento ao longo de uma empresa.

Projetar processos repetíveis para inovação é essencial para o crescimento de qualquer negócio estabelecido. Mas é incrivelmente difícil. Todo executivo de talento que conheço traz as cicatrizes de batalhas de inovação corporativa. Em muitas organizações, dá-se sinal verde a iniciativas com base no apoio de um único executivo. Depois de lançadas, as iniciativas se movem devagar, geridas por times que se assentam em silos tradicionais. A alocação de recursos é lenta demais, e projetos promissores aguardam semanas ou meses para sua próxima rodada de aprovações. Como cada projeto é apoiado por um executivo influente, ninguém quer que seja encerrado, mesmo quando se mostra pouco promissor. Ao mesmo tempo, a aversão ao risco leva as empresas a bancarem apenas os frutos que estão mais à mão – melhorias incrementais no essencial que possam trazer um ROI rápido, garantido. Esse caminho nunca vai levar à DX. Ao contrário, você precisa de uma governança que dê acolhimento à incerteza e apoie o crescimento tanto dentro do *core business* quanto fora dele. O Quadro 6.1 mostra alguns dos principais sintomas de sucesso e de fracasso no Passo 4 do *Roadmap* da DX.

O desafio para o Citibank, a BASF e qualquer empresa que busque crescimento é perseguir uma variedade de iniciativas em diferentes unidades de negócio e funções, ao mesmo tempo. Elas podem incluir algumas iniciativas no *core business* e outras fora, e iniciativas de baixo risco assim como outras com alta incerteza.

**QUADRO 6.1** O que está em jogo - Passo 4: Governança

| Sintomas de Fracasso: Governança | Sintomas de Sucesso: Governança |
| --- | --- |
| • Um alto executivo deve aprovar pessoalmente qualquer inovação. | • Estruturas estabelecidas fornecem recursos e governança para inovação. |
| • Iniciativas se movem devagar, lideradas por times tradicionais em silos funcionais. | • Iniciativas se movem rápido, lideradas por times altamente independentes, multifuncionais. |
| • Alocar recursos para iniciativas é desacelerado pelo ciclo anual de orçamento. | • A alocação de recursos é rápida, por meio de financiamento iterativo. |
| • A inovação se limita a poucos grandes projetos, que são difíceis de abandonar depois que são iniciados. | • Um *pipeline* estável de inovações é gerido com encerramentos inteligentes para liberar recursos. |
| • As únicas iniciativas que ganham apoio são inovações de baixo risco relacionadas com o *core business*. | • A governança apoia iniciativas com incerteza baixa e alta, tanto no *core business* quanto fora dele. |

Cada iniciativa deve ser apoiada pelo modelo de governança certo para poder ter sucesso. Isso significa desenvolver não apenas uma estrutura, mas um mix de diferentes estruturas – como o mix do Citibank, com acelerador interno, investimento externo, parcerias com universidades e estúdio de inovação –, projetado para lidar com diferentes oportunidades de crescimento.

Para cada estrutura, as regras de governança devem ser cuidadosamente elaboradas para tratar de diversas questões. A primeira é *supervisão*. Quem aprova novos projetos? A quem devem ser reportados? E quem pode encerrá-los? A seguir vem o *financiamento*. Como você alocará recursos para várias iniciativas e evitará "comparar alhos com bugalhos" (por exemplo, quando uma aposta de longo prazo no crescimento tem que competir por financiamento com um projeto essencial de infraestrutura)? Como você pode garantir que o financiamento seja iterativo em vez de atrelado ao orçamento anual? Igualmente importante são as *pessoas*. Quem irá decidir que um executivo talentoso seja tirado de seu *core business* para trabalhar numa iniciativa que ainda precisa dar lucro? Como montar times com os talentos multifuncionais certos? A governança deve também incluir as *métricas*. Como você irá medir o progresso das iniciativas? Como irá avaliar iniciativas que têm distintos horizontes de tempo ou diferentes níveis de incerteza? Há também a gestão crucial do *compliance*. De que maneira você poderá ajudar iniciativas a se moverem rápido e ao mesmo tempo respeitar a segurança, as regulamentações, os riscos e a integração com a tecnologia existente? Todas essas questões serão tratadas no Passo 4 do *Roadmap* da DX conforme apresentarmos os elementos e ferramentas de que você precisa para uma governança bem-sucedida.

## ◢ O que há pela frente

Neste capítulo veremos como qualquer organização pode conceber modelos de governança para impulsionar a inovação digital por toda a empresa. Examinaremos seis elementos essenciais para gerir o crescimento em escala:

➤ **Times e diretorias** - Como assegurar que trabalhem juntos para acelerar inovação e alocar recursos para o portfólio de iniciativas.

> **Sinal verde** - Como aprovar e lançar iniciativas com o mínimo de deliberação e o mínimo de investimento.

> **Financiamento iterativo** - Como compatibilizar investimento e nível de incerteza, transferir recursos com rapidez e acelerar quando for a hora certa.

> **Encerramentos inteligentes** - Como gerir sua *pipeline* de iniciativas sistematicamente e liberar recursos encerrando inovações de modo inteligente.

> **Três caminhos para o crescimento** - Como gerir iniciativas que têm diferentes níveis de incerteza, assim como iniciativas próximas e distantes de seu *core business*.

> **Estruturas de inovação** - Como montar diferentes estruturas (laboratórios, *hackathons*, fundos de capital etc.) que propiciem conjuntos de recursos e governança ajustada a diferentes tipos de iniciativas.

Depois de examinar cada um desses seis elementos, apresentaremos uma ferramenta de planejamento estratégico, o Pacote de Inovação Corporativa, para ajudá-lo a definir as regras para suas estruturas de inovação, diretorias e times. Finalmente, você aprenderá por que o crescimento em escala requer uma abordagem de baixo para cima que redefina os papéis de cada time e de cada líder.

## TIMES E DIRETORIAS

Para que a inovação iterativa, guiada por experimentos, funcione em escala dentro de qualquer organização, precisamos contar com dois grupos diferentes de pessoas. O primeiro grupo é o dos *times* de inovação: aqueles que fazem o trabalho de inovação conversando com clientes, construindo MVPs iterativos, conduzindo experimentos para validar modelos de negócio e levando uma iniciativa bem-sucedida ao mercado. O segundo grupo são os patrocinadores ou, mais especificamente, as *diretorias* de inovação: aqueles que aprovam novos projetos, alocam fundos e supervisionam o progresso dos times. Para gerir o crescimento em escala, é crucial compreender os papéis de times e diretorias, e os processos de gestão que cada um exige para dar certo.

## ◢ Times de inovação

Há uma expressão que circula no Vale do Silício que diz: "Líderes votam com base no *headcount*".* Como um veterano gestor de produto me explicou, gigantes de tecnologia como Google e Meta têm dinheiro de sobra para colocar em novas ideias. Seu recurso mais escasso é de bons talentos; portanto, é isso o que mais importa num time. Na Amazon, o sinal mais claro de que Jeff Bezos estava comprometido com uma iniciativa era a quantidade de pessoas que ele removia das partes existentes para trabalhar na parte mais nova.

Qualquer time que trabalhe numa iniciativa sem dúvida precisará estar bem familiarizado com a mentalidade e as metodologias da experimentação iterativa, que vimos no Capítulo 5. Mas talentos incríveis e as melhores práticas *lean startup, agile, design thinking* e de gestão de produto não são suficientes, por si sós, para levar ao sucesso.

Para qualquer time que esteja assentado dentro de uma empresa, as regras que governam esse time são cruciais para a sua função. Muitos leitores já estarão familiarizados com a ideia de um pequeno time multifuncional, que é essencial para a prática do *agile* e da gestão de produto. Mas tamanho e composição são apenas parte do que direciona um time para o sucesso. Por meio do meu estudo de inovação em nativas digitais como Amazon e Google, e de transformadores digitais como Citibank e Walmart, identifiquei cinco pilares essenciais da governança de times. Grandes times de inovação são:

---

\* *Headcount* [literalmente, "contagem de cabeças"] é um indicador utilizado principalmente em Recursos Humanos, referente à gestão estratégica de pessoal (contratados, colaboradores etc.) em termos de capacitação, talento, especialização e de orçamento destinado à folha de pagamento. (N. T.)

**Pequenos** - Margaret Mead tem uma frase famosa: "Nunca duvide de que um pequeno grupo de cidadãos conscientes, engajados, pode mudar o mundo; na realidade, sempre foi isso o que fez o mundo mudar".[2] Vakili, do Citibank, tem a mesma opinião: "Acredito na produtividade excepcional de pequenos times, se puderem ser equipados de modo apropriado". Por que manter os times pequenos? Pesquisa de J. Richard Hackman e outros tem mostrado que times menores são mais rápidos em coordenar, comunicar e tomar decisões.[3] E, como sabemos, velocidade é essencial para a inovação. Times pequenos são o alicerce de métodos *agile* como *Scrum*, que exige um ritmo rápido de *sprints* curtas nas quais cada time deve entregar novo código de trabalho, testar e aprender, e ajustar prioridades. Na Amazon, times de inovação são chamados de times de duas pizzas, porque cada um deve ser pequeno o suficiente para ser alimentado por duas pizzas (oito pessoas no máximo). Em empresas tradicionais, já ouvi objeções à ideia de grupos pequenos desse tipo, com os executivos insistindo que os projetos deles são importantes demais para avançar sem o envolvimento de uma dúzia ou mais de *stakeholders*. Mas nunca vi um time que ultrapasse o limite de duas pizzas sendo bem-sucedido com uma inovação rápida.

**Multifuncionais** - Grandes times de inovação têm vários membros que abrangem silos funcionais diferentes (isto é, marketing, engenharia e design). Cada time deve conter entre seus membros todos os talentos essenciais necessários para desempenhar seu trabalho. Os times podem então se mover rápido porque são autossuficientes. Em vez de ficar a toda hora aguardando um relatório, dados ou apoio de outro departamento antes de dar o próximo passo num projeto, um time multifuncional deve ser capaz de agir inteiramente por conta própria. O mix exato de papéis dentro do time vai depender da organização. Na Procter & Gamble, um time típico combina marketing, insights do consumidor, design e P&D. Na Walmart, um time de produto de nove pessoas costuma ter seis desenvolvedores de software. Em *startups*, qualquer time é geralmente multifuncional desde o início, mas, para a maioria das organizações de grande porte, times multifuncionais são uma grande mudança em relação aos silos funcionais típicos.

> **Single-threaded ["com dedicação exclusiva"]** - Os melhores times de inovação têm todos os seus membros dedicados em tempo integral ao trabalho do time. Esse é o modelo dos times *agile* clássicos, e é como trabalham empresas de design como a IDEO, com cada membro do time responsável por apenas uma iniciativa por vez. A expressão "*single-threaded*" vem da Amazon. É uma metáfora emprestada da ciência da computação (para um aplicativo que executa apenas uma parte do programa por vez). No mínimo, qualquer *líder* de time de inovação deve ser *single-threaded*. Eles não podem ficar dividindo sua semana de trabalho entre o time da iniciativa e outros projetos. Liderar o time é sua responsabilidade plena. Líderes *single-threaded* são a norma numa *startup* (assim como os times, desde que haja verba para pagar os salários). Adotar a liderança *single-threaded* é um desafio para a maioria das grandes organizações, nas quais cada gerente está envolvido em vários projetos.

> **Autônomos** - Times de inovação devem ter direitos de decisão claramente definidos que lhes deem autoridade para trabalhar sob sua própria direção. Os times não devem precisar ter aprovação de seu trabalho por qualquer pessoa fora do time – quer se trate do design do produto, de quais testes realizar em seguida ou dos clientes a serem visados. Autonomia também significa que não há proibições para contratar recursos externos à empresa. Como um time de inovação me revelou: "Não trabalhamos compartilhando serviços de TI com a nossa empresa. Se estamos fora desse ecossistema é por uma boa razão". Completa autonomia é o que se espera de qualquer *startup* em que os investidores não são gerentes, e a supervisão da diretoria nunca é diária. Mas a autonomia do time constitui uma mudança radical para grandes organizações que estão presas a uma gestão de cima para baixo.

> **Accountable (responsável pelos resultados)** - Todo time de inovação deve ser responsabilizável pelos resultados de seu trabalho. É

isso o que lhe permite manter total autonomia em relação a como alcança esses resultados. A responsabilização do time decorre de dois fatores. O primeiro é *uma clara definição de sucesso* – definido em termos de resultados, não de entregáveis. Essa definição pode incluir métricas concretas, assim como princípios qualitativos, e deve ter a concordância da liderança antes que o trabalho do time comece. O segundo requisito é a *transpar*ência. Em qualquer momento, os resultados do time devem ser visíveis a todos, dentro e fora do time. Cada teste realizado, cada MVP construído e cada métrica rastreada devem ser visíveis a todos na empresa. Nos Laboratórios da Walmart, ferramentas transparentes mostram cada membro do time de produto, no que eles estão trabalhando e cada trecho de código publicado. Responsabilização e transparência são inevitáveis numa *startup* (todos sabem quando sua campanha de marketing está falhando em conquistar novos clientes). Mas isso é totalmente discrepante do trabalho corporativo. Na maioria das grandes organizações, a responsabilização é difusa e moldada tanto por políticas quanto por resultados.

O Quadro 6.2 resume esses cinco pilares e mostra seu acentuado contraste com a gestão *business-as-usual* (BAU) de times da era pré-digital. Com muita frequência os times BAU são dispersos, montados em silos, fracionários, microgeridos e políticos – enquanto os grandes times de inovação são pequenos, multifuncionais, *single-threaded*, autônomos e responsabilizáveis. Essa diferença abismal entre os times não é resultado de *pessoas* diferentes, mas de uma *governança* diferente. Times de inovação têm uma atribuição diferente em relação aos times funcionais de uma organização de legado. Os times funcionais BAU são designados seja para executar um projeto com um entregável definido (isto é, "migrar o banco de dados de nosso cliente para nosso novo provedor de serviço de nuvem"), seja desempenhar uma função em andamento (como "cuidar do marketing para o nosso mercado do Sudeste Asiático"). Em contraste com isso, times de inovação são designados quer para tratar de uma iniciativa de crescimento, quer para inovar para um problema persistente relacionado a um cliente ou *stakeholder* de relevo. A forma do time acompanha a função do time.

**QUADRO 6.2** Os Cinco Pilares dos Times de Inovação *versus* Times BAU

| Time de inovação | Persegue iniciativa de crescimento ou inova para um problema persistente | Time funcional BAU | Executa um projeto temporário ou desempenha uma função em andamento |
|---|---|---|---|
| **Pequeno** | • Menos de dez pessoas num time<br>• Comunicações e trabalho têm ritmo rápido | **Disperso** | • Vários membros do time com níveis de engajamento variável<br>• Gargalos na comunicação são frequentes |
| **Multifuncional** | • Membros do time são de silos diferentes<br>• Há todos os talentos essenciais no time | **Em silos** | • Todos os membros são de uma única função ou silo<br>• O trabalho depende de talentos dos outros |
| *Single-threaded* | • O líder do time está 100% comprometido<br><br>• Membros do time não têm outras atribuições | **Fracionário** | • Todos trabalham no time meio expediente, e dão conta de outras prioridades |
| **Autônomo** | • Time toma todas as decisões entre os marcos de financiamento | **Microgerido** | • É preciso pedir aprovação para as grandes decisões (muitas pessoas podem dizer não) |
| **Responsabilizável** | • Definição clara de sucesso<br>• Métricas transparentes<br>• O time é o único responsável | **Político** | • O entregável é claro, mas o sucesso é discutível<br>• Acesso restrito a métricas<br>• Muitos são responsáveis em tese; na prática, ninguém é |

## ◢ Diretorias de crescimento

O outro grupo crucial para gerir a inovação em escala é o dos gestores que irão alocar fundos e supervisionar o trabalho dos times. Uma das primeiras perguntas que faço aos executivos que procuram escalar seus esforços digitais é: quem patrocina a inovação em sua organização? A resposta mais comum é que iniciativas são aprovadas por um único patrocinador. Um ou mais executivos podem desempenhar esse papel e usar sua influência na organização para apoiar uma iniciativa digital que eles julguem estrategicamente importante e promissora. O problema do modelo de patrocinador único é ser inerentemente *ad hoc*, com as decisões baseadas na intuição e julgamento de indivíduos diferentes. Também envolve o risco de apoiar projetos pouco importantes. Depois que um patrocinador coloca seu nome em apoio a um projeto, é muito difícil ele concordar em deixá-lo morrer, não importa o que a validação de mercado mostre a respeito de suas perspectivas.

O modelo mais bem-sucedido para patrocinar uma inovação corporativa é a diretoria. No modelo diretoria, um grupo se reúne e delibera conjuntamente para decidir se vai patrocinar várias iniciativas de inovação possíveis – mais ou menos como um grupo de investidores de VC [capital de risco] quando examina discursos de "vendas" de *startups*, ou julgadores de uma *hackathon* escolhendo alguns poucos vencedores dentre dezenas de times. Uma diretoria pode patrocinar vários times de inovação ao mesmo tempo. (O modelo de um único patrocinador, em contraste com isso, costuma ser o de "um executivo apoia um time", o que dificulta muito retirar o apoio.) Diversidade, agilidade e imparcialidade tornam o modelo diretoria inerentemente melhor para lidar com inovação como processo replicável.

As diretorias de inovação corporativa costumam ser chamadas de diretorias de crescimento, termo que Stephen Liguori cunhou na General Electric (GE) em 2014 para descrever um pequeno grupo que supervisiona decisões de financiamento para inovação interna. Eric Ries, que era consultor de Liguori na época, ajudou a popularizar a expressão, adotada por Citibank, Procter & Gamble e outros.[4] A mesma ideia é chamada também de diretoria de iniciativa e de conselho de crescimento. Seja qual for o nome, qualquer diretoria de inovação corporativa tem quatro funções cruciais:

> **Dar sinal verde a iniciativas** - A diretoria escolhe quais iniciativas devem receber sinal verde com um investimento inicial e uma definição de sucesso em torno da qual haja consenso. Esse investimento inicial pode ser uma participação acionária numa *startup* externa ou um financiamento para um time interno começar a validar sua ideia. Ao aprovar times internos, a diretoria deve alocar profissionais e outros recursos, assim como orçamento.

> **Financiamento iterativo** - Financiar iniciativas é totalmente diferente de financiar departamentos ou unidades operacionais; deve ser fornecido de modo iterativo, com base em dados. A segunda tarefa da diretoria é revisar regularmente o progresso de cada time e decidir se é o caso de liberar a parcela seguinte de recursos a essa equipe ou de encerrar o projeto e liberar os membros do time para trabalharem em outras prioridades.

> **Orientação estratégica** - Entre os ciclos de financiamento, a diretoria deve reunir-se regularmente com cada time para rever o progresso de cada iniciativa. Conforme o time vai aprendendo a partir de testes iterativos e avalia os próximos passos para avançar sua inovação, a diretoria deve fornecer orientação estratégica.

> **Ligação e defesa** - A diretoria deve também atuar como ligação entre o time da iniciativa e o resto da organização matriz, fazendo apresentações, conectando o time aos recursos da empresa e removendo obstáculos organizacionais sempre que preciso.

Ter as pessoas certas numa diretoria de crescimento será essencial para o sucesso. Como um líder de negócios comentou comigo: "Você não precisa de um monte de MBAs. Precisa de gente que pense como capitalistas de risco ou como empreendedores". Depois de ter observado diretorias de crescimento de várias empresas, recomendo as características a seguir como importantes para se obter a melhor composição de uma diretoria:

**> Pequena** - Diretorias eficazes são pequenas (não mais de oito pessoas), seguindo, portanto, a regra de duas pizzas que os times bem-sucedidos adotam.

**> Heterodoxa** - Para apoiar inovação, uma diretoria deve ser capaz de desafiar a ortodoxia da empresa, defender uma visão de longo prazo e introduzir ideias procedentes de fora do setor. As melhores diretorias combinam *stakeholders* internos de diferentes divisões ou unidades de negócio, e têm pelo menos um membro que ofereça um ponto de vista externo. Experiência em empreendedorismo ou em capital de risco é um benefício valioso.

**> Capaz** - Times precisam de muita ajuda de sua diretoria, portanto ela deve incluir membros com conhecimento do mercado, com *expertise* em tópicos específicos e com poder dentro da organização. Para que a diretoria seja uma defensora efetiva de seus times, tem que ter real influência dentro da empresa matriz.

**> Engajada** - As diretorias precisam se reunir com frequência para que o feedback e o financiamento possam ser de fato iterativos. O preferível é que seja a cada seis ou oito semanas, e reuniões trimestrais são o mínimo indispensável. Os membros da diretoria devem estar ativamente envolvidos durante e entre as reuniões, seja presencial ou remotamente. Uma regra de ouro para as reuniões é, se você não participou, não pode ter voto.

A antiguidade dos membros da diretoria é importante. Pelo menos alguns membros da diretoria devem ser seniores o suficiente para terem real poder na organização, mas nenhum dos membros deve ser tão sênior que acabe ficando ocupado demais e sem tempo disponível para as reuniões da diretoria. Já vi organizações que tentam designar altos executivos da empresa para sua diretoria de iniciativas, para que supervisionem inovações. Com bastante frequência, esses executivos querem ser os responsáveis por dar o sinal verde a iniciativas, mas simplesmente não têm largura de banda para rastrear e aconselhar o progresso de cada um dos times. Em alguns casos, altos executivos estão afastados demais do mercado para poder julgar o trabalho do time tão bem quanto outros não tão seniores na empresa.

Definir direitos de decisão é crucial para que as diretorias trabalhem de modo eficaz com os times que supervisionam. Podemos encarar os papéis de times e diretorias como análogos aos papéis de *startups* independentes e seus investidores de capital de risco. Cada um dos lados precisa ter sua autoridade definida com muita clareza:

➤ **Direitos de decisão dos times** - O time de inovação, como uma *startup*, tem autonomia, ou seja, controle total de sua iniciativa entre os marcos de financiamento. Embora a diretoria contribua com informações e conselhos, o time preserva direitos de decisão quanto a que clientes procurar, que MVPs desenvolver e que testes realizar.

➤ **Direitos de decisão das diretorias** - A diretoria de inovação, como um investidor de VC, tem total autoridade sobre o financiamento para cada time de seu portfólio. As decisões da diretoria devem ser tomadas em conversas com o time, como parte de um debate aberto e franco, mas as decisões ficam a cargo da diretoria. Outros altos executivos, incluindo o CEO, podem aconselhar e fornecer informações aos capitalistas de risco, mas não podem votar ou passar por cima das decisões de investimento da diretoria.

O modelo de diretoria é superior ao modelo de um único patrocinador por várias razões. O benefício para o time é que uma diretoria oferece múltiplos *coaches* e defensores que podem oferecer ao time visões diferentes, *expertise* técnica e relacionamentos dentro e fora da empresa – mais do que um único patrocinador poderia prover. O benefício para a empresa é que há uma diretoria designada para alocar recursos com base em resultados (isto é, segundo a maneira pela qual uma iniciativa é validada e seu desempenho no mercado) mais do que com base em convicção pessoal ou orgulho – quando a pessoa não se dispõe a admitir que a ideia à qual deu sinal verde não tem condições de ser continuada. Enquanto o modelo de patrocinador único é inerentemente *ad hoc*, pessoal e político, as diretorias oferecem um modelo de patrocínio replicável, racional e estratégico.

# DAR O SINAL VERDE

O primeiro processo crítico em que diretorias e times trabalham juntos é em dar sinal verde, quando iniciativas são aprovadas para sua rodada inaugural de validação. A aprovação de uma iniciativa vem com uma liberação inicial de recursos pela diretoria (que normalmente inclui tempo, dinheiro e pessoas). As melhores práticas de sinal verde são aquelas que minimizam o investimento inicial para cada time e maximizam o número de ideias que são aprovadas para serem testadas.

Quanto a dar o sinal verde, é importante resistir à tentação de tentar escolher as "melhores" ideias entre aquelas apresentadas. Primeiro, você não tem como saber que ideias irão funcionar. Esse conhecimento só pode ser adquirido por meio de validação (portanto, não tente adivinhar!). Em segundo lugar, iniciativas bem-sucedidas costumam emergir de ideias que de início falharam, mas que evoluíram em reação ao teste, ao feedback e ao aprendizado iterativo. Conforme Colella me explicou: "Especialmente em grandes corporações, as pessoas tendem a pensar em termos de lotes de ideias, as boas *versus* as más. Mas... boas ideias muitas vezes estão escondidas dentro de uma má ideia!". Em vez de tentar adivinhar que ideias vão funcionar, recomendo julgar ideias com base na definição de problemas, na adequação estratégica e na mentalidade do time. Quando ouviam a primeira rodada de *pitches* ["argumentações em defesa de ideias"] para o D10X, as diretorias de crescimento do Citibank atentavam para o problema a ser resolvido, se havia alguma proposta ou insight únicos a respeito do problema, e se o time tinha o mix certo de paixão e também uma suposta total ignorância quanto ao sucesso futuro de sua ideia.

Sua meta deve ser financiar na primeira rodada o maior número possível de ideias promissoras (isto é, estratégicas, bem definidas e com o time certo). Algumas empresas usam uma abordagem de portas abertas para dar sinal verde a ideias de funcionários. A famosa política do Google de "20% de tempo" permite que engenheiros usem 20% de seu tempo pago para começar a trabalhar em qualquer ideia que instigue sua curiosidade e para que vejam onde uma primeira exploração consegue levar. Na Adobe, qualquer funcionário com uma ideia de inovação pode solicitar uma "Kickbox", que inclui um cartão de crédito de 1.000 dólares para bancar a primeira rodada de teste da sua ideia. Essa caixa inclui orientação sobre um processo de cinco passos para validar sua ideia antes de decidir apresentá-la à alta gestão. O único requisito é que os funcionários compartilhem os resultados do que aprendem.[5]

A chave para dar sinal verde a várias ideias de inovação é elaborar um processo de validação que seja rápido, barato e eficaz. Isso pode trazer a voz do cliente para testar rapidamente se a iniciativa é focada num problema genuíno (isto é, o estágio 1: validação do problema). No Citibank, as iniciativas geralmente começam com uma oficina de dois ou três dias na qual os funcionários exploram uma declaração estratégica de P/Os e têm a oportunidade de desenvolver suas próprias ideias de uma maneira rápida, iterativa, com clientes reais. Essa abordagem permite ao Citibank testar centenas de ideias de iniciativas dentro de um programa como o D10X. Conforme você aumenta a velocidade e reduz o custo de sua primeira validação, pode ter como testar e perseguir mais e mais possíveis ideias de crescimento.

Iniciativas devem começar com o mínimo de deliberação e o menor investimento possível. Mas esse investimento inicial deve ser totalmente focado em *aprendizado* – gastar não para fazer um produto, mas para testar a hipótese do modelo de negócio. Se esses primeiros testes forem promissores (na maioria das vezes não são), estágios posteriores poderão se seguir. Só após múltiplas rodadas de aprendizado e validação (ou adaptando a estratégia até que comece a validação) é que qualquer investimento significativo deve ser feito.

## FINANCIAMENTO ITERATIVO

O próximo processo crítico para gerir a inovação é o financiamento iterativo, por meio do qual as diretorias alocam recursos às iniciativas de crescimento depois que recebem o sinal verde. O financiamento iterativo é projetado para ser extremamente ágil e reativo à validação do mercado. Para ver como ele funciona em escala numa empresa, você precisa ver o investimento sob o prisma da incerteza, do papel da aprendizagem e do quanto o financiamento iterativo difere do orçamento tradicional.

## ◢ Incerteza, Valor Presente Líquido e Valor de Opção

Toda iniciativa começa com um grau de incerteza – a respeito da demanda do mercado, da maturidade tecnológica, da disposição dos parceiros, da aprovação dos reguladores, e assim por diante. Para dominar o financiamento iterativo, você precisa compreender como essa incerteza molda dois tipos de valor. O *valor presente líquido* é o valor de um retorno financeiro de seu investimento ao longo do tempo. O *valor de opção* é o valor que vem de seu direito de realizar futuras ações. Ambos os tipos de valor são cruciais para investir em inovação (ver o box "Valor de opção explicado").

### VALOR DE OPÇÃO EXPLICADO

Rita McGrath define o valor de opção como "o direito, mas não a obrigação de tomar uma decisão no futuro". Investir em opções estratégicas, ou "opções reais" refere-se a qualquer investimento que garante a oportunidade de tomar uma decisão estratégica mais tarde assim que se saiba mais.

O valor das opções foi observado pela primeira vez em mercados financeiros — quando um investidor pode pagar pelo direito de comprar ou vender um ativo em data futura por um preço estipulado de comum acordo. Esses acordos são extremamente valiosos, mas não no sentido tradicional. Não trazem nenhum retorno direto ao investidor; em vez disso, criam valor ao prover a opção de uma futura compra ou venda caso as condições sejam favoráveis.

Um exemplo mais familiar pode ser visto nas passagens de avião. Muitas empresas aéreas vendem o mesmo assento no mesmo voo por duas tarifas diferentes — com frequência chamadas de econômica *versus* econômica flexível. A única diferença é que a segunda tarifa inclui a opção de cancelar e ter seu dinheiro de volta. A tarifa flexível é mais cara, embora o assento, o serviço de bordo e o limite de bagagem sejam os mesmos. O que você paga a mais é puro valor de opção – a opção, caso você se decida por ela, de não embarcar.

Não surpreende que o preço dessa opção (o *spread* entre as tarifas) seja mais alto quando o voo ainda está a semanas de acontecer. A diferença de preço vai se reduzindo nos dias que precedem o voo, quando o valor da opção (e a probabilidade de que você mude seus planos de embarcar) está em seu nível mais baixo.

Outro exemplo pode ser visto no jogo de pôquer. Cada jogador, depois de receber suas primeiras cartas, é solicitado a fazer sua aposta inicial chamada de "ante". Só se fizerem isso é que recebem as cartas restantes e têm a chance de apostar mais e de levar todo o dinheiro apostado. Esse "ante" inicial é puro valor de opção – você paga pela opção de poder apostar de novo depois, quando tiver sua mão de cartas completa. Só na rodada final de apostas é que há algum valor presente, ou seja, a chance de ganhar dinheiro.

Nos fundos de VC que financiam *startups* no Vale do Silício, essa combinação de valor de opção e valor presente é crucial. Para qualquer VC, um investimento no estágio inicial de uma *startup* é visto principalmente como valor de opção: o VC investe pelo direito de continuar com mais investimento se a *startup* se revelar capaz de ter um modelo de negócio viável. Somente em rodadas posteriores de investimento é que os VCs começam a avaliar seu portfólio de empresas medindo seu valor presente – como a receita da *startup*, a aquisição de clientes e a margem operacional.

\* Rita McGrath lançou muita luz na importância do valor de opção para a inovação sob alta incerteza. Ver Rita Gunther McGrath, "Falling Forward: Real Options Reasoning and Entrepreneurial Failure", *Academy of Management Review*, 24, nº 1 (janeiro de 1999): 13-30. Também, Rita McGrath, "A New Approach to Innovation Investment", *Harvard Business Review*, 25 de março de 2008, https://hbr.org/2008/03/a-new--approach-to-innovation-i.

Algumas inovações começam com baixa incerteza, por exemplo, usando uma solução conhecida para enfrentar um problema existente em seu atual negócio, com bons *benchmarks* e métricas claras para o sucesso. Investimentos com baixa incerteza são melhor julgados em termos de seu valor presente líquido (em geral, o ROI). Essa é a mesma lógica utilizada para investir nas operações cotidianas de negócios. Se um projeto requer investir 50 mil dólares, ele só deveria ser aprovado se render mais valor do que colocar esse mesmo dinheiro em outro lugar da empresa. O orçamento tradicional se baseia totalmente no valor presente e na premissa de resultados financeiros previsíveis.

No entanto, muitas iniciativas nas quais você pode querer investir vão começar sob grande incerteza. Talvez no início tenham um problema pouco definido, com métricas obscuras e sem bons *benchmarks*. Podem exigir relacionamentos com novos parceiros ou o atendimento de novos clientes. Nesses casos, não há como prever os resultados! Para inovações sob alta incerteza, a gestão financeira baseada no valor presente é praticamente impossível. Investir sob incerteza *realmente* faz sentido, mas só como um investimento em valor de opção. Quando uma diretoria de crescimento dá financiamento inicial a um time de inovação, não está investindo em termos de ROI. Investe para aprender enquanto preserva o direito de investir mais se o teste se mostrar promissor no mercado. A meta de seu investimento inicial deve ser validar uma suposição importante (por exemplo, "será que esse é um problema genuíno enfrentado por um cliente real?") e trazer de volta dados para a diretoria o mais rápido possível. Então os membros da diretoria podem decidir se exercitam a opção estratégica de seguir adiante com a iniciativa. Essa oportunidade de empreender uma ação futura é a essência do valor de opção. Para ajudar a visualizar o relacionamento entre incerteza e valor de opção e valor presente, criei um modelo chamado a curva da incerteza na inovação, mostrado na Figura 6.1. O eixo horizontal mostra o nível de incerteza de uma iniciativa de negócios. Dentro da mesma empresa, diferentes inovações começaram com incerteza maior ou menor. Por exemplo, um novo modelo de negócio digital que aplique uma tecnologia não testada num mercado volátil começará bem à esquerda, no ponto de máxima incerteza. Ao contrário, uma inovação que otimize operações para sua empresa atual usando uma tecnologia bem conhecida vai começar bem à direita, com muito menos incerteza.

O eixo vertical na figura mostra o nível de investimento apropriado à iniciativa. A linha curva mostra o relacionamento entre o investimento numa iniciativa e sua incerteza; conforme seguimos a curva da esquerda para a direita, vemos que ela se desvia para cima. Na extrema esquerda,

**FIGURA 6.1** A curva da incerteza da inovação

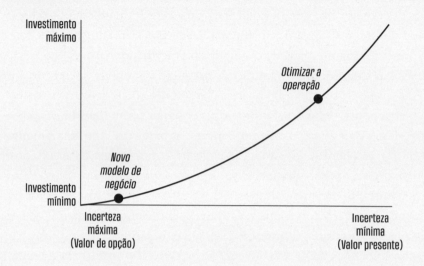

quando a incerteza de uma iniciativa está no máximo, a empresa investe puramente em valor de opção. Nesse caso, o tamanho do investimento deve ser bem pequeno. Na extrema direita, quando a incerteza da iniciativa está no mínimo, a empresa investe totalmente em valor presente. O tamanho do investimento, então, pode ser bem grande.

## ◢ Como a aprendizagem molda o financiamento

A questão fundamental da validação é que a incerteza não é fixa, pois a experimentação reduz a incerteza por meio da aprendizagem. A Figura 6.2 mostra que uma inovação inédita irá tipicamente começar como uma "grande ideia" com alta incerteza (pense na sessão de *brainstorming* em que o Fire Phone da Amazon foi concebido). O papel da validação é reduzir essa incerteza com experimentos iterativos – coisas como entrevistas com clientes, *wireframes* mostrados a clientes e protótipos ou MVPs iterativos. Cada um desses testes, se bem idealizado, fornecerá novos insights que validem ou invalidem aspectos cruciais da inovação planejada. Na parte de baixo da Figura 6.2, vemos a seta de *aprendizagem* apontada para a direita. Somente com aprendizagem validada é que um negócio passa de uma iniciativa de alta incerteza para uma de baixa.

**FIGURA 6.2** Curva da aprendizagem e da incerteza da inovação

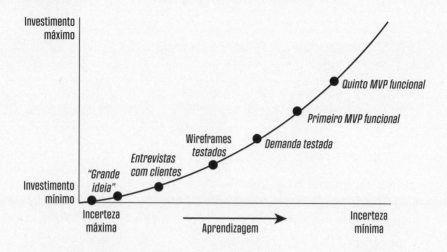

Examine agora a curva de incerteza da Figura 6.3, começando pelo lado esquerdo da figura. Uma *startup* em sua primeira rodada de financiamento vai pedir aos investidores de VC apenas um pequeno investimento inicial, porque o negócio é muito incerto e quaisquer fundos entregues envolvem o máximo risco. Da mesma forma, times corporativos trabalhando em iniciativas incertas devem receber apenas um orçamento operacional bem pequeno, prazo limitado e efetivo [*headcount*] limitado em sua primeira rodada. O D10X do Citibank oferece apenas 2 mil dólares para gastar na validação inicial. Se o time investe esses recursos com eficácia na aprendizagem, reduz a incerteza da iniciativa – movendo-se para a direita na Figura 6.3. O valor da iniciativa vai passar do puro valor de opção para mais valor presente, e o tamanho de cada rodada de financiamento deve seguir a curva ascendente. É por isso que cada rodada para levantar fundos de VC para uma *startup* bem-sucedida aumenta dramaticamente de porte. À medida que o modelo de negócio da *startup* é validado, o risco de fracasso diminui, e o porte do investimento cresce exponencialmente.

Muitos gestores corporativos me contam o quanto precisam batalhar para obter aprovação de orçamentos para inovação. Meu conselho é sempre tentar pedir menos dinheiro. E então usar o que você conseguir em experimentos iniciais para validar se há uma oportunidade lucrativa.

Passo 4: Como gerir crescimento em escala     251

Se a validação se revela positiva, você estará então em posição de pedir o orçamento que queria originalmente.

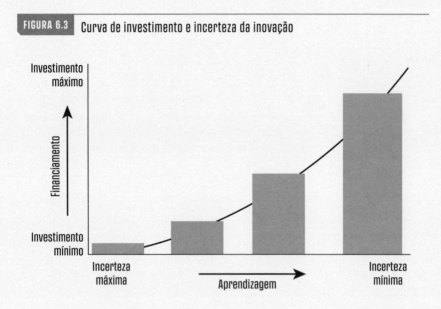

FIGURA 6.3 Curva de investimento e incerteza da inovação

A curva de incerteza da inovação captura dois últimos insights a respeito de como gerir a inovação:

**❶ Para iniciativas de alta incerteza, os marcos devem ser atribuídos não a prazos, mas a validações** - Note que nunca aparecem prazos na curva de incerteza da inovação. Na abordagem tradicional de gestão, orientada por planejamento, os prazos são dominantes. O tempo aparece no eixo horizontal em todo gráfico de Gantt e nas ferramentas de gestão de projeto. Mas, ao gerir sob incerteza, é crucial ter uma mentalidade de abrir mão de marcos arbitrários de tempo e gerir de acordo com marcos de validação.

**❷ Em tempos de rápida mudança e incerteza, a rapidez de aprendizagem é a grande vantagem competitiva da organização** - Ao dominar o processo de experimentação, sua empresa será capaz de validar, testar e aprender mais rápido. Ao aprender mais rápido que a concorrência, você pode seguir a mesma estratégia com menos incerteza. Assim, pode investir recursos mais cedo, com menos risco e com maiores chances de sucesso. Na era digital, quem aprende mais rápido sempre vence.

## Financiamento iterativo na prática

A prática do financiamento iterativo para iniciativas de crescimento baseia-se na abordagem do VC para financiar *startups*. Colella explica como isso funciona no Citibank: "Assim como num VC, [nossos] funcionários testam suas ideias, validam os mercados e, se obtiverem resultados positivos, voltam à diretoria de crescimento e fazem novo pedido de fundos adicionais".[6] Esse processo iterativo é bem diferente do tradicional orçamento BAU das grandes empresas, como mostrado no Quadro 6.3.

**QUADRO 6.3** Financiamento BAU *versus* financiamento iterativo

| Financiamento BAU | Financiamento iteraivo de iniciativas |
| --- | --- |
| Início lento, extenso | Início rápido, curto |
| Ciclos longos de orçamento | Ciclos curtos de financiamento |
| Decisão baseada em opinião de executivo | Decisão baseada em validação |
| Crescimento incremental | Crescimento exponencial |

Vamos dar uma rápida olhada em cada uma das principais diferenças entre o financiamento BAU e o processo de financiamento iterativo:

> **Início lento, extenso *versus* início rápido, curto -** No orçamento corporativo tradicional, um novo projeto recebe uma grande verba inicial (para indicar que há comprometimento com o projeto), mas só depois de uma longa análise do *business case* – na tentativa (equivocada) de avaliar as chances de uma iniciativa incerta a partir de dados e modelos de terceiros. Com o financiamento iterativo, a abordagem é o oposto. Dá às iniciativas uma verba inicial baseada numa rápida avaliação que questiona apenas se a oportunidade está bem definida e é estrategicamente relevante para a empresa.

Passo 4: Como gerir crescimento em escala

**➤ Ciclos longos de orçamento *versus* ciclos curtos de financiamento -** A diferença seguinte é a frequência. No orçamento corporativo tradicional, projetos e departamentos são financiados anualmente por meio de um complexo processo que leva meses. Uma iniciativa promissora pode acabar *tendo* que aguardar mais de um ano para obter recursos para um teste de quatro semanas. O financiamento iterativo de iniciativas é realizado em ciclos curtos de um a três meses, concedendo a um time de trinta a noventa dias de recursos antes que ele volte e solicite apoio adicional.

**➤ Decisão baseada em opinião de executivo *versus* decisão baseada em validação -** A terceira diferença diz respeito a como as decisões de financiamento são tomadas. No orçamento tradicional, as decisões são baseadas em opiniões de altos executivos – que podem ser influenciadas por convicções pessoais (projetos favoritos) ou pela habilidade de persuasão de membros do time. Ao contrário, na decisão baseada em validação cada rodada de financiamento deve ser decidida inteiramente com base nos dados da validação da iniciativa. Como vimos no Capítulo 5, as métricas-chave mudam à medida que a validação progride. Portanto, a cada rodada de financiamento a diretoria tem que entrar em acordo com o time a respeito dos dados que eles precisam trazer em sua próxima revisão. O Navegador de Crescimento de Rogers pode ser usado para guiar a discussão do que foi testado e aprendido, e do que o time precisa validar a seguir para que a diretoria continue financiando.

**➤ Crescimento incremental *versus* crescimento exponencial -** A taxa de mudança no financiamento é muito diferente nos dois processos. Na maioria das organizações, o orçamento padrão no ciclo seguinte mostra uma mudança incremental em relação ao orçamento anterior (por exemplo, "o do ano passado mais 3%"). No financiamento iterativo, se a validação é bem-sucedida e a iniciativa prossegue, o tamanho de cada rodada de investimento deve crescer de modo exponencial. Os recursos humanos também podem aumentar – tanto pelo acréscimo de mais pessoas como fazendo os funcionários passarem de meio expediente a período integral de dedicação ao projeto.

Todo processo de financiamento iterativo requer boa dose de flexibilidade. As diretorias devem estar prontas a aumentar o investimento rapidamente nas iniciativas que se mostrem promissoras no mercado. Se o teste que um time realiza é muito positivo, o time pode solicitar reunir-se com a diretoria mais cedo para a sua revisão seguinte de financiamento, a fim de acelerar o ritmo. Para ser flexível, uma diretoria precisará de um conjunto de recursos financiado antecipadamente (por exemplo, para um ano). A diretoria pode então alocar esses recursos criteriosamente por todo o portfólio de projetos. Dentro desse portfólio, apenas inovações similares devem competir para obter fundos, por exemplo, só inovações de alto risco dentro de uma determinada unidade de negócio, ou apenas inovações fora do *core business*. (Veremos exemplos desse tipo de recursos mais adiante neste capítulo.) Financie primeiro o portfólio, depois as iniciativas.

A certa altura, conforme a iniciativa escala, o tipo de orçamento com que ela é bancada pode ter que mudar, e também o responsável por tomar a decisão de financiar. Em setores com produtos físicos complexos, um aumento acentuado no orçamento ocorre tipicamente quando um time passa de testar com MVPs ilustrativos para MVPs funcionais, que são bem mais caros. Na Air Liquide, isso acontece toda vez que um time passa de elaborar *wireframes* a elaborar um produto industrial operante com dados vivos. "Não precisa ser um monte de dinheiro. Algo na faixa de uns 100 mil dólares, significativo o suficiente para fazer diferença", explica Olivier Delabroy, vice-presidente de marketing da Airgas, uma empresa da Air Liquide. Na Air Liquide, a fonte de fundos muda então de um orçamento operacional supervisionado pelo CDO a um orçamento de capital desembolsado pela diretoria de inovação.

Qualquer grande iniciativa corporativa bem-sucedida acabará alcançando o nível de ser bancada pela diretoria de inovação. Se uma iniciativa que vem dando certo precisa de uma injeção de 100 milhões de dólares depois de uns dois anos, a fim de alcançar seu nível seguinte, isso provavelmente irá para o conselho executivo da empresa para ser aprovado. Do mesmo modo, altos líderes devem ponderar qualquer decisão de expandir de uma participação minoritária numa *startup* a adquiri-la de vez.

Passo 4: Como gerir crescimento em escala

# ENCERRAMENTOS INTELIGENTES

Obviamente, nem toda revisão termina com uma decisão de continuar financiando. Um dos problemas clássicos que atormentam a inovação corporativa é que as empresas aprendem como iniciar novos projetos, mas não como encerrá-los. Para que a inovação renda resultados, as empresas devem estar prontas a desistir de projetos que se mostrem malsucedidos ou que não tenham suficiente alinhamento com a estratégia. Como me revelou Stephen Dunbar-Johnson, presidente internacional da The New York Times Company: "Começar novas coisas é fácil. O duro na verdade é encerrá-las!".

Encerrar iniciativas de maneira inteligente – ou seja, de modo sistemático e regular – é uma tarefa crucial para as diretorias de crescimento. Toda vez que uma diretoria se reúne para uma revisão iterativa de financiamento, a questão deve ser: continuamos a financiar essa iniciativa ou devemos encerrá-la? Qualquer que seja a decisão, deve ser tomada a partir de dados. O Quadro 6.4 mostra resultados comuns de testes em cada estágio de validação que indicam sérios problemas para uma iniciativa. Qualquer um dos resultados listados na tabela é uma clara indicação de que é preciso ou pivotar (fundamentalmente, mudar de curso), ou encerrar um projeto de inovação e liberar seus recursos.

---

**QUADRO 6.4** Sinais para encerrar uma iniciativa em cada estágio de validação

| Estágio de validação | Sinais comuns para pivotar ou encerrar |
|---|---|
| 1. Validação do problema | • **Não há problema** - Você não identifica o problema do cliente que está tentando resolver (isto é, tem uma solução em busca de um problema). <br> • **Baixa prioridade** - Os clientes admitem que há um problema, mas ele não está na lista de suas cinco altas prioridades. <br> • **Problema resolvido** - Os clientes estão satisfeitos com as alternativas existentes para lidar com o problema. |

| Estágio de validação | Sinais comuns para pivotar ou encerrar |
|---|---|
| 2. Validação da solução | • **Não há demanda urgente** - Você recebe um elogio educado por sua solução ("parece muito boa") mas ninguém quer usar ou comprar.<br>• **Nenhum recurso excelente** - Nenhum dos benefícios que você oferece é suficiente para motivar o cliente a mudar de comportamento.<br>• **Sem vantagem competitiva** - Os clientes não veem razão para escolher sua solução em vez das existentes. |
| 3. Validação do produto | • **Baixo uso** - Os clientes não usam sua solução quando é oferecida ou param de usá-la após um teste inicial.<br>• **Difícil demais** - Você não tem um caminho claro para entregar uma solução que os clientes decidam usar (por exemplo, a tecnologia não está madura, regulações colocam obstáculos ou você não tem uma PI essencial).<br>• **Fácil demais** - Sua solução funciona, mas concorrentes podem facilmente entregar a mesma coisa tão bem ou melhor que você. |
| 4. Validação do negócio | • **Não captura valor** - Os clientes gostam da sua oferta, mas não vão pagar por ela, e você não encontra outra fonte de valor para sua empresa.<br>• **Sem caminho para lucro** - Você está capturando valor, mas os custos são altos demais e não vão baixar o suficiente para equilibrar quando você escalar.<br>• **Recompensa muito pequena** - O potencial máximo não é suficiente para justificar a continuidade. |

## ◢ Superando os obstáculos ao encerramento

Em empresas de legado, o maior obstáculo a encerrar projetos de inovação costuma ser cultural. Com frequência há uma aversão a admitir o fracasso e um sentimento irracional de que qualquer tipo de fracasso envolve risco demais. Como Colella do Citibank expressa: "A maioria das pessoas em grandes empresas associa o fracasso a algo que tem consequências econômicas ou más consequências para os clientes ou que de algum modo compromete a segurança e a saúde do sistema". Mas o fracasso em testar novas ideias, se adequadamente gerido, não é risco nenhum – e é bem menos arriscado do que não buscar a inovação. Segundo Colella: "Se estamos testando uma ideia ou um protótipo e um cliente nos diz que isso não resolve um problema que ele tem, e que portanto não vai comprá-lo... não perdemos nada a não ser o tempo e o esforço que colocamos nessa ideia".[7]

Em contraste com isso, há custos muito *reais* para a empresa se seus times não encerram iniciativas de maneira rápida e inteligente. Sem essa disciplina, sua inovação ficará sem foco, seus recursos ficarão muito dispersos e ineficientes, e você não terá largura de banda para novos experimentos. Vai ficar empacado em "projetos zumbi" – iniciativas sem sucesso que não são encerradas e continuam gastando recursos. Como descreveu um executivo do grupo de mídia Axel Springer: "Você fica com milhões de pequenos projetos em andamento e limitando sua capacidade de testar novas coisas... Você precisa dessas pessoas, desse dinheiro, para gastar em outros projetos".[8] Na Johnson & Johnson, toda uma nova série de inovações é financiada após uma avaliação do portfólio existente e o encerramento de projetos que não estavam mais alinhados com a estratégia atualizada da empresa.[9]

Encerrar projetos só ficará mais fácil se você fizer disso uma decisão rotineira. Diretorias de inovação com um calendário regular de revisões de financiamento fazem imensa diferença. Na divisão de petróleo e gás da GE, os projetos raramente eram encerrados antes da criação de sua diretoria de inovação. Assim que a diretoria assumiu, ela prontamente fechou 20% dos projetos existentes em seu primeiro ciclo de noventa dias. À medida que diretoria e times ficaram focados em se alinhar à estratégia, isso subiu para 50% de iniciativas sendo encerradas em sessenta dias.[10] Na gigante de mídia Schibsted, a meta é "jogar alguma coisa fora" sempre que você estiver "pondo algo novo dentro" do *pipeline* de desenvolvimento. Quando um projeto aparece para a revisão, defina um critério alto para si mesmo e pergunte: "por que *não deveríamos* encerrar essa iniciativa?".

As cinco práticas a seguir são essenciais para conseguir encerramentos inteligentes em qualquer organização:

**1 Planeje um pipeline com taxas de sobrevivência** - Muitos programas de inovação corporativa descobrem que uma taxa de sobrevivência baixa, da ordem de 50%, ou mesmo 30%, é típica de sua primeira revisão de financiamento – após a ideia brilhante ter contato com clientes reais. Nas rodadas seguintes, as taxas de sobrevivência costumam aumentar. Compreender suas taxas de sobrevivência nos diversos estágios de validação permite que você planeje um *pipeline* para o futuro. Por exemplo, se há a expectativa de que a diretoria de crescimento ajude a lançar três ou quatro iniciativas no mercado em um ano, ela precisa plantar suficientes sementes no início para ter altas chances de sucesso. Um executivo do *Washington Post* descreveu essa mudança no pensamento ocorrida depois que o jornal foi comprado por Jeff Bezos: "Antes do Jeff éramos muito cautelosos... Procurávamos fazer o lance mais seguro porque desenvolvíamos talvez um grande novo produto por ano, e ele precisava dar certo. Agora vamos fazer uma tonelada de produtos e a maioria não terá sucesso, mas vamos descobrir muitas maneiras de não fazer as coisas... portanto, é criar um viés para o risco".[11] A Figura 6.4 ilustra essa abordagem, mostrando um plano de *pipeline* para um *hackathon* típico, com taxas de sobrevivência para cada marco. Um plano de *pipeline* poderia também mostrar marcos de validação: validação do problema, validação da solução, validação do produto e validação do negócio.

**2 Use seu *backlog* para realocar rápido** - Cada diretoria de inovação deve manter o próprio *backlog* de iniciativas, uma lista hierarquizada de ideias de iniciativas já aprovadas, mas ainda não iniciadas. Usar esse *backlog* em seu processo de revisão vai facilitar os encerramentos. A questão de encerrar não é apenas eliminar uma ideia falha, mas liberar o time e seus recursos para trabalhar numa ideia mais promissora do *backlog*. Ao fechar um projeto, realoque rapidamente os membros para a melhor ideia seguinte. Em muitos casos, seu próximo passo talvez seja reorientar esse mesmo time para uma solução diferente do mesmo problema.

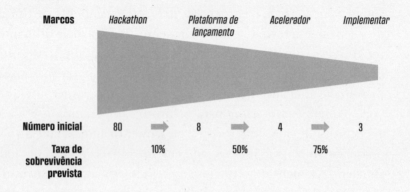

**FIGURA 6.4** *Pipeline* de amostra para um programa de *hackathon* de inovação

③ **Extraia valor dos encerramentos** - Quando for encerrar um projeto, procure extrair o máximo possível de valor – valor financeiro, valor de opção ou aprendizagem estratégica. Em alguns casos, uma empresa pode vender a iniciativa a investidores ou a outro negócio. Quando o serviço de *streaming* de vídeo Vudu, da Walmart, deixou de ter forte adequação estratégica, a Walmart o desmembrou e o vendeu à gigante de mídia Comcast. Às vezes uma iniciativa é fechada porque, mesmo sendo promissora ainda não é escalável. Ao encolher seu investimento, você pode manter a iniciativa como uma barreira contra futuras opções. Após o fracasso do Google Glass como produto ao consumidor, a empresa não o desligou de vez. Em vez disso, a Google encolheu a iniciativa para um recurso apenas para empresas (focado em aplicações no chão de fábrica), e continuou discretamente desenvolvendo tecnologia de realidade aumentada.[12] Às vezes um encerramento completo faz sentido, e o principal valor a ser extraído é o aprendizado obtido com a experimentação. Quando a Amazon encerrou seus malsucedidos serviços Amazon Auctions e zShops, aplicou as lições aprendidas no lançamento seguinte, o Amazon Marketplace, com grande sucesso.

④ **Compartilhe o aprendizado amplamente** - Compartilhar o que você aprendeu com encerramentos é um dos princípios centrais do fracasso inteligente, mas é o mais difícil de seguir. A maioria das empresas prefere não olhar mais para os projetos que não funcionaram. Como explica o relatório da New York Times Company de 2014: "Quando chegamos a encerrar projetos, as decisões são tomadas com discrição e raramente discutidas, a fim de proteger a reputação das pessoas que os conduziram. Como resultado, as lições são esquecidas, e aqueles que estiveram envolvidos criam maior aversão a riscos".[13] Superar essa relutância foi essencial no *New York Times*: as lições aprendidas da sua iniciativa fracassada Times Select preparou o caminho para a reviravolta do modelo de negócio do jornal. Compartilhar o aprendizado de iniciativas fracassadas é ainda mais importante conforme as organizações ficam maiores e mais descentralizadas. A afiliada alemã da Fédération Internationale de l'Automobile (FIA) conduziu um laboratório de inovação no qual oito dos dez projetos foram cancelados num único ano. Seu maior ganho? Compartilhar esses resultados com outras afiliadas da FIA ao redor do mundo que estavam enfrentando os mesmos desafios em seus mercados.

**5 Distinguir pessoas de projetos** - Essa é uma última peça crucial na construção de uma cultura que aceite e aprenda com o fracasso. Um processo de revisão robusto deixa os times responsabilizáveis por seus resultados. Mas você deve ter cuidado para não associar um projeto que não deu certo ao mérito dos indivíduos que trabalharam nele. Esses mesmos membros do time poderiam alcançar tremendo sucesso para você no próximo projeto deles. Susan Wojcicki, da Google, ajudou a lançar dois projetos de inovação, com um ano de diferença entre um e outro: o Google Answers e o AdSense. Ambos enfrentaram riscos significativos. O primeiro foi encerrado como um fracasso, mas forneceu lições que foram aplicadas em produtos posteriores da Google. O segundo virou um dos produtos mais lucrativos da Google de todos os tempos.[14] Não deixe de incentivar seus inovadores para que continuem trabalhando na ideia seguinte deles!

Para gerir seu *pipeline* de iniciativas, você vai querer rastrear a *taxa* de fracasso em diferentes estágios. Mas para melhorar os resultados, você precisa focar em medir a *qualidade* de seus fracassos. Seis meses após cada encerramento, faça uma revisão aplicando o teste de quatro partes para o fracasso inteligente: você falhou o mais cedo e o mais barato possível? Aprendeu com o fracasso? Aplicou o aprendizado à estratégia? Compartilhou o aprendizado com outras pessoas? Os esforços de inovação mais bem conduzidos rastreiam e avaliam os fracassos em relação a esses critérios, e reconhecem (e até recompensam) os melhores fracassos para mostrar a todos como um fracasso pode ser bem realizado.

Se os seus encerramentos estiverem funcionando bem, você começará a ter voluntários. Quando os times estão verdadeiramente focados em aprendizado por meio de validação, muitas vezes sugerem o próprio encerramento à diretoria, reportando: "Eis o que aprendemos e por que recomendamos o encerramento agora". Foi o que aconteceu na GE Oil & Gas depois que o processo da diretoria de inovação foi estabelecido. Da mesma forma, no Citibank, funcionários informaram à sua diretoria de D10X: "É com o coração apertado, mas com forte consciência, que recomendo que vocês encerrem meu projeto, porque o que aprendemos ao sair do prédio e trabalhar com nossos clientes foi que... eles na verdade não precisam disso".[15] Esses mesmos funcionários voltarão logo à sua diretoria com outra ideia de iniciativa. Que pode ser seu próximo grande achado pioneiro.

## TRÊS CAMINHOS PARA CRESCER

Muitos líderes só se sentem confortáveis com inovações que tenham baixa incerteza e estejam bem alinhadas ao seu *core business*. Mas um foco estreito como esse será obstáculo a muitas das maiores oportunidades de crescimento da era digital. Para ter sucesso na DX, qualquer negócio deve ser capaz de gerir inovações com vários graus de incerteza e com várias distâncias do *core business*. Isso significa superar os desafios da incerteza e da proximidade, que examinamos no Capítulo 2. Juntos, esses dois desafios apontam a diferentes caminhos de crescimento – cada um com suas ricas oportunidades e seus próprios desafios de gestão (ver Figura 6.5).

### ◢ Três caminhos definidos

Vamos examinar mais de perto cada um desses três caminhos de crescimento para assegurar que podemos adaptar nossa governança a apoiar iniciativas que escalem em cada um deles. A Figura 6.6 traz um resumo disso.

**FIGURA 6.5** Incerteza, proximidade e os três caminhos de crescimento *(Nota:* Não há um quarto quadrante para "Distante do *core*" mais "baixa incerteza", porque qualquer inovação distante do *core* irá envolver grande incerteza para a sua organização, se decidir executá-la.)

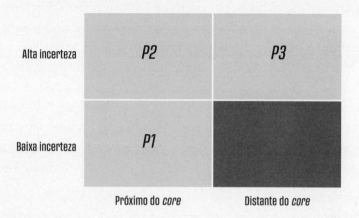

**FIGURA 6.6** Os três caminhos para o crescimento

- Dentro do core business
- Incerteza baixa o suficiente para que o core business possa gerir

- Dentro do core business
- Incerteza alta demais para que o core business possa gerir

- Fora do core business
- Incerteza alta (para sua organização)

## Iniciativas do Caminho 1

As iniciativas do Caminho 1 (C1) são inovações dentro do seu *core business* – isto é, elas melhoram ou resolvem um problema para uma unidade de negócio ou divisão existente. Além disso, iniciativas C1 têm incerteza suficientemente baixa para poderem ser bem geridas dentro das unidades de negócio e funções existentes (por exemplo, marketing, RH, financeiro).

As inovações C1 tendem a lidar com um problema conhecido, têm uma métrica em torno da qual é fácil haver consenso para julgar o desempenho, e dependem de soluções técnicas estabelecidas. São claramente factíveis com as aptidões e ferramentas de sua própria organização ou seus parceiros. Além disso, essas inovações diretas podem trazer bastante valor tangível ao seu negócio, mesmo que estejam resolvendo apenas pequenos problemas ou ajudando a acertar o passo com seus concorrentes.

Embora as iniciativas C1 não constituam o tipo de inovações exponenciais ou disruptivas que despertam admiração no Vale do Silício, são parte essencial do crescimento saudável de qualquer negócio maduro. E, sim, isso inclui gigantes digitais como Google, Amazon e Alibaba.

### Iniciativas do Caminho 2

As iniciativas do Caminho 2 (C2) são também inovações para o seu *core business*, mas envolvem incerteza demais para poderem ser tratadas de modo eficaz apenas por suas unidades de negócio. Inovações C2 podem envolver mudanças na experiência do cliente, na proposta de valor ou no modelo de entrega de seu atual negócio. Com frequência não fica claro o que você deve construir exatamente, ou se os clientes irão adotá-lo, ou como isso irá gerar retorno financeiro, ou mesmo se sua organização é capaz de entregá-lo.

Iniciativas C2 são cruciais para o crescimento continuado de qualquer negócio estabelecido num ambiente em rápida mudança. Cada iniciativa C2 lida com um problema ou oportunidade diretamente relacionado com o *core business*. Mas cada iniciativa requer uma validação incessante, elaborar protótipos e fazer descobertas antes que produza uma solução que os clientes adotem e que seu negócio consiga entregar de modo lucrativo.

### Iniciativas do Caminho 3

Iniciativas do Caminho 3 (C3) são oportunidades de inovação que não se encaixam no atual *core business* da sua empresa. Em geral atendem novos clientes, usam um novo modelo de receita ou têm uma estrutura de custos diferente da do seu negócio.

Iniciativas C3 podem competir com o *core*, ameaçando-o diretamente com substituição ou canibalização. Ou podem abrir oportunidades num setor totalmente novo, atendendo a clientes diferentes. Iniciativas C3 geram grande incerteza e dificuldade para a gestão justamente porque não se encaixam nas suas operações normais. No entanto, a inovação C3 não pode ser ignorada. Toda empresa verdadeiramente bem-sucedida na era digital perseguiu iniciativas C3 ao procurar ir além das definições estreitas de seus produtos, de sua base de clientes ou do seu setor.

Relembre o caso Amazon Web Services (AWS), uma inovação C3 clássica. Quando o AWS começou, a Amazon era um negócio de varejo puro. O novo serviço B2B de computação na nuvem era um modelo de negócio radicalmente diferente, com tipo de cliente, modelo de receita e processo de vendas totalmente diferentes. A seu tempo, o AWS cresceu e se tornou a maior fonte de lucros da empresa.

O Quadro 6.5 fornece exemplos de iniciativas de cada um desses três caminhos de crescimento em diferentes setores.

## ◢ Desafios de cada caminho

Como vimos, todos os três caminhos têm potencial de gerar crescimento para qualquer negócio. Ao mesmo tempo, cada caminho enfrenta desafios únicos para uma gestão e governança eficazes.

**QUADRO 6.5** Exemplos de iniciativas C1, C2 e C3 em diferentes setores

| Setor | Iniciativa C1:<br>No *core business*, com baixa incerteza | Iniciativa C2:<br>No *core business*, com alta incerteza | Iniciativa C3:<br>Fora do *core business*, com alta incerteza |
|---|---|---|---|
| Jornal | Usa software de otimização de rotas de caminhão para cortar custos de entrega de jornais impressos. | Personaliza notificações e recomendações ao usuário por *app* de celular.<br><br>Ensina editores a elaborar artigos com dados e elementos interativos para engajar leitores em tópicos complexos. | Oferece assinaturas autônomas sem notícias (como palavras cruzadas ou *apps* de culinária).<br><br>Oferece séries semanais de notícias licenciadas a rádios ou *streaming* de vídeo.<br><br>Oferece cursos pagos on-line ou eventos ao vivo. |

Passo 4: Como gerir crescimento em escala

| Setor | Iniciativa C1: No *core business*, com baixa incerteza | Iniciativa C2: No *core business*, com alta incerteza | Iniciativa C3: Fora do *core business*, com alta incerteza |
|---|---|---|---|
| Banco no varejo | Usa novos dados para prever rotatividade de clientes e otimizar promoções para manter lealdade do cliente. | Cria uma experiência do cliente *omnichannel* que liga filiais, caixa automático, site e *app* de celular. | Cria *app* só para celular que visa uma nova geração de clientes com uma proposta de valor de gerir e compartilhar seus dados, metas e dinheiro. |
| Empresa de seguros | Usa novas fontes de dados em modelos de assinatura para prever risco. | Cria *app* de celular para postar e rastrear reclamações. Cria comunidades on-line para donos de pequenas empresas. | Oferece seguro direto ao detentor de apólice vendido sem intermediação de agente independente. |
| Marca de moda | Muda o mix de anúncios pagos para incluir mais plataformas digitais. Acrescenta ferramentas 3D para expor produtos em sites. | Promove distribuição de comércio eletrônico com parceiros de varejo atuais e novos. Faz parceria com Apple ou Android OS para design e promoção de marca de um *smartwatch* de luxo. | Lança uma nova marca vendida apenas direto ao consumidor por *app*. Lança um serviço de assinatura de presentes [*giftbox service*]. |
| Setor automobilístico | Usa IA em fábricas para detectar falhas de fabricação mais rápido e com menor custo. | Incorpora novas medidas de segurança preditiva para motoristas (rastreamento digital de olho etc.). Conecta dados do carro ao *app* do dono para rastrear suas pegadas de carbono. | Cria rede urbana de compartilhamento de caronas para carros, motos e bicicletas. |

| Setor | Iniciativa C1: No *core business*, com baixa incerteza | Iniciativa C2: No *core business*, com alta incerteza | Iniciativa C3: Fora do *core business*, com alta incerteza |
|---|---|---|---|
| Varejista física | Usa análise preditiva para selecionar novas localizações de lojas. Usa robôs para escanear prateleiras de lojas e registrar estoque. | Oferece pré--encomendas on-line para retirar na loja. Cria experiência de *app* de celular para recompensas por lealdade e pagamento na loja. | Cria um mercado on-line que junta marcas de produtos, curadores e provedores de serviços. |
| Telecomunicações | Usa IA para segmentar mercado e fazer o *target* de clientes com a oferta certa no momento certo. | Fornece ferramentas de cibersegurança para pequenas empresas clientes que já usam banda larga e pacotes de telefonia. | Oferece uma IoT doméstica e serviço de dispositivo usável para monitorar pais idosos de clientes em casa. Fornece plataforma de pagamento por celular para consumidores quer eles usem ou não nossos serviços de telefone. |

## Desafios C1

A inovação C1 é de certo modo o caminho mais fácil, porque não enfrenta os desafios da incerteza e da proximidade. Mas há duas armadilhas comuns na gestão da C1. A primeira é perseguir *apenas* C1 – inovação alinhada ao seu *core business*, e com baixa incerteza. Embora essa abordagem pareça confortável e de baixo risco, ela bloqueia muitas das maiores oportunidades de crescimento para sua empresa.

O outro erro vai no sentido oposto: negligenciar a inovação C1 e focar exclusivamente em inovações do tipo grandes ideias. Uma empresa deve manter um fluxo estável de inovações C1 em seu *pipeline* digital – inovações incrementais guiadas pela estratégia e que trazem retornos para o resultado final. Cuidado com aqueles que querem tirar a inovação das mãos das unidades de negócio. Eles podem argumentar com uma teoria *skunkworks*\* de que negócios maduros são incapazes de inovação e que isso deve ser deixado para times separados de iconoclastas que se movem com agilidade. Isso está totalmente errado. Como o diretor de um laboratório de inovação de uma empresa global de serviços financeiros me contou: "Não somos os donos da inovação. Temos ativos de inovação que levamos ao restante da organização. Mas, se quisermos ser uma empresa inovadora, não podemos achar que há um lugar chamado Laboratório que é o dono da inovação".

## Desafios C2

O C2 é inerentemente mais difícil porque envolve maior incerteza. Muitas empresas tentam buscar iniciativas C2 dentro de suas unidades de negócio essenciais, mas essas unidades com frequência não têm as aptidões necessárias para a experimentação iterativa. Como resultado, elas vão fazer suposições demais, chegar a alguma solução "óbvia" para cada problema e então correr para construí-la.

Outras empresas tentam tirar a inovação C2 das mãos do *core business* para que possa ser gerida por especialistas em inovação. Nessas empresas, o *core business* é incentivado a entregar uma lista de projetos para um time de inovação digital desenvolver soluções inteiramente por sua conta, antes de passá-las ao negócio. Essa abordagem "construa e então jogue por cima do muro" quase sempre leva inevitavelmente a uma decepção. Mesmo que o time de fora descubra uma grande solução, ela terá árduo caminho pela frente para ser aceita e implementada pelo *core business* que pretende atender. O resultado é uma espécie de rejeição de órgão que termina em fracasso.

Outros desafios de governança para a inovação C2 estão relacionados ao financiamento. O *core business* quase sempre carece de um processo para orçamento iterativo, que é essencial para inovar sob incerteza. Além disso, se o *core* é solicitado a pagar pelas iniciativas

---

\* O termo *skunkworks* refere-se a projetos de pequenas equipes com foco em inovação radical e ao espírito de ruptura que predomina nelas. (N. T.)

C2, ele irá subinvestir nelas – justamente porque são arriscadas e têm pouca probabilidade de render frutos no curto prazo (quando o *core* tem a responsabilidade de apresentar resultados trimestrais). Mas se o *core* não é solicitado a pagar nada por uma iniciativa C2, ele não terá "apostado no jogo" de uma inovação que é destinada a funcionar em sua própria unidade de negócio. Isso condena a iniciativa a ter um patrocínio fraco e pouca adesão mais tarde.

### Desafios C3

O primeiro desafio enfrentado pelas iniciativas C3 é que elas não se encaixam em nenhum lugar dentro da estrutura organizacional existente. Sem nenhum domicílio lógico em nenhuma das unidades de negócio existentes, elas carecem de um centro de poder. Como resultado, essas inovações terão dificuldades para atrair patrocínio e apoio. Se a organização é focada exclusivamente nos atuais clientes e nas métricas de seu atual negócio, uma oportunidade C3 que se dirija a um mercado diferente será totalmente ignorada ou negligenciada.

Se a liderança da empresa central decide patrocinar a iniciativa C3, muitas vezes esta será menosprezada como uma dispersão do trabalho real da empresa. Ficou famoso o episódio dos investidores que brigaram com Jeff Bezos para que ele desistisse de seu projeto AWS e voltasse a focar em seu negócio de varejo. Uma capa da *BusinessWeek* em 2006 declarou: "Bezos quer administrar sua empresa com sua tecnologia Web. Wall Street desejaria que ele simplesmente cuidasse da loja".[16]

Além disso, iniciativas C3 costumam fomentar ressentimento ou retaliação na organização. Aqueles que dão duro no *core business* se queixam da atenção dada a essas novas ideias, sem comprovação: "Ei! Somos nós que ganhamos o dinheiro que banca os experimentos de vocês!". Em outros casos, uma iniciativa C3 enfrenta ativa resistência se é percebida como canibalizando as vendas do *core business*.

### ◢ Uma governança para cada caminho

Apesar dos desafios discutidos acima, todos os três caminhos produzem tremendo crescimento para as empresas que conseguem fazer

Passo 4: Como gerir crescimento em escala

uma boa gestão deles. Mas ser bem-sucedido em cada um implica adaptar seu modelo de governança a cada caminho. O Quadro 6.6 traz um resumo de como gerir cada caminho para atender aos seus desafios particulares. Vamos examinar a governança de cada caminho com mais detalhes.

## C1: dentro do *core business*

A inovação C1 deve ser gerida dentro do *core* usando seus times funcionais padrão (ou da matriz) – por exemplo, conduzido pelo departamento de TI, pelo de marketing ou por um time de operações local numa unidade de negócio geográfica. Inovações C1 podem ser geridas com as métricas padrão e o planejamento que estão bem estabelecidos no *core business*. Como sua incerteza é baixa, as inovações C1 podem ser financiadas por um orçamento tradicional baseado no valor presente líquido. Todos os fundos para iniciativas C1 devem vir do *core business*, de orçamentos operacionais normais.

| QUADRO 6.6 | Governança para os Três Caminhos de Crescimento | | |
|---|---|---|---|
| **Governança** | **Iniciativa C1:** No *core business*, com baixa incerteza | **Iniciativa C2:** No *core business*, com alta incerteza | **Iniciativa C3:** Fora do *core business*, com alta incerteza |
| Resumo | Dentro do *core* | Em parceria com o *core* | Fora do *core* |
| Ponto de partida | Dentro do *core business* | Unidade separada, em parceria próxima com o *core* | Unidade separada, com vínculos frouxos com a empresa |
| Times | Funcionais padrão (ou da matriz) | Multifuncionais, de inovação | Multifuncionais, de inovação |
| Trabalho | Planejamento padrão | Experimentação iterativa | Experimentação iterativa |
| Métricas | Padrão do negócio | De validação do estágio | De validação do estágio |

| Governança | Iniciativa C1: No *core business*, com baixa incerteza | Iniciativa C2: No *core business*, com alta incerteza | Iniciativa C3: Fora do *core business*, com alta incerteza |
| --- | --- | --- | --- |
| Financiamento | Processo padrão de orçamento | Financiamento iterativo aprovado por diretoria de crescimento | Financiamento iterativo aprovado por diretoria de crescimento |
| Patrocínio | Totalmente financiado pelo *core* | Financiado em parte pelo *core* no início, depois inteiramente pelo core | Totalmente financiado por um orçamento à parte |
| Trajetória | Começa no *core* e permanece no *core* | Transferido ao *core* depois de marcos-chave de validação | Começa fora do *core*, depois se funde com ele ou se torna uma nova unidade de negócio |

## C2: em parceria com o *core business*

A inovação C2 deve ser gerida dentro de uma unidade de inovação dedicada, que trabalhe em estreita parceria com a unidade do *core business* que a inovação atenderá. Isso começa definindo-se as metas da iniciativa com os patrocinadores do *core*, que, em última instância, serão os donos do projeto. "Primeiro, você precisa alinhar todo mundo", diz Olivier Delabroy. "Você precisa colocar o negócio no assento do motorista e ter um plano comprometido... Se você quer escalar suas ideias, tem que embarcar com o negócio a partir do primeiro dia."

Após esse alinhamento inicial, o negócio deve continuar com a parceria com o time de inovação durante todo o processo de teste e validação. O trabalho é feito por um time de inovação multifuncional, que inclui membros do *core* e especialistas treinados em experimentação iterativa. Fundos são desembolsados por uma diretoria de crescimento, que segue práticas de financiamento iterativo, para dar conta da alta incerteza da iniciativa. Para garantir o *buy-in*, a adesão, qualquer inovação C2 deve ser financeiramente patrocinada pela divisão que eventualmente será a dona da inovação. O financiamento pode ser subsidiado nos primeiros estágios (por exemplo, pelo orçamento de inovação central), mas a divisão que patrocinar deve ter "apostado no jogo" desde o início.

Depois que a incerteza foi reduzida (em geral com base em marcos de validação do problema e de validação da solução), decide-se se a iniciativa deverá ou não continuar. Se a decisão for sim, a iniciativa será toda ela passada à divisão de negócios que a patrocinou, a fim de ser escalada e lançada no mercado. A essa altura, a unidade de negócio assume todo o financiamento da iniciativa e colhe todos os frutos dela.

### C3: fora do *core business*

Uma inovação C3 deve ser gerida fora do *core*, numa unidade separada, como se fosse uma *startup* independente que a empresa matriz provê de capital inicial (em alguns casos, isso pode ser o que você de fato faz). Uma iniciativa C3 deve ser montada sob o patrocínio da liderança corporativa, mas com a máxima independência em relação ao *core business*. Esse arranjo atrai talento empreendedor e cria a chance de competir diretamente com seu próprio negócio, se for necessário. Ao mesmo tempo, uma iniciativa C3 nunca deve ser 100% separada da organização. Quando necessário, há um compromisso de compartilhar recursos e colaboração – incluindo apoio como acesso a dados, *branding*, parceiros de cadeia de suprimentos ou um *pipeline* de talento.

As inovações C3 devem ser geridas com alta incerteza, assim como as inovações C2. Isso significa um pequeno time multifuncional que aplique experimentação iterativa para validar rapidamente e adaptar à aprendizagem de mercado. E significa financiamento iterativo por uma diretoria de crescimento dedicada. Projetos C3 devem ser totalmente bancados pela empresa matriz, e não por orçamentos operacionais de quaisquer unidades de negócio. No final, se a iniciativa C3 é bem-sucedida, a liderança toma uma decisão de fundi-la a uma unidade de negócio existente ou a estabelece como nova divisão da empresa.

### Planeje onde vai pousar

Seja qual for seu caminho, toda iniciativa bem-sucedida acaba indo para o *core*: a C1 começa no *core*; a C2 se transfere para o *core*; a C3 se junta ao *core* ou forma uma nova unidade no *core*. É crucial que haja um planejamento para esse eventual destino. Como me explicou Mario Pieper da BSH Home Appliances: "Você precisa conhecer não apenas o modelo de negócio, precisa também ter uma ideia do ponto onde vai pousar – alguém na organização com quem você precisará trabalhar".

## A necessidade de todos os três caminhos

Gerir todos os três caminhos de crescimento é essencial para crescimento de longo prazo na era digital. Muitas empresas tentam equivocadamente gerir a inovação em apenas dois caminhos (veja o box "Por que a transformação dual não dá certo"). Mas apenas com modelos de governança separados para cada um dos três caminhos é que seu negócio alcançará uma transformação real e contínua.

### POR QUE A TRANSFORMAÇÃO DUAL NÃO DÁ CERTO

Já vi várias empresas tentarem uma abordagem dual de caminhos para a transformação – com nomes como *champion/challenger* ["campeão/desafiante"], *battleship/speedboats* ["navio de guerra/lanchas"] ou (no setor bancário) *run the bank/change the bank* ["opere o banco/mude o banco"]. Em cada caso, o primeiro termo refere-se ao *core business*, e o segundo a uma unidade independente focada além dele. Na metáfora dos barcos, o *battleship* [navio de guerra] é o negócio legado, que só pode mudar de rumo devagar para uma direção digital. Os *speedboats* [lanchas] são os times pequenos que se movem rápido em busca de oportunidades digitais, porque estão desvinculados do *core*.

James G. March fez as primeiras reflexões sobre a tensão entre explorar o *core* e explorar além dele.[*] Suas ideias foram expandidas por Charles A. O'Reilly e Michael L. Tushman escrevendo sobre a organização ambidestra.[†] O trabalho deles identifica um problema importante

– que descrevo como o desafio da proximidade –, mas a solução em duas partes que oferecem ainda é incompleta.

Na prática, tenho visto a abordagem de dois caminhos à transformação criar frustração. Em muitas empresas, o *core* perdura, e sua organização e cultura resistem inalteradas, pois têm uma desculpa para se moverem com lentidão. Por seu turno, os times independentes geram muitas ideias, mas precisam batalhar para escalá-las, a fim de que produzam um impacto efetivo. Esses times se afastam mais do negócio principal ao longo do tempo e perdem o apoio da liderança.

Há uma razão para essa dificuldade. Mesmo quando a abordagem dual é bem executada, ela é apenas um modelo para gerir inovação C1 (navio de guerra) e C3 (lancha). Na maioria das empresas, C2 é onde o crescimento mais valioso acontece! Isso mesmo: a maior parte do crescimento digital vem de C2 – iniciativas que estão relacionadas com seu *core business* e clientes, mas que envolvem significativa carga de incerteza. Numa organização de dois caminhos, essas iniciativas são geridas como se fossem ou C1 ou C3. Qualquer desses dois casos são uma receita para criar problemas.

Quando você trata uma inovação C2 como se fosse C1, você a envia para o *core* para morrer. Você trata uma oportunidade incerta como se fosse um projeto de negócios bem definido, cotidiano. Isso significa levá-la adiante dentro de uma divisão existente, aplicando gestão de projeto tradicional, análise de *business case* e orçamento. No melhor dos casos, essas inovações C2 são subfinanciadas (porque não conseguem provar de maneira férrea a sua lucratividade) e são deixadas para morrer. No pior dos casos, são aprovadas e recebem financiamento excessivo, e se tornam fracassos digitais caros e embaraçosos quando o planejamento inicial deixa à mostra que estava cheio de suposições infundadas.

Quando você lida com uma inovação C2 como se fosse C3, você a tira de seu contexto para morrer. Você trata uma nova ideia de inovação que está ligada de modo indissociável ao seu negócio atual como se fosse uma *startup* separada. Isso significa passá-la a um time independente que opera sem o *core business*. Esses times geram ideias de negócios promissoras, mas elas fracassam inevitavelmente ao se integrarem ao *core business* – seja por ressentimento (a síndrome do "não foi inventada aqui"), ou porque as necessidades do negócio não foram compreendidas ("nosso cliente adoraria isso, mas vai levar nosso L&P à falência"), ou a alguma outra fonte de desalinhamento ("isso não combina com o *roadmap* de nosso produto"). Como resultado, temos inovações que nunca escalam para ter um impacto significativo nas metas da empresa.

\* James G. March, "Exploration and Exploitation in Organizational Learning", *Organization Science* 2, nº 1, Special Issue: Papers in Honor of (and by) James G. March (1991): 71-87.

† Charles A. O'Reilly e Michael Tushman. *Lead and Disrupt: How to Solve the Innovator's Dilemma* (Stanford, CA: Stanford Business Books, 2021).

## ◢ Governança, não produção de ideias

Quando apresento os três caminhos a executivos de grandes empresas, costuma haver certo entusiasmo meio deslocado, junto com uma questão particular: será que poderíamos usar todos os três caminhos como um trampolim para novas ideias? Ou seja, os gestores começariam vislumbrando iniciativas C1, iniciativas C2 e iniciativas C3? A resposta é não. Os três caminhos para o crescimento são um modelo para governança da inovação, não para gerar ideias de inovação.

Como vimos no Capítulo 4, a geração de ideias é um processo estratégico. Para que iniciativas tenham a maior chance de entregar real valor, devemos começar olhando para os clientes e para o negócio, e identificando os problemas e oportunidades mais importantes para cada um. Use as ferramentas de estratégia do Capítulo 4 para guiar sua busca de ideias de inovação. Use os três caminhos depois que tiver uma iniciativa em mente para explorar. Somente então estará pronto para identificar o modelo de governança que dará a essa iniciativa seu melhor impulso para o sucesso.

## ESTRUTURAS DE INOVAÇÃO

Muitas organizações começam inovando sem ter recursos e governança implantados para conduzir as ideias e fazê-las escalar. Aprovam novos projetos ou promovem *hackathons* sem uma estrutura de apoio para construir em cima das ideias que geram. Para que a inovação produza crescimento em escala, os negócios devem criar *estruturas de inovação* que juntem times e diretorias e deem os recursos e a gestão que eles precisam para dar certo.

Defino uma estrutura de inovação como *um conjunto de financiamento e talento para inovação, com definição de patrocínio e de regras de governança.* Esse conjunto de recursos dedicados, financiado de antemão, permite que uma diretoria de crescimento financie iterativamente um portfólio de iniciativas C2 ou C3 – encerrando algumas iniciativas e acelerando o investimento em outras – sem ter que interromper o trabalho a toda hora para buscar financiamento ou pessoal para os times que a diretoria supervisiona.

A estrutura de inovação é onde inovações C2 e C3 ganham vida dentro de uma organização. (Inovações C1 são geridas pelo próprio *core*, portanto, não precisam de uma estrutura à parte.) Estruturas de inovação podem ter várias formas e assumir mais nomes ainda. Alguns dos tipos mais comuns são os seguintes:

> **Aceleradores digitais** - Também chamados de centros de excelência ou fábricas digitais, essas estruturas são criadas para acelerar o desenvolvimento de inovações dentro do *core business* da empresa.

> **Laboratórios de inovação** - Também chamados de estúdios de inovação, essas estruturas se concentram no lançamento de iniciativas fora do atual *core business* da empresa. Os times têm autonomia assegurada para se moverem rapidamente e com a maior independência possível.

> **Desafios de inovação** - Comumente chamados de *hackathons*, essas competições solicitam ideias de um amplo conjunto de participantes que podem ter acesso a dados compartilhados ou a

uma base de ferramentas. O desafio pode ser aberto a funcionários, parceiros de negócios, estudantes universitários ou ao público em geral. Após uma rodada inicial com muitos participantes, alguns poucos times vencedores recebem financiamento para testes e validações iterativos.

> **Incubadoras de *startups*** - Também chamadas de aceleradoras de *startups*, têm foco em fazer parcerias e promover o crescimento de *startups* externas que sejam relevantes para a estratégia da empresa. Pode haver investimento direto, mas o foco é na colaboração.

> **Capital de iniciativas corporativas** - Fundos corporativos para iniciativas investem em *startups* externas, gerindo um portfólio de investimentos ao longo do tempo e assumindo participações acionárias, mais ou menos como um fundo VC tradicional.

> **Times de fusões e aquisições (F&A)** - F&A são partes importantes da estratégia digital de muitas empresas, para as quais as aquisições trazem novos modelos de negócio digitais, além de talentos digitais.

Como esses exemplos mostram, uma estrutura de inovação pode ser interna (utilizando apenas funcionários da empresa) ou externa (parcerias, aquisição ou investimento em *startups* externas), ou a estrutura pode reunir esforços internos com apoio externos e parceiros.

## Governança e design são importantes

Cuidado para não montar nenhuma estrutura de inovação sem dar toda atenção à sua governança e design. O fornecimento de recursos de inovação sem governança leva os times a andar sem rumo. Já vi empresas lamentando-se por terem criado um laboratório de inovação que é financiado pela sede central, mas não tem regras de operação claras. Esses esforços servem tipicamente apenas como um exercício corporativo de *branding* ("Vejam, temos um laboratório de inovação digital que você pode visitar!"). Não emergem dele iniciativas que entreguem real valor para o negócio. Isso logo cria ressentimento em relação ao *core business*, e o laboratório acaba sendo fechado.

Igualmente ruim é uma estrutura de inovação com propósito claro, mas cujo design não combina com sua missão. Um exemplo desastroso disso foi a GE Digital, uma unidade montada pela GE em 2015 para lançar de modo pioneiro um modelo de negócio completamente novo – um sistema operacional chamado Predix, para alimentar as máquinas do mundo industrial. Tratava-se de uma proposta clássica de inovação C3: um novo modelo de negócio ainda não comprovado, sem relação com nada que a GE já tivesse feito. Ele exigia uma estrutura enxuta e independente: um time pequeno, dedicado com exclusividade, que buscasse experimentar, validar e encontrar a adequação produto-mercado antes de tentar crescer. Em vez disso, foi designado a uma divisão legada que fornecia serviços de TI às unidades de negócio do *core business* da GE (aviação, energia, transportes etc.). A divisão legada recebeu a nova atribuição de reinventar o modelo de negócio ("construa o Predix!"), mas ainda era comandada pelo CEO anterior, e mantinha suas velhas responsabilidades com os clientes internos da GE. Como resultado, a GE Digital foi lançada com um efetivo imenso (1.700 funcionários no primeiro ano) e custos gerais massivos. Tendo que atender a um P&L trimestral e a demandas de receita, foi obrigada a focar quase que inteiramente em atender clientes internos em vez de ir atrás de novos mercados. O resultado foi o previsível: a GE Digital falhou totalmente quanto à sua razão de ser – construir Predix como um novo modelo de negócio para impulsionar o crescimento futuro da GE.[17]

Antes de lançar qualquer estrutura de inovação, é crucial alinhar alguns elementos essenciais:

➤ **Atribuição -** Qualquer estrutura separada de inovação, além das próprias unidades de negócio, deve ter uma razão de ser clara. Essa razão de ser deve incluir os benefícios que a estrutura está destinada a fornecer ao restante da organização e os problemas estratégicos e oportunidades que ela objetiva perseguir.

➤ **C2 ou C3 -** É crucial decidir se a estrutura está focada em C2 ou C3. O propósito da estrutura é apoiar a inovação dentro do *core business* ou além dele? Se você não souber essa resposta desde o início, será impossível definir regras claras a respeito de quem patrocina os projetos, quem detém os direitos de decisão, e quais são (se é que há algum) os papéis e obrigações da unidade de negócio do *core*.

> **Fonte de financiamento** - Quem vai financiar a estrutura? Se ela é focada em C3, seu financiamento deve vir da sede central. Mas se é focada em C2, seu financiamento deve ser dividido: você precisará definir o quanto é pago pelas unidades de negócio relevantes e o quanto pela sede. A estrutura de inovação deve ser financiada de antemão em base anual. Então suas diretorias de crescimento podem alocar recursos de modo flexível aos diferentes times de iniciativa.

> **Metas e métricas** - É crucial decidir de antemão qual será o aspecto do sucesso, de modo que todos tenham as mesmas expectativas. Se não há acordo quanto às metas desde o início, sua estrutura será tumultuada por expectativas conflitantes (por exemplo, um laboratório de inovação acha que está investindo em apostas para daqui a dez anos, mas é financiado por um comitê que tem a expectativa de lançar novos produtos em um ano). Escolha métricas que combinem com suas metas. Uma estrutura C2 pode ser medida quanto ao impacto de suas inovações depois que são passadas ao negócio e escaladas. Uma estrutura C3 pode medir resultados como um fundo de capital de risco – rastreando seu retorno financeiro num portfólio de apostas que rendem ao longo de vários anos.

O mais importante é que você deve começar pequeno e esperar que cada estrutura de inovação evolua conforme você aprende o que funciona melhor e à medida que as necessidades de seu negócio mudam. A unidade Smart Mobility da Ford (uma estrutura C3 voltada a novos modelos de negócio além da propriedade de um carro) começou com apenas doze pessoas. O laboratório Onono da BASF começou propositalmente com apenas dois funcionários em tempo integral porque sua missão C2 era incentivar inovação reunindo líderes de unidades de negócio a *startups* e clientes. A última coisa que Antonio Lacerda queria era que a Onono seguisse buscando ideias de inovação por conta própria. Ele explicou: "Com apenas nós dois em tempo integral, sabíamos que nada poderia acontecer na Onono sem o envolvimento e o apoio de nossas unidades de negócio".

## FOCO EM DUAS ESTRUTURAS DE INOVAÇÃO

Os dois casos a seguir são exemplos de governança e design inteligentes em estruturas de inovação de empresas de dois setores muitos diferentes: manufatura industrial e serviços financeiros.

### Foco em C2: O acelerador digital da United Technologies Corporation

A United Technologies Corporation (UTC) lançou uma estrutura de inovação no Brooklyn, Nova York, chamada Digital Accelerator, para propiciar inovação digital em suas quatro unidades de negócio do *core business*. Vince Campisi, CIO e CDO da empresa, sabia que a empresa era adepta de usar tecnologia para aumentar a produtividade em suas operações. Mas viu que tinha dificuldades em equipar os dados em seus produtos industriais para agregar valor para os clientes e transformar a experiência do usuário. Campisi contratou Steve Serra, que trabalhara externamente como consultor de inovação, para criar a Digital Accelerator da UTC e apoiar essa inovação C2 no *core business*.

Ao receber sua missão, Serra sabia que nenhuma iniciativa deveria começar na Digital Accelerator sem uma aprovação explícita de um patrocinador do *core business*. Como estrutura de inovação C2, a Digital Accelerator usa um modelo de financiamento dividido: 20% de seu orçamento vem do financiamento corporativo, e o resto vem de quatro unidades de negócio, cada uma bancando um "estúdio" particular em apoio às suas iniciativas.

Os times das iniciativas eram formados por especialistas em inovação trabalhando em tempo integral na Digital Accelerator, aos quais se somavam representantes do *core business*. Campisi explica: "Quando o presidente de uma unidade de negócio comparece com seu pessoal na Digital Accelerator, a primeira pergunta que fazemos a eles é: 'Quais são suas prioridades, seus objetivos de negócios e resultados?'". Esses objetivos são rapidamente traduzidos em uma declaração de problema, que desencadeia um processo de rápida experimentação. Se a validação mostra que existe uma real oportunidade de negócio, o time segue adiante rapidamente com MVPs e protótipos.

Toda iniciativa começa com um plano para a sua devolução à unidade de negócio. Os primeiros estágios de validação são feitos na Digital Accelerator, mas, quando a adequação produto-mercado é encontrada, a inovação é transferida para o negócio. Serra destacou o exemplo de um produto digital projetado para monitorar a saúde de um motor de aeronave para a unidade de negócio Pratt & Whitney da empresa. A Digital Accelerator trabalhou com a Pratt & Whitney para desenvolver o primeiro MVP funcional e o colocou em uso no mundo real com clientes num teste limitado. "Nós liberamos o software aos nossos primeiros clientes e vimos de que modo eles o utilizavam. Testamos o software com alguns usuários, não com milhares." O time aguardou até terem três clientes empresariais e até que "soubessem o que funcionava, o que não, e que coisas adicionais os clientes queriam" para poderem definir um *roadmap* do produto. A essa altura, explicou Serra, estavam prontos para transferir o produto para a empresa, que continuaria então a refiná-lo, escaloná-lo e integrá-lo às suas operações.

Para um acelerador como o da UTC, o talento certo é algo crucial, assim como equilíbrio entre recém-chegados e pessoas com longa experiência na empresa matriz. Como Serra me contou: "Mais gente de fora significa que você irá se mover mais rápido. Mais gente de dentro significa que você pode fazer uma integração mais rápida". A UTC situou a Digital Accelerator no Brooklyn para explorar um mercado de excelentes talentos ao mesmo tempo em que permanecia no caminho de voo entre os dois quartéis-generais da empresa, em Connecticut e na Carolina do Norte.

A visão da Digital Accelerator foi dinâmica desde o início. Além das inovações seminais, tinha o propósito de mudar a cultura de inovação no *core business*. Campisi enfatizou: "Nunca seremos capazes de destacar de forma suficiente o valor dos pioneiros que se dispuseram a dar esse salto de fé conosco – mostrar que o digital é um veículo para resolver necessidades importantes dos clientes"; desde seu lançamento, a Digital Accelerator continuou evoluindo, adaptando-se às necessidades em mudança da UTC, que foi mais tarde renomeada como Raytheon Technologies após uma fusão. Os funcionários da Digital Accelerator passaram para as unidades de negócio que haviam previamente apoiado, dando impulso adicional à inovação no *core*. Ao mesmo tempo, o foco da Digital Accelerator mudou do design da experiência do cliente para a criação de valor movida por dados.

### Foco em C3: O Start Path da Mastercard

Uma das estruturas de inovação da Mastercard é o Start Path, projetado para buscar oportunidades de crescimento além do *core business* da Mastercard com a ajuda de *startups fintech*. Fazer parceria com *startups* é uma tática popular de empresas de legado que buscam impulsionar a inovação digital, mas sem um foco claro ela raramente produz resultados duradouros. A Mastercard desenvolveu o Start Path com um foco claro: aprender a respeito do cenário em rápida mudança do *fintech* e estabelecer logo parcerias – tanto para o seu *core business* como para a rede global de bancos e comerciantes que são os clientes da Mastercard.

O Start Path é um programa acelerador gratuito de um ano para *startups fintech* ao redor do mundo. O aprendizado da Mastercard a respeito das tendências e oportunidades emergentes é nutrido a cada ano ao examinar as propostas de 2 mil solicitantes que querem se juntar ao Start Path. Esse aprendizado continua com quarenta *startups* que são aceitas no programa, conforme a Mastercard ajuda a nutri-las por meio de seus estágios seguintes de testes e validação de mercado.

A Mastercard é cautelosa para definir o estágio de crescimento das *startups* que irá admitir no Start Path. Como sua meta é aprender com negócios que já têm adequação produto-mercado, a Mastercard toma a decisão consciente de não aceitar solicitações de *startups* que estejam no estágio da "ideia esboçada num guardanapo de papel". Em vez disso, foca em encontrar o que chama de "Coelhos", isto é, RABBITs, ou *real actual businesses building interesting tech* ["negócios reais e efetivos construindo uma tecnologia interessante"].

Essas *startups* já contam com várias opções para levantar capital. Portanto, em vez de investir em cada um dos membros do Start Path, a Mastercard foca nos benefícios comerciais aos quais pode conectá-los, o que significa juntar cada *startup* com os bancos e comerciantes da rede Mastercard. Ao introduzir *startups* a essa lista de clientes top de linha, a Mastercard se tornou o parceiro preferido de algumas das melhores *startups fintech* do mundo. Ao mesmo tempo, a Mastercard oferece acesso ao seu ecossistema Start Path como um serviço de valor agregado aos seus próprios clientes de negócios ao redor do mundo.

Os dois casos desse box exemplificaram estruturas de inovação bem projetadas.

## Uma empresa, múltiplas estruturas

É importante destacar que não existe uma estrutura de inovação que seja perfeita. Com muita frequência vejo executivos convencidos de que há uma bala de prata mágica para a inovação em seu negócio (seja um fábrica digital ou um laboratório *moonshot*, como o da Google). Sua meta não deve ser achar uma estrutura, mas desenvolver múltiplas estruturas para acompanhar oportunidades de crescimento diferentes. As empresas mais inovadoras que tenho visto usam todas elas múltiplas estruturas de inovação para apoiar C2 e C3 enquanto continuam perseguindo inovação C1 em seu *core business*. O Quadro 6.7 lista exemplos de empresas que usam uma combinação de estruturas de inovação para impulsionar crescimento e transformação em seus negócios.

| QUADRO 6.7 | Empresas com diferentes estruturas para gerir inovações C2 e C3 |

| Empresa | Estruturas para C2 | Estruturas para C3 |
| --- | --- | --- |
| Citibank | **D10X** – Este acelerador interno solicita ideias de iniciativas dos funcionários nos negócios do Citibank ao cliente e negócios institucionais, associa-os a mentores e os ajuda a construir inovações digitais dentro do *core*. Entre os projetos, Proxymity e CitiConnect for *Blockchain*.<br><br>**CUPID** – O programa de *hackathon* engaja estudantes de grandes universidades ao redor do mundo para apoiar projetos de inovação em andamento no Citibank. | **Studio** – Este laboratório incuba iniciativas digitais fora do negócio atual que se concentrem nos P/Os estratégicos do Citibank. Entre as iniciativas estão Worthi e City Builder.<br><br>**Venture Investing** – Este fundo investe em *startups* externas que tenham adequação produto-mercado, ofereçam valor estratégico para o Citibank e possam se beneficiar dos relacionamentos comerciais globais do Citibank. Entre os sucessos estão Honey e Docusign. |
| Air Liquide | **Digital Fabs para unidades de negócio** – Quatro times focam em acelerar a DX nas quatro linhas de negócios da Air Liquide. Entre as iniciativas, um projeto de dados preditivos de manutenção dentro da linha Grande Indústria.<br><br>**Digital Fabs para funções de negócios** – Dois times focam em digitalizar a função global de finanças e a função de RH.<br><br>**ALIAD** – Este fundo de VC corporativo investe em *startups* com as quais o *core business* faz parceria como cliente. O portfólio foca em energia sustentável, IA, e IoT – com *startups* como Plug Power e Avenisense. | **i-Lab** – Esse laboratório de inovação explora modelos de negócio digitais em áreas novas para o negócio, como gestão de energia, assistência de saúde em casa e redução da poluição atmosférica.<br><br>**F&A** – Aquisições têm sido usadas para expansão em novas áreas de produtos (como biogás) e para adquirir capacitações digitais (como a Alizent, que fornece soluções de IoT para toda a empresa). |

| Empresa | Estruturas para C2 | Estruturas para C3 |
|---|---|---|
| BSH Home Appliances | **Sprinter Model –** A BSH Digital faz parceria próxima com o *core business* para testar e escalar rapidamente inovações digitais que alavancam ativos do *core*.<br><br>**Startup Kitchen da BSH** – A BSH faz parceria com *startups* (Séries A e B) buscando trabalhar com o setor de utilidades domésticas. Após um primeiro teste piloto, a BSH alavanca a escala de seu *core business* para acelerar o crescimento desses parceiros. | **Company Builder Model** – Este modelo é usado para lançar iniciativas cujo modelo de negócio seja distinto do *core business* do BSH. Exemplos: We Wash, um serviço digital para lavanderias comunitárias, com máquinas conectadas a IoT para residentes urbanos.<br><br>**Iniciativas estratégicas** – A BSH faz enquetes no mercado quando uma iniciativa digital é proposta, a fim de ver se a solução já existe. Quando encontra, a BSH explora opções para adquirir, investir, ou fazer parceria. Exemplos: Chefling (IA para gestão de despensa) e Kitchen Stories (*app* de receitas).<br><br>**BSH Future Home Accelerator** – Essa aceleradora de *startups* atua em parceria com a Techstars. Sua meta é fazer crescer o ecossistema de *startups* focadas na vida doméstica do futuro (culinária, assistentes de IA, gestão do sono etc.). |

## FERRAMENTA: O PACOTE DE INOVAÇÃO CORPORATIVA

Estamos agora prontos para apresentar nossa próxima ferramenta estratégica, o Pacote de Inovação Corporativa [*Corporate Innovation Stack*]. O propósito dessa ferramenta é gerir inovação em escala em qualquer negócio estabelecido. Para isso, precisamos definir as regras de governança para a inovação em três diferentes níveis (ver Figura 6.7):

➤ **Estruturas de inovação** (aceleradores digitais, laboratórios de inovação ou fundos de VC corporativos), que oferecem recursos e supervisão para inovações C2 e C3.

➤ **Diretorias de inovação** (ou diretorias de crescimento), que dão sinal verde, aconselham e dão financiamento iterativo a um portfólio de diferentes iniciativas de crescimento.

Passo 4: Como gerir crescimento em escala

> **Times de inovação** (pequenos e altamente independentes), que fazem o trabalho de levantar ideias, validar e desenvolver uma única iniciativa por meio de rápida experimentação.

A ferramenta compreende três diferentes "estatutos" para os três diferentes níveis (um estatuto para cada estrutura, cada diretoria e cada time). Cada estatuto define governança e regras para esse nível do pacote de inovação antes que seu trabalho possa começar (ver Figura 6.8).

**FIGURA 6.7** Três níveis do Pacote de Inovação Corporativa

**FIGURA 6.8** O Pacote de Inovação Corporativa

**1. Estatuto da Estrutura**

| Estrutura: Missão | Estrutura: Processo |
|---|---|
| Atribuição   C2 versus C3   Metas e métricas<br>Recursos   Liderança | Pool de Talentos   Recrutamento<br>Independência   Aprendizagem |

**2. Estatuto da Diretoria**

| Diretoria: Membros | Estrutura: Processo |
|---|---|
| Composição   Aptidões<br>Responsabilidades | Pipeline   Portfólio   Recursos<br>Financiamento iterativo   Transferências |

**3. Estatuto dos Times**

| Time: Membros | Estrutura: Processo |
|---|---|
| Composição   Comprometimento<br>Incentivos | Declaração de PIOs   Métricas<br>Métodos de experimentação   Direitos de decisão |

## 1. Estatuto da Estrutura

O Passo 1 do Pacote de Inovação Corporativa foca em montar um estatuto para cada estrutura de inovação. O estatuto descreve sua missão e os processos que irão guiar suas operações. Esse estatuto deve ser definido para cada estrutura de inovação C2 ou C3 antes que quaisquer recursos sejam entregues a ela.

### Estrutura: missão

> **Atribuição** - Por que essa estrutura de inovação é necessária? De que modo irá beneficiar a organização e como ela deve influenciar a organização ao longo do tempo? Com quais P/Os estratégicos ela espera lidar?

> **C2 *versus* C3** - Essa estrutura está focada em C2 (inovação no *core*) ou C3 (além do *core*)? Se estiver focada em C2, quais de suas unidades de negócio ou funções de *core* irá apoiar? De que maneira fará parceria com elas?

> **Metas e métricas** - De que maneira você define o sucesso para essa estrutura de inovação? Qual é o seu cronograma? Que métricas você irá utilizar para medir seu impacto a longo prazo? Que métricas vão medir seu progresso no curto prazo?

> **Recursos** - Para uma estrutura C2, que parte do financiamento inicial virá das unidades de negócio e como isso será orçado? Para uma estrutura C3, quanto de financiamento ela receberá da organização central e como ele será orçado? Que outros recursos serão oferecidos pela organização (acesso a dados, a clientes, a parceiros de canal etc.)?

> **Liderança** - Quem supervisiona a estrutura de inovação? A quem eles se reportam?

### Estrutura: processo

> ***Pool* de Talentos** - A inovação dessa estrutura será empreendida por times internos, por times externos ou por uma colaboração entre

ambos? De que combinação de talentos você vai precisar? Qual é o efetivo mínimo (para times de iniciativa mais a administração)?

> **Recrutamento** - Que proporção de seu pessoal deve ser de novos contratados *versus* membros recrutados internamente? Os recrutados internamente serão permanentes ou ficarão em rodízio para trabalhar na estrutura? Você vai arrumar talentos externos por meio de parceiros (consultores, universidades etc.) ou F&A?

> **Independência** - Que *sandboxes* serão dadas à estrutura para *compliance* (segurança, gestão de riscos, acesso a dados, regulamentação etc.)? Que independência ela terá das funções normais corporativas como TI (procurar fora do pacote de tecnologia existente) e RH (diferentes contratações e remunerações)?

> **Aprendizagem** - Que mecanismos serão usados para capturar aprendizado (tanto dos sucessos quanto dos fracassos)? De que maneira esse aprendizado será compartilhado na organização? Como serão avaliados os encerramentos e celebrados os fracassos inteligentes?

## ◢ 2. Estatuto da diretoria

O Passo 2 do Pacote de Inovação Corporativa põe foco em elaborar um estatuto para cada diretoria de crescimento. Esse estatuto define o que os membros da diretoria precisarão ter e o processo de seu trabalho. O estatuto deve ser criado pela estrutura de inovação antes que os membros da diretoria de crescimento sejam recrutados ou que se destinem recursos a ela. Dependendo do tamanho da estrutura, ela pode usar uma ou mais diretorias.

### Diretoria: membros

> **Composição** - Quantos membros vão compor cada diretoria? Que mix de senioridade você vai querer definir? De onde virão membros dentro da organização? (Cada diretoria de C2 deve representar a unidade de negócio que suas iniciativas irão apoiar. Diretorias de C3

devem recrutar ao longo da empresa toda para obter pontos de vista diversificados.) Você irá recrutar membros de diretoria fora da empresa?

➤ **Aptidões** - Como você irá assegurar que os membros da diretoria compreendam os princípios da validação e do financiamento iterativo? Que outras aptidões você procurará em seus membros (*expertise* no assunto, experiência com VC ou empresarial, influência interna no negócio etc.)?

➤ **Responsabilidades** - Com que frequência a diretoria irá se reunir? Uma frequência regular é importante, e o preferível é que haja encontros a cada quatro a doze semanas. Como você definirá as responsabilidades centrais dos membros da diretoria? O que a diretoria precisa reportar aos líderes da estrutura (por exemplo, após cada decisão de financiamento)?

## Diretoria: processo

➤ *Pipeline* - Que marcos definirão cada progresso da iniciativa? Que porcentagem de iniciativas você imagina que terá que eliminar a cada marco? Qual o tempo esperado a partir do sinal verde até que uma iniciativa seja entregue, a fim de que cresça por si?

➤ **Portfólio** - Quantas iniciativas a diretoria irá supervisionar ao mesmo tempo? Quantas iniciativas bem-sucedidas você quer ter ao final do seu *pipeline*? Pensando nos atritos, quantas iniciativas você deve ter no início? Você usará um *backlog* de iniciativas – aprovará iniciativas de antemão, de modo que estejam prontas para serem lançadas quando os recursos chegarem?

➤ **Recursos** - Para times internos, que recursos você alocará (orçamento operacional, efetivo, fração de tempo por pessoa etc.)? Para times externos, que financiamento e outros recursos você fornecerá? Para *startups*, que participação de investimento você vai buscar?

➤ **Financiamento iterativo** - Que critérios você usará para dar sinal verde a uma iniciativa? Qual o tamanho de uma primeira rodada de financiamento típica? Que critérios você vai usar em cada marco para decidir se continua bancando? Com que rapidez o financiamento irá crescer em cada marco? Como irá rastrear os encerramentos e medir a qualidade dos "fracassos inteligentes"?

> **Entregas -** Para C2, quando você entregará uma iniciativa à unidade de negócio que a patrocinou? Quais os principais marcos de validação? Para C3, quando é que uma iniciativa bem-sucedida se gradua da diretoria e vai para outra parte para a continuidade da supervisão ou financiamento?

## 3. Estatuto do time

O Passo 3 do Pacote de Inovação Corporativa foca em elaborar um estatuto para cada time de inovação que defina os papéis dos membros do time e o processo de seu trabalho. Cada time deve ter seu estatuto, criado com a diretoria e aprovado por ela, antes que o time receba sinal verde para começar o trabalho.

### Time: membros

> **Composição -** Qual deve ser o tamanho do time? Que aptidões seus membros precisam ter para que o time trabalhe de modo totalmente independente? Para estruturas C2, que membros do time virão da unidade de negócio do *core business*?

> **Comprometimento -** O líder do time (ou líderes) estará totalmente dedicado à iniciativa? Outros membros do time também? Se não estiverem em tempo integral no início, quando é que passarão a um comprometimento em expediente integral?

> **Incentivos -** Que tipo de aposta positiva (por exemplo, participação ou bônus por desempenho) será oferecida aos membros do time pelo sucesso de sua iniciativa? Como você irá assegurar que os membros do time tenham uma trajetória viável de carreira na sua organização?

## Time: processo

➤ **Declaração de P/Os -** Com que problema ou oportunidade o time está comprometido? Quem é o *stakeholder* principal (um cliente ou alguém no negócio)? Que resultado você procura obter? De que maneira o fato de alcançar esse resultado irá criar valor para a empresa (por exemplo, receita, economia de custos ou outro *driver* de valor)? Que preceitos devem servir de princípios-guia para o trabalho do time?[18]

➤ **Métricas -** Que métricas você vai usar para medir o sucesso? Que métricas *guardrail* vai usar para evitar consequências imprevistas ou riscos? Como irá compartilhar essas medidas de modo transparente por toda a organização?

➤ **Métodos de experimentação -** Que ritmo o time vai usar (por exemplo, reuniões diárias e *sprints* duas vezes por semana)? Que artefatos o time vai usar (por exemplo, Navegador de Crescimento de Rogers, quadros *Kanban*, histórias de usuários)? Quantos MVPs ilustrativos em relação a MVPs funcionais você espera construir? Em que métodos de inovação (como *lean startup*, *Scrum*) seu time irá se apoiar?

➤ **Direitos de decisão -** O que o time pode decidir sem precisar de aprovação da diretoria de crescimento ou de qualquer outra parte externa?

Lembre-se de que qualquer boa estrutura de inovação deve evoluir para atender às necessidades em transformação do negócio. Uma diretoria ou um time, aprendendo com a experiência, podem descobrir maneiras de melhorar seu trabalho. Todos os três estatutos – para estruturas, diretorias e times – devem, portanto, ser revisitados de tempos em tempos para serem atualizados para um sucesso continuado.

## GOVERNANÇA DE BAIXO PARA CIMA

O modelo de governança que vimos ao longo deste capítulo – times, diretorias e estruturas de inovação – representa uma mudança em relação à gestão de cima para baixo rumo a uma organização mais de baixo para cima.

A governança dos *times de inovação* tem o propósito de apoiar tomadas de decisões de baixo para cima e fomentar autonomia. O pequeno tamanho e o conjunto multifuncional de aptidões desses times possibilitam ação independente. Métricas transparentes e uma clara definição de sucesso permite que cada time detenha direitos de decisão sobre seu trabalho, sem precisar do aval de outras partes. Um exemplo disso pode ser visto na governança dos times de duas pizzas da Amazon, que têm permissão de operar com completa autonomia uma vez que tenha sido alcançado acordo quanto ao que eles estão buscando realizar. Como me explicou David Glick, por longo tempo executivo da Amazon, as métricas de um time, às vezes chamadas de sua função *fitness*, oferecem "uma descrição matemática daquilo que você está tentando otimizar". Antes que algum membro do time seja designado a um outro novo, essas métricas são acertadas numa discussão entre o líder do time e a alta gestão. Nos primeiros dias, "Jeff [Bezos] costumava rever cada uma das funções de fitness", relembra Glick. Depois que se chega a um acordo quanto às métricas, elas são rastreadas, compartilhadas de modo transparente e usadas para julgar o trabalho do time e tornar sua liderança responsabilizável.

A governança das *diretorias de inovação* tem o propósito de apoiar uma abordagem mais de baixo para cima da liderança. Empresas nativas digitais focam em empurrar a tomada de decisões para baixo no organograma, com os líderes tomando bem menos decisões relativas ao trabalho do dia a dia daqueles que estão abaixo deles. Empurrar a tomada de decisões para baixo é justamente o que as diretorias de crescimento são projetadas para fazer. Em vez de microgerir times em busca de inovação, as diretorias são projetadas para empoderá-los. Fazem isso de três importantes maneiras. Asseguram que os times tenham recursos – orçamentos, efetivo e a combinação certa de talentos multifuncionais. Alinham processos – métricas, direitos de decisão, regras de *compliance* – para ajudar em vez de atrapalhar o trabalho dos times. E defendem os times internamente, além de conectá-los a outras pessoas fora da empresa.

A governança das *estruturas de inovação* tem o propósito de engajar pessoas em todos os níveis da organização e em todas as funções.

Seja numa *hackathon* ou num programa como o D10X do Citibank, essas estruturas podem vir à superfície e acelerar ideias de crescimento propostas por qualquer pessoa, do vice-presidente sênior ao último estagiário contratado. Ao mesmo tempo, estruturas como o Start Path da Mastercard trazem insights e ideias de fora que podem encaminhar o negócio em outras direções. Lembre-se que estruturas de inovação C2 devem não só apoiar suas unidades de negócio com novos produtos e com inovação comercial. Devem também apoiar seus silos funcionais – RH, marketing, serviços ao cliente, cadeia de suprimentos e assim por diante – na solução de problemas que enfrentem em seu trabalho e criem valor para a empresa.

Para que a DX entregue impacto duradouro a qualquer organização, deve envolver mais que uns poucos times operando em bolsões de inovação isolados. Sem novos modelos de governança para alocar recursos e gerir iniciativas, o potencial de crescimento irá sempre ficar aquém. No Passo 4 do *Roadmap* da DX, vimos como uma organização pode moldar sua governança de modo a gerir o crescimento em escala. Vimos como times, diretorias e estruturas podem escalar a experimentação ao longo da empresa. Aprendemos a gerir os três caminhos para o crescimento a fim de perseguir oportunidades de variados graus de incerteza dentro do seu *core business* e além dele. E vimos como o financiamento iterativo e encerramentos inteligentes são essenciais para investir de modo sábio e manter um *pipeline* de inovações.

Com uma visão compartilhada, prioridades estratégicas, um processo para validar iniciativas e um modelo de governança para gerir crescimento em escala, você está agora pronto para passar ao último passo do *Roadmap* da DX e aumentar suas capacidades. Quando você começou a trabalhar em suas primeiras iniciativas digitais, provavelmente descobriu algumas lacunas nas capacidades de sua organização. Essas lacunas podem estar em sua tecnologia e infraestrutura de dados, no talento de seus funcionários e em sua base de aptidões, e na cultura e mentalidade de sua organização.

Para construir uma base sólida para o futuro de sua empresa, você terá que investir nas capacidades digitais da sua organização. No próximo capítulo, você aprenderá como definir as capacidades que irão se revelar mais cruciais para o seu futuro digital, a fim de desenvolvê-las para entregar a promessa de transformação.

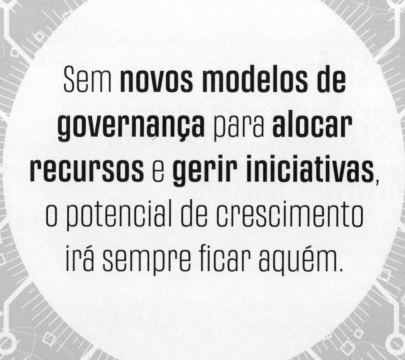

Sem **novos modelos de governança** para **alocar recursos** e **gerir iniciativas**, o potencial de crescimento irá sempre ficar aquém.

CAPÍTULO 7

# PASSO 5: DESENVOLVA TECNOLOGIA, TALENTO E CULTURA

## CAPACIDADES

Quando o primeiro carro elétrico ID.3 da Volkswagen saiu da linha de montagem em Zwickau, Alemanha, o CEO Herbert Diess estava acompanhado de Angela Merkel, chanceler da Alemanha na época, para celebrar o marco. Após cinco anos e 50 bilhões de dólares em desenvolvimento, a resposta da indústria automobilística alemã ao Tesla finalmente havia chegado. Mas na primavera seguinte, os altos executivos da Volkswagen foram obrigados a adiar o lançamento do ID.3 aos clientes. O software do carro estava cheio de *bugs*, e muitos de seus recursos digitais – incluindo um mostrador *heads-up* de última geração – não estavam funcionando a contento. Quando o carro foi finalmente lançado no outono, seus primeiros 50 mil clientes foram informados de que teriam que voltar ao seu revendedor para uma atualização de software assim que ficasse pronta. Essas atualizações deveriam ser feitas *over the air* [atualização remota por conexão sem fio], mas a Volkswagen concluiu que o sistema operacional ainda não era seguro o suficiente, porque poderia ficar exposto a intervenções de *hackers* on-line. Como líder do ID.3, Thomas Ulbrich, explicou: "Atualizar o software essencial do veículo é um processo complexo e precisamos ter certeza de que em qualquer situação nossos veículos serão seguros".[1] A implementação do ID.3 deixou dolorosamente claro que as capacidades digitais da empresa não estavam ainda prontas para entregar de acordo com sua estratégia.

Como maior fabricante de veículos do mundo, o Grupo Volkswagen sempre se orgulhou de sua competência em engenharia e design de hardware – o que se reflete em marcas que vão de VW e Audi a Porsche e Lamborghini. Mas conforme a Volkswagen passa de veículos movidos a gasolina para movidos a eletricidade e trabalha em futuros veículos autônomos, a importância relativa do hardware e do software para o negócio muda. As capacidades que definem uma grande empresa automobilística são diferentes na era digital.

Esses novos recursos começam com a tecnologia digital. Os carros tradicionais movidos a gasolina eram construídos com software, mas restrito a funções secundárias como aquecimento, mapas e entretenimento. Essas aplicações simples eram codificadas em chips separados, implantados em partes espalhadas pelo carro. Eram facilmente providas por fornecedores e conectadas quando o veículo já estava montado. Mas com a mudança para veículos elétricos, o software agora ocupa o assento do motorista. Controla tudo, a potência, os freios, a bateria e as luzes – os sistemas mais críticos do carro. As centenas de aplicações num veículo elétrico não podem ser acessórios separados; precisam ser parte de um sistema operacional integrado. Igualmente importante, o software deve ser sempre atualizado ao longo da vida útil do veículo, assim como ocorre com o sistema operacional e os *apps* de um *smartphone*. A ambição da Volkswagen é construir uma plataforma de software totalmente nova chamada VW.os 2.0, a ser usada em todas as marcas de veículos, de VW a Porsche e Škoda. Mas, para chegar nisso, a empresa vai precisar mais do que apenas nova tecnologia.

Para levar adiante sua estratégia, a Volkswagen precisa também de uma transformação em seu talento. A Volkswagen e seus pares há muito tempo têm terceirizado suas necessidades de TI a fornecedores. "Nos últimos 20 anos, o setor automobilístico virou mais integrador do que desenvolvedor", observa Alexander Hitzinger, ex-membro da diretoria da Volkswagen.[2] Isso reduziu os custos, mas exigiu abrir mão do controle. Para conseguir sua estratégia de veículo elétrico, a Volkswagen definiu uma meta quinquenal de passar de 10% de software veicular construído internamente para 60%.[3] Isso significou trazer para dentro um conhecimento técnico profundo que antes residia em seus parceiros. Também significou reunir milhares de programadores antes espalhados pelas divisões da Volkswagen para trabalharem de modo centralizado. Dirk Hilgenberg foi contratado da concorrente BMW para liderar sua unidade centralizada de software – uma nova empresa sob o Grupo Volkswagen chamada CARIAD.

No entanto, para a Volkswagen ser bem-sucedida, ela precisa mais do que tecnologia e talento digital; precisa de uma cultura digital. Segundo Hilgenberg, o maior desafio da empresa diz respeito à mentalidade das pessoas. "A transformação global do setor irá demandar cerca de 10 anos – com ou sem a Volkswagen", declarou Diess num post do LinkedIn. Como CEO, ele foi contrário à complacência que via nos altos executivos. Em vez de permitir que se autoavaliassem segundo as métricas tradicionais nas quais a VW mostrava excelência, pressionou-os a olhar para novas métricas – como capacidade da bateria e computação avançada –, aspectos nos quais a VW estava bem atrás.[4] Além disso, os times de software da CARIAD precisavam de uma cultura mais ágil, como a de uma empresa de tecnologia. Para construir o VW.os 2.0, precisavam adotar maneiras colaborativas de trabalhar com parceiros de tecnologia, como a Continental. Empresas de tecnologia como a Diconium foram adquiridas não apenas por seu talento técnico, mas pela cultura que trazem. Para atrair ainda mais talentos, a Volkswagen precisa de uma cultura que permita que os times inovem em torno das necessidades do cliente e que entreguem continuamente novo software. Nas palavras de Diess, "uma cultura que seja orientada pelo cliente, rápida e ágil".[5]

Mudar a tecnologia, o talento e a cultura da Volkswagen é essencial para a sua transformação digital (DX). Mas não será fácil, e não acontecerá da noite para o dia. Como diz Danny Shapiro, vice-presidente do setor automotivo da fabricante de chips Nvidia: "Não dá pra você simplesmente apertar um interruptor e virar uma empresa de software".[6]

## POR QUE AS CAPACIDADES SÃO IMPORTANTES

Nos primeiros dias da Amazon, quando ainda era conhecida como um site de venda de livros e artigos domésticos, Jeff Bezos enfatizava para os funcionários que "a Amazon não é um varejista. Somos uma empresa de software". Ele seguiu adiante e explicou: "Nosso negócio não é o que está dentro das caixas marrons. É o software que envia as caixas marrons ao seu destino".[7] Uma das questões com as quais vejo as empresas legadas se debaterem em sua DX é alguma variação do seguinte: "Somos uma empresa de automóveis? Ou somos uma *empresa de tecnologia* que vende automóveis?". Seja qual for o nome que você dê a si mesmo, o que importa é se você tem as capacidades que são mais cruciais à sua estratégia para a era digital.

Em todo setor, as capacidades definidoras de uma grande empresa estão sempre em mudança. À medida que cada negócio persegue a própria DX, essas capacidades distinguem os vencedores de amanhã daqueles que concorreram com eles: são novas tecnologias, novos talentos e novas mentalidades culturais. Podemos ver a interação entre esses diferentes tipos de capacidades no modelo de uma organização modular. Ao longo da era digital, a arquitetura modular tem sido uma grande tendência em TI. Seu software é formado por pedaços de código de acoplamento flexível, independentes, chamados microsserviços. Cada um age como um bloco de construção independente, que desempenha uma função de negócios discreta e pode ser atualizado sem gerar riscos para o resto do sistema. Isso traz benefícios técnicos de resiliência e escalabilidade. Mas o maior impacto da arquitetura modular é como ela afeta a própria organização. Ao transformar o trabalho de um negócio em componentes, a arquitetura modular permite que os times operem com independência muito maior.

Conforme empresas como a Walmart migraram para sistemas de TI modulares, transformaram suas organizações por meio de times independentes que inovam com muito mais rapidez. Pesquisa de Mark J. Greeven, Howard Yu e Jialu Shan mostrou os abrangentes benefícios da arquitetura modular na redução da complexidade organizacional.[8] Numa organização modular, obter o que você precisa de outro departamento torna-se um processo de autosserviço. Podemos ver isso em grau extremo na Haier, fabricante de eletrodomésticos, de geladeiras e máquinas de lavar a televisores. Tirando partido de TI modular, a Haier reorganizou sua empresa inteira em 4 mil microempresas (MEs) de dez a quinze pessoas. Algumas MEs entregam produtos finais aos consumidores, outras fornecem serviços internos como pessoal [*staffing*], design de produto ou manufaturas para outras MEs. Cada uma opera com independência e autonomia, e toda a coordenação é gerida por meio de uma plataforma interna de nuvem.[9] A cultura da Haier tem sintonia com esse novo modelo organizacional: é de baixo para cima, assume riscos e é colaborativa, com cada time tendo clara noção de propriedade do seu trabalho.

No quinto passo do *Roadmap* da Transformação Digital (DX), seu objetivo é promover o mix correto de tecnologia, talento e cultura para apoiar a trajetória de crescimento digital de seu negócio. O desafio para Volkswagen, Haier e qualquer empresa estabelecida é assegurar que suas capacidades combinem com a ambição de sua estratégia digital.

Por que não começar o *Roadmap* da DX com capacidades de crescimento como primeiro passo? Muitos consultores propõem uma agenda de DX que foca primeiro na construção de capacidades – como passar para a nuvem, criar uma governança de dados e contratar engenheiros. Mas desenvolver recursos não é uma estratégia! A verdade é que não existe nenhuma organização digital genérica e tampouco nenhum esquema universal para as capacidades que cada negócio irá precisar. Apenas quando você tem alguma clareza a respeito de sua visão para o futuro e começou a perseguir suas primeiras iniciativas digitais é que ficará claro quais são as capacidades que são mais importantes construir primeiro.

Promover o crescimento de suas capacidades digitais pode ser o trabalho mais duro, longo e custoso de qualquer esforço de transformação, mas é um investimento essencial. Sem isso, o progresso será atravancado por software inflexível, por conjuntos de dados incompletos e por sistemas que não conseguem se comunicar entre si ou com os parceiros. Sua força de trabalho não terá os talentos necessários para construir e fazer crescer suas iniciativas digitais. Seus times serão impedidos por uma cultura rígida, em vez de flexível, assentada em silos em vez de colaborativa, e que tateia insegura em vez de demonstrar confiança diante dos riscos. Se essas deficiências não forem corrigidas, cada inovação digital que você perseguir ficará limitada em seu impacto.

Construir as capacidades digitais certas para sua empresa não é fácil, mas é a única maneira de fazer a transformação entregar uma mudança real a longo prazo. O Quadro 7.1 mostra alguns dos Sintomas de Sucesso *versus* os Sintomas de Fracasso no Passo 5 do *Roadmap* da DX.

Passo 5: Desenvolva tecnologia, talento e cultura

**QUADRO 7.1** O que está em jogo - Passo 5: Capacidades

| Sintomas de Fracasso: Capacidades | Sintomas de Sucesso: Capacidades |
| --- | --- |
| • Sistemas de TI inflexíveis reforçam silos e limitam a colaboração. | • Sistemas de TI modulares integram-se ao longo da organização e com parceiros externos. |
| • Os dados são contraditórios, incompletos e inacessíveis aos gestores em tempo real. | • Os dados fornecem uma fonte confiável única aos gestores de toda a empresa. |
| • A governança centralizada da TI causa gargalos para novos projetos. | • A governança de TI oferece supervisão e mantém a inovação nas mãos da empresa. |
| • Funcionários não têm talentos digitais, então os projetos digitais precisam ser terceirizados. | • Funcionários podem construir e iterar soluções digitais. |
| • A cultura de cima para baixo e a burocracia emperram os funcionários, dando lugar a cinismo e inércia. | • Uma cultura e processo empoderadores ajudam os funcionários a promoverem uma mudança de baixo para cima. |

## ◢ O que há pela frente

Neste capítulo, veremos como qualquer organização pode construir a base necessária para o seu futuro digital único. Examinaremos três tipos essenciais de capacidades para a era digital:

➤ **Tecnologia** - incluindo infraestrutura de TI, ativos de dados e sistemas de governança.

➤ **Talento** - incluindo talentos técnicos como ciência de dados e não técnicos, como *design thinking*.

➤ **Cultura** - atitudes mentais e normas que moldam o comportamento do dia a dia ao longo da empresa.

O capítulo apresentará duas novas ferramentas: o Mapa de Tecnologia e Talento, que identifica e corrige lacunas em sua tecnologia e talentos, e o Mapa da Cultura-Processo, que define, comunica e propicia a cultura certa em escala em sua organização. Finalmente, veremos de que modo as capacidades certas são cruciais para uma mudança e transformação de baixo para cima.

# TECNOLOGIA

Contar com as capacidades certas de tecnologia é essencial a qualquer estratégia digital, mas muitos negócios legados são impedidos por suas limitações nessa área. Entre os sintomas estão: software lento para adaptar, dados sem acesso em tempo real, silos de tecnologia que correspondem aos silos organizacionais, e sistemas que não conversam entre si ou com parceiros externos. Ao perseguir sua estratégia digital, é fundamental que trabalhe em proximidade com seu CIO [*Chief Information Officer*, ou diretor de informação] para avaliar suas atuais capacidades em tecnologia e identificar as lacunas mais críticas. Especificamente, vejo três áreas principais que as organizações precisam avaliar: a infraestrutura de TI, os ativos de dados e a governança de tecnologia e de dados.

## ◢ Infraestrutura de TI

Qualquer organização deve acessar constantemente sua infraestrutura de tecnologia a fim de identificar as capacidades de que necessita para apoiar sua estratégia futura. Isso pode incluir decisões a respeito de computação na nuvem – por exemplo, se é o caso de usar modelos de nuvem públicos, privados ou híbridos ou soluções fora de suas instalações físicas para atender às necessidades do negócio. Abrange arquitetura do sistema, como microsserviços e APIs [*Application Programming Interfaces*, ou interfaces de programação de aplicativos] para conexão com diferentes partes do negócio e com parceiros externos. A armazenagem de dados, usando modelos como *data lakes* ou *data warehouses*, é crucial para armazenar dados e permitir uso efetivo e recuperação. Igualmente importantes são os aplicativos que rodam os processos centrais do negócio – por exemplo, precificação e estoque para um varejista, conteúdo e assinaturas para uma editora e análise de clientes para quase qualquer empresa. Ter a infraestrutura de TI certa para as suas necessidades particulares é essencial para o sucesso de sua DX.

Relembre o exemplo do National Commercial Bank (NCB) do Capítulo 3. A estratégia do NCB de se tornar o principal banco digital da Arábia Saudita consistiu em construir uma experiência de alto nível de banco por celular e com isso liberar os funcionários que faziam o contato direto com clientes para que promovessem uma expansão a mercados não atendidos por serviços bancários. O maior obstáculo a essa estratégia era o legado de TI do banco, que operava num emaranhado de 160 sistemas diferentes com uma complexa rede de integração. Múltiplos pontos de falhas de integração exigiam intervenção constante do pessoal de suporte. Num esforço que se estendeu por vários anos, o NCB reconstruiu sua tecnologia essencial de operação bancária adotando uma moderna arquitetura de apenas quinze sistemas em apoio a operações digitais contínuas. O resultado foi uma experiência do cliente confiável, de alto nível, que transformou o *app* de banco do NCB no melhor do país. Os clientes transferiram mais de 98% de suas transações para o autosserviço digital, permitindo ao banco poupar custos e ter um crescimento de primeira linha.

### Dívida técnica

A história do NCB ilustra muito bem o conceito de dívida técnica. A dívida técnica é qualquer custo futuro para o negócio causado por uma tecnologia abaixo do nível ótimo.[10] O termo se aplica tanto a software quanto a hardware; pode ir de um código HTML fraco, que deixa lenta a página web, a déficits de networking que afetam o sistema todo, a integração de dados ou a cibersegurança. A dívida técnica tem muitas causas, desde protelar a manutenção de sistemas que envelhecem a mudanças nos padrões de tecnologia ou a um design inicial precário. Pode ainda ser o resultado de uma decisão proposital de "andar rápido e consertar depois". A CTO Fiona Tan explicou-me que a Walmart pode protelar a integração de novos negócios adquiridos em seu pacote atual de tecnologia se a sua estratégia for priorizar crescimento e velocidade para o mercado do novo negócio a curto prazo.

Se não forem corrigidos, os custos da dívida técnica são muitos. Ele exaure recursos, desvia o orçamento de TI para manutenção em vez de destiná-lo a apoiar novo crescimento. Desacelera os times de negócios e a organização inteira. E, o mais importante, a dívida técnica frustra a estratégia sempre que a infraestrutura empata a inovação, como experimentado pela Volkswagen e pelo NCB.

Um erro comum das empresas é consertar problemas de infraestrutura com remendos e gambiarras que acabam fazendo perdurar sistemas legados inflexíveis. Como um empréstimo com juros, porém, a dívida técnica não corrigida *cresce ao longo do tempo*. Em vez de ficar remendando os problemas subjacentes, uma organização forte em TI insiste em "saldar" periodicamente a dívida técnica, a fim de melhorar a eficiência e agilidade do negócio. Saldar a dívida técnica é difícil. Significa gastar recursos sem obter quaisquer novos produtos ou funcionalidades. Mas o benefício da reconstrução é tornar sua TI mais rápida, mais confiável, mais segura, mais flexível a atualizações e mais capaz de integração com outros sistemas. Esse processo, chamado refatoração [*refactoring*], consome tempo e investimento, e o retorno não é imediato. Mas como o NCB aprendeu ao refatorar seus sistemas de TI, é essencial para o futuro crescimento.

## TI monolítica *versus* modular

Um dos principais tipos atuais de refatoração de TI é passar de uma arquitetura monolítica para uma modular. Numa arquitetura monolítica tradicional, o software – seja um *app*, um site ou uma operação inteira de varejo de um banco – é construído como um programa integrado. Isso pode funcionar bem em pequena escala, por exemplo, quando se constrói rapidamente um MVP. Mas conforme um sistema monolítico cresce, ele se torna cada vez mais rígido e inflexível. Para mudar uma parte de um aplicativo, você precisa testar o impacto no sistema todo ou correr o risco de derrubá-lo. As atualizações, qualquer que seja seu tipo, ficam lentas e trabalhosas. É por isso que os sistemas de computação empresariais das décadas de 1990 e 2000 são conhecidos pela dificuldade de customização ou de adaptação às necessidades em mutação dos negócios.

Numa arquitetura modular, o mesmo software é reconstruído como um conjunto de módulos chamados de microsserviços. Cada um desses módulos de software comunica-se com os outros por meio de uma interface automatizada chamada API. Dentro de uma única arquitetura de empresa, centenas ou milhares de microsserviços podem interagir desse modo, cada um gerido e desenvolvido por um único time.

No início da Amazon.com, sua arquitetura era monolítica. O site todo rodava como uma peça de software única, integrada. Após alguns anos de rápida expansão, o site havia crescido para milhões de linhas de código cujas limitações estavam impactando o crescimento. Como o CTO Werner Vogels explicou: "Toda vez que queríamos acrescentar um novo recurso ou produto para os nossos clientes, como *streaming* de vídeo, tínhamos que editar e reescrever montanhas de código num aplicativo que havíamos desenhado especificamente para nosso primeiro produto – a livraria".[11] Em 2002, a Amazon começou a mudar para uma nova arquitetura. Diz a lenda que Bezos soltou um memo ordenando que dali em diante todos os times teriam que escrever seu código em microsserviços, que se comunicariam entre eles e com o mundo exterior por meio de APIs.[12] A transição levou vários anos, mas lançou os alicerces para o que virou a Amazon Web Services (AWS), e serviu de exemplo pioneiro para outros negócios.

A arquitetura modular hospedada na nuvem traz vários benefícios: é mais escalável e mais segura e flexível. Mas talvez seu impacto mais importante seja na velocidade e flexibilidade organizacional. Sob a arquitetura original da Amazon, se um time quisesse acrescentar uma linha de produtos à loja do site, precisava coordenar isso com numerosos outros times (marketing, estoque, web design etc.) por meio de reuniões, ligações telefônicas e e-mails. Com microsserviços, tudo o que um time precisa de outro pode acontecer por meio de uma interface de software automatizada. Vogels descreve o impacto: "Éramos capazes de inovar para nossos clientes a uma taxa bem mais rápida, e passamos de implantar dezenas de recursos por ano a implantar milhões, à medida que a Amazon foi crescendo".[13]

Hoje, uma mudança de um sistema de computação legado monolítico para uma arquitetura modular na nuvem é cada vez mais vista como algo essencial. Anos atrás, a Netflix fez a transição de todo o seu site para uma arquitetura modular, hospedada no serviço de computação em nuvem da Amazon.[14] Microsoft, Google e outros competem agora com a AWS em prover esses serviços. A computação modular está agora sendo usada em todos os tipos de negócios legados, de grandes empresas como a Walmart a *players* menores como a Acuity, que têm construído seus próprios pacotes de tecnologia e APIs.

## ◢ Ativos de dados

A segunda área crucial de capacidade tecnológica para qualquer DX são os dados. Como examinado no livro *Transformação Digital*, dados são agora um ativo estratégico essencial para qualquer negócio. Toda organização precisa de uma estratégia a respeito de como investir e fazer crescer seu ativo de dados ao longo do tempo. Esse ativo de dados deve incluir dados de clientes (por exemplo, perfis e comportamento de clientes individuais, incluindo interações de compra, uso e outras). Deve conter dados sobre as operações internas da empresa, de pessoas e ativos (por exemplo, dados sobre a cadeia de suprimentos, controle de estoques, informações sobre funcionários etc.). E incluir dados de todos os seus produtos e serviços – tanto dados de serviços subjacentes (como mapear dados para um *app* de navegação ou dados financeiros para um serviço de corretagem), quanto dados de uso de produtos (que dispositivos estão sendo usados, quando, onde e como).

Qualquer que seja a DX de uma organização, se não capturar os dados de modo eficaz e os fizer crescer como ativo, irá tropeçar. A New York Times Company viu seus primeiros esforços digitais atravancados por uma falha em capturar dados essenciais, incluindo dados em artigos arquivados que remontavam a mais de 100 anos. Deficiências em "etiquetar" dados de artigos já publicados tornava impossível o trabalho dos times de encontrar e alavancar facilmente conteúdo de seu imenso tesouro. A Times viu editoras nativas digitais como o Huffington Post realizarem um trabalho melhor ao reembalar conteúdo do *New York Times* – usando artigos históricos do *Times* para engajar leitores em torno de eventos como a morte de uma figura política ou o lançamento de um filme. Ao mesmo tempo, a Times também tinha dificuldades em automatizar a venda de suas históricas fotos, e passou anos tentando criar um banco de dados útil para receitas. No final, com forte investimento em ativos de dados, a Times começou a obter compensações – de um aprimoramento no jornalismo a novos serviços a assinantes, e a um aumento de tráfego de canais externos. Acrescentando dados estruturados às suas receitas de cozinha, por exemplo, aumentou o tráfego para o *Times* proveniente de motores de busca em 52%.[15]

Na era digital, os dados são gerados a uma taxa sem precedentes e de fontes em proliferação – incluindo redes sociais, dispositivos móveis e a rede de sensores que compõe a Internet das Coisas [*Internet of Things*, IoT]. Mas também estão sendo gerados por novos modelos de negócio, como o software como serviço [*software as a service*, SaaS], que permite às empresas observarem o uso que os clientes fazem de seus produtos digitais diretamente ao longo do tempo. Promover o crescimento de seus ativos de dados não é só uma questão de colocar *cookies* em seu site ou adquirir dados de terceiros. Deve ser parte de um planejamento e do design de seus próprios produtos e serviços.

Uma empresa global de energia que aconselhei está repensando suas operações depois de perceber que coletava dados sobre uso de eletricidade apenas dos seus medidores de consumo – quando o que ela quer é acesso a dados de uso pelo consumidor individual. À medida que a Nike passou de marca vendedora de produtos por meio de canais físicos para marca *omnichannel* que vende cada vez mais diretamente ao consumidor, os dados se tornaram centrais para o seu sucesso. Do design de seus *apps* aos seus mais novos modelos de negócio por assinatura, ou às parcerias com varejistas físicos, a Nike planeja a cada estágio a melhor maneira de coletar e implantar dados a respeito de seus clientes, produtos e negócio.

## ◢ Governança de tecnologia e de dados

A terceira área de capacidades tecnológicas essencial para a DX é a dos sistemas de governança, tanto para seus dados quanto para ativos de tecnologia. Qualquer sistema de governança deve atender às necessidades de *stakeholders* internos (as diferentes unidades de negócio e funções), assim como externos (clientes, reguladores, parceiros de negócios etc.). Seja para definir as regras para ativos de dados ou para infraestrutura de tecnologia, qualquer modelo de governança deve levar em conta algumas questões centrais:

> **Acesso** - Quem acessa o que, sob quais condições e com quais permissões e restrições.

> **Integração** - Como dados e software se conectam pelos sistemas técnicos e silos organizacionais.

> **Qualidade** - Como a integridade dos dados, do software e de outros ativos é avaliada e melhorada continuamente.

> **Segurança** - Como os ativos são protegidos de ações maliciosas e de outros riscos, dentro e fora.

Yana Walker, antiga aluna minha, liderou o design de um desses modelos de governança na Bristol Myers Squibb. Seu propósito foi integrar os dados de três divisões diferentes: manufatura, gestão de qualidade e questões regulatórias. O projeto tinha metas técnicas – reunir os dados das divisões, harmonizar e padronizar dados e assegurar a qualidade dos dados (com foco em corrigir o envelhecimento e conjuntos de dados incompletos). O projeto também tinha metas organizacionais – fornecer acesso e transparência aos *stakeholders* certos, garantindo segurança de dados e *compliance* regulatório para cada país em que os servidores de dados estivessem alojados. O sistema de governança acabou sendo implantado em duas partes. Foi construído um sistema automatizado para gerir os dados, seguindo mais de sessenta regras de negócios para lidar com a maioria das questões. E foi criado um conselho de governança de dados – com representantes de cada divisão – para lidar com inconsistências e questões que não fossem contempladas pelas regras de negócios.

Os sistemas de governança propiciam o tipo de compartilhamento de dados e de colaboração que são essenciais para a DX. Um executivo do Sony Group me explicou como, ao conectar links de dados do cliente pelas diferentes divisões, a Sony obteve poderosos insights de mercado e construiu melhores modelos preditivos. A integração de dados só pode acontecer com uma governança de dados eficaz. Integrar todos os dados da Sony nunca teria sido permitido se significasse, por exemplo, que a Sony Pictures poderia usar todos os dados de clientes individuais da Rede PlayStation da Sony para bombardear *gamers* com e-mails promovendo o lançamento de seu próximo filme. Antes que o compartilhamento de dados possa acontecer, é essencial dispor de regras de acesso, qualidade e segurança.

Outra função essencial da governança é ajudar grandes organizações a estabelecer um conjunto comum de dados para a tomada de decisões – o que é comumente chamado de fonte única de verdade. Um dos principais investimentos digitais da Walmart tem sido criar uma visão única do cliente por meio de dados e tornar isso disponível como um serviço a gestores da empresa inteira. KPIs compartilhados são incrivelmente poderosos para alinhar uma organização em torno de estratégia, mas dependem de todos estarem de acordo com os mesmos dados compartilhados. A não ser que os *stakeholders* internos confiem nesses dados, usarão os próprios ou começarão a coletar dados em outra parte. Contar com dados compartilhados confiáveis é essencial para o alinhamento organizacional.

Outro aspecto crucial da governança é em que medida centralizar ativos e capacidades essenciais. Em muitas organizações, tenho visto um modelo supercentralizado, no qual todos os projetos devem passar por uma divisão central de TI localizada em uma sede distante. O resultado é uma rigidez cadavérica da inovação. O desejo de uma forte governança deve ser equilibrado com a necessidade de manter a inovação nas mãos da empresa, onde ela fica mais próxima do cliente. Os melhores modelos de governança que tenho visto conseguem um equilíbrio. Os dados ficam armazenados em mais de um local, mas sincronizados ao longo da empresa. Novas áreas de *expertise* técnica (como aprendizagem de máquina) podem ficar temporariamente numa unidade central, mas são depois disponibilizadas para a empresa. E os aplicativos de software permanecem nas mãos de unidades de negócio locais, mas com um viés em direção a financiar aplicações que possam ser reutilizadas em toda a organização.

## ◢ Construir *versus* comprar

Uma das questões mais comuns em relação à tecnologia na DX é a seguinte: devemos construir a capacidade que precisamos (por exemplo, uma nova arquitetura de microsserviços) com nossos times de tecnologia, ou adquiri-la de um parceiro externo por meio de compra de tecnologia, licenciamento ou SaaS? A escolha dentre essas duas opções costuma ser mencionada como "construir *versus* comprar".[16]

Nas últimas décadas, houve forte tendência a "comprar" – com as empresas terceirizando tecnologia a parceiros e focando seus funcionários em trabalho específico do setor. Na maior parte das empresas, a tecnologia era encarada como fora de suas competências essenciais e tratada como um centro de custos. Departamentos de TI evoluíram para unidades de gestão de fornecedores. Na era digital, temos visto uma grande mudança no pensamento, conforme as capacidades tecnológicas têm se tornado essenciais a toda estratégia de negócios. Empresas como a Volkswagen descobriram as limitações de terceirizar 90% de seu software quando enfrentaram rivais nativos digitais como a Tesla. Jeff Lawson, o cofundador da Twilio, reformula essa escolha como "construir *versus* morrer".[17] Em outras palavras, nenhuma empresa sobrevive a longo prazo se não desenvolve as capacidades para construir suas tecnologias essenciais.

Uma estratégia "construir" tem várias vantagens inerentes. Ela propicia maior controle e capacidade de customizar uma solução segundo as necessidades específicas do seu negócio. A chefe de estratégia da PepsiCo e diretora de transformação Athina Kanioura descobriu que mesmo o melhor software que ela adquiria era genérico demais – não tinha suficientes dados específicos sobre seu negócio nem alinhamento com as metas de negócios da PepsiCo. Então Kanioura adotou uma estratégia "construir" e criou núcleos digitais para a empresa em Dallas e Barcelona para atrair mais capacidades *in-house*.[18] Uma estratégia "construir" também fornece maior capacidade de integração com parceiros. Na Acuity Insurance, o CEO Ben Salzmann tem investido há anos em construir os sistemas essenciais de TI da empresa e os APIs que possibilitam integração rápida e perfeita com qualquer parceiro de *insurtech* [empresas de seguros baseadas em tecnologia], o que Salzmann chama de "*nimbleocity*", algo como "esperteza veloz". Ele dá um exemplo: "A Google veio trabalhar conosco porque nossos pares vão levar meses e meses para fazer qualquer coisa com eles. Nós podemos fazer parceria com qualquer fornecedor de tecnologia em duas semanas". Outro benefício de uma estratégia "construir" é que permite ao negócio preservar a posse da PI tecnológica. Isso por sua vez gera maiores lucros de qualquer tecnologia que seja importante para vantagem competitiva.

Uma estratégia "comprar" pode também ter vantagens atraentes. Se as soluções de tecnologia já existem no mercado, implantá-las (em vez de "reinventar a roda") pode permitir à empresa chegar mais rápido ao mercado e com custo bem menor. Uma estratégia "comprar" pode trazer

Passo 5: Desenvolva tecnologia, talento e cultura

menos risco – particularmente se a empresa consegue tentar a solução num piloto antes de se comprometer com ela. E pode gerar muito menos custo de manutenção, por exemplo, no caso de uma solução SaaS. Portanto, há um jogo de toma lá dá cá nessa decisão de construir *versus* comprar. Você não pode e não deve tentar fazer tudo sozinho.

Portanto, faz sentido usar tanto estratégias "construir" quanto "comprar", pelo menos em algumas de suas capacidades tecnológicas. Meu amigo Anand Birje, presidente de negócios digitais na empresa de serviços globais HCL Technologies, sugere que você comece perguntando quais capacidades tecnológicas são mais importantes para a sua diferenciação competitiva. Se uma tecnologia vai lhe permitir competir e obter um prêmio no mercado, deve construí-la você mesmo numa arquitetura de microsserviços que seja sua. Por outro lado, se uma tecnologia é meramente um custo para fazer negócios, então deve procurar uma solução que possa ser comprada numa base SaaS flexível, pagando apenas por aquilo que você usar. Birje chama isso de tecnologia "componível" *versus* "consumível".

Por fim, não se esqueça de avaliar a incerteza técnica em torno da solução que você está escolhendo. Trata-se por acaso de algo – como uma infraestrutura pública de nuvem – em que as soluções são amplamente implementadas no mercado, com vasta pesquisa de terceiros sobre seus custos e benefícios? Ou trata-se de uma área nova, de ponta, onde as soluções usarão uma tecnologia ainda não comprovada? Se a incerteza técnica for alta, adote uma abordagem "testar antes de comprar" – quer isso signifique uma implantação inicial limitada com um provedor de serviços (antes de um contrato continuado) ou um projeto piloto com uma *startup* de tecnologia (antes de adquiri-la ou de construir sua própria versão).

## ◢ Preparando a jornada

Quer você construa ou compre, nenhum desses esforços conseguem ser feitos da noite para o dia. Saldar a dívida técnica de sua infraestrutura, construir seus ativos de dados e criar bons modelos de governança são coisas que levam tempo. Não há volume de investimento ou compromisso de liderança que lhe permita estalar os dedos e ter essas coisas da noite para o dia. Mas seja cauteloso: conforme segue adiante por uma longa estrada de construção de capacidade, as necessidades e prioridades de sua organização inevitavelmente irão mudar ao longo do tempo. Diante dessa realidade, promover o crescimento de suas capacidades tecnológicas deve ser planejado como uma jornada de vários estágios, com flexibilidade para você ir se adaptando enquanto avança. Pense na organização como um trem no qual você vai reformando um vagão por vez, enquanto em outros vagões aplica remendos temporários e fita adesiva, até chegar a vez deles, e o trem pode continuar nos trilhos.

O NCB, por exemplo, levou três anos para construir seus novos sistemas essenciais para serviços bancários de varejo e corporativos, e outros dois anos para migrar para eles enquanto tocava o negócio adiante. A Volkswagen tem planejada uma evolução de cinco anos de seu sistema operacional VW.os, movendo-se por estágios da versão 1.0 (um lançamento limitado, com código de fonte aberto e software de fornecedores externos) para a 1.1 (usada por mais veículos), até a última, 2.0 (com recursos avançados e implantada em todas as marcas da empresa).[19]

Na Bristol Myers Squibb, o time de Walker construiu seu modelo de governança de dados por meio de uma jornada cuidadosamente programada em estágios. Começou com seis meses de desenvolvimento de um protótipo para demonstrar à liderança que haveria dados suficientes para responder a importantes questões de negócios. Na fase seguinte, foi implantado um robusto ambiente de teste para avaliar a lógica das regras de negócios para o novo sistema. A migração final aconteceu com um período de "*post-go-live*" ["pós-implantação"], no qual os antigos processos de dados eram rodados em paralelo com o novo esquema integrado – para filtrar numerosos cenários e ganhar plena confiança na resiliência e confiabilidade do novo sistema. O processo todo levou mais de um ano. Mas o tempo dependeu em grande medida do número de sistemas sendo integrados. O conselho de Walker? "Comece cedo, comece cedo, comece cedo!"

Ao planejar sua jornada, lembre-se de colocar ênfase na modularidade. Um design mais modular permitirá maior flexibilidade e atualizações mais rápidas conforme suas necessidades continuem mudando.

# TALENTO

Assim como a tecnologia é importante para qualquer estratégia digital, ter funcionários com as capacidades certas é igualmente essencial. Nenhuma empresa pode construir os próprios *apps* e infraestrutura se não tiver engenheiros competentes. Nenhuma empresa consegue seguir uma estratégia direto ao consumidor se não tiver pessoas com talento para o marketing digital. Não conseguirá reorganizar-se em times pequenos, multifuncionais se faltar treinamento em gestão de produto e em metodologias *agile*. E nenhuma empresa pode se tornar uma organização movida por dados se não tiver talentos em ciência e análise de dados.

Ao empreender sua DX, é essencial que você trabalhe de perto com líderes de RH para avaliar suas atuais capacidades de talento e identificar lacunas cruciais. Os talentos a serem buscados podem ser técnicos e não técnicos, em diferentes combinações e diferentes partes da organização. Sanar suas lacunas de talento requer gerir todo o ciclo de vida do talento – desde contratar e adquirir talentos a treinar sua força de trabalho, mantê-la e dispensar aqueles que não estiverem alinhados com sua estratégia, minimizando ao mesmo tempo o atrito com aqueles que estão.

## ◢ Talentos técnicos e não técnicos

Qualquer nova estratégia para a era digital provavelmente irá demandar que seu negócio desenvolva suas capacidades em várias áreas de *talentos técnicos*, como engenharia de software, com diferentes focos em aplicativos, plataformas, redes e assim por diante. São necessários também talentos em ciência de dados e análises de negócios, bem como em campos emergentes e em rápida mudança como aprendizagem de máquina e cibersegurança.

Como vice-presidente de recursos humanos e tecnologia empresarial da Johnson & Johnson (J&J), Juliana Nunes é responsável por talentos digitais. Seu trabalho é assegurar que a J&J tenha os talentos de que necessita conforme a empresa muda rapidamente sua estratégia, produtos e serviços para a era digital. Nunes fez parceria com a IBM para avaliar os atuais talentos técnicos dentro da força de trabalho global da J&J – usando aprendizagem de máquina para analisar a pegada digital de cada funcionário e inferir que talentos eles têm e em que nível de maturidade. Entre os talentos técnicos que constataram que a J&J precisa desenvolver estão ciência de dados, cibersegurança e automação inteligente. "Sabemos que não se consegue prever o futuro", Nunes diz, mas com os talentos certos "acreditamos que podemos ficar mais bem posicionados em relação a ele."

Qualquer organização precisa também avaliar quais *talentos não técnicos* ela precisa para apoiar seus esforços de DX. Talentos não técnicos são habilidades de inovação – como treinamento em gestão de produto, métodos *agile* como *Scrum*, *design thinking* ou *lean startup*. Podem incluir novos talentos de ida-ao-mercado – como marketing digital, comércio eletrônico, vendas on-line e gestão de canais. Dependendo dos problemas que estiverem resolvendo, seus times multifuncionais vão precisar também de talentos de outras disciplinas – por exemplo, comunicações e design (como contar uma história, design gráfico, experiência de usuário [*user experience*, UX] etc.), e ciências sociais (economia, sociologia, psicologia, antropologia etc.).

A Amazon é conhecida por contratar economistas com doutorado e espalhá-los pelos times de duas pizzas ao longo da empresa para ajudar a realizar experimentos controlados no nível em que o trabalho está sendo feito em ritmo mais acelerado.[20] Quando Imran Haque era CDO da empresa global de transporte marítimo CMA CGM, uma de suas primeiras iniciativas foi elaborar um novo produto digital para atender às necessidades de negócios de transporte de pequeno e médio porte. Mas a CMA CGM nunca havia vendido a clientes desse tipo antes, portanto, não tinha nenhuma experiência de vendas relevante. Uma das chaves para perseguir a nova estratégia foi, primeiro, adquirir talentos em marketing digital para ajudar a alcançar essa audiência muito diferente.

## ◢ Diferentes níveis e combinações

Atender às suas necessidades de talento vai exigir mais do que uma lista de compras de talentos distribuídos em amplas categorias. Muitos líderes falam sobre o número total de programadores que pretendem contratar para a sua DX. (Lembre-se do Capítulo 1, do editor do *New York Times* vangloriando-se de que tinham "mais jornalistas capazes de escrever código" do que qualquer outro jornal.) Mas o que mais importa é quais tipos específicos de programadores você tem e precisa em várias áreas especializadas (engenharia de rede *versus* programação de aplicativos etc.).

Igualmente importante é reconhecer que sua organização vai necessitar de diferentes pessoas com diferentes níveis de talento no mesmo domínio. Por exemplo, você pode precisar de cinquenta cientistas de dados especializados para apoiar seus esforços digitais – mas, e quanto a pessoas de negócios que saibam como conversar com esses cientistas de dados? Você provavelmente vai precisar que muito mais gestores em outras funções (marketing, financeiro, operações etc.) adquiram um conhecimento básico de ciência de dados para que possam colaborar efetivamente com esses cientistas.

Numa grande organização, é provável que suas necessidades de talento variem consideravelmente ao longo das diferentes unidades de negócio e funções. Quando a J&J analisou suas necessidades de talento, detectou várias áreas, como ciência de dados, cruciais para times ao longo da empresa. Mas outros talentos eram necessários em unidades de negócio específicas – como talento em comércio eletrônico para seu negócio com consumidores, e talentos de robótica para seu negócio de dispositivos médicos.

Muitas organizações descobrem que o mais importante são as *combina*ções de diferentes talentos, incluindo tanto os técnicos quanto os não técnicos. Nunes comentou comigo o valor de combinar talento em ciência de dados com profunda experiência no setor de assistência médica – às vezes envolvendo membros diferentes de um time, mas idealmente na mesma pessoa. Muitas empresas nativas digitais como a Meta procuram contratar gerentes de produto que sejam pensadores de "formato T": pessoas com real profundidade num domínio, mas com aptidão e abrangência para colaborar em vários outros.[21]

## ◢ O ciclo de vida do talento

Lidar com as necessidades de talento é mais do que contratar novas pessoas com talentos da era digital. Tão crucial quanto é assegurar que elas tenham um futuro atraente e uma perspectiva de carreira na sua organização. Nos seus primeiros dias de DX, a New York Times Company viu que muitos de seus melhores talentos digitais contratados não demoravam a ir embora da empresa. Como um deles explicou: "Eu olhava em volta da organização e via os melhores cargos... ocupados por pessoas com pouca experiência no digital". Outro talento que foi embora observou: "Quando leva 20 meses para construir alguma coisa, seu conjunto de talentos vira algo que tem menos a ver com inovação e mais com navegar pela burocracia... Se não há nenhum papel de liderança ao qual você possa aspirar, ficar tempo demais torna-se arriscado".[22] Assim, o desafio não é apenas encontrar as pessoas certas e colocá-las nos seus diversos departamentos. Propiciar crescimento às capacidades certas significa gerir o ciclo de vida inteiro do talento: contratar, adquirir, treinar, reter, sair e fazer parceria (ver Figura 7.1).

## Contratar

Recrutar novos talentos é crucial para eliminar lacunas de talento. Mas um erro comum que tenho visto é focar em contratação de astros – trazer alguns líderes da Google ou da Amazon e esperar que transformem seus times de cima para baixo. A DX tipicamente requer uma massa crítica de novos talentos. (Uma análise da McKinsey estimou que os fabricantes de veículos tradicionais precisavam ampliar seu talento em software em 300% para fazer frente às mudanças em seu setor.)[23]

**FIGURA 7.1** O ciclo de vida do talento

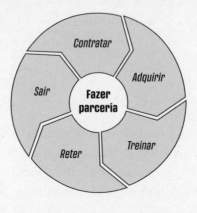

Como é possível você competir com talento digital de alto nível numa situação de demanda tão alta? Um ponto central é ampliar sua lente geográfica. Em vez de montar a sede de suas operações digitais no Vale do Silício, você pode optar por construí-la em um mercado da camada dois ou da camada três, onde pode ser um empregador de primeira linha para talento técnico. Outro ponto chave é se dispor a contratar de fora de seu setor. Como diz Nunes (a respeito da J&J): "Sabíamos que, para podermos trazer os talentos que precisávamos, tínhamos que olhar além das empresas de cuidados com a saúde tradicionais". Hoje, isso significa que a J&J contrata de empresas de tecnologia, de telecomunicações, de serviços financeiros e outras.

### Adquirir

Outra maneira importante de corrigir lacunas de talento é pela compra de outra empresa que tenha pessoas com as capacidades de que você precisa – o chamado *acqui-hire* [um mix de aquisição e contratação]. Essa estratégia pode ser efetiva para acelerar uma grande mudança de talentos, como ocorreu, por exemplo, quando a McDonald's adquiriu a empresa de IA Dynamic Yield com seus 200 funcionários.[24] O valor de uma aquisição como essa costuma estar mais nos talentos da empresa do que no valor de suas receitas, base de clientes ou tecnologia proprietária.

Para grandes empresas que buscam acelerar o crescimento do talento digital, a aquisição de uma âncora pode ser mais eficaz do que uma série de aquisições menores. Trazer a bordo uma massa crítica de centenas ou mesmo milhares de funcionários com talento digital e uma mentalidade digital pode possibilitar um salto inicial para uma mudança mais ampla da empresa inteira. Depois que a aquisição dessa âncora estiver plenamente assimilada, ficará mais fácil integrar aquisições menores ao talento nativo digital.[25]

### Treinar

O próximo passo para reduzir a lacuna de talento é o treinamento. É essencial desenvolver e aumentar as capacidades das pessoas que já estão na sua organização. Treinar costuma ser visto em termos de aprimorar e reformular talentos. Aprimorar talentos é construir em cima dos talentos que um funcionário já tem em seu atual papel (pense em seu profissional de marketing com muitos anos de estrada aprendendo novas ferramentas e táticas digitais de marketing). No caso de um funcionário cujo velho papel vem desaparecendo, reformular talento significa dar a ele os talentos fundacionais para um novo trabalho (pense num representante de serviços ao cliente cujo trabalho está sendo substituído por *bots* e é treinado para ter um novo papel em vendas). Programas de reformulação de talento são vitais para o moral do funcionário, mas dependem da disposição de cada pessoa em acolher uma grande mudança.

### Reter

É essencial que sua organização também tenha uma estratégia para segurar os funcionários com capacidades essenciais. Na J&J, Nunes pergunta: "Como posso criar a melhor experiência de crescimento de modo que as pessoas fiquem com vontade de continuar aqui conosco? Talentos destacados são recrutados por outras empresas o tempo todo. Então, como posso criar uma experiência para eles de modo que sintam que estão continuamente crescendo?".

O modelo de Daniel Pink para motivação intrínseca dos funcionários é aplicável aqui. Ele enfatiza três elementos: autonomia (a oportunidade de dirigir o próprio trabalho), maestria (a oportunidade de aprender e de crescer por meio de seu trabalho) e propósito (a oportunidade de beneficiar outras pessoas com seu trabalho).[26] Cada um desses elementos é crucial para manter funcionários. Como Nunes observa: "Precisamos criar um ambiente para nosso talento florescer. Se eles sentem que estão no meio de uma burocracia que não vai lhes permitir fazer o que querem fazer, eles vão embora".

### Sair

Nenhum funcionário vai ficar na sua empresa para sempre. Já vi muitos líderes enfrentarem a saída de funcionários como fazendo parte da DX. Às vezes o desafio é orquestrar a saída de altos executivos que não estejam mais alinhados. Em outros casos, trata-se de deslocar recursos gastos em um tipo de funcionário para contratar mais pessoal de outro perfil.

O primeiro tipo de saída a ser previsto é o das *saídas voluntárias* – quanto atrito você quer? Taxas de rotatividade muito altas custam caro. Mas o atrito pode também ter um índice baixo demais, dificultando trazer novos talentos. Procure não criar "algemas de ouro" para funcionários, quando ninguém sai porque estão todos incentivados a ficar pelo resto da vida. Como me explicou Philipp Wohland, chefe de pessoal e transformação na Virgin Media O2: "Durante a transformação, sistemas de incentivo que causam uma mentalidade de 'preferir ficar' são contraproducentes. Em vez disso, o que você quer é um espírito de 'preferir vencer'". Certifique-se de que seus próprios incentivos recompensam os resultados que você busca em vez de recompensar a manutenção do funcionário. O segundo tipo de saída a ser previsto é o das *saídas involuntárias* – que podem ser remoções já pretendidas, aquisições gerais (combinadas às vezes com demissões para se alcançar um objetivo) ou reorganização (quando uma unidade inteira é dissolvida, mas seu pessoal tem permissão de pleitear cargos numa unidade reformulada).

Talvez o fato mais importante na saída de funcionários seja o alinhamento. Os líderes precisam ter foco em comunicar para onde estão indo como negócio e por que, de que maneira os atuais funcionários podem ser parte dessa jornada e o que ela exigirá deles. Na minha observação das empresas que passam por grandes transformações, as maiores taxas de rotatividade acontecem nos níveis mais altos (até 70% saem), e essas saídas são em grande parte voluntárias. Quando uma nova direção é articulada claramente, os funcionários que estão há mais tempo costumam ter menos disposição de aceitar mudanças e, em vez disso, optam por um acordo de rescisão.

## Fazer parceria

Líderes efetivos fazem o talento se aprimorar não só com seus funcionários, mas com um ecossistema de parceiros. No que diz respeito a decisões sobre seus talentos, você deve preferir construir em vez de comprar, assim como faz com as capacidades de tecnologia. Questione: "Qual dessas necessidades eu devo preencher *in-house*, e quais podem ser mais bem preenchidas com parceiros externos?".

Os melhores relacionamentos de parceria devem não só compensar pelos talentos de que você carece internamente. Devem apoiar cada estágio do seu ciclo de vida do talento. Isso pode incluir treinamento (grandes parceiros trabalham com seus funcionários e ajudam a desenvolver seus talentos no processo). Isso pode levar a contratar (recrutar indivíduos de um parceiro externo como funcionários permanentes). Em alguns casos, um grande parceiro se torna o alvo de uma aquisição-contratação.

Grandes organizações da era digital são projetadas para serem abertas e permeáveis. São fluentes em implantar times que combinam contratados internos e parceiros externos. Cultivam redes de antigos funcionários com os quais continuam a trabalhar no futuro. E encorajam indivíduos a circularem no entorno da organização.

## FERRAMENTA: O MAPA DE TECNOLOGIA E TALENTO

Nossa próxima ferramenta é o Mapa de Tecnologia e Talento (ver Figura 7.2). O propósito dessa ferramenta é ajudar uma organização a desenvolver as capacidades de tecnologia e talento que precisa para prosperar na era digital. A ferramenta guia os líderes por uma avaliação das capacidades que precisarão ter no futuro, identificando lacunas e

---

**FIGURA 7.2** O Mapa de Tecnologia e Talento

**1. Capacidades em tecnologia**

| **Avaliação** | **Plano de transição** |
|---|---|
| *Necessidades futuras* | *Construir versus comprar* |
| *Análise das lacunas* | *Preparar a jornada* |
| *Priorização* | |

**2. Capacidades em talento**

| **Avaliação** | **Plano de transição** | |
|---|---|---|
| *Necessidades futuras* | *Contratar* | *Adquirir* |
| *Análise das lacunas* | *Treinar* | *Reter* |
| *Priorização* | *Sair* | *Fazer parceria* |

Passo 5: Desenvolva tecnologia, talento e cultura

priorizando-as, e concebendo estratégias para diminuir essas lacunas ao longo do tempo. O Mapa de Tecnologia e Talento pode ser aplicado no nível da empresa, mas com igual facilidade também a uma unidade de negócio ou departamento individual. Pode até ser usado para avaliar a necessidade de capacidades de um único time. Seja qual for o escopo de sua aplicação, o processo é o mesmo.

## ◢ 1. Capacidades em tecnologia

O Passo 1 do Mapa de Tecnologia e Talento tem foco na necessidade de tecnologia para apoiar a DX de sua organização, unidade de negócio ou time. Deve ser concluído em parceria estreita com sua liderança de TI, que pode falar com *expertise* sobre assuntos como infraestrutura de computação, segurança ou integridade de dados; e também com *stakeholders* do negócio e funcionais, que entenderão melhor as necessidades em torno de tomada de decisões, experiência do cliente, *compliance* legal e assim por diante.

### Avaliação

Comece com uma avaliação de suas necessidades futuras de tecnologia para apoiar sua estratégia digital em evolução. Procure focar nos seguintes elementos:

> **Infraestrutura de tecnologia -** Você tem planos de passar para computação na nuvem? Que tipo de arquitetura de APIs irá apoiar o crescimento de seu negócio?
> Os dados devem ser armazenados em *data lakes* ou em *data warehouses*? De que tipo de aplicativos você precisa para rodar seus processos de negócios essenciais?

> **Ativos de dados -** De que tipos de dados você precisa para apoiar sua estratégia de negócios? De que dados sobre os clientes você precisa? De que dados você precisa sobre suas operações? De que dados precisa para fortalecer seus produtos, e que dados eles devem capturar?

**➤ Governança de tecnologia e de dados** - De que sistemas você vai precisar para gerir seus dados e infraestrutura de TI e garantir sua segurança, qualidade e integração?

A seguir, você deve realizar uma análise das lacunas, comparando suas necessidades futuras com suas atuais capacidades de tecnologia. Identifique suas maiores lacunas em cada uma das áreas acima. Ao fazer isso, seja específico a respeito dos pontos em que suas atuais capacidades ficam devendo. Por exemplo, não declare que você quer simplesmente uma "melhor infraestrutura de TI". Em vez disso, declare: "Precisamos de APIs mais robustas para conectar com nossos parceiros de canal de vendas".

Priorize cada uma dessas lacunas de capacidade. De novo, certifique-se de obter contribuição de todos os seus *stakeholders* relevantes (TI, negócios e funcionais). Sugiro que peça que cada *stakeholder* dê uma pontuação de 1 a 5 a cada lacuna, na qual 1 indica uma severa falta de capacidade que trava o negócio, e 5 indica uma área que requer apenas pequenas melhorias. Ao combinar essas pontuações, você pode criar uma lista de prioridades de capacidades tecnológicas a serem aprimoradas com vistas ao futuro.

## Plano de transição

Em seguida, você precisará desenvolver um plano sobre como irá solucionar as lacunas em suas capacidades tecnológicas. Isso requer examinar as abordagens "construir *versus* comprar":

**➤ Construir** - Que capacidades são estratégicas, ou seja, dão ao seu negócio uma vantagem única no mercado? Qual a melhor maneira de construí-las você mesmo, com uma arquitetura flexível e uma PI que seja sua?

**➤ Comprar** - Que capacidades são puramente operacionais? Você consegue encontrar uma solução para comprar que lhe permita ter desempenho tão bom quanto o de seus pares? Como pode garantir flexibilidade para customizar ou mudar suas soluções no futuro?

Passo 5: Desenvolva tecnologia, talento e cultura

➤ **Teste primeiro** - Quanta incerteza técnica há em cada solução? A tecnologia está bem estabelecida, com *benchmarks* claros de desempenho? Se não, como poderia testá-la com uma implantação restrita antes de se comprometer a usá-la em toda a sua empresa?

Você também deve planejar como realizará sua jornada para corrigir as lacunas em sua tecnologia. Capacidades técnicas levam tempo, tanto para construir quanto para comprar, e o negócio precisa continuar operando enquanto as novas capacidades são colocadas no lugar. Ao realizar sua jornada, concentre-se nas seguintes considerações:

➤ **Impacto do negócio** - Que investimentos são mais urgentes para as necessidades de seu negócio? Como você deve investir na dívida técnica hoje para evitar impactos onerosos em seu negócio amanhã?

➤ **Processo iterativo** - De que modo você pode usar MVPs para validar os problemas de negócios que você quer resolver e validar se os *stakeholders* usarão suas soluções?

➤ **Desenvolvimento modular** - Você consegue dividir uma solução complexa em partes menores, seguindo o imperativo *agile* de implementar continuamente melhorias no seu código de trabalho?

➤ **Trilhas paralelas** - Como irá planejar um período de migração no qual sistemas velhos e novos rodem em paralelo para assegurar assim resiliência no mundo real?

## ◀ 2. Capacidades de talento

O Passo 2 do Mapa de Tecnologia e Talento tem foco no talento necessário para apoiar a DX de sua organização, unidade de negócio ou time. Deve ser realizado em parceria estreita com líderes de RH, assim como com líderes do negócio e funcionais, que terão cada um seu próprio insight a respeito das necessidades de talento de sua organização.

## Avaliação

Comece com uma avaliação dos talentos técnicos e não técnicos mais essenciais para a sua DX. Ao avaliar suas necessidades futuras, tenha um olhar abrangente e inclua as seguintes áreas:

▶ **Engenharia de software** - Para diferentes áreas, como desenvolvimento de aplicativos, redes, infraestrutura, segurança e hardware.

▶ **Dados e análises** - Incluindo ciência de dados, integridade de dados, sistemas de decisões e análise de negócios.

▶ **Tecnologias emergentes** - Tais como aprendizagem de máquina, robótica, cibersegurança e automação.

▶ **Talentos de inovação** - Em metodologias como gestão de produto, *Scrum*, *design thinking* ou *lean startup*.

▶ **Talentos *go-to-market*** - No comércio eletrônico, publicidade digital, marketing de influência e assim por diante, para apoiar entrada em novos mercados.

▶ **Outros domínios** - Por exemplo, UX, *storytelling*, pesquisa de mercado e economia para seus times multifuncionais.

Em seguida, você deverá realizar uma análise das lacunas – comparando suas necessidades futuras com seu talento atual. Trabalhe com o RH, examinando dados quantitativos e qualitativos, para definir seus talentos atuais e identificar suas maiores lacunas em cada uma das áreas acima.

▶ **Talentos específicos** - De que talentos particulares você tem maior falta (não "codificadores", mas tipos específicos de desenvolvedores, e não "talentos de dados", mas "*expertise* em aprendizagem de máquina")?

▶ **Distribuição** - Que talentos são necessários ao longo de toda a organização? Que talentos são necessários apenas em certas unidades de negócio ou departamentos?

> **Nível de talento** - Onde você precisa de alta *expertise* em algum talento em particular? Onde precisa de mais familiaridade geral e conhecimento básico?

A seguir, você deve priorizar cada uma das lacunas de talento que tiver identificado. Peça que cada um dos seus *stakeholders* classifique as lacunas que tiverem localizado com uma pontuação de 1 a 5, com 1 indicando um severo déficit de talento que entrava o negócio, e 5 uma área que precisa apenas de pequenos ajustes. Combine essas pontuações para criar uma lista de prioridades de necessidades de talento que você possa trabalhar junto com o departamento de recursos humanos para promover crescimento para o futuro.

## Plano de transição

Você precisa traçar um plano para solucionar essas lacunas em seu talento e apoiar seu futuro crescimento. Seu plano deve abranger cada um dos seis passos do ciclo de vida do talento:

> **Contratar** - Como você irá recrutar novos talentos para atender às suas necessidades de capacidade? Onde irá procurar (empresas, setor, localização geográfica), e como irá atrair pessoas para trabalharem para você?

> **Adquirir** - Será que uma aquisição ajudará a sanar essas suas lacunas de talento? Nesse caso, que tipo de empresa você deveria visar? Como irá gerir sua integração para acelerar a mudança que precisa operar sem perder o que há de melhor na empresa adquirida?

> **Treinar** - De que maneira você pode desenvolver melhor as capacidades das pessoas com que conta atualmente? Que tipo de aprimoramento de talento pode beneficiá-las nos seus atuais papéis? Em que aspectos uma reformulação de talento permitiria que você reposicionasse pessoas talentosas cujos papéis estão agora em baixa?

> **Reter** - Como você pode engajar seus melhores talentos de modo que não vão embora? Será que ficando com você eles terão uma

trajetória de carreira atraente? Como pode garantir que o trabalho deles tenha autonomia, maestria e propósito?

> **Sair** - Quanta rotatividade é saudável para o ritmo de mudança que você pretende imprimir? O seu atrito voluntário é alto demais, ou muito baixo? Você deveria realinhar os incentivos para evitar as "algemas de ouro" que mantêm as pessoas erradas na empresa? Que combinação de aquisições, demissões ou reorganização é exigida para alinhar recursos com o talento de que você mais precisa?

> **Fazer parceria** - Como irá procurar além de seu time ou organização para solucionar suas necessidades de talento? Que parceiros podem apoiar sua estratégia? Qual é a melhor maneira de trabalhar com eles, aprender deles, contratá-los ou possivelmente adquiri-los? Como projetar o melhor ecossistema de talento dentro e fora para ajudar seu negócio a prosperar?

## CULTURA

Desenvolver as capacidades certas para a DX não pode parar com tecnologia e talento. É igualmente fundamental incluir a cultura. Ter a cultura organizacional certa é essencial para o sucesso a longo prazo de qualquer esforço de DX. Depois de estudar inúmeros esforços digitais de negócios ao redor do mundo, estou convencido de que é impossível alcançar uma DX duradoura sem mudança na cultura. Felizmente, tenho visto líderes efetivos provando que desenvolver uma cultura que acolha o digital é possível mesmo nos negócios estabelecidos há muito tempo.

### ◢ A jornada do *Aftenposten*

Quando conheci Espen Egil Hansen, ele era um astro em ascensão na Schibsted, um conglomerado escandinavo de mídia que vinha fazendo uma manobra agressiva em seu portfólio de empresas de notícias e publicidade para se adaptar à era digital. Hansen havia recentemente liderado uma *startup* digital para a Schibsted chamada VG Nett, na qual construiu um próspero e lucrativo negócio on-line. Como seu próximo desafio, Hansen foi convidado a transformar uma das mais antigas e prestigiosas instituições de notícias do norte da Europa, o jornal norueguês *Aftenposten*. Quando Hansen assumiu o controle como novo CEO e editor-chefe, sabia que enfrentaria imensas barreiras culturais à mudança. Estava lidando com uma instituição orgulhosa cuja história remontava a 1860; sabia que era dotada de forte sentido de tradição e do que Hansen chamou de "uma das culturas mais conservadoras que existem – como uma igreja!". Hansen sabia que transformar o negócio do *Aftenposten* para a era digital só poderia acontecer se fossem feitas mudanças fundamentais em sua cultura. Especificamente, o *Aftenposten* precisava de uma cultura que fosse:

> **Empreendedora** - Com uma mentalidade de baixo para cima em que todos contribuíssem com ideias.

> **Colaborativa** - Onde funcionários trabalhassem superando a tradicional barreira editorial *versus* comercial e transpondo os silos das diferentes editorias.

> **Orientada por dados** - Em que as decisões fossem tomadas com base em dados e em testagem, e não nos veredJtos dos editores de grau hierárquico mais elevado.

> **Focada no cliente** - Em que o trabalho fosse centrado nas experiências digitais do cliente em constante evolução, em vez de no histórico produto impresso do *Aftenposten*.

No seu primeiro dia como CEO, Hansen compareceu à reunião matinal dos editores. Os editores mais antigos do *Aftenposten* reuniam-se para fazer uma revisão do jornal do dia anterior e discutir que lições deveriam ser aprendidas. Como Hansen me contou ao rememorar: "Tenho certeza de que aquela reunião vinha sendo realizada mais ou menos do mesmo jeito desde 1860. Apenas ouvi. Então, ao final da reunião, eu disse 'Isso foi muito agradável. Mas a partir de amanhã vamos tentar algo novo'". Depois de 150 anos, ele cancelou aquela reunião matinal dos editores. No dia seguinte, introduziu uma nova reunião que passaria a vigorar todo dia a partir de então. Todo mundo agora estava convidado – a equipe editorial inteira e todos os repórteres, mas também o time que vendia publicidade, o de assinaturas, o pessoal da tecnologia, e até os faxineiros. Todos foram solicitados a participar de uma discussão aberta e franca daquilo que o *Aftenposten* havia feito de bom no dia anterior e compartilhar suas ideias sobre o que podia ser melhorado.

Outras mudanças rapidamente vieram. Para incentivar uma colaboração que fosse além dos papéis tradicionais, Hansen introduziu times multifuncionais, que juntavam jornalistas e tecnólogos, e deu-lhes a incumbência de colaborar com os leitores e tentar novas formas de jornalismo guiado por dados. Tirou partido da longamente planejada mudança de prédio do *Aftenposten* e concebeu um espaço que pudesse apoiar uma cultura mais colaborativa. No antigo edifício, os funcionários haviam sido espalhados por dez andares, com escritórios concentrados nos cantos. "Tínhamos 40 cantos, e era como ter 40 subculturas no *Aftenposten*", Hansen me explicou. Para o novo edifício, fez questão de juntar todo mundo em dois grandes andares e criou um espaço central em cada um – não só para reuniões matinais, mas também como o único local para máquinas de café e cestos de lixo. "A ideia toda era incentivar reuniões espontâneas de pessoas diferentes na organização. Não era apenas simbólico – realmente funcionava!".

Para ajudar a mudar para decisões orientadas por dados, Hansen instituiu um novo modelo no qual as métricas de cada departamento eram repassadas de modo aberto e transparente a todos os funcionários. Para pressionar todo mundo a focar na experiência digital do cliente, estipulou que as notícias mostradas nas reuniões deveriam aparecer em seu formato de tela de celular – para lembrar aos editores (muitos dos quais haviam começado no jornal impresso) que era assim que a maioria dos leitores lia agora suas histórias.

Quando Hansen saiu depois de seis anos, o negócio do *Aftenposten* estava radicalmente transformado. "Viramos o modelo de negócio de ponta cabeça – de 80% de receita de publicidade para 80% de assinaturas. Não são muitas as empresas que sobrevivem a esse tipo de mudança", explicou. Mas tão importante quanto, a cultura também havia mudado. "Deixamos de ser uma empresa que na realidade era um monopólio, trazendo-o de volta à competição do mercado. Nos tornamos uma organização orientada por dados, algo que não éramos antes." E a velha mentalidade hierárquica também havia cedido terreno: "Pouca coisa hoje no *Aftenposten* é decidida a partir de cima", Hansen enfatizou ao compartilhar o que havia aprendido da DX, "a parte difícil não é conseguir a tecnologia certa, mas mudar nossa cultura".

## ◢ A cultura na DX

A centralidade da cultura não é algo que caracterize apenas a DX do *Aftenposten*. Na New York Times Company, a cultura era o calcanhar de Aquiles dos primeiros esforços digitais do jornal. Seu mal afamado *Relatório de Inovação* diagnosticou que sua transformação estava sendo travada por uma mentalidade de aversão ao risco na redação, por uma cultura de silos, um foco tristemente desatualizado na edição impressa, por um trabalho que era organizado em torno das velhas tradições em vez de nos hábitos em mudança dos leitores, e por uma falha em compartilhar e aprender com os erros. Apenas quando a cultura da Times começou a mudar é que sua transformação começou de fato a mostrar resultados.

É impossível conduzir uma DX efetiva sem construir a cultura certa. Se uma empresa é movida apenas por resultados financeiros e não tem uma mentalidade focada no cliente, nunca conseguirá detectar o próximo problema do cliente a ser resolvido. Se seus times dependem de pessoas mais veteranas e de posição hierárquica mais elevada e não de dados para tomar decisões, os esforços para "testar e aprender" virarão meros "testes para confirmar". Se as pessoas têm medo de falhar ou de admitir seus erros, nunca serão capazes de iterar, pivotar e adaptar suas inovações.

Mesmo as maiores mudanças no processo e na governança falham se não são acompanhadas por mudanças na cultura. Dániel Nőthig, que trabalha como coach em grandes organizações na adoção de software de desenvolvimento *agile*, descreveu-me como muitos clientes querem focar apenas nos mecanismos do *agile*. Eles se empenham em adotar todos os processos certos (reuniões diárias de *Scrum*, *sprints* de duas semanas, quadros *Kanban* etc.). Mas a mentalidade essencial do *agile* – ser iterativo, autodirecionado, focado no problema e centrado no cliente – nunca é comunicada ou adotada. Nőthig chama isso de "vamos fazer o processo, mas não a cultura". Em toda a sua experiência de coaching, nunca viu que funcionasse.

Empresas nativas digitais ao redor do mundo têm obsessão pela importância da cultura para seu sucesso. Se você passar um tempo no Vale do Silício, logo verá que os líderes ali falam muito mais sobre a cultura de sua empresa do que sobre tecnologia. Quando Satya Nadella assumiu como CEO da Microsoft, foi escolhido pelo conselho para implementar uma dramática mudança na estratégia – de baseada em servidores a baseada na nuvem, e de exclusiva do Windows a disposta a parcerias com qualquer sistema operacional. No entanto, ao assumir a liderança, Nadella falou mais apaixonadamente sobre seus esforços para mudar a cultura da Microsoft. Como Nadella informou aos acionistas, um ano após liderar essa virada: "Nossa capacidade de mudar nossa cultura é o principal indicador de nosso sucesso futuro".[27]

A Microsoft não é a única. Todos os titãs digitais que surgiram na era da internet – Amazon, Alphabet, Meta, Tesla e Netflix – mostram um foco na cultura com intensidade similar. Cada empresa tem a própria codificação de seus princípios-guia, e cada uma vai a extremos para conectar sua cultura declarada ao funcionamento real do dia a dia da empresa.

## ◢ Cultura como comportamento

O que é a cultura? A palavra foi ganhando popularidade nos negócios, mas seu sentido costuma ser obscuro e mal definido. As discussões sobre cultura organizacional quase sempre usam uma linguagem vaga e imprecisa, sem nexo com uma ação clara ou com as necessidades do negócio. Durante anos, essa imprecisão deixou-me cético em relação ao termo "cultura", mas minha concepção mudou à medida que fui estudando organizações em que a cultura havia se tornado uma alavanca poderosa de transformação e crescimento. E vi que cada uma dessas organizações definia sua cultura em termos das coisas do cotidiano que as pessoas fazem.

Uma definição famosa de cultura organizacional vem de Herb Kelleher, cofundador e CEO da Southwest Airlines: "Cultura é aquilo que as pessoas fazem quando não tem ninguém olhando".[28] Essa definição maravilhosamente concisa de Kelleher captura duas ideias: que a cultura é comportamento ("o que as pessoas fazem") e que está estabelecida por uma mentalidade e por normas mais do que por regras ("quando não tem ninguém olhando"). Como um executivo expressou comentando isso comigo, "A cultura da nossa empresa são os comportamentos aos quais recorremos como norma".

De que maneira as pessoas em sua organização interagem e colaboram? O que as pessoas em sua organização passam a maior parte do tempo fazendo? Como elas tomam decisões e conduzem reuniões? O capitalista de risco do Vale do Silício Ben Horowitz escreveu um livro inteiro a respeito de cultura, com o título de *What You Do Is Who You Are* ["O que você faz é quem você é"]. A cultura é basicamente nossos hábitos diários, interações e como priorizamos o que fazer primeiro. Como Horowitz aponta, a declaração típica de missão corporativa não oferece um guia sobre os tipos de decisões que os funcionários tomam diariamente – e no entanto essas pequenas escolhas irão definir sua organização e determinar em última instância seu sucesso ou fracasso.[29]

Como você pode definir a cultura que quer implantar e ter certeza de que essa cultura irá se firmar? Nas primeiras *startups*, a cultura é definida pelos fundadores e seus primeiros contratados. À medida que as organizações crescem, a cultura pode ser moldada pela maneira com que os fundadores falam a respeito do negócio com os funcionários e modelam o comportamento. Mas o que acontece quando a empresa fica maior e o CEO fundador não tem mais como subir numa cadeira e se dirigir à organização inteira no início de cada manhã? Como podemos moldar a cultura numa organização grande e complexa?

Para reforçar e assentar uma cultura em escala você precisa examinar o processo. Como Vince Campisi, CDO da United Technologies Corporation (UTC), me contou: "Em grandes organizações, o processo codifica a cultura". Quando um líder me fala de sua visão e mostra frustração porque sua organização não está indo nessa direção, sempre pergunto a respeito do processo: o que você está fazendo para mudar aquilo que mede, o que recompensa e o que pede que as pessoas façam no cotidiano?

Construir uma cultura centrada no cliente é impossível se todas as suas métricas se baseiam em desempenho financeiro a curto prazo e não no valor que é ganho por seus clientes. Uma cultura colaborativa é impossível se sua organização é projetada em silos funcionais e seu departamento de compras leva oito meses para aprovar um teste piloto de duas semanas com um parceiro. O pensamento empreendedor e a coragem de assumir riscos serão vistos como meras palavras da moda se os seus bônus e incentivos punem os funcionários pelo encerramento de projetos e recompensam por resultados previsíveis. Para que uma mudança de cultura crie raízes, os processos devem ser cuidadosamente projetados para apoiar a transformação em vez de criar obstáculos a ela.

Ao estudar líderes como Hansen, que transformaram a cultura de sua organização, observei um padrão comum. Líderes que moldam a cultura fazem três coisas:

**1** **Definem** a cultura que buscam por meio de um conjunto claro de princípios e comportamentos que eles passam a exigir.

**2** **Comunicam** essa cultura com histórias, símbolos e ações por meio das quais elas ganham vida.

**3** **Propiciam** essa cultura com processos que apoiam os comportamentos certos.

## Defina cultura com princípios e comportamentos

Líderes efetivos *definem* a cultura que buscam implantar elaborando conscientemente os princípios de sua organização. A Google tem seus Pilares de Inovação[30] e suas "Dez coisas que sabemos ser verdades".[31] A Tesla tem seis princípios de liderança, ensinados a todos os novos funcionários em seus programas de treinamento.[32] A Southwest Airlines incentiva os funcionários a "Viver o Jeito Southwest" e "Trabalhar do Jeito Southwest", identificando claramente os componentes desse *ethos* (Espírito Guerreiro, Coração de Servidor, Atitude Divertida etc.).[33] E à medida que a Ford Motor se transforma para a era digital, ela define

Passo 5: Desenvolva tecnologia, talento e cultura

suas "Cinco Regras da Estrada", entre elas "Respeitar mais o Conhecimento que a Hierarquia" e "Resolva o Problema".

Um conjunto claro de princípios culturais descreve quais são os comportamentos que todo mundo na organização deve procurar ter em suas ações, interações e decisões do dia a dia. Princípios bem redigidos oferecem uma pedra de toque compartilhada e uma linguagem comum entre os funcionários. São um meio de tornar todos responsabilizáveis mutuamente. Dois dos melhores exemplos que constatei são da Amazon e da Netflix.

A Amazon é famosa por seus dezesseis Princípios de Liderança, que definem a cultura única da empresa. Esses princípios – que incluem "Obsessão pelo Cliente", "Pense Grande" e "Viés para a Ação" – têm sido refinados ao longo dos anos e são publicados no site de empregos da empresa.[34] Cada princípio é acompanhado por uma breve descrição do que ele significa no trabalho diário. Mas os Princípios de Liderança não são publicados apenas para serem lidos. Eles são mencionados nas reuniões diárias quando as decisões são debatidas, em todos os aspectos do negócio. Os princípios estão "profundamente enraizados na cultura e nas lentes pelas quais candidatos, funcionários e times são avaliados e recompensados", segundo as palavras de um ex-funcionário. "Encontre alguém que tenha trabalhado na Amazon e garanto que ele vai saber nomeá-los de cor e dar um exemplo prático de quando esteve lá."[35]

O pensamento da Netflix sobre sua cultura ficou famoso por um PowerPoint de 124 slides postado publicamente pelo CEO Reed Hastings e visto on-line mais de 1 milhão de vezes. Esse primeiro manifesto descrevia os nove traços comportamentais que a Netflix procurava ao contratar e promover seu pessoal. Às vezes bem-humorado, às vezes filosófico e prático, ele explicava por que "idiotas brilhantes" não seriam tolerados, explicava como a remuneração dos funcionários deveria ser calculada e descrevia um Keeper Test (um Teste de Manutenção, perguntando: "qual de seus subordinados diretos você brigaria para manter se ele recebesse uma oferta de emprego de fora?").[36] A última declaração da Netflix de seus princípios culturais, com mais de 4 mil palavras, é recheada de histórias a respeito dos princípios que definem a cultura da Netflix e como se manifestam na prática. O princípio de "Liberdade e Responsabilidade", por exemplo, associa a criatividade dos funcionários à prática da empresa de um mínimo de regras e supervisão: "No geral, acreditamos que a liberdade e a rápida recuperação são melhores do que tentar evitar o erro... Nossa maior ameaça ao longo do tempo é a falta de inovação... Estamos sempre com um pé atrás, achando que talvez uma excessiva prevenção ao erro possa ser um obstáculo a um trabalho, inventivo, criativo".[37]

Quando começar a definir seus princípios culturais, coloque foco nas oito seguintes qualidades, todas elas parte integrante dos melhores princípios culturais:

➤ **Compartilhados** - Do conhecimento de todos na organização.

➤ **Discutidos** - Considerados parte das discussões, debates e trabalho do dia a dia.

➤ **Acionáveis** - Dando orientação em decisões, especialmente quando há prioridades competindo e é necessário fazer compensações.

➤ **Matizados** - Definidos com alguma complexidade quanto ao que significam para sua organização particular e quanto ao seu aspecto quando em ação.

➤ **Dialéticos** - Existindo em tensão mútua, incluindo leves contradições que podem levar a um debate saudável, em vez de ficarem assentados como um dogma.

➤ **Reconhecíveis** - Descritos em linguagem que reverbere entre os funcionários de diferentes localidades geográficas, gêneros, idades, identidades e históricos.

➤ **Tribais** - Ajudando a definir quem você é e a instilar um sentido de identidade de grupo: isso é o que vocês são; isso é o que os torna únicos.

➤ **Intrínsecos** - Definidos a serviço de algo além do lucro, seja para benefício de clientes, funcionários ou da sociedade em geral.

Passo 5: Desenvolva tecnologia, talento e cultura

Em tempos de mudança, a cultura de uma organização pode ser melhor descrita em termos de uma mudança "de X para Y". Depois de assumir como CEO da Microsoft, Nadella falou a respeito de mudar a organização de uma cultura de "saber tudo", em que funcionários ganhavam status ao provarem sua *expertise*, para uma cultura de "aprender tudo", em que as pessoas são movidas por curiosidade e humildade e perseguem o aprendizado constante e o crescimento pessoal.

Reflita sobre sua cultura organizacional. Qual é a sua hoje – isto é, como o seu pessoal se comporta habitualmente? Que ideias ou princípios guiam seu comportamento? Esse comportamento está alinhado à sua visão compartilhada de seu futuro digital? Se não, como sua cultura precisa mudar?

O Quadro 7.2 lista sete mudanças que tenho observado com maior frequência em organizações que buscam realinhar sua cultura para apoiar sua DX. Se você trabalha numa empresa de legado hoje, uma ou mais dessas profundas mudanças culturais provavelmente é vital para seu sucesso na era digital.

## ◢ Comunique a cultura por meio de histórias, símbolos e ações simbólicas

Líderes efetivos fazem mais que definir a cultura que querem; eles constantemente *comunicam* o que essa cultura é e por que é importante. Fazem isso de uma maneira que cativa o pensamento dos funcionários, fazendo

---

**QUADRO 7.2** Mudanças culturais comuns durante a transformação digital

| Da cultura pré-digital... | Para a cultura digital |
| --- | --- |
| • De orientada por especialista... | • A orientada por dados |
| • De assentada em silos... | • A colaborativa |
| • De cautelosa... | • A aceitar riscos |
| • De "planejamento é tudo..." | • A experimentação |
| • De cima para baixo... | • De baixo para cima |
| • De conduzida por comitê... | • A proprietária |
| • De focada em solução... | • A obcecada pelo cliente |

que com o tempo a cultura seja incorporada em hábitos e ações. Quando líderes comunicam algo sobre a cultura, suas ferramentas mais poderosas não são diagramas, gráficos ou tópicos. Eles comunicam melhor por meio de histórias, símbolos e ações simbólicas. Essas são as melhores ferramentas para moldar como as pessoas pensam e se comportam em organizações.

## Histórias

Cérebros humanos evoluíram para processar histórias, portanto, elas são essenciais para promover a mudança cultural. Como afirmou o psicólogo ganhador do Prêmio Nobel Daniel Kahneman: "Nunca ninguém tomou uma decisão por causa de um número. As pessoas precisam de uma história".[38] Aristóteles sabia que apenas uma boa narrativa – mais que fatos ou instruções em sequência – pode comunicar sentido e conexões complexas de uma maneira que humanos possam absorver prontamente e de modo duradouro.

Histórias podem moldar a cultura organizacional de diversas maneiras. Podem ligar um princípio cultural à missão que orienta a empresa ou enraizá-lo na sua história. Podem ilustrar as consequências de falhar em praticar um princípio cultural e inspirar maior vigilância. Ou podem detectar heróis não reconhecidos cujo comportamento no dia a dia incorpora a cultura que o negócio deseja adquirir.

Nadella tem usado histórias de todas essas maneiras para reforçar a mudança de cultura na Microsoft. Ele ressalta o compromisso da empresa em empoderar os outros ao contar a história do primeiro produto da Microsoft: um intérprete BASIC para o Altair. Na década de 1970, essa era uma ferramenta crucial para a emergente comunidade de aficionados por computadores. Como Nadella explica: "Nossa missão de empoderar cada pessoa e cada organização no planeta para alcançar mais é de fato um olhar para a própria criação da Microsoft".[39] Para destacar o impacto do trabalho da Microsoft hoje, Nadella usou um anúncio do Super Bowl sobre um produto de nicho, um Controle Adaptativo Xbox para *gamers* com deficiência. O dispositivo, que surgiu a partir de uma *hackathon*, tornou-se um projeto apaixonante para o seu time, que passou um ano desenhando a embalagem para que crianças sem mãos fossem capazes de abri-la elas mesmas. Ao assistir ao anúncio do Super Bowl, um engenheiro comentou: "Eu nunca senti tanto orgulho genuíno em dizer, 'Eu trabalho na Microsoft'".[40] Quando Nadella incentiva os funcionários em direção a uma mentalidade de crescimento, costuma recontar a história dos passos em falso de sua empresa nos setores de celular e de busca, duas imensas oportunidades que a Microsoft não conseguiu aproveitar a tempo. Sua mensagem: mantenha-se humilde e nunca pare de aprender.

## Símbolos e ações simbólicas

Símbolos também podem comunicar a cultura que é desejada por uma organização. Objetos, palavras e ações que ilustrem uma ideia podem ser recipientes poderosos de um sentido compartilhado. Ao escolher os símbolos certos, líderes podem fazer uma organização relembrar continuamente as normas culturais que ela busca defender.

Esses símbolos às vezes assumem a forma de um *ritual* cujo poder vem da repetição e da experiência compartilhada ao longo da empresa. A Amazon tem uma tradição de deixar sempre uma cadeira vazia em toda reunião, para representar o cliente. A cadeira serve como um lembrete a todo mundo de que é preciso defender o ponto de vista do cliente em sua discussão – o que enraíza mais o princípio da Amazon da "obsessão pelo cliente". Sob o CEO Jim Hackett, a Ford Motor realizava um funeral viking toda vez que um projeto de inovação era cancelado, a fim de celebrar os valentes esforços do time. Isso enviava um claro sinal de que iniciativas que falhavam eram mesmo assim admiráveis – vitais para o aprendizado e para o futuro do negócio.

Quando cuidadosamente escolhida, a *linguagem* pode ser um símbolo poderoso – pelo sentido que têm as palavras que usamos e aquelas que evitamos. No jornal *Washington Post*, o editor executivo Marty Baron declarou que não seriam permitidos nomes de cargos com a palavra "digital". O ponto de Baron era sutil: ele e seu time falavam a toda hora em "digital" quando discutiam a estratégia do negócio. Mas ao impedir que fizesse parte do nome do cargo de alguém, ele sinalizava que agora o digital era o trabalho de todos – e não a especialidade de uma divisão ou grupo específico de novos contratados.[41]

*Objetos* físicos que apelem ao nosso sentido da visão e audição podem também ser símbolos poderosos. Como fundador da Blinds.com, Jay Steinfeld quis estimular seus funcionários a assumirem riscos e a não terem medo de cometer erros ao trabalhar para fazer a empresa crescer. Ele instalou tubos de ensaio de um metro e meio de altura no escritório e instruiu os funcionários a jogarem dentro uma bolinha de gude transparente toda vez que tentassem uma nova tática para chegar até os clientes. Se o teste fosse bem-sucedido, uma bolinha de gude colorida era também acrescentada; se falhasse, a bolinha transparente era deixada ali. Conforme Steinfeld continuou com esse estímulo para que os funcionários continuassem experimentando, emergiu um padrão que todos puderam ver: havia muito mais bolinhas transparentes (tentativas) em relação às coloridas (sucesso). A mensagem era: assuma riscos e não espere acertar sempre.[42]

As *ações de um líder* podem ser símbolos poderosos também, quando escolhidas para serem visíveis e surpreendentes e demonstrarem a cultura que você procura. Podemos relembrar como, em seu primeiro dia como CEO do *Aftenposten*, Hansen cancelou a tradição de 150 anos de uma reunião dos principais editores. Essa ação teve a intenção de causar um abalo – e comunicar a todos que a mudança vinha a todo vapor para aquela instituição sobrecarregada de história. Walt Disney era famoso por ficar recolhendo lixo toda vez que caminhava pelos parques temáticos da Disney.[43] Essa ação simples falava mais alto do que um discurso a respeito da importância de todo mundo cuidar de moldar a experiência do cliente. Quando Hackett instituiu os funerais viking para projetos de inovação na Ford Motor, fez questão de presidi-los ele mesmo, trajado com capacete e trajes viking.

### ◢ Viabilize a cultura com processos

Definir sua cultura e comunicá-la a todos na organização é crucial, mas ainda não é suficiente para promover a mudança. Líderes efetivos *propiciam* a cultura que buscam ao assegurar que processos apoiem – em vez de serem obstáculos – os comportamentos certos do funcionário.

Isso se torna cada vez mais importante conforme as organizações crescem e ficam mais complexas. Líderes devem continuamente acompanhar os processos empregados para levar adiante seu negócio cotidianamente e perguntar: esses processos estão ajudando ou atrapalhando a cultura que queremos ver implantada?

Ao alinhar processos à cultura, sugiro começar com o que chamo de os três grandes: incentivos, métricas e alocação de recursos. Em 1975, Stephen Kerr publicou seu artigo clássico sobre gestão, "On the Folly of Rewarding A, While Hoping for B" ["Sobre a insensatez de recompensar A enquanto se espera B"].[44] O artigo identifica a maior fonte de resistência interna à maioria dos esforços de mudança: os funcionários são recompensados por comportamentos que você desejaria que eles não tivessem (defender modelos de operação legados, fazer *lobby* por decisões políticas etc.) e punidos por comportamentos que você desejaria ver adotados (assumir riscos inteligentes, explorar novas áreas de crescimento etc.). A boa notícia é que alinhar incentivos com o comportamento que você deseja pode ter um efeito positivo dramático na cultura.

A mudança de cultura deve também ser introduzida nas métricas que a empresa usa para definir, medir e guiar seu trabalho. Isso inclui métricas ao nível do negócio e KPIs, assim como métricas para trabalho no nível do time. Se você quer que seus funcionários sejam mais centrados no cliente, por exemplo, será que está medindo quanto tempo eles gastam conversando com clientes?

A alocação de recursos é igualmente crucial para promover a mudança de cultura. Se você quer uma cultura de velocidade e flexibilidade, faça a si mesmo a seguinte pergunta: seu financiamento está congelado num ciclo de orçamento anual, ou é alocado com maior frequência? Também é importante como você aloca o efetivo e os serviços compartilhados (por exemplo, apoio de TI, campanhas de marketing, ou assessoria jurídica). Diretrizes para acesso fácil a recursos externos podem também evitar gargalos e manter os times operando do jeito que você deseja.

Os três grandes fatores – incentivos, métricas e recursos – são essenciais para escalar a cultura, mas são apenas o começo. Muitos outros processos moldam a cultura também: critérios de contratação e promoção de talentos; linhas para se reportar, processos de aprovação e responsabilização; comunicações e como as reuniões são conduzidas; acesso de funcionários a dados e a ferramentas de análise; assim como o design do espaço de trabalho e as linhas gerais sobre trabalho híbrido e remoto. Todos esses processos e outros podem reforçar ou minar a cultura que você procura. Os líderes devem fazer uma revisão criteriosa de cada processo que toque, limite ou incentive os comportamentos de funcionário se quiserem remoldar a cultura em escala.

Podemos ver vários exemplos de como o processo propicia a cultura numa DX bem-sucedida. O *Aftenposten* alcançou uma cultura mais colaborativa e mais orientada por dados com suas reuniões franqueadas a todos, com times compostos por pessoas de várias funções, compartilhamento transparente de dados e um novo leiaute de escritório. No Citibank, Vanessa Colella construiu uma cultura inovadora em parte por meio de sua abordagem para contratação. Ela me descreveu quatro qualidades que procura nos funcionários para serem capazes de impulsionar a mudança. As qualidades são *curiosidade* ("Pessoas que impulsionam a mudança nunca param de perguntar, 'Por quê?'"), *empatia* ("Pessoas que impulsionam a mudança conseguem se colocar no lugar de outra pessoa e entender seus comportamentos e motivações"), *abertura à diversidade* ("Ter diferentes funções na mesa, estar disposto a aceitar que uma pessoa de tecnologia pode ter tanta influência quanto uma pessoa de produto") e *coragem* ("Vivemos em uma cultura que glorifica os empreendedores, mas é necessário muita coragem para tentar impulsionar a mudança em grandes instituições").

Um dos princípios culturais centrais da Ford Motor é "Resolva o Problema". Como me explicou Marcy Klevorn, diretora de transformação, esse princípio significa que se você encontrar alguma coisa que não está funcionando, "não passe o problema a outra pessoa; ele deve terminar com você". Um processo que Klevorn estabeleceu para apoiar isso na cultura da Ford Motor Company foi uma reunião diária chamada "Horas de Escritório", conduzida por um grupo multifuncional de líderes designados por Klevorn. "Toda manhã eles se reuniam por uma hora e qualquer pessoa da organização podia levar um problema até eles. Minha única regra era que o problema precisava ser resolvido

Passo 5: Desenvolva tecnologia, talento e cultura

ali mesmo. Eu dizia, 'Desde que você não desrespeite nenhuma lei, o que quer que faça para resolver esse problema eu apoio 100% – mesmo que não concorde com você. Seja o que for que resolva o problema, não deixe que eles saiam sem uma solução, para que possam continuar avançando. E vou apoiá-los!'. Eles ainda retrucavam: 'Você tem certeza?'. Sim, vá em frente. Acredito que vocês vão encontrar grandes soluções. E, adivinhe: é claro que eles conseguiam!"

Empresas nativas digitais também oferecem ótimos exemplos de uso de processos para propiciar cultura. Na Tesla, para enfatizar a importância da rapidez em agir, foi declarado que as reuniões deveriam ter o mínimo de participantes possível. Para incentivar isso, a Tesla instituiu uma regra: cada funcionário deveria sair no meio de qualquer reunião a partir do momento em que concluísse que sua presença não iria acrescentar valor. Embora causasse certo choque no início, esse comportamento logo passou a ser visto como uma maneira normal de conduzir uma reunião.[45] Como parte da cultura da Netflix de "liberdade e responsabilidade", a empresa opera com o mínimo de controles na assinatura de contratos e despesas, deixando os gerentes livres para usar seu julgamento em vez de esperar por uma autorização. Ela aplica esse mesmo princípio em relação à transparência em torno dos documentos da empresa. "Praticamente todos os documentos estão totalmente disponíveis para que qualquer um possa ler e comentar a respeito, e tudo está interligado. Memorandos sobre... toda decisão estratégica, sobre cada concorrente e cada teste de atributos de produtos ficam disponíveis para que todos os funcionários possam ler."[46]

A Amazon é especialmente famosa por usar processos para consolidar sua cultura única. Vimos como seus times de duas pizzas com métricas bem definidas conduzem uma cultura de agilidade e responsabilização, e como sua exigência de API assegura flexibilidade por toda a empresa. Além disso, a cultura da Amazon de "obsessão pelo cliente" está refletida nas métricas que a empresa reporta aos acionistas todo ano, que enfatizam o crescimento de clientes, repetição de negócios e marca – em vez de resultados financeiros a curto prazo.[47] A cultura de empreendedorismo da empresa é propiciada por um processo de uma única assinatura para aprovar ideias de inovação: em vez de precisar subir pela linha de comando, um gestor precisa de aprovação de apenas um alto executivo para dar os primeiros passos num novo projeto.[48] Talvez o que tenha ficado mais famoso seja a proibição que a Amazon estabeleceu de apresentações de PowerPoint nas reuniões de toda a empresa. Em vez disso, todo aquele que apresenta uma proposta deve preparar uma narrativa escrita de seis páginas expondo sua proposta e oferecendo dados que falem tanto a favor como contra. A primeira meia hora de cada reunião é reservada para que cada um leia o memorando em silêncio, faça anotações e escreva suas perguntas. Esse memorando de seis páginas foi instituído justamente porque obriga a adotar uma abordagem mais ponderada e movida por dados para a tomada de decisões.

## FERRAMENTA: O MAPA DA CULTURA-PROCESSO

Nossa última ferramenta é o Mapa da Cultura-Processo (Figura 7.3). O propósito dessa ferramenta é ajudar a organização a disseminar uma cultura que apoia sua estratégia para o futuro e reflete seu caráter único. O Mapa da Cultura-Processo guia líderes pelas três tarefas essenciais: definir a cultura que eles precisam implantar, comunicar essa cultura aos outros e propiciar essa cultura alinhando processos de negócios.

---

**FIGURA 7.3** O Mapa da Cultura-Processo

**1. Defina sua cultura**

De... para          Isto, não aquilo          Princípios

**2. Comunique sua cultura**

Histórias          Símbolos e ações simbólicas

**3. Habilite (*enable*) sua cultura**

Os três grandes processos          Outros processos

CAPÍTULO 7

Passo 5: Desenvolva tecnologia, talento e cultura

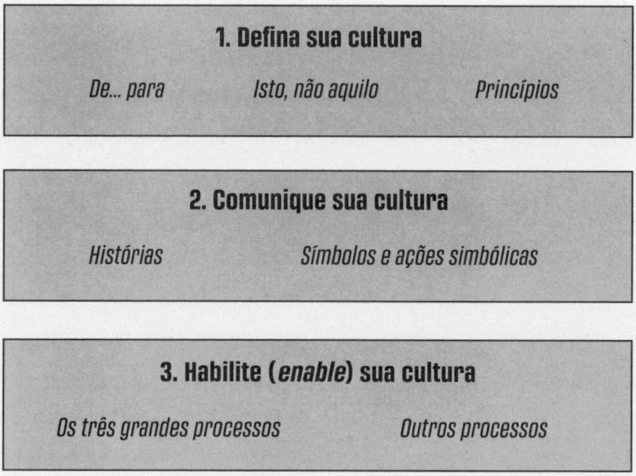

## ◢ 1. Defina sua cultura

O Passo 1 do Mapa da Cultura-Processo é definir a cultura que você deseja em termos de um conjunto de princípios claros e dos comportamentos que eles exigem. (Pense no princípio da Ford Motor Company, "Resolva o Problema" e no comportamento exigido, "não transfira o problema a outra pessoa; ele termina com você".) Coloque foco nos princípios mais importantes que terão maior impacto. Alguns deles podem ser princípios que já estão vigentes há muito tempo, mas outros devem ser princípios novos que definam mudanças importantes da cultura para o futuro.

### De... para

Comece definindo algumas mudanças na cultura, as mais necessárias para que sua organização prospere no futuro. Em toda organização de legado com a qual trabalhei, a cultura da era pré-digital precisou evoluir para a era digital. Tente escrever essas mudanças de cultura como declarações do tipo "de... para". Pense na pressão de Nadella para mudar a Microsoft de uma cultura de "saber tudo" para uma de "aprender tudo". Revise o Quadro 7.2 para a lista das mudanças mais comuns de cultura na DX. Algumas delas são relevantes para a sua organização? Na maioria dos negócios legados você vai encontrar mais de uma.

### É isto, não aquilo

A seguir, identifique aspectos de sua atual cultura que você gostaria de manter e reforçar. O que torna sua cultura distinta e poderosa? Tente escrever declarações que envolvam contraste, na forma de "Somos isso, não aquilo". Um exemplo: "Temos um viés para a ação, não para a deliberação". Pense nelas como critérios de contratação que possam ajudar a garantir uma cultura adequada para novos funcionários: se você concorda com "isto" pode ir bem aqui, mas se concordar com "aquilo" não vai se sair bem, mesmo que seja competente e talentoso. Evite declarações genéricas que seriam universais, adequadas a todas as empresas, por exemplo, "trabalhamos duro, não temos preguiça". O seu "aquilo" deve ser uma qualidade que você vai evitar, mas que outra organização pode escolher priorizar na própria cultura e em seus critérios de contratação.

## Princípios

Combine todas as ideias positivas daquilo que escreveu (o seu "para" das declarações "de... para" e seu "isto" de cada "isto, não aquilo") para criar uma lista de princípios aos quais você aspira. Dê um nome a cada princípio da sua lista. Escolha algo curto, memorizável (de duas a cinco palavras) que empregue linguagem simples, por exemplo, "Obsessão pelo cliente" (Amazon), "Aprender tudo" (Microsoft), "Resolva o Problema" (Ford Motor), ou "Liberdade e Responsabilidade" (Netflix). Depois, para cada princípio, acrescente uma descrição mais extensa de 50 a 500 palavras sobre o aspecto disso no contexto de seu negócio. Que comportamentos você espera que as pessoas adotem ou evitem em seu trabalho? O que elas devem priorizar? Aqui você pode incluir as negativas que busca evitar (por exemplo, os "de" de suas declarações "de... para" e os "aquilo" dos seus "isto, não aquilo").

A seguir, teste seus princípios em relação às oito qualidades dos princípios culturais que vimos antes neste capítulo. Seus princípios são *acionáveis*? São *relacionáveis* com qualquer pessoa em sua organização? Possuem valor e motivação *intrínsecos*? Revise ou elimine quaisquer princípios que não estejam à altura dessas qualidades. Escolha os princípios que sejam mais importantes para a sua cultura. Se dois deles parecem estreitamente relacionados, tente combiná-los num só. Procure definir uma lista curta (de cinco a dez princípios). Sua meta é focar em algumas alavancas cruciais de cultura, em vez de acabar com uma lista longa de tudo que diz respeito à sua organização.

## ◢ 2. Comunique sua cultura

O Passo 2 do Mapa da Cultura-Processo é comunicar seus princípios de maneiras que ganhem vida e se tornam mais que meros slogans. Ao associá-los a histórias memorizáveis, símbolos e ações, seus princípios culturais tornam-se algo que seus funcionários poderão reconhecer e irão se esforçar para colocar em suas ações. Pense nos funerais vikings da Ford Motor Company ou na história do primeiro produto da Microsoft, que exemplifica o princípio de empoderar pessoas.

Passo 5: Desenvolva tecnologia, talento e cultura

## Histórias

Procure histórias específicas que você possa contar para dar vida aos seus princípios. Algumas histórias podem estar relacionadas a um único princípio, mas outras podem ilustrar mais de um. Procure diferentes tipos de histórias, incluindo as clássicas a seguir:

➤ **Histórias sobre origens** - Estabeleça uma relação entre suas atuais aspirações e os primórdios da sua organização.

➤ **Histórias sobre missão** - Expresse sua cultura por meio do impacto de seu trabalho nas outras pessoas.

➤ **Histórias de fracasso** - Descreva algo que fale de quando você não consegue aquilo a que sua cultura aspira e que lembre a todos o trabalho que precisa ser feito.

➤ **Histórias destacadas** - Coloque foco nas ações cotidianas das pessoas ao longo de sua organização e como elas podem reforçar sua cultura e causar impacto.

## Símbolos e ações simbólicas

Procure símbolos que ilustrem seus princípios culturais e torne-os visíveis no dia a dia do trabalho. Procure exemplos em cada um desses tipos de símbolos:

➤ **Rituais** - Ações que vocês desempenham regularmente juntos e que simbolizem algum aspecto de sua cultura.

➤ **Linguagem** - Palavras e nomes que você conscientemente usa ou omite e que reforçam algum ponto a respeito da sua cultura e mentalidade.

➤ **Sinais visuais e sonoros** - Objetos, imagens ou mídias vistas regularmente pelos funcionários que os façam lembrar de um princípio cultural.

> **Ações simbólicas** - Ações que você possa realizar como líder para surpreender e chamar a atenção dos outros e que ilustrem claramente um de seus princípios culturais.

## 3. Habilite (*enable*) sua cultura

O Passo 3 do Mapa da Cultura-Processo é onde você alinha os processos de sua organização com a cultura que busca implantar. Isso começa avaliando seus processos atuais. Onde eles estão habilitando seus princípios culturais? Onde estão bloqueando ou atrapalhando? Lembre-se de que o processo é crucial para escalar a mudança cultural. Pense na política de documentos abertos da Netflix ou na proibição de PowerPoints nas reuniões estipulada pela Amazon.

### Os três grandes processos

Comece com os três grandes processos e examine de que maneira cada um molda atualmente sua cultura:

> **Incentivos** - Que recompensas você está oferecendo a seus funcionários? Que coisas o levam a reconhecê-los e elogiá-los? Pelo que você os pune? Em que pontos esses incentivos combinam com seus princípios culturais e em quais divergem?

> **Métricas** - Que métricas você usa para gerir seu negócio? Que métricas usa para avaliar desempenho individual e de times? Em que medida essas métricas se alinham com a cultura que você defende, e em que aspectos divergem dela?

> **Alocação de recursos** - Como é feito o desembolso de fundos, quando, por quem e em que bases? Há escassez de efetivo ou de outros recursos internos? Esses processos favorecem a cultura que você defende, ou colocam obstáculos?

Para cada processo, redija uma análise parar/manter/iniciar:

➤ **Parar** - Que processo em andamento está impedindo a cultura que você deseja implantar? Como você irá mudá-lo?

➤ **Manter** - Que processo em andamento está reforçando a cultura que você apoia? De que maneira você pensa expandi-lo?

➤ **Iniciar** - Que novo processo você poderia acrescentar para propiciar a cultura que você deseja? Como irá implementá-lo?

## Outros processos

A seguir, olhe mais amplamente para quaisquer outras regras ou processos que moldem comportamento em sua organização. De novo, examine como cada um promove ou contradiz seus princípios culturais. Eles podem incluir os seguintes:

➤ **Contratações e promoções** - Como você contrata e adquire novos talentos? Como escolhe quem promover para a liderança? Como esses processos podem fortalecer sua cultura em vez de diluí-la?

➤ **Responsabilização e aprovação** - Quem dá aval a decisões importantes? Onde a tomada de decisões se situa? Isso apoia a cultura que você quer disseminar entre seus funcionários e times, ou atua para miná-la? Onde ocorrem gargalos, e quando os custos superam os benefícios?

➤ **Comunicações e reuniões** - Que processos você usa para a comunicação diária? Como são geralmente conduzidas as reuniões? Quem comparece a elas e por quê? De que modo isso está em sintonia ou não com a cultura que você deseja implantar?

➤ **Ferramentas e dados** - A quais ferramentas os funcionários têm acesso efetivo para realizar seu trabalho? Como são compartilhados os dados entre os times, silos e divisões? Os funcionários têm o que precisam para realizar seu melhor trabalho e atender aos seus princípios culturais?

**➤ Espaço de trabalho** - Qual é o design de seu espaço de trabalho, tanto o físico quanto o virtual? Qual o trabalho que os funcionários fazem virtualmente e quais de forma presencial? Que normas escritas e não escritas são definidas para isso? De que modo isso impacta de maneira positiva ou negativa sua cultura?

De novo, tente redigir uma análise parar/manter/iniciar para cada processo. Que processos você precisa parar, manter ou iniciar em sua organização para apoiar plenamente sua cultura?

## ◢ Como usar o Mapa da Cultura-Processo

Diferentemente de outras ferramentas, o Mapa da Cultura-Processo não deve ser aplicado da mesma maneira em todos os níveis da organização (empresa, unidade de negócio, time), porque seus *princí*pios culturais devem ser compartilhados por toda a organização. Você não vai querer uma cultura diferente em cada parte do negócio! Portanto, no Passo 1 (definir seus princípios), é a alta liderança que deve guiar o processo. Eles devem envolver o maior número possível de *stakeholders* de todos os níveis, para que tragam suas contribuições e pontos de vista a respeito de como a cultura da empresa deve ser. Mas os princípios finais devem ser aprovados no alto e compartilhados por toda a empresa.

Em contraste com isso, o Passo 2 (comunicar a cultura) deve ser tarefa de todos. Cada unidade de negócio, função e time deve continuamente procurar histórias e símbolos que ilustrem os princípios culturais. E cada um deve compartilhá-los para que diferentes partes da organização possam aprender mutuamente.

O Passo 3 (habilitar a cultura por meio de processos) deve também ser tarefa de todos. Em cada nível, os líderes examinam os processos e veem de que modo se alinham com a cultura desejada. Recomendo uma revisão formal uma vez por ano, com contribuição de *stakeholders* de dentro e de fora da empresa. Pergunte a clientes e a seus parceiros: Como é fazer negócios conosco? Em que aspectos estamos defendendo a cultura que professamos em nossas interações com os outros? Onde podemos melhorar? A cultura é uma jornada que nunca termina!

Passo 5: Desenvolva tecnologia, talento e cultura

## CAPACIDADES PARA UMA ORGANIZAÇÃO DE BAIXO PARA CIMA

Qualquer estratégia digital para o futuro requer investir em novas capacidades digitais e promover seu crescimento. Mas para que aconteça uma real transformação, as empresas devem focar em capacidades que lhes permitam operar mais de baixo para cima, com a mudança sendo conduzida por funcionários em todos os níveis da organização. Em vez de construir capacidades que atendam a um plano de cima para baixo, trata-se de construir capacidades que fomentem uma organização mais empoderada.

Uma organização de baixo para cima exige investir em tipos específicos de capacidades *tecnológicas*. Em outras palavras, trata-se de privilegiar uma arquitetura de TI modular, com APIs e microsserviços que sejam não só escaláveis e resilientes, mas ofereçam maior flexibilidade a cada time para que possa trabalhar mais rápido e estabelecer conexões com outros fora da empresa. Significa contar com ativos de dados que proporcionem não só riqueza de dados de diversas fontes, mas sejam sincronizados e acessíveis a pessoas por toda a organização. Significa uma governança de TI que ofereça supervisão a partir do centro, mas que permita aplicação e inovação por todos os times espalhados pela organização.

Uma organização de baixo para cima pede o desenvolvimento também de capacidades de *talento* específicas. Isso significa enraizar as novas aptidões digitais ao longo da organização em vez de concentrá-las em funções centrais. Significa preencher os times com o mix diversificado de talentos que eles precisam ter para serem autossuficientes, e treinar os times em experimentação iterativa com métodos como *agile*, *lean startup* e *design thinking*. E significa atrair e reter os melhores talentos digitais dando-lhes autonomia, maestria e propósito em seu trabalho.

Uma organização de baixo para cima também pede que a *cultura* certa seja promovida. Isso implica definir princípios culturais e comportamentos para uma ação de baixo para cima— com riscos, autonomia e responsabilidade. Significa engajar todos em discussões e debates desses princípios, aplicando-os em cada projeto e reunião, e contando as próprias histórias a respeito deles. E significa moldar cada processo de negócios para que possibilite aos funcionários demonstrarem iniciativa e ação independente em apoio à sua visão compartilhada e estratégia.

Nenhuma transformação digital será bem-sucedida no futuro se depender de capacidades do passado. Sem capacidades que atendam à ambição de sua estratégia digital, a melhor visão para transformação permanecerá para sempre como uma meta distante, fora do alcance. No Passo 5 do *Roadmap* da DX, vimos como uma organização pode desenvolver a tecnologia, o talento e a cultura que necessita para entregar um crescimento duradouro. Vimos como a infraestrutura certa de TI, dados e governança tecnológica pode transformar o trabalho e liberar o potencial dos times em escala. Aprendemos por que as aptidões digitais requerem gerir o ciclo de vida inteiro do talento. E vimos o poder de construir uma cultura alinhada com a sua visão digital, e que seja acolhida por todos e habilitada por todos os processos de negócios.

    No início deste livro, identifiquei cinco passos para uma transformação digital bem-sucedida – visão, prioridades, experimentação, governança e capacidades. Ao longo dos últimos cinco capítulos, vimos de que maneira o *Roadmap* da DX pode permitir que uma organização domine cada um desses elementos centrais e encontre seu próprio e único caminho para o crescimento. Por meio dos cinco passos do *Roadmap* da DX, sua organização pode definir a visão compartilhada de seu futuro digital, definir suas prioridades estratégicas, validar rapidamente iniciativas, gerir o crescimento em escala dentro e além de seu *core business*, e fortalecer as capacidades essenciais para o seu sucesso a longo prazo.

    Como tenho enfatizado ao longo deste livro, o *Roadmap* da DX não é um processo linear, com planejamento centralizado levando a uma conclusão numa data final predeterminada. A DX não tem uma linha de chegada porque sua meta é criar uma organização mais adaptativa, capaz de reagir às ondas de mudança que nunca cessam. O próprio processo do mapa é, portanto, iterativo: você adapta sua visão, prioridades, iniciativas, governança e capacidades conforme avança, com base no que aprende.

    Uma real DX deve engajar todos os níveis da organização e cada uma das funções do negócio. Cada passo do *Roadmap*, devidamente aplicado, deve atuar em favor de construir uma organização mais de baixo para cima – na qual os líderes empurram a tomada de decisões para baixo, em que os insights fluem de baixo para cima, e onde a estratégia e a inovação acontecem em todos os níveis. Na conclusão deste livro, vamos retomar este tema da organização de baixo para cima e refletir sobre o tipo de liderança radicalmente diferente que ele exige em nossa dinâmica era digital.

Nenhuma **transformação digital** será **bem-sucedida no futuro** se depender de capacidades do passado.

# CONCLUSÃO

Três verdades aparecem em todas as histórias que vimos sobre empresas no caminho da transformação digital (DX).

Primeiro, a DX é iterativa. Não pode começar com um longo processo de planejamento seguido pela obediente execução de passos predeterminados. Em vez disso, uma transformação bem-sucedida começa pequena, aprende com aquilo que funciona e vai se adaptando enquanto avança.

Em segundo lugar, a DX não tem data para terminar. Não é um projeto que leve dois ou três anos para ser concluído. A DX é uma evolução em curso para tornar uma organização mais adaptativa, capaz de prosperar numa era de acelerada mudança.

Em terceiro lugar, a DX deve acontecer de baixo para cima. Não pode ser planejada de modo centralizado e dirigida por um CEO ou CDO atuando sozinho. Deve ser conduzida ao mesmo tempo pelo vice-presidente da cadeia de suprimentos, pelo chefe da unidade de um país, pelo gestor de marketing por e-mail e o líder de um time de produto. A mudança deve vir de todas as partes da organização e de cada cargo.

Este último ponto é particularmente importante. Ao longo do livro, vimos como cada passo do *Roadmap* da Transformação Digital (DX) é baseado na ideia de uma organização de baixo para cima: a visão compartilhada "sobe em cascata" pela organização, não só para baixo. Problemas estratégicos e oportunidades são definidos em cada nível. Iniciativas digitais começam em cada uma das funções do negócio e recebem recursos e governança para escalar. Cada time é empoderado ao ter acesso a dados e tecnologia, ao contar com talentos para se mover com rapidez e ao adotar uma cultura compartilhada de propriedade e responsabilização.

# EM VEZ DE CIMA PARA BAIXO, DE BAIXO PARA CIMA

O modelo de baixo para cima é uma mudança radical em relação ao modelo de gestão de cima para baixo que definiu as grandes organizações no século vinte. A teoria da gestão de cima para baixo foi construída a partir de um jogo de compensações inerente. Ele sacrifica a agilidade e velocidade em nome do comando e controle. É inflexível por seu próprio design, com processos fixos e funcionários encaixados em papéis dentro de silos. O trabalho busca ter previsibilidade, consistência e eficiência em escala. São exigidas numerosas reuniões entre departamentos para aprovar qualquer mudança na prática padrão. Em muitas grandes organizações, o maior impedimento à velocidade não são os recursos ou as restrições externas, mas o próprio processo de tomada de decisões. Esse jogo de compensações entre velocidade e consistência pode fazer sentido num ambiente de negócios mais previsível e de lenta mudança. Mas na era digital, as organizações precisam de um modelo diferente que propicie rápida mudança.

Hoje, vemos organizações de peso afastando-se do estilo de gestão de cima para baixo. As forças armadas dos EUA eram famosas pela gestão por meio de comando e controle; na realidade, foi onde muitas das teorias de gestão do século vinte foram testadas primeiro. Mas essa mesma tomada de decisões de cima para baixo é insustentável nesse nosso mundo do século vinte e um, de volatilidade, incerteza, complexidade e ambiguidade [*volatility, uncertainty, complexity and ambiguity*, VUCA]. Como descrito no livro de Stanley McChrystal, *Team of Teams*, ameaças e concorrentes imprevisíveis forçaram o Exército dos EUA a mudar para outro modelo, baseado em tomada de decisões de baixo para cima, a partir de pequenos times altamente alinhados, mas unidos de forma menos orgânica.[1]

Empresas nativas digitais como Amazon, Netflix e Alibaba adotaram todos o modelo de baixo para cima. Ao crescerem a partir de *startups*, essas empresas conseguiram velocidade e flexibilidade em escala acolhendo três princípios centrais:

Primeiro, a *tomada de decisões é empurrada para baixo até o nível mais inferior*. Um dos princípios fundamentais dos métodos de software *agile* é usar times auto-organizados que, depois que recebem metas definidas, têm permissão de conceber por si mesmos a melhor maneira de alcançá-las. O documento de cultura da Netflix afirma: "Nós nos orgulhamos de como são poucas as decisões que a alta gestão toma". E segue explicando: "Acreditamos que somos mais eficazes e inovadores quando os funcionários de toda a empresa tomam as decisões e as reivindicam".[2]

Em segundo lugar, *a informa*ção flui para cima e para baixo da organização e de fora para dentro. O conhecimento mais crucial de mercado está na periferia e costuma ser sentido primeiro nos níveis mais baixos do organograma. O antigo CEO da Intel, Andy Grove, contou a história de como seus profissionais de marketing da linha de frente e os supervisores de fábrica detectaram uma mudança na demanda do cliente no sentido de se afastarem dos chips de memória – e até começaram a reagir a essa mudança – dois anos antes que a alta gestão identificasse o que estava acontecendo. "Nossa decisão estratégica mais significativa foi tomada... pelas decisões de marketing e investimento dos gestores da linha de frente, que realmente sabiam o que estava acontecendo."[3]

Em terceiro lugar, *inovação e mudança originam-se em todos os níveis*. Empresas nativas digitais acolhem um modelo em que a liderança define a estratégia de alto nível, mas cabe aos times individuais definirem a missão, visão e a estratégia para produtos individuais. O negócio mais lucrativo da Amazon, o Amazon Web Services (AWS), começou com uma ideia de um engenheiro iniciante, Benjamin Black, esboçada num memorando de seis páginas. A abordagem do *New York Times* ao jornalismo orientado por dados foi lançada por um estagiário chamado Josh Katz quando assumiu a tarefa de escrever um artigo científico e transformou-o num jogo interativo de perguntas e respostas que virou o artigo mais lido do ano. Como Jeff Bezos da Amazon explica: "Distribuir a invenção por toda a empresa – em vez limitá-la aos seus líderes mais veteranos – é a única maneira de obter uma inovação robusta e de alto rendimento".[4]

## REPENSANDO A LIDERANÇA PARA UMA ORGANIZAÇÃO DE BAIXO PARA CIMA

Se a era digital requer uma mudança de priorizar o controle para priorizar a velocidade e autonomia, então nosso velho modelo de liderança deve também mudar. No passado, o líder era o chefe da tomada de decisões. Mas, na era digital, a meta de um líder deve ser tomar o mínimo de decisões possível. Todo líder terá inevitavelmente que tomar *algumas* decisões – mas essas devem ser apenas as mais difíceis e mais importantes, quando esse nível de liderança é de fato exigido.

Mas o que resta então para o líder fazer? No meu próprio trabalho e pesquisa, tenho identificado três tarefas essenciais dos líderes em organizações de baixo para cima bem-sucedidas: definir, comunicar e habilitar. Vimos exemplos de cada um desses papéis de liderança no *Roadmap* da DX, desde a visão a prioridades, experimentação, governança e capacidades e cultura. Juntas, essas tarefas definem um novo modelo emergente de liderança na era digital, como mostrado no Quadro C.1.

**QUADRO C.1** As três tarefas e três papéis dos líderes na era digital

| Tarefa dos líderes | Papel dos líderes |
| --- | --- |
| Definir uma visão de para onde estamos indo e por quê | Líder como autor |
| Comunicar essa visão em palavras, histórias, símbolos e ações | Líder como professor |
| Propiciar que outros deem vida a essa visão | Líder como servidor |

## Definir

A primeira tarefa de um líder é definir uma visão de para onde a organização está indo e por quê. Isso pode ser uma declaração do propósito ou do impacto da estrela guia que o negócio quer alcançar, uma declaração de estratégia com oportunidades ou problemas principais a serem resolvidos, ou uma declaração da cultura que a organização está buscando alcançar. O objetivo é fornecer uma direção para os esforços de outros e inspirá-los com um claro sentido de propósito para o seu trabalho.

Um grande líder irá articular para onde você está indo e por quê – mas não de que maneira deve chegar lá. Ele define o contexto para que outros ajam – mas não elabora os seus planos operacionais. Irá debater vigorosamente questões de estratégia, mas confiará nos outros para que executem e escolham as táticas certas. "Se eu digo 'alinhamento', você poderia pensar que isso significa 'Faça do jeito que a liderança lhe diz para fazer'", afirma Espen Egil Hansen. "Mas não é nada disso. O que você não quer são líderes que entrem nos detalhes que emperram a inovação, o aprendizado e a rapidez."

Ao definir a visão da organização, o líder assume um papel similar ao de um autor. Começa estudando e aprendendo a partir de várias contribuições, de dentro e de fora da organização. Isso requer entrar nas trincheiras e ouvir os pontos de vista de clientes, parceiros e funcionários de todos os níveis. Steve Jobs ficou famoso por ler e responder e-mails enviados a steve@apple.com para que pudesse aprender diretamente dos clientes. O líder deve então trabalhar para sintetizar todos esses pontos de vista e insights. Depois deve simplificá-los – procurando temas comuns e um fio central – para definir uma visão futura que irá guiar as ações de outros.

## ◢ Comunicar

A segunda tarefa de um líder é comunicar sua visão a todos os *stakeholders* dentro e fora da organização. Líderes efetivos comunicam tanto o que é a sua visão como a razão pela qual ela é importante. Ou, como Lucy Kueng resume: "É esse o nosso problema, para onde estamos indo e por que é necessário".[5]

Líderes comunicam essas ideias com palavras, histórias e símbolos cuidadosamente escolhidos para ter certeza de que as ideias são claras e não serão esquecidas. Em sua primeira carta aos acionistas em 1997, Bezos introduziu a frase "Dia 1", que se tornou um chamado à ação dentro da Amazon para pensamento de longo prazo e para uma mentalidade de ver a Amazon sempre no início de sua jornada. Como Bezos escreveu duas décadas mais tarde: "O Dia 2 é estase [estagnação]. E é seguido por irrelevância. Seguido por um excruciante e doloroso declínio. Seguido pela morte. Por isso é que é sempre Dia 1".[6]

Não é que os líderes só comunicam. Não fazem outra coisa. Não se restringem a contar sua história aos funcionários no grande palco de sua maior reunião anual. Líderes comunicam por meio de todas as ferramentas e meios possíveis – em fóruns públicos e em conversas privadas. Repetem as mesmas ideias e temas de modo recorrente. São incansáveis. Na Acuity Insurance, o CEO Ben Salzmann está num estado de perpétua comunicação com funcionários e parceiros – de postagens nas redes sociais e reuniões na empresa num teatro construído na sede, a suas mensagens semanais de áudio com "fofocas" enviadas por *voicemail* a cada funcionário.

Grandes comunicadores não se limitam a falar; eles fazem perguntas e ouvem. Em vez de declarar "Precisamos fazer X!", líderes perguntam "Como podemos alcançar Y?". São acessíveis e a toda hora saem de sua sala para buscar os pontos de vista de clientes, parceiros e funcionários em todos os níveis. Ouvindo, descobrem se os outros estão captando o que eles dizem – e se não estão, por que não? Que barreiras ainda restam? Líderes lembram do ditado: "O maior problema da comunicação é a ilusão de que ela aconteceu".[7]

Por meio de tudo isso, os líderes reconhecem que cada interação que eles têm – com um funcionário, um cliente ou um acionista – é uma oportunidade de expor em que consiste sua crença na organização. Como afirma a empreendedora social Wendy Kopp: "Liderança é ensinar".[8] Ou, nas palavras de Antoine de Saint-Exupéry: "Se você quer construir um navio, não convoque as pessoas para que cortem madeira, não distribua tarefas, não dê ordens. Em vez disso, ensine-as a desejarem o vasto e infindável mar".[9]

## ◢ Habilitar (*enable*)

A terceira tarefa de um líder é habilitar que outros deem vida à sua visão. Isso também é o oposto da liderança do tipo comando e controle. Líderes de baixo para cima lideram menos por suas próprias ações do que por propiciar as ações dos outros.

A primeira maneira pela qual os líderes permitem que outros avancem é removendo obstáculos ou barreiras no trabalho deles. Como Valla Vakili, do Citibank, diz: "Processos legados, maneiras legadas de trabalhar. Essas costumam ser coisas muito simples que impedem a criatividade e produtividade das pessoas que você já tem". É tarefa do líder alinhar todo processo que ele aprova – da remuneração à estrutura organizacional, às métricas e aos KPIs – com a visão que ele definiu e comunicou. Processos que tenham sido escolhidos de qualquer jeito ou que foram herdados sem maior reflexão podem minar a cultura, a estratégia e os mais diligentes esforços de seus funcionários.

Os líderes propiciam o trabalho de outros por meio das suas escolhas a respeito de quem contratar e de quem promover para posições-chave. Líderes dão a essas pessoas autonomia para agir e fornecem as ferramentas e tecnologias que farão diferença em seu trabalho. Líderes ajudam seu pessoal a florescer as próprias aptidões, a desenvolver os talentos de que necessitam para realizar as metas que estabeleceram para si mesmos. E líderes defendem internamente aqueles que precisam de apoio para fazer a mudança acontecer.

Líderes empoderam os outros dando a eles os recursos de que precisam. Isso começa com a alocação de capital financeiro em apoio a prioridades estratégicas – isto é, colocando dinheiro nas questões que importam. Também empoderam alocando capital humano – que é o recurso mais vital para qualquer iniciativa. O último recurso que um líder aloca é sua própria largura de banda mental. Quando a New York Times Company se comprometeu com um futuro que priorizasse o digital, uma das mudanças fundamentais foi realocar a atenção dos altos líderes. A tão prezada edição impressa do jornal continuaria a ser produzida (porque seus assinantes estavam entre os mais leais, e seu negócio de publicidade era lucrativo, apesar de estar em declínio). Mas a empresa foi reorganizada de modo que as notícias fossem criadas segundo uma abordagem de priorizar o digital, com um time separado partindo desse conteúdo digital para montar a edição impressa de cada dia. Uns poucos gestores experientes foram encarregados de supervisionar a operação da edição impressa em declínio. Isso permitiu que o restante da liderança da Times focasse toda a sua atenção nas áreas de crescimento futuro, como áudio, vídeo, *apps* pagos e as essenciais assinaturas das notícias digitais.

Ao habilitarem os outros – por meio de atenção, recursos, defesa e remoção de obstáculo –, os líderes atuam a serviço dos outros na organização. A terceira tarefa dos líderes lembra o conceito de Robert K. Greenleaf de "liderança servidora" – que define a liderança como serviço prestado às necessidades e ao crescimento dos outros.[10]

Repensar a liderança em torno desses três papéis – de autor, professor e servidor – pode ser difícil para líderes veteranos. Aqueles que cresceram sob um modelo mais antigo podem sentir que estão abrindo mão de poder e influência como definidos pelo antigo modelo de controle. Mas uma compreensão mais profunda da liderança de baixo para cima revela que o poder e a influência são apenas reconfigurados nesses três papéis.

O instinto de um líder de agir como chefe da tomada de decisão pode ser especialmente difícil de contornar durante uma transformação digital, já que há inúmeras novas decisões a serem tomadas – relacionadas a investimentos, contratações, fluxo de trabalho, tecnologias, produtos e assim por diante. Mas em vez de ceder aos velhos hábitos, os líderes devem focar em empurrar essas responsabilidades para baixo na organização. Encontre as suas pessoas mais talentosas para que façam o planejamento de nível mais elevado. E empurre todas as decisões individuais para o nível das pessoas que realmente estão fazendo o trabalho. Ao definir uma visão, comunicá-la de maneira poderosa e propiciar que os outros lhe deem vida, o líder desempenha um papel essencial em impulsionar a mudança.

Na era digital, a necessidade de transformação é incontornável. Mas embora a DX seja árdua, ela é possível para qualquer organização. Ao seguir os cinco passos do *Roadmap* da DX – definir uma visão compartilhada; selecionar os problemas mais importantes; validar iniciativas; escalar a mudança com nova governança; e desenvolver tecnologia, talento e cultura –, qualquer organização pode crescer e se transformar para a era digital.

Desejo boa sorte para você em seus esforços à medida que encontra seu próprio caminho para avançar. Lembre-se: ao perseguir iniciativas digitais, concentre-se sempre no impacto e na criação de valor, nunca em tecnologia por si só. E conforme trabalha para transformar seu pessoal, seus processos e cultura para o futuro, lembre-se de que a jornada nunca termina. A mudança está sempre à frente.

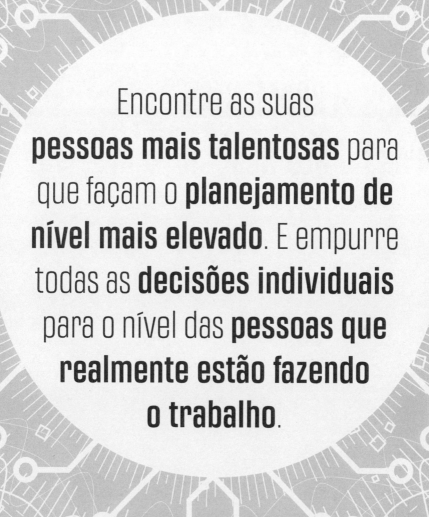

Encontre as suas **pessoas mais talentosas** para que façam o **planejamento de nível mais elevado**. E empurre todas as **decisões individuais** para o nível das **pessoas que realmente estão fazendo o trabalho**.

# MAIS FERRAMENTAS
# PARA O SEU NEGÓCIO

Você pode encontrar recursos adicionais (em inglês) para aplicar o *Roadmap* da Transformação Digital (DX) visitando www.davidrogers.digital e assinando minha *newsletter*. Esses recursos incluem:

➤ PDFs para *download* das ferramentas estratégicas deste livro e de meus livros anteriores;

➤ Tutoriais em vídeos sobre como aplicar conceitos-chave do *Roadmap* da DX;

➤ Novos estudos de caso, entrevistas e pesquisas;

➤ Meus conselhos mais recentes sobre como conduzir a transformação digital.

Espero que você assine, me envie suas perguntas e mantenha contato!

AUTOAVALIAÇÃO:

# SUA ORGANIZAÇÃO ESTÁ PRONTA PARA A DX?

Esta ferramenta de avaliação é projetada para descobrir áreas de força e de fragilidade da sua organização, em sua busca de se adaptar e crescer na era digital em constante mudança.

## QUEM DEVE REALIZAR ESSA AVALIAÇÃO?

Recomendo que a ferramenta de avaliação seja preenchida por uma ampla gama de gestores e executivos, e que se mantenha a confidencialidade das identidades e respostas individuais.

## COMO REALIZAR A AVALIAÇÃO?

Cada pergunta é apresentada como um par de declarações contrastantes. Leia cada par e reflita sobre a condição atual de seu negócio. Escolha um número na escala de 1 a 7 que em sua opinião reflita onde sua organização se situa em relação às duas declarações: 1 indica totalmente alinhada com a declaração à esquerda, 7 totalmente alinhada com a declaração à direita.

## COMO PONTUAR ESSA AVALIAÇÃO?

Perguntas com uma pontuação baixa (1-3) indicam uma atual fragilidade na organização, que colocará desafios a qualquer esforço de DX. Perguntas com alta pontuação (4-7) indicam uma área de maior força dentro da organização.

Ao combinar respostas de vários funcionários, procure captar não apenas a pontuação média de cada pergunta, mas também a faixa de pontuação e de frequência de cada pontuação. Alguns dos maiores insights podem vir de uma pergunta que produz respostas divergentes (por exemplo, muitas respostas de pontuação 1 ou 2, e muitas de 6 ou 7).

## DISCUSSÃO E INSIGHTS:

Depois de criar um relatório sobre as respostas numéricas, promova um fórum com aqueles que preencheram a ferramenta de avaliação. Use um moderador independente para revisar as pontuações e abra uma discussão sobre por que as pessoas responderam do jeito que fizeram. Essa discussão guiada deve revelar importantes desafios que a organização enfrenta e que podem não estar aparentes para a alta liderança. Os insights dessa ferramenta de avaliação podem ser usados para focar seus próprios esforços de implementar o *Roadmap* da Transformação Digital (DX).

### Visão (Passo 1)

| | | |
|---|---|---|
| Nossos funcionários temem a mudança e não têm noção clara de para onde a empresa está indo. | 1 2 3 4 5 6 7 | Funcionários em todos os níveis da empresa compreendem nossa agenda digital e a levam adiante. |
| O apoio a nossos investimentos digitais é fraco por parte de investidores, CFO e chefes de L&Ps. | 1 2 3 4 5 6 7 | O apoio a nossos investimentos digitais é forte por parte de investidores, CFO e chefes de L&Ps. |
| Nossas iniciativas digitais são genéricas e seguem o exemplo de nossos pares. | 1 2 3 4 5 6 7 | Só investimos em iniciativas digitais quando temos uma vantagem competitiva. |
| Usamos métricas genéricas de maturidade digital para guiar nossos esforços. | 1 2 3 4 5 6 7 | O impacto nos negócios de nossos esforços digitais está claramente definido, com métricas para medir e rastrear resultados. |
| Nossa empresa segue o mercado, reage aos outros e é surpreendida pela entrada de novas empresas. | 1 2 3 4 5 6 7 | Nossa empresa lidera o mercado, alerta às tendências cruciais enquanto há tempo para escolher um curso de ação. |

## Prioridades (Passo 2)

| | | |
|---|---|---|
| Nossa transformação digital é uma série de projetos espalhados sem uma direção clara. | 1 2 3 4 5 6 7 | Prioridades claras dão direção à transformação digital em toda a organização. |
| Nossos esforços digitais estão definidos pelas tecnologias que usam. | 1 2 3 4 5 6 7 | Nossos esforços digitais são definidos pelos problemas que resolvem e oportunidades que perseguem. |
| Nossos esforços digitais são focados apenas em operações, corte de custos, e otimização de nosso atual negócio. | 1 2 3 4 5 6 7 | Nossos esforços digitais estão focados no crescimento futuro, assim como em melhorar nosso atual negócio. |
| Poucas pessoas na nossa organização conduzem o digital, enquanto o resto continua preso às velhas maneiras de trabalhar. | 1 2 3 4 5 6 7 | Cada departamento nosso persegue suas próprias iniciativas digitais, com um *backlog* de ideias para testar em seguida. |
| Nossa transformação está desconectada das necessidades do negócio e perdendo apoio ao longo do tempo. | 1 2 3 4 5 6 7 | Nossa transformação está conectada às necessidades do negócio e ganhando apoio ao longo do tempo. |

## Experimentação (Passo 3)

| | | |
|---|---|---|
| Nossa abordagem à inovação é focada em contribuir com algumas poucas grandes ideias. | 1 2 3 4 5 6 7 | Nossa abordagem à inovação é focada em testar várias ideias para descobrir quais delas funcionam melhor. |
| Decisões importantes são tomadas com base em *business case*, dados de terceiros e opiniões de especialistas. | 1 2 3 4 5 6 7 | Decisões importantes são tomadas com base em experimentação e aprendizado a partir do cliente. |
| Depois que nossos times iniciam um projeto, comprometem-se a construir plenamente a solução. | 1 2 3 4 5 6 7 | Em qualquer projeto, nossos times continuam focados no problema, mas flexíveis em relação à solução. |

## Experimentação (Passo 3)

| | | |
|---|---|---|
| Encaramos fracassos como onerosos, portanto, temos bastante medo de assumir riscos. | 1 2 3 4 5 6 7 | Mantemos nossos fracassos com baixo custo e preservamos um viés de assumir riscos. |
| Mesmo nossas boas ideias se movem devagar e não parecem alterar o desempenho de nosso negócio. | 1 2 3 4 5 6 7 | Nossas boas ideias se desenvolvem rápido e entregam valor em escala ao negócio. |

## Governança (Passo 4)

| | | |
|---|---|---|
| Um alto executivo deve aprovar pessoalmente qualquer inovação para que ela aconteça. | 1 2 3 4 5 6 7 | Temos estruturas estabelecidas que fornecem recursos e governança à inovação. |
| As iniciativas movem-se devagar e são lideradas por times tradicionais em silos funcionais. | 1 2 3 4 5 6 7 | As iniciativas movem-se rápido e são lideradas por times multifuncionais, bastante independentes. |
| Alocar recursos a iniciativas é empacado por nosso ciclo anual de orçamento. | 1 2 3 4 5 6 7 | Nossa alocação de recursos é rápida, por meio de financiamento iterativo. |
| A inovação se limita a alguns grandes projetos, e é difícil encerrá-los depois de iniciados. | 1 2 3 4 5 6 7 | Temos um *pipeline* contínuo de inovações, gerido por encerramentos inteligentes para liberar recursos. |
| As únicas iniciativas que ganham apoio são inovações de baixo risco em nosso *core business*. | 1 2 3 4 5 6 7 | Nosso modelo de governança apoia iniciativas com incerteza baixa e alta, tanto no nosso *core business* quanto fora dele. |

## Capacidades (Passo 5)

| | | |
|---|---|---|
| Nossos sistemas de TI inflexíveis reforçam nossos silos e limitam nossa colaboração. | 1 2 3 4 5 6 7 | Nossos sistemas de TI modulares integram-se ao longo da organização e se conectam facilmente com parceiros externos. |
| Nossos dados são contraditórios, incompletos e inacessíveis a gestores em tempo real. | 1 2 3 4 5 6 7 | Nossos dados oferecem uma fonte confiável única aos gestores de toda a empresa. |
| Nossa governança de TI centralizada causa gargalos a novos projetos. | 1 2 3 4 5 6 7 | Nossa governança de TI oferece supervisão e ao mesmo tempo mantém a inovação nas mãos do negócio. |
| Nossos funcionários não têm competência digital, por isso projetos digitais têm que ser terceirizados. | 1 2 3 4 5 6 7 | Nossos funcionários sabem construir e iterar soluções digitais. |
| Nossa cultura de cima para baixo e a burocracia cerceiam os funcionários e geram cinismo e inércia. | 1 2 3 4 5 6 7 | Nossa cultura e processos empoderam os funcionários para que conduzam mudanças de baixo para cima. |

# CASOS E EXEMPLOS POR SETOR

**Agronegócio**
Deere & Company

**Empresas aéreas**
Southwest Airlines

**Automotivo**
Ford Motor Company Tesla
Volkswagen

**Bancos e serviços financeiros**
Citi
Intuit
Itaú Unibanco
Mastercard Inc.
Nasdaq
National Commercial Bank (NCB)

**Bens de consumo duráveis**
BSH Home Appliances
Haier

**Eletrônicos ao consumidor**
Apple
Nokia
Grupo Samsung

**Internet para o consumidor**
Facebook/Meta
Google/Alphabet
Zoom

**Bens de consumo embalados**
PepsiCo
Procter & Gamble

**Design**
IDEO

**Energia**
Schlumberger

**Moda e vestuário**
Nike

**Governo**
Exército dos EUA

**Assistência médica**
Bristol Myers Squibb
Johnson & Johnson
Merck Animal Health
Pfizer
Zoetis

**Hotelaria**
Airbnb

**Manufatura industrial**
Air Liquide
BASF
General Electric
United Technology Co./Raytheon
    Technologies

**Seguros**
Acuity Insurance

**Jornalismo**
*Aftenposten*
*Huffington Post*
*New York Times*
*Wall Street Journal*
*Washington Post*

**Logística**
CMA CGM

**Tecnologia de marketing**
Adobe Optimizely

**Mídia e entretenimento**
Axel Springer
CNN/Warner Bros. Discovery
Netflix
Schibsted
Sony Group
The Walt Disney Co.
YouTube

**Serviços a afiliados**
AARP
Canadian Automobile Association
FIA

**Sem fins lucrativos**
Fundação Gates

**Restaurantes**
Domino's Pizza, Inc.
McDonald's
Panera

**Varejo**
Alibaba
Amazon
Walmart

*Startups*
Blinds.com
Grupo Colombier

CupClub
Diapers.com
Muuse
Qikfox
VG Nett

**Tecnologia de hardware**
Intel
Thomas A. Edison, Inc.
Xerox

**Serviços de tecnologia**
Amazon Web Services
Ant Financial
Cisco
HCL Technologies
IBM
Microsoft
SAP

**Telecomunicações**
Safaricom
Virgin Media 02
Vodafone

**Transportes**
Uber
Waze

# RESUMO VISUAL DA *TRANSFORMAÇÃO DIGITAL* E DO *ROADMAP DA DX*

**FIGURA A.1** Resumo do Manual da DX

| Domínios | Temas estratégicos | Conceitos-chave |
|---|---|---|
| Clientes | *Aproveitar redes de clientes* | • Funil de marketing reinventado<br>• Caminho para a compra<br>• Comportamentos essenciais das redes de clientes |
| Competição | *Construir plataformas, não apenas produtos* | • Modelos de negócio em plataforma<br>• Efeitos de rede (in)diretos<br>• (Des)intermediação<br>• Trens de valor competitivo |
| Dados | *Transformar dados em ativos* | • Modelos de valor de dados<br>• *Drivers* de megadados<br>• Tomada de decisões orientada por dados |
| Inovação | *Inovar através de rápida experimentação* | • Experimentação divergente<br>• Experimentação convergente<br>• Produto mínimo viável<br>• Caminhos para escalar |
| Valor | *Adaptar sua proposta de valor* | • Conceitos de valor de mercado<br>• Vias para sair de um mercado em declínio<br>• Passos para avaliar a evolução da proposta |

**FIGURA A.2** Resumo do *Roadmap* da DX

| Passos do Mapa da DX | | Conceitos-chave |
|---|---|---|
| Visão | **1. Definir uma visão compartilhada** | • Cenário futuro<br>• Direito de vencer<br>• Impacto da estrela guia<br>• Teoria de negócios |
| Prioridades | **2. Selecionar os problemas mais importantes** | • Declaração de problema/oportunidade<br>• Matriz P/O<br>• *Backlog* de iniciativas |
| Experimentação | **3. Validar iniciativas** | • Quatro Estágios de Validação<br>• O Navegador de Crescimento de Rogers<br>• MVPs ilustrativos *versus* funcionais |
| Governança | **4. Gerir crescimento em escala** | • Times e diretorias<br>• Processo de financiamento iterativo<br>• Três caminhos de crescimento<br>• Pacote de Inovação Corporativa |
| Capacidades | **5. Aprimorar tecnologia, talento e cultura** | • Mapa de Tecnologia e Talento<br>• Arquitetura modular<br>• Mapa da Cultura-Processo |

# NOTAS

# CAPÍTULO 1 - O *ROADMAP* DA DX

[1] Rachel McAthy, "Pulitzer Goes to *New York Times* 'Snow Fall' Journalist", 16 de abril de 2013, https://www.journalism.co.uk/news/new-york-times-digital-snow-fall-feature-wins-pulitzer/s2/a552683/.

[2] Kyle Massey, "The Old Page 1 Meeting, R.I.P.: Updating a Times Tradition for the Digital Age", *New York Times*, 12 de maio de 2015, https://www.nytimes.com/times-insider/2015/05/12/the-old-page-1-meeting-r-i-p-updating-a-times-tradition-for-the-digital-age/#more-10891.

[3] Gabriel Snyder, "The *New York Times* Claws Its Way into the Future", *Wired*, 12 de fevereiro de 2017, https://www.wired.com/2017/02/new-york-times-digital-journalism/.

[4] Joshua Benton, "The Leaked *New York Times* Innovation Report Is One of the Key Documents of This Media Age", *Nieman Lab*, 15 de maio de 2014, https://www.niemanlab.org/2014/05/the-leaked-new-york-times-innovation-report-is-one-of-the-key-documents-of-this-media-age/, 44.

[5] Amy Watson, "New York Times Company's Revenue 2021", *Statista*, 21 de março de 2022, https://www.statista.com/statistics/192848/revenue-of-the-new-york-times-company-since-2006/.

[6] "*NYT* Innovation Report 2014", *Scribd*, 24 de março de 2014, https://www.scribd.com/doc/224332847/NYT-Innovation-Report-2014, p. 72.

[7] A BCG Global concluiu que 70% das transformações digitais ficam aquém de seus objetivos, muitas vezes com profundas consequências. Ver Patrick Forth *et al.*, "Flipping the Odds of Digital Transformation Success", *BCG Global*, 29 de outubro de 2020, https://www.bcg.com/publications/2020/increasing-odds-of--success-in-digital-transformation. A pesquisa da McKinsey concluiu que mais de 70% falham, e apenas 14% são bem-sucedidas de maneira sustentável. Ver Hortense de la Boutetière, Alberto Montagner e Angelika Reich, "Unlocking Success in Digital Transformations", *McKinsey & Company*, 29 de outubro de 2019, https://www.mckinsey.com/business-functions/organization/our-insights/

unlocking-success-in-digital-transformations.

[8] Steve Lohr, "G.E. to Spin off Its Digital Business", *New York Times*, 13 de dezembro de 2018, https://www.nytimes.com/2018/12/13/business/ge-digital-spinoff.html.

[9] Anand Birje e David Rogers, "Digital Acceleration for Business Resilience", *HCL Technologies*, 2021, https://www.hcltech.com/digital-analytics-services/campaign/digital-acceleration-report-2021.

[10] Lauren Forristal, "Disney+ Reaches 164.2m Subscribers as It Prepares for Ad-Supported Tier Launch", *TechCrunch*, 8 de novembro de 2022, https://techcrunch.com/2022/11/08/disney-reports-fourth-quarter-results-2022/.

[11] Deck de slides do CEO: https://businessleadersformichigan.com/wp-content/uploads/2016/11/Patrick-Doyle-Presentation-FINAL.pdf destaca várias dessas inovações, e mais: Preço das ações: US$ 4,97 (2009) para US$ 155,01 (2016). Ver Patrick Doyle, "Failure Is an Option – Business Leaders for Michigan", *Business Leaders for Michigan*, novembro de 2016, https://businessleadersformichigan.com/wp-content/uploads/2016/11/Patrick-Doyle-PresentationFINAL.pdf.

[12] Gabriel Snyder, "The *New York Times* Is Clawing Its Way into the Future", *Wired*, 12 de fevereiro de 2017, https://www.wired.com/2017/02/new-york-times-digital-journalism/.

[13] Sara Fischer, "*New York Times* Surpasses 10 Million Subscriptions", *Axios*, 2 de fevereiro de 2022, https://www.axios.com/new-york-times-10-millions-subscriptions-eb401cfb-2135-4845-b873-8b3b5f7fd10d.html.

[14] New York Times Company, "The New York Times Company 2021 Annual Report", 11 de março de 2022, https://nytco-assets.nytimes.com/2022/03/The-New-York-Times-Company-2021-Annual-Report.pdf.

[15] Isso é uma paráfrase de uma afirmação que ficou famosa e é erroneamente atribuída a Charles Darwin: "Não é o mais forte da espécie que sobrevive, nem o mais inteligente. É aquele mais adaptável à mudança". Esse epigrama de fato engloba um dos principais insights da teoria de Darwin da seleção natural, mas nunca foi escrito por ele! Em vez disso, começou como um trecho de um discurso de 1963 proferido por Leon C. Megginson, que discorria sobre as ideias de Darwin; as palavras de Megginson foram então repetidas e condensadas por vários autores de obras de gestão até se tornarem um dito popular atribuído a Darwin. Uma explicação completa pode ser encontrada em https://quoteinvestigator.com/2014/05/04/adapt/.

## CAPÍTULO 2 - A DX E O DESAFIO DA INOVAÇÃO

[1] Vijay Govindarajan e Anup Srivastava, "Strategy When Creative Destruction Accelerates", Working Paper n.º 2836135, Tuck School of Business, 2016, https://ssrn.com/abstract=2836135 ou http://dx.doi.org/10.2139/ssrn.2836135.

[2] Todd Spangler, "Netflix Aims to Launch Cheaper, Ad-Supported Plan in Early 2023", *Yahoo! Finance*, 19 de julho de 2022, https://finance.yahoo.com/news/netflix-aims-launch-cheaper-ad-203926425.html.

[3] Sara Fischer, "Big Cuts Coming for CNN+ After Slow Start", *Axios*, 12 de abril de 2022, https://www.axios.com/2022/04/12/cnn-plus-cuts-warner-brothers-discovery.

[4] Jason Kilar, *Twitter*, 29 de março de 2022, 15h35, https://twitter.com/jasonkilar/status/1508890566276362241.

[5] Lucia Moses *et al.*, "'Hubris. Nothing More.' Insiders Blame Jeff Zucker and Jason Kilar for the Rapid Demise of CNN+ as Warner Bros. Discovery Leadership Looks Forward", *Business Insider*, 12 de abril de 2022, https://www.businessinsider.com/cnn-plus-failure-blame-zucker-kilar-hubris-warner-bros-discovery-2022-4.

[6] Michael M. Grynbaum, John Koblin e Benjamin Mullin, "CNN+ *Streaming* Service Will Shut Down Weeks After Its Start", *New York Times*, 21 de abril de 2022, https://www.nytimes.com/2022/04/21/business/cnn-plus-shutting-down.html.

[7] Ted Johnson e Dade Hayes, "CNN+ Debuts: Is It the Next News Innovation or Too Late to the *Streaming* Wars?", *Deadline*, 28 de março de 2022, https://deadline.com/2022/03/cnn-plus-launch-*streaming*-service-preview-1234987770/.

[8] Alex Sherman, "CNN+ Struggles to Lure Viewers in Its Early Days, Drawing Fewer Than 10,000 Daily Users", *CNBC*, 12 de abril de 2022, https://www.cnbc.com/2022/04/12/cnn-plus-low-viewership-numbers-warner-bros-discovery.html.

[9] Austin Carr, "The Inside Story of Jeff Bezos's Fire Phone Debacle", *Fast Company*, 6 de janeiro de 2015, https://www.fastcompany.com/3039887/under-fire. Fontes citadas no artigo disseram que as vendas estavam na casa de dezenas de milhares de unidades antes do corte radical de preço da empresa. O primeiro desses cortes aconteceu quarenta e cinco dias após o lançamento.

[10] Benjamin Black, "EC2 Origins", *Benjamin Black Causes Trouble Here*, 25 de janeiro de 2009, https://blog.b3k.us/2009/01/25/ec2-origins.html.

[11] Rachel King, "Amazon Breaks out Cloud Results for First Time on Q1 Earnings Report", *ZDNET*, 23 de abril de 2015, https://www.zdnet.com/article/amazon--breaks-out-cloud-results-for-first-time-on-q1-earnings-report/.

[12] Todd Bishop, "Amazon Web Services Posts Record $13.5B in *Profits* for 2020 in Andy Jassy's Aws Swan Song", *GeekWire*, 2 de fevereiro de 2021, https://www.geekwire.com/2021/amazon-web-services-posts-record-13-5b-profits-2020-andy--jassys-aws-swan-song/.

[13] Tom Huddleston, "Zoom's Founder Left a 6-Figure Job Because He Wasn't Happy – and Following His Heart Made Him a Billionaire", *CNBC*, 21 de agosto de 2019, https://www.cnbc.com/2019/08/21/zoom-founder-

left-job-because-he-wasnt-happy-became-billionaire.html. Além desse relato publicado sobre a saída de Eric Yuan, um antigo executivo da Cisco revelou-me que Yuan havia lançado essa ideia do Zoom aos líderes da Cisco, e que a ideia foi recusada como sendo distante demais do foco empresarial da Cisco.

14 Mansoor Iqbal, "Zoom Revenue and Usage Statistics (2022)", *Business of Apps*, 30 de junho de 2022, https://www.businessofapps.com/data/zoom-statistics/, acessado em 14 de dezembro de 2022. Em março de 2019 eram 10 milhões de participantes de reuniões por dia; em março de 2020, 200 milhões.

15 Charles O'Reilly, Michael Tushman e J. Bruce Herrald, "Organizational Ambidexterity: IBM and Emerging Business Opportunities", *California Management Review* (1º de maio de 2009), https://ssrn.com/abstract=1418194.

16 Malcolm Gladwell, "Creation Myth", *The New Yorker*, 9 de maio de 2011, https://www.newyorker.com/magazine/2011/05/16/creation-myth.

17 Clayton M. Christensen, *The Innovator's Dilemma: When New Technologies Cause Great Firms to Fail* (Boston, MA: Harvard Business Review Press, 2016). [*O dilema da inovação*, M.Books, 2011.]

18 Theodore Levitt, "Marketing Myopia", *Harvard Business Review*, 38, n.º 4 (1960): 24-47. Ainda um clássico mais de cinquenta anos depois, o artigo está republicado on-line em https://hbr.org/2004/07/marketing-myopia.

19 David L. Rogers, in *The Digital Transformation Playbook: Rethink Your Business for the Digital Age* (Nova York: Columbia University Press, 2016), 127. [*Transformação Digital: Repensando o seu negócio para a era digital*, Autêntica Business, 2017.]

20 "Harvard i-Lab: Fireside Chat with Michael Skok and Andy Jassy: The History of Amazon Web Services", *YouTube*, 2013, https://www.youtube.com/watch?v=d2dyGDqrXLo.

21 Julie Bort, "Amazon's Game-Changing Cloud Was Built by Some Guys in South Africa", *Business Insider*, 28 de março de 2012, https://archive.ph/20130119102209/http://www.businessinsider.com/amazons-game-changing-cloud-was-built-by-some--guys-in-south-africa-2012-3. Por muito tempo executivo da Amazon, David Glick contou-me que posicionar o time EC2 na Cidade do Cabo teve dois propósitos: Pinkham, nascido na África do Sul, vinha tendo problemas para renovar seu visto de trabalho nos EUA.

# CAPÍTULO 3 - PASSO 1: DEFINA UMA VISÃO COMPARTILHADA

1 Bill Ford, "A Future Beyond Traffic Gridlock", *TED Talk*, acessado em 14 de dezembro de 2022, https://www.ted.com/talks/bill_ford_a_future_beyond_traffic_gridlock.

[2] Lucy Kueng, "Transformation Manifesto: 9 Priorities for Now", 2 de novembro de 2020, http://www.lucykung.com/latest-news/transformation-manifesto-9-priorities-for-now/.

[3] No memorando, Stephen Elop relata uma história sobre um trabalhador de plataforma de petróleo do Mar do Norte que acordou e viu que a plataforma toda estava em chamas após uma explosão. Vale a pena ler o memorando; ver Chris Ziegler, "Nokia CEO Stephen Elop Rallies Troops in Brutally Honest 'Burning Platform' Memo? (Update: It's Real!)", *Engadget*, 8 de fevereiro de 2011, https://www.engadget.com/2011-02-08-nokia-ceo-stephen-elop-rallies-troops-in-brutally-honest-burnin.html.

[4] A teoria da motivação extrínseca (baseada em recompensas externas) *versus* motivação intrínseca (baseada em recompensas do próprio trabalho) vem da teoria da autodeterminação da motivação [*self-determination theory*, SDT]. Uma boa visão geral do trabalho de Richard M. Ryan e Edward L. Deci pode ser encontrada em Delia O'Hara, "The Intrinsic Motivation of Richard Ryan and Edward Deci", *American Psychological Association*, 18 de dezembro de 2017, https://www.apa.org/members/content/intrinsic-motivation.

[5] Ford, "A Future Beyond Traffic Gridlock".

[6] Daniel Goleman definiu seis diferentes estilos de liderança ou papéis que os líderes podem adotar, e defendeu desenvolver a capacidade de combiná-los conforme as circunstâncias. Mas sua pesquisa empírica constatou que o estilo de autoridade – associado a usar uma narrativa para alinhar os outros a uma visão – tinha o impacto positivo mais forte dos seis estilos. Ver Daniel Goleman, "Leadership That Gets Results", *Harvard Business Review*, março-abril de 2000, https://hbr.org/2000/03/leadership-that-gets-results.

[7] No estudo da McKinsey, o fator de uma "uma história clara de mudança" mostrou uma difusão de 3,1 vezes entre os 30% de empresas que estavam sendo bem-sucedidas em se transformar e nos 70% de seu estudo que não estavam – a maior diferença entre todos os fatores reportados. Ver Hortense de la Boutetière, Alberto Montagner e Angelika Reich, "Unlocking Success in Digital Transformations", *McKinsey & Company*, 29 de outubro de 2018, https://www.mckinsey.com/business-functions/organization/our-insights/unlocking-success-in-digital-transformations.

[8] Satya Nadella *et al.*, "Learning to Lead", in *Hit Refresh: The Quest to Rediscover Microsoft's Soul and Imagine a Better Future for Everyone* (Nova York: Harper Business, 2018), 62.

[9] Como Philip Bobbitt escreveu, a falácia de Parmênides "ocorre quando se tenta avaliar um estado de coisas futuro medindo-o em comparação com o presente, em vez de compará-lo com outros futuros possíveis". Bobbitt usou a expressão pela primeira vez num artigo de opinião de 2003 para o *New York Times*; ver Philip Bobbitt, "Today's War Is Against Tomorrow's Iraq", *New York Times*, 10 de março de 2003, https://

www.nytimes.com/2003/03/10/opinion/today-s-war-is-against-tomorrow-s-iraq. html. Ele desenvolveu o conceito em seus livros posteriores, como *Terror and Consent: The Wars for the Twenty-First Century* (Nova York: Alfred A. Knopf, 2018) e *The Garments of Court and Palace: Machiavelli and the World That He Made* (Nova York: Grove Press, 2013). A falácia desde então vem sendo discutida num contexto de negócios por Clayton Christensen, Margie Warrell e outros.

[10] Essa citação é amplamente atribuída ao presidente John Fitzgerald Kennedy, mas não fui capaz de encontrar a fonte ou o discurso onde ele possa ter dito isso, incluindo buscas no arquivo on-line da JFK Presidential Library em "Home: JFK Library", acessado em 14 de dezembro de 2022, https://www.jfklibrary.org/.

[11] Dee-Ann Durbin e Tom Krisher, "Fields out at Ford; New CEO Hackett Known for Turnarounds", *Chicago Tribune*, 4 de junho de 2018, https://www.chicagotribune.com/business/ct-ford-ceo-20170521-story.html.

[12] Mark W. Johnson e Josh Suskewicz. *Lead from the Future: How to Turn Visionary Thinking into Breakthrough Growth* (Boston: Harvard Business Review Press, 2020), 210.

[13] Numa entrevista de 1985 à revista *Playboy*, Steve Jobs descreve o tipo de pessoa que trabalhava na Apple como "alguém que realmente quer ir além da própria capacidade e deixar uma marca no universo". Ver David Sheff, "Steven Jobs Playboy Interview", *Playboy* (fevereiro de 1985), 58.

[14] "The CEO Test: Master the Challenges That Make or Break All Leaders", *YouTube*, 2021, https://www.youtube.com/watch?v=WXyFu53wMV8&amp;list=PL3852 0A76CC5A4EE6&amp;index=3.

[15] O livro de John E. Doerr *Measure What Matters* proporciona um excelente mergulho na prática das OKRs. Ver John E. Doerr, *Measure What Matters: OKRs, the Simple Idea That Drives 10x Growth* (Londres: Portfolio, 2018). [*Avalie o que importa: Como Google, Bono Vox e a Fundação Gates sacudiram o mundo com os OKRs*, Alta Books, 2019.]

[16] Doerr, *Measure What Matters*, 154-171.

[17] D. E. Hunt, *Beginning with Ourselves: In Practice, Theory and Human Affairs* (Cambridge, MA: Brookline Books, 1987), 4, 30.

[18] A expressão "teoria de negócios" é inspirada nos escritos de Todd Zenger sobre a importância de cada empresa ter uma "teoria corporativa" – embora uma teoria de negócios possa ser aplicada não só a uma empresa, mas a qualquer nova estratégia ou mudança na alocação de recursos. Ver Todd Zenger, "What Is the Theory of Your Firm?", *Harvard Business Review* (junho de 2013), 126.

[19] Mitchell Gordon, "Disney's Land: Walt's Profit Formula: Dream, Diversify – and Never Miss an Angle; Here's How His Divisions Complement Each Other", *Wall Street Journal*, 4 de fevereiro de 1958, p. 1.

[20] Isso foi explicado muitas vezes por Jeff Bezos, também nessa entrevista: Jeff Bezos, "Interview with Adi Ignatius", *Harvard Business Review*, podcast de áudio, 4 de janeiro de 2013, https://hbr.org/podcast/2013/01/jeff-bezos-on-leading-for-the. Bezos também discutiu isso em sua carta de 2008 aos acionistas; ver Jeff Bezos, "Letter to Amazon Shareholders", 2009, https://ir.aboutamazon.com/files/doc_financials/annual/Amazon_SH_Letter_2008.pdf.

[21] Zenger, "What Is the Theory of Your Firm?", 126.

[22] Em 2021, o National Commercial Bank fundiu-se ao Samba Financial Group dando origem ao Saudi National Bank.

[23] Bob Iger, entrevista com Kara Swisher, *Sway*, podcast de áudio, 27 de janeiro de 2022, https://www.nytimes.com/2022/01/27/opinion/sway-kara-swisher-bob-iger.html?showTranscript=1.

[24] Disney+ foi lançado em 12 de novembro de 2019. As ações da Disney fecharam em 11 de novembro em 136,74. E em 13 de novembro em 148,72.

[25] Bezos, "Interview with Adi Ignatius".

[26] "Hackett CEO News Conference.mp4", *Dropbox*, acessado em 5 de janeiro de 2023, https://www.dropbox.com/s/k84legr519o0xpl/Hackett%20CEO%20News%20conference.mp4?dl=0&amp;mod=article_inline. Essa citação ocorre no vídeo no minuto 17:10.

## CAPÍTULO 4 - PASSO 2: SELECIONE OS PROBLEMAS MAIS IMPORTANTES

[1] Michael Porter, "What Is Strategy?", *Harvard Business Review* (novembro-dezembro de 1996), 60, https://hbr.org/1996/11/what-is-strategy.

[2] Thomas Wedell-Wedellsborg, *What's Your Problem? To Solve Your Toughest Problems, Change the Problems You Solve* (Boston: Harvard Business Review Press, 2020). [*Qual é o seu problema? Para resolver seus problemas mais difíceis, mude os problemas que você resolve,* Benvirá, 2021.]

[3] Minda Zetlin, "This Video Is How Microsoft CEO Satya Nadella Introduced Himself to an Audience of 17,000 and It Was Perfect", *Inc.*, acessado em 16 de dezembro de 2022, https://www.inc.com/minda-zetlin/satya-nadella-microsoft-xbox-adaptive-controller-super-bowl-video-disabled-gamers-owen-sirmons.html.

[4] Kyle Evans, "Product Thinking vs. Project Thinking", *Medium* (Product Coalition, 21 de outubro de 2018), https://productcoalition.com/product-thinking-vs-project-thinking-380692a2d4e.

[5] Além de ser mencionada em outros lugares, essa ideia foi expressa com destaque na carta aos acionistas da Amazon de 2008; ver Jeff Bezos, "2008 Letter to Amazon Shareholders", 2009, https://ir.aboutamazon.com/files/doc_financials/annual/Amazon_SH_Letter_2008.pdf.

[6] Bezos, "Interview with Adi Ignatius", *Harvard Business Review*, podcast de áudio, 4 de janeiro de 2013, https://hbr.org/podcast/2013/01/jeff-bezos-on-leading-for-the.

[7] Outro exemplo vem dos Mastercard Labs, que têm um processo similar para alimentar ideias iniciais por meio de suas "oficinas de plataforma de lançamento" de cinco dias, nas quais clientes eram introduzidos para ajudar a confirmar suas necessidades, dores e se a inovação proposta oferecia real valor.

[8] Bezos, "2008 Letter to Amazon Shareholders".

[9] Essa categorização costuma ser creditada a Kevin Fong, por muito tempo parceiro de gestão do Mayfield Fund no Vale do Silício. Uma dessas fontes é Omer Khan, "Candy, Vitamin or Painkiller: Which One Is Your Product?", *SaaS Club*, acessado em 16 de dezembro de 2022, https://saasclub.io/candy-vitamin-painkiller-which-one-is-your-product/. Fong também descreveu uma terceira categoria, que ele chamou de "doce", para ideias que proporcionam benefícios fugazes; ele não gostava de investir em ideias dessa terceira categoria.

[10] Alexander Osterwalder *et al.*, *Value Proposition Design: How to Create Products and Services Customers Want* (Hoboken, NJ: John Wiley, 2014).

[11] Citado por um dos primeiros investidores no Uber, Chris Sacca, em 2015; ver Chris Sacca, "Why I'd Never Want to Compete with Uber's Travis Kalanick", *Fortune*, 4 de fevereiro de 2015, https://fortune.com/2015/02/04/why-id-never-want-to-compete-with-ubers-travis-kalanick/.

[12] Noriaki Kano *et al.*, "Attractive Quality and Must-Be Quality", *Journal of the Japanese Society for Quality Control*, 14, n.º 2 (1984): 147-56, https://web.archive.org/web/20110813145926/http:/ci.nii.ac.jp/Detail/detail.do?LOCALID=ART0003570680&l ang=en. Para um bom resumo de como o modelo de Kano evoluiu, ver "Kano Model: What Is the Kano Model? Definition and Overview of Kano", 2 de setembro de 2021, https://www.productplan.com/glossary/kano-model/.

[13] Liz Tay, "Google Has Updated Its 9 Principles Of Innovation: Here They Are and the Products They Have Enabled", *Business Insider Australia*, 19 de novembro de 2013, https://www.businessinsider.com.au/google-has-updated-its-9-principles-of-innovation-here-they-are-and-the-products-they-have-enabled-2013-11.

[14] John E. Doerr, *What Matters: OKRs, the Simple Idea That Drives 10× Growth* (Londres: Portfolio, 2018), 127. [*Avalie o que importa: Como Google, Bono Vox e a Fundação Gates sacudiram o mundo com os OKRs*, Alta Books, 2019.]

[15] "From AT&T to Xerox: 90+ Corporate Innovation Labs: CB Insights", *CB Insights Research*, 28 de agosto de 2021, https://www.cbinsights.com/research/corporate--innovation-labs/.

[16] Warren Berger, "The Secret Phrase Top Innovators Use", *Harvard Business Review* (12 de setembro de 2012), https://hbr.org/2012/09/the-secret-phrase-top-innovato.

[17] Emily Chasan, "Don't Toss That Cup: McDonald's and Starbucks Are Developing Reusables", *Bloomberg.com*, 18 de fevereiro de 2020, https://www.bloomberg.com/news/articles/2020-02-18/reusable-coffee-cups-being-tested-for-mcdonald-s-and-starbucks.

[18] Porter, "What Is Strategy?", 60.

[19] "Steve Blank: The Key to Startup Success? 'Get Out of the Building.'" *Inc.*, acessado em 6 de janeiro de 2023, https://www.inc.com/steve-blank/key-to-success-getting-out-of-building.html.

[20] Colin Bryar e Bill Carr, *Working Backwards* (Nova York: St. Martin's Press, 2021), 98-120.

[21] David Leonhardt *et al.*, "Journalism That Stands Apart" (Nova York: New York Times, 2017), Seção: "The way we work: Every department should have a clear vision that is well understood by its staff".

[22] Donald N. Sull, "Closing the Gap Between Strategy and Execution", *MIT Sloan Management Review* (1º de julho de 2007), https://sloanreview.mit.edu/article/closing-the-gap-between-strategy-and-execution/.

## CAPÍTULO 5 - PASSO 3: VALIDE INICIATIVAS

[1] Sarah Nassauer, "WSJ News Exclusive: Walmart Scraps Plan to Have Robots Scan Shelves", *Wall Street Journal*, 2 de novembro de 2020, https://on.wsj.com/3c04VQF.

[2] Tom Ward, "From Ground-Breaking to Breaking Ground: Walmart Begins to Scale Market Fulfillment Centers", *Walmart Corporate*, 27 de janeiro de 2021, https://corporate.walmart.com/newsroom/2021/01/27/from-ground-breaking--to-breaking-ground-walmart-begins-to-scale-local-fulfillment-centers.

[3] Melissa Repko, "Walmart Drew One in Four Dollars Spent on Click and Collect – with Room to Grow in 2022", *CNBC*, 30 de dezembro de 2021, https://www.cnbc.com/2021/12/30/walmart-drew-one-in-four-dollars-on-click-and-collect--market-researcher.html.

[4] Sarah Nassauer, "Walmart Pushes New Delivery Services for a Post-Pandemic World", *Wall Street Journal*, 28 de fevereiro de 2022, https://www.wsj.com/articles/walmart-pushes-new-delivery-services-for-a-post-pandemic-world-11645971260.

5 Dean Baquet, "The New York Times and Journalism's Future", apresentação na Conferência Mundial de Mídia da INMA, Nova York, 17 de maio de 2019.

6 Steve Blank, "No Plan Survives First Contact with Customers – Business Plans *Versus* Business Models", *SteveBlank.com*, 8 de abril de 2010, https://steveblank.com/2010/04/08/no-plan-survives-first-contact-with-customers-%E2%80%-93-business-plans-versus-business-models/.

7 Jonathan Becher, "RIP ROI: Time-to-Market Is the New Indicator of Success", *LinkedIn*, 8 de agosto de 2016, https://www.linkedin.com/pulse/rip-roi-time-to--market-new-indicator-success-jonathan-becher/.

8 Steven G. Blank e Bob Dorf, *The Startup Owner's Manual: The Step-by-Step Guide for Building a Great Company* (Pescadero, CA: K & S Ranch, 2012), 551.

9 Eric Ries, *The Lean Startup: How Constant Innovation Creates Radically Successful Businesses* (Londres: Penguin Business, 2019). [*A startup enxuta: Como usar a inovação contínua para criar negócios radicalmente bem-sucedidos*, Sextante, 2019.]

10 Devo às palestras de Bob Dorf em minhas aulas na Columbia Business School a possibilidade de compartilhar essa história sobre as origens da Diapers.com.

11 Marc Randolph, "Please Mr. Postman", em *That Will Never Work: The Birth of Netflix and the Amazing Life of an Idea* (Nova York: Back Bay Books, 2022), 24-37. [*Isso nunca vai funcionar: O nascimento da Netflix e a incrível vida de uma ideia contada pelo seu cofundador e primeiro CEO*, Planeta Estratégia, 2021.]

12 Eric Von Hippel, "Lead Users: A Source of Novel Product Concepts", *Management Science* 32 (1986): 791-806, doi:10.1287/mnsc.32.7.791.

13 O conceito de adequação produto-mercado foi desenvolvido e nomeado por Andy Rachleff, que é atualmente CEO e cofundador da Wealthfront e foi cofundador da Benchmark Capital. Steven G. Blank e Bob Dorf também utilizam a expressão "adequação problema/solução" em *The Startup Owner's Manual*.

14 Alberto Savoia, *The Right It: Why So Many Ideas Fail and How to Make Sure Yours Succeed* (Nova York: Harper One, 2019).

15 A Tesla apresentou o novo carro em 1º de abril de 2016 e teve 200 mil pedidos em pouco mais de vinte e quatro horas, de clientes que só iriam receber um carro no final de 2017 ou em 2018. Ver Chris Isidore, "Tesla Got 200,000 Orders for the Model 3 in about One Day", *CNNMoney*, 1º de abril de 2016, https://money.cnn.com/2016/04/01/news/companies/tesla-model-3-stock-price/index.html.

16 Tim Harford, *Fifty Things That Made the Modern Economy* (Londres: Abacus, 2018).

17 Julie Jargon, "How Panera Solved Its 'Mosh Pit' Problem", *Wall Street Journal*, 2 de junho de 2017, https://www.wsj.com/articles/how-panera-solved-its-mosh-pit-problem-1496395801.

[18] Eric Ries, "Test", in *The Lean Startup: How Today's Entrepreneurs Use Continuous Innovation to Create Radically Successful Businesses* (Nova York Currency, 2017), 99-102. [*A startup enxuta: Como usar a inovação contínua para criar negócios radicalmente bem-sucedidos*, Sextante, 2019.]

[19] Em 2018, Reid Hoffman disse ter cunhado esse aforismo "há mais de uma década". Ver Reid Hoffman, "If There Aren't Any Typos in This Essay, We Launched Too Late!", *LinkedIn*, 29 de março de 2017, https://www.linkedin.com/pulse/arent-any-typos-essay-we-launched-too-late-reid-hoffman/.

[20] Mark W. Johnson e Josh Suskewicz, "How to Jump-Start the Clean-Tech Economy", *Harvard Business Review* (novembro de 2009), 87.

[21] Clayton M. Christensen e Michael E. Raynor, *The Innovator's Solution: Creating and Sustaining Successful Growth* (Boston: Harvard Business School Press, 2003), 74-80, 96. Christensen e Raynor creditam a Richard Pedi ter cunhado a frase "trabalho a ser feito", a Anthony Ulwick o desenvolvimento de conceitos estreitamente relacionados, e a David Sundahl ter auxiliado em sua própria formulação. O conceito de "trabalho a ser feito" foi adicionalmente explorado em vários artigos de Christensen com outros coautores.

[22] David L. Rogers, in *The Digital Transformation Playbook: Rethink Your Business for the Digital Age* (Nova York: Columbia University Press, 2016), 56 [*Transformação Digital, Repensando o seu Negócio para a Era Digital* (São Paulo, Autêntica Business, 2021)].

[23] Geoffrey A. Moore, *Crossing the Chasm: Marketing and Selling Disruptive Products to Mainstream Customers* (Nova York: HarperBusiness, 2014). [*Atravessando o abismo*, Alta Books, 2021.]

[24] Mark W. Johnson e Josh Suskewicz, "How to Jump-Start the Clean-Tech Economy", *Harvard Business Review* (novembro de 2009): 87.

## CAPÍTULO 6 - PASSO 4: COMO GERIR CRESCIMENTO EM ESCALA

[1] Penny Crosman, "Welcome to Open Mic Night at a Citi Fintech Unit", *American Banker*, 22 de novembro de 2017, https://www.americanbanker.com/news/welcome-to-open-mic-night-at-a-citi-fintech-unit.

[2] Não foi possível encontrar a fonte original de Margaret Mead; a citação foi primeiro atribuída a ela por Donald Keys logo após a morte da antropóloga. Ver "Never Doubt That a Small Group of Thoughtful, Committed Citizens Can Change the World; Indeed, It's the Only Thing That Ever Has", *Quote Investigator*, 12 de novembro de 2017, https://quoteinvestigator.com/2017/11/12/change-world/.

[3] J. Richard Hackman e Neil Vidmar, "Effects of Size and Task Type on Group Performance and Member Reactions", *Sociometry*, 33, n.º 1 (1970): 37-54, https://doi.org/10.2307/2786271.

[4] Eric Ries, *The Startup Way: How Modern Companies Use Entrepreneurial Management to Transform Culture and Drive Long-Term Growth* (Nova York: Currency, 2017). [*O estilo startup: Como as empresas modernas usam o empreendedorismo para transformar sua cultura e impulsionar seu crescimento,* Sextante, 2019.]

[5] Mark Wilson, "Adobe's Kickbox: The Kit to Launch Your Next Big Idea", *Fast Company*, 9 de fevereiro de 2015, https://www.fastcompany.com/3042128/adobes-kickbox-the-kit-to-launch-your-next-big-idea.

[6] Crosman, "Welcome to Open Mic Night at a Citi Fintech Unit".

[7] Crosman, "Welcome to Open Mic Night at a Citi Fintech Unit".

[8] Lucy Kueng, "Going Digital: A *Roadmap* for Organisational Transformation", *Reuters Institute for the Study of Journalism and University of Oxford*, novembro de 2017, p. 16, https://reutersinstitute.politics.ox.ac.uk/sites/default/files/2017-11/Going%20Digital.pdf.

[9] Mark W. Johnson e Josh Suskewicz. *Lead from the Future: How to Turn Visionary Thinking into Breakthrough Growth* (Boston: Harvard Business Review Press, 2020), 115.

[10] Eric Ries, *The Startup Way: How Modern Companies Use Entrepreneurial Management to Transform Culture and Drive Long-Term Growth* (Nova York: Currency, 2017), 294.

[11] Lucy Kueng, "Going Digital", 16.

[12] Steven Levy, "Google Glass 2.0 Is a Startling Second Act", *Wired*, 18 de julho de 2017, https://www.wired.com/story/google-glass-2-is-here/.

[13] "NYT Innovation Report 2014", *Scribd*, 24 de março de 2014, https://www.scribd.com/doc/224332847/NYT-Innovation-Report-2014, p. 75.

[14] Susan Wojcicki, "The Eight Pillars of Innovation", *Google*, julho de 2011, https://www.thinkwithgoogle.com/future-of-marketing/creativity/8-pillars-of-innovation/.

[15] Alex Morrell, "We Spoke with Citi's Innovation Chief About Which Fintechs It Wants to Invest in, How Its Internal 'Shark Tank' Judges Know When to Kill an Idea, and Why Red Tape Helps Some *Startups* Flourish", *Business Insider*, 8 de fevereiro de 2019, https://www.businessinsider.com/vanessa-colella-citi-ventures-innovation-interview-2019-2.

[16] Robert D. Hof, "Amazon's Risky Bet", *BusinessWeek*, 13 de novembro de 2006. A imagem da capa da revista pode ser vista em Jeff Bezos, *Twitter*, 18 de maio de 2022, 15h11, https://twitter.com/jeffbezos/status/1527003895393812480.

[17] Para um bom *post-mortem* sobre o fracassado esforço digital da GE, ver Alex Moazed, "Why GE Digital Failed", *Inc.*, acessado em 4 de janeiro 2023, https://www.inc.com/alex-moazed/why-ge-digital-didnt-make-it-big.html. Outra boa análise é a de Ted Mann e Thomas Gryta, "The Dimming of GE's Bold Digital Dreams", *Wall Street Journal*, 18 de julho de 2020, https://www.wsj.com/articles/the-dimming-of-ges-bold-digital-dreams-11595044802?-mod=djemalertNEWS.

[18] Preceitos são um conjunto de princípios que cada time cria para guiar sua tomada de decisões diária. A prática do preceito foi introduzida na Amazon num time liderado por meu amigo David Glick. Durante quase vinte anos na Amazon, Glick liderou vários times de duas pizzas em áreas como armazenagem, logística, preços e atendimento ao comerciante. Quando liderava um time trabalhando em preços, Glick reuniu-se com Jeff Bezos para esboçar a estratégia guia para o trabalho deles. Bezos declarou nesse encontro: "Nós mantemos nossos preços muito, muito baixos, porque achamos que isso conquista a confiança do cliente, e no longo prazo podemos fazer um artigo de fé de que a confiança do cliente irá comandar um fluxo de caixa livre a longo prazo". Glick anotou essas palavras e capturou quatro ideias que pareciam mais centrais para a direção que eles haviam concordado em seguir. Ele refinou as palavras, passou a se referir a elas como os cinco preceitos de seu time e começou a colocá-las bem no início de cada memorando produzido por sua equipe, como um lembrete daquilo que estavam perseguindo. Depois de vários encontros mensais, Bezos observou: "Eu realmente gosto que esse time coloque seus preceitos logo no início". Então ele se virou para seu conselheiro técnico e disse: "Ahmed, vá e certifique-se de que todo mundo faça isso!". E a partir de então 100 mil pessoas na Amazon foram instruídas a definir os próprios preceitos-guia para tomada de decisões por meio de seus times. "Recebi um monte de e-mails de ódio", Glick disse, "se bem que eles também me pediram se eu podia lhes enviar minha lista de preceitos".

## CAPÍTULO 7 - **PASSO 5: DESENVOLVA TECNOLOGIA, TALENTO E CULTURA**

[1] William Boston, "How Volkswagen's $50 Billion Plan to Beat Tesla Short-Circuited", *Wall Street Journal*, 19 de janeiro de 2021, https://www.wsj.com/articles/how-volkswagens-50-billion-plan-to-beat-tesla-short-circuited-11611073974.

[2] Boston, "How Volkswagen's $50 Billion Plan to Beat Tesla Short-Circuited".

[3] Henry Man, "Volkswagen to Develop In-House Software for Next-Gen Cars", *CarExpert*, 22 de junho de 2020, https://www.carexpert.com.au/car-news/volkswagen-to-develop-in-house-infotainment-software.

[4] Boston, "How Volkswagen's $50 Billion Plan to Beat Tesla Short-Circuited".

[5] Herbert Diess, *LinkedIn*, fevereiro de 2022, https://www.linkedin.com/posts/herbertdiess_i-am-happy-that-lynn-longo-as-our-new-cariad-activity-6898935660502487040-h_zv.

[6] Boston, "How Volkswagen's $50 Billion Plan to Beat Tesla Short-Circuited".

[7] Jeff Lawson, *Ask Your Developer: How to Harness the Power of Software Developers and Win in the 21st Century* (Nova York: Harper Business, 2021), 3-4. Lawson citou Bezos como tendo dito isso na primeira reunião geral à qual compareceu, ao entrar na Amazon em setembro de 2004. [*Pergunte ao desenvolvedor,* Benvirá, 2022.]

[8] Mark J. Greeven, Howard Yu e Jialu Shan, "Why Companies Must Embrace Microservices and Modular Thinking", *MIT Sloan Management Review* (28 de junho de 2021), https://sloanreview.mit.edu/article/why-companies-must-embrace-microservices-and-modular-thinking.

[9] Greeven, Yu e Shan, "Why Companies Must Embrace Microservices".

[10] Essa é a minha definição de dívida técnica, que pretende ser ampla o suficiente para capturar toda a gama de aplicações da ideia hoje, que cresceu bem além do chamado "código desleixado" ["*sloppy code*"]. A ideia remonta pelo menos a 1980 – quando Meir Manny Lehman escreveu: "Como um programa em evolução está mudando continuamente, sua complexidade... aumenta, a não ser que se faça um trabalho para mantê-lo ou reduzi-lo". Ver Meir Manny Lehman, "Laws of Software Evolution Revisited", em *Software Process Technology: 5th European Workshop, EWSPT'96,* Nancy, France, October 9-11, 1996: Proceedings (Berlim: Springer, 1996), 108-124. A metáfora de "dívida" foi mais tarde cunhada por Ward Cunningham, "The WyCash Portfolio Management System", 26 de março de 1992, http://c2.com/doc/oopsla92.html. Pensamento inteligente inclui Martin Fowler, "TechnicalDebt", 21 de maio de 2019, https://martinfowler.com/bliki/TechnicalDebt.html.

[11] Werner Vogels, "Modern Applications at AWS", *All Things Distributed*, 28 de agosto de 2019, https://www.allthingsdistributed.com/2019/08/modern-applications-at-aws.html.

[12] O memorando de 2002 declarando a ordem de Bezos sobre a interface de programação de aplicativos [*application programming interface,* API] é uma lenda muito apreciada, mas não existem cópias ou relatos da época. Um post de rede social de 2011 de Steve Yegge, que trabalhou na Amazon, tentou parafrasear o memorando original e afirma que "[o memo] expressou algo nessa linha", mas as palavras de Yegge têm sido desde então repetidas por outros como se fossem as do próprio memorando original. O post de Yegge estava no hoje extinto Google Plus, mas foi arquivado aqui: Steve Yegge, *Google Plus*, 11 de outubro de 2011, https://gist.github.com/chitchcock/1281611.

[13] Vogels, "Modern Applications at AWS".

[14] Esse relato coloca a data de transição da Netflix em 2009-2011. Shriram Venugopal, "The Story of Netflix and Microservices", *Geeks for Geeks*, 17 de maio de 2020, https://www.geeksforgeeks.org/the-story-of-netflix-and-microservices/.

[15] Joshua Benton, "The Leaked New York Times Innovation Report Is One of the Key Documents of This Media Age", *Nieman Lab*, 15 de maio de 2014, https://www.niemanlab.org/2014/05/the-leaked-new-york-times-innovation-report-is-one-of-the-key-documents-of-this-media-age/.

[16] Para empresas maiores, uma terceira opção é adquirir um negócio com a capacidade de que você precisa. Portanto, você irá às vezes ouvir essa escolha articulada como "construir *versus* comprar *versus* fazer parceria" – onde "comprar" significa adquirir a empresa, e "fazer parceria" significa comprar serviços, componentes ou tecnologia de um parceiro externo.

[17] Lawson, *Ask Your Developer*, 4.

[18] Angus Loten, "PepsiCo Bottles Tech Collaboration Effort into New Digital Hubs", *Wall Street Journal*, 28 de outubro de 2021, https://www.wsj.com/articles/pepsico-bottles-tech-collaboration-effort-into-new-digital-hubs-11635457546.

[19] Boston, "How Volkswagen's $50 Billion Plan to Beat Tesla Short-Circuited".

[20] Franklin Foer, "Jeff Bezos's Master Plan", *The Atlantic*, novembro de 2019, https://www.theatlantic.com/magazine/archive/2019/11/what-jeff-bezos-wants/598363/.

[21] A ideia da pessoa de "formato T" foi adotada pelos consultores da McKinsey na década de 1980 e mais tarde acolhida tanto no desenvolvimento de software *agile* como por empresas de *design thinking* como a IDEO.

[22] Benton, "The Leaked *New York Times Innovation Report* Is One of the Key Documents".

[23] Aaron Aboagye, Ani Mukkavilli e Jeremy Schneider, "Four Myths About Building a Software Business", *McKinsey & Company*, 30 de abril de 2021, https://www.mckinsey.com/capabilities/mckinsey-digital/our-insights/four-myths-about-building-a-software-business.

[24] Liad Agmon, "Dynamic Yield Joins the McDonald's Family", *Dynamic Yield*, acessado em 7 de fevereiro de 2023, https://www.dynamicyield.com/blog/dynamic-yield-joins-mcdonalds/.

[25] Um estudo da McKinsey sobre 2 mil transações de F&A concluiu que empresas não digitais que começaram com uma "aquisição âncora" de uma empresa digital no valor de 1 bilhão de dólares ou mais viram retornos totais para os acionistas cinco vezes maiores que os vistos em empresas não digitais que começaram com múltiplas aquisições digitais menores. Ver Aboagye, Mukkavilli e Schneider, "Four Myths About Building a Software Business".

26 Daniel Pink, *Drive: The Surprising Truth about What Motivates Us* (Nova York: Riverhead Books, 2013). [*Motivação 3.0 – Drive: A surpreendente verdade sobre o que realmente nos motiva,* Daniel Pink, 2019.]

27 Satya Nadella, reunião de acionistas da Microsoft em 2015, https://www.youtube.com/watch?v=TDYAGKHFIjM.

28 Ann Rhoades, em *Built on Values: Creating an Enviable Culture That Outperforms the Competition* (San Francisco: Jossey-Bass, 2011), 19. Kelleher não é o único a pensar a cultura em termos de normas de comportamento. O estudioso de liderança John Kotter tem definido a cultura empresarial como um "grupo de normas de comportamento e de valores compartilhados implícitos que ajuda a manter essas normas vigentes". Ver John Kotter, "The Key to Changing Organizational Culture", *Forbes*, 27 de setembro de 2012, https://www.forbes.com/sites/johnkotter/2012/09/27/the-key-to-changing-organizational-culture/.

29 Ben Horowitz, *What You Do Is Who You Are: How to Create Your Business Culture* (Nova York: HarperBusiness, 2019), 2-3. [*Você é o que você faz: Como criar a cultura da sua empresa,* WMF Martins Fontes, 2021.]

30 "Creating a Culture of Innovation", *Google*, acessado em 15 de abril de 2020, https://gsuite.google.co.in/intl/en_in/learn-more/creating_a_culture_of_innovation.html.

31 "Ten Things We Know to Be True", *Google*, acessado em 5 de agosto de 2023, https://about.google/philosophy/.

32 Pauline Meyer, "Tesla Inc.'s Organizational Culture & Its Characteristics (Analysis)", *Panmore Institute*, 22 de fevereiro de 2019, http://panmore.com/tesla-motors-inc-organizational-culture-characteristics-analysis.

33 "Southwest Careers", *Southwest Airline*, acessado em 10 de abril de 2020, https://careers.southwestair.com/culture.

34 "Leadership Principles", *Amazon Jobs*, acessado em 5 de janeiro de 2023, https://www.amazon.jobs/content/en/our-workplace/leadership-principles.

35 Samir Lakhani, "Things I Liked About Amazon", *Medium*, 28 de agosto de 2017, https://medium.com/@samirlakhani/things-i-liked-about-amazon-4495ef06fbda.

36 Reed Hastings, "Freedom & Responsibility Culture (Version 1)", *Slideshare*, 30 de junho de 2011, https://www.slideshare.net/reed2001/culture-2009.

37 "Netflix Culture – Seeking Excellence", *Netflix*, acessado em 5 de janeiro de 2023, https://jobs.netflix.com/culture.

38 Michael Lewis, "How Two Trailblazing Psychologists Turned the World of Decision Science Upside Down", *Vanity Fair*, 14 de novembro de 2016, https://www.vanityfair.com/news/2016/11/decision-science-daniel-kahneman-amos-tversky.

39 Krzysztof Majdan e Michael Wasowski, "We Sat Down with Microsoft's CEO to Discuss the Past, Present and Future of the Company", *Business Insider*, 20 de abril

de 2017, https://www.businessinsider.com/satya-nadella-microsoft-ceo-qa-2017-4. Satya Nadella chamou essa mesma história de "criação de mito" da Microsoft em Tim O'Reilly, "We Must Find a Grand Purpose for AI", *LinkedIn*, 11 de setembro de 2018, https://www.linkedin.com/pulse/conversation-satya-nadella-his-new--book-hit-refresh-tim-o-reilly/.

[40] Minda Zetlin, "This Video Is How Microsoft CEO Satya Nadella Introduced Himself to an Audience of 17,000 and It Was Perfect", *Inc.*, 30 de março de 2019, https://www.inc.com/minda-zetlin/satya-nadella-microsoft-xbox-adaptive-controller-super-bowl-video-disabled-gamers-owen-sirmons.html.

[41] Lucy Kueng. "Why Media Companies Need to Stop Focusing on Content", apresentação na Conferência Mundial de Mídia da INMA, Washington, DC, 17 de maio de 2018.

[42] Robin D. Schatz, "How Blinds.com Searched Its Soul – and Found Home Depot", *Inc.*, maio de 2014, https://www.inc.com/magazine/201405/robin-schatz/how-blinds-com-acquired-by-home-depot.html.

[43] Greylock, "Culture Is How You Act When No One Is Looking", *Medium*, 1º de junho de 2017, https://news.greylock.com/culture-is-how-you-act-when-no-one-is-looking-f29d5dd16ecb.

[44] Steven Kerr, "On the Folly of Rewarding A, While Hoping for B", *Academy of Management Journal* 18, n.º 4 (1975): 769-783. Atualizado em fevereiro de 1995: Steven Kerr, "On the Folly of Rewarding A, While Hoping for B", *Academy of Management Executive* 9, n.º 1 (1995): 7-14, https://www.ou.edu/russell/UGcomp/Kerr.pdf.

[45] Ryan Felton, "Tesla Switching to 24/7 Shifts to Push for 6,000 Model 3s per Week by June, Elon Musk Says", *Jalopnik*, 17 de abril de 2018, https://jalopnik.com/tesla-switching-to-24-7-shifts-to-push-for-6-000-model-1825335216.

[46] "Netflix Culture – Seeking Excellence."

[47] Jeffrey P. Bezos, "1997 Letter to Shareholders", 1998, https://s2.q4cdn.com/299287126/files/doc_financials/annual/Shareholderletter97.pdf.

[48] Esse processo de aprovação por um único executivo foi descrito por Doug Herrington, vice-presidente sênior da divisão de Consumidores da América do Norte da Amazon, em sua fala no Keller Center da Universidade de Princeton. Ver: "Ten Rules of Innovating at Amazon", *Keller Center at Princeton University*, 18 de janeiro de 2018, https://kellercenter.princeton.edu/stories/ten-rules-innovating-amazon.

## CONCLUSÃO

[1] Stanley A. McChrystal, David Silverman, Tantum Collins e Chris Fussell, *Team of Teams* (Londres: Portfolio Penguin, 2015).

[2] "Netflix Culture – Seeking Excellence", *Netflix*, acessado em 5 de janeiro de 2023, https://jobs.netflix.com/culture.

[3] C. A. Bartlett e S. Ghoshal, "Changing the Role of Top Management: Beyond Strategy to Purpose", *Harvard Business Review*, 72, n.º 6 (novembro-dezembro de 1994): 79-88, https://hbr.org/1994/11/beyond-strategy-to-purpose.

[4] Jeff Bezos, "2013 Letter to Shareholders", 2014, https://ir.aboutamazon.com/files/doc_financials/annual/2013-Letter-to-Shareholders.pdf.

[5] Lucy Kueng, "Why Media Companies Need to Stop Focusing on Content", apresentação na Conferência Mundial de Mídia da INMA, Washington, DC, 17 de maio de 2018.

[6] Jeff Bezos, "2016 Letter to Amazon Shareholders", 2017, https://ir.aboutamazon.com/files/doc_financials/annual/2016-Letter-to-Shareholders.pdf.

[7] Essa citação é popularmente atribuída a George Bernard Shaw – mas não há evidência disso. A fonte mais antiga conhecida é de textos sobre negócios: "The Biggest Problem in Communication Is the Illusion That It Has Taken Place", *Quote Investigator*, 3 de novembro de 2018, https://quoteinvestigator.com/2014/08/31/illusion/.

[8] Alan Deutschman, *Walk the Walk: The #1 Rule for Real Leaders* (Londres: Portfolio, 2011), 158. Ele pode estar parafraseando Wendy Kopp.

[9] "Netflix Culture – Seeking Excellence", *Netflix*, acessado em 17 de junho de 2023, https://jobs.netflix.com/culture. A origem dessa citação não é completamente clara e pode ser uma paráfrase. Ver "Teach Them to Yearn for the Vast and Endless Sea", *Quote Investigator*, 25 de agosto de 2015, https://quoteinvestigator.com/2015/08/25/sea/.

[10] Formulado pela primeira vez em seu ensaio de 1970, Robert K. Greenleaf, "The Servant as Leader", *Greenleaf Organization* (Cambridge, MA: Center for Applied Studies, 1970), que credita inspiração na novela de Hermann Hesse de 1932 *Viagem ao Oriente*. Greenleaf expandiu seu pensamento em 1977; ver Robert Greenleaf, *Servant Leadership* (Mahwah, NJ: Paulist Press, 1977). [*Liderança Servidora*, Robson Marinho, 2021.]

# ÍNDICE REMISSIVO*

* Números de página em *itálico* indicam figuras ou tabelas.

## A

AARP, 81
Aceleradores Digitais, 276, 285
acionistas: da Amazon, 109; da Disney, 110
acordos entre parceiros, 96
Acuity Insurance, 85, 86, 99, 311;
    cenário futuro, 34, 73, 79,
    80-81, 84-86, 88, 89,
    98, 112; declarações de P/O da, *140*
AdSense, 261
Adobe, 245, 374, 392
*Aftenposten*, 327, 328, 329, 330,
    339, 341
Airbnb, 50-51, 56, 65
Airgas, 255
Air Liquide, 31, 100, 134-135,
    184, 189, 255, 284; declarações de
    P/Os da, *140*; estruturas de inovação,
    *211*
Akamai, 60
Alexa, da Amazon, 31
algemas de ouro, 320, 327
Alibaba, 50, 69, 70, 97, 264,
    356
Alphabet, 33, 37, 64, 72, 331
Alto, 60
Amazon, 23, 50, 54, 56, 77,
    105, 236, 317, 359; acionistas da,
    110; ciclo virtuoso da, 105, *106*; cultura
    na, 334, 343; Princípios de Liderança,
    334
Amazon Marketplace, 184, 260
Amazon Prime, 38, 54, 57, 167
Amazon Web Services (AWS), 57, 58,
    138, 265, 306, 357

ameaças: na validação do problema, 187;
    na validação do produto, 192; na valida-
    ção da solução, 192
ampliar 10 vezes uma meta, 139
aposta no jogo, 212
aprendizado, 169, 246; acelere seu, 170-
    171; compartilhar o, 260-261; em
    encerramentos inteligentes, 260-261;
    em estruturas de inovação, 287; finan-
    ciamento iterativo e, 242; incerteza e,
    *251*; MVPs e, 172, 281; na validação
    da solução, 190-191; na validação do
    negócio, 202-203; na validação do
    problema, 186-187; na validação do
    produto, 196-197
aquisição âncora, 395n25
Android, 50, 56, 77, 266
Ant Financial, 23
APIs. *Ver* interface de programação de
    aplicativos
Apple, 30, 31, 51, 56, 58,
    69, 77, 93, 98, 136, 266,
    359
Apple Watch, 31
Aristóteles, 337
ARPU. *Ver average revenue per user*
ativos de dados, 36, 154, 302, 303,
    307, 308, 312, 322, 350
Audi, 39, 49, 55, 81, 97,
    106, 147, 148, 159, 161, 189,
    297, 303, 315, 339
Audm, 39, 148
autoavaliação, 366-371
autonomia, 361; do time, 238
*average revenue per user* (ARPU), 202,

AWS. *Ver* Amazon Web Services

Axel Springer, 258

Azure, 52

**B**

*backlogs*, 41, 128, 149, 162, 259, 289

banco no varejo, *266*

Banga, Ajay, 101

Baquet, Dean, 168

Barnes & Noble, 50

Baron, Marty, 338

Basadur, Min, 144, 158

BASF, 232, 233, 279

BAU. *Ver business-as-usual* BCG, 22

Becher, Jonathan, 170

Bezos, Jeff, 56, 105, 131, 236, 259, 269, 299, 357, 393n18

Bharara, Vinit, 173

Birje, Anand, 312

Black, Benjamin, 58

Blank, Steve, 64, 152, 170, 172, 174

Blinds.com, 339

Block, 22

*blockchain*, 24, 28, 100, 132, 145

Bobbitt, Philip, 88, 385n9

BOPS. *Ver buy-online-pickup-at-store*

Bristol Myers Squibb, 309, 313

Brown, Joe, 173

Bryant, Adam, 99

BSH Home Appliances: cenário futuro da, 86; estruturas de inovação, *284*

Buffett, Warren, 110

*business-as-usual* (BAU), 29; financiamento, *253*, 254; times, 239, *240*

*buy-online-pickup-at-store* (BOPS), 147

Buzzfeed, 21

**C**

CAA. *Ver* Canadian Automobile Association

Campisi, Vince, 109, 131, 280, 332

Canadian Automobile Association (CAA), 90-91

canibalização, 61

capacidades: apostas nas, *302*; importância das, 299-302; Sintomas de Fracasso, *302*; Sintomas de Sucesso, *302*. *Ver*

*também* capacidades de tecnologia; talentos

capacidades em tecnologia: avaliação das, 322-323; construir *versus* comprar, 310-312; governança de dados, 308-310; infraestrutura de TI, 303-306; no Mapa de Tecnologia e Talento, 321-324; plano de transição, 322-323; preparando, 312-313

capital de risco [*venture capital*, VC), 203, 229, 241, 243, 244; corporativo, 277; estágios de investimento, *66*; financiamento iterativo por, 272

captura de valor, na validação do negócio, 214-216

CARIAD, 299

casos e exemplos por setor, 372-374

CDO. *Ver chief digital officers*

cenário futuro, DX, 80-88; Acuity Insurance, 86-87; aparência do, 85; BSH Home Appliances, 86; escaneando, 81; Mapa da Visão Compartilhada, 43, 80, 110, 111, 112; Merck Animal Health, 85, 99

CEOs, 76

cético, 177

Chase, 96

*chief digital officers* (CDO), 11

Christensen, Clayton, 61, 210,

cibersegurança, 30, 59, 92, 102, 150, 229, 267, 304, 314, 315, 325

cientista, 169

Cisco, 59, 60, 65

Citi Ventures, 229, 231-232

Citi Ventures Studio, 231

Citibank, 11, 96, 148, 149, 183, 229-231, 233-234, 236-237, 241, 245-246, 251, 253, 257, 262, 284, 293, 341, 360; declarações de P/O, *148*; Discovery 10X, 183; estruturas de inovação, *284*

CitiConnect for *Blockchain*, 230, 284

cliente ideal, 166, 220

clientes, 81-82; foco, 61; no Mapa da Visão Compartilhada, 111

Cline, Patsy, 176

CLV. *Ver customer lifetime value*

CMA CGM, 315

CNN, 54, 55, 67, 69, 96, 226

CNN+, 54, 55, 67, 69, 96, 226

cobre, 199

Colella, Vanessa, 183, 229, 341

combinações, de talentos, 314-316

Comcast, 260

*compliance*, 26, 195, 207, 213, 219, 224, 234, 288, 292, 309, 322

comportamentos de rede de cliente, 154

compre-on-line-e-retire-na-loja. *Ver buy-on-line-pickup-at-store*

computação na nuvem, 24, 25, 28, 52, 58, 125, 147, 265, 303, 322

comunicações: de cultura, 336; liderança e, 359; no Mapa da Cultura-Processo, 343, 344, 345, 347, 349

competição, 82; nos Quatro Estágios de Validação, 35, 43, 172, 178, 179, 180-185, 204, 206, 208, 211, 218, 220, 223, 225, 226

conheça seu cliente. *Ver know your customer (KYC)*

contratação, 243, 260; talentos e, 236-237

Controle Adaptativo Xbox, 337, 403

Cooper Hewitt National Design Museum, 144

coragem, 341

Covid-19, 23, 59, 76, 161, 167

crescimento. *Ver* Três Caminhos para o Crescimento

*Crossing the Chasm* (Moore), 161

cultura, 327, 350-351; alocação de recursos e, 340; como comportamento, 331-336; comunicação da, 336-343, 345-347; definição, 336-336; escalamento, 340-341; habilitar (*enable*), 343; liderança e, 334; na Amazon, 334, 343; na DX, 330-331, *336*; na Netflix, 334-335; na New York Times Company, 330; na Tesla, 342-343; nos negócios nativos digitais, 342-343; viabilizar, 339-343, 347-348

cultura como comportamento, 331

CUPID, 231, 284

curiosidade, 255

*customer lifetime value* (CLV), 199, 215; na validação do negócio, 216

custos fixos, 216

custos marginais, 216

CX. *Ver* experiência do cliente

## D

dados comportamentais, 177, 189

dados psicológicos, 177

Darwin, Charles, 382n15

Davy, Humphry, 198

declaração de satisfação do cliente, 138, 157; demanda de clientes, 189

declaração de impacto,111, 117, 118

declarações de lucros e perdas (L&Ps), 27

declarações de P/O. *Ver* declarações de problema/oportunidade

declarações de problema/oportunidade (P/O), 129, 140, 143; Citibank, *149*; da Zoetis, *140*; em diferentes níveis, 143-144; estratégia como conversa, 161-163; estratégia de baixo para cima, 160; ferramentas de insights a respeito do cliente, 152; ferramentas, 149-163; ideias desencadeadas por, 144-145; identificação de, 149-163; iniciativas a partir de, 146-149, 148-149; McDonald's, *149*; New York Times Company, *148*; para a Acuity, *141*; para a Air Liquide, *141*; para a DX, *140*; para a Mastercard, *141*; qualidades das grandes, 145-146; Starbucks, *149*; time de inovação, 290; times e líderes, 162-163; visão compartilhada, 150-152; Walmart, *143, 148*

Deere & Company, 31

definição de sucesso, 118, 239, 242, 292

Delabroy, Olivier, 100, 189, 255, 271

desafio da incerteza, 56, 63, 66, 163

desafio da proximidade, 57, 70, 274

desenvolvimento de software *agile*, 63, 64, 356, 395n21

desenvolvimento modular, 324

design, governança e, 277, 280

*design thinking*, 28, 41, 63, 64, 65, 130, 135, 152, 153, 168, 170, 185, 231, 236, 302, 315, 325, 350

Diapers.com, 173, 175, 202

Índice remissivo

Diconium, 299

Diess, Herbert, 297

diferenciação competitiva, 51, 207, 210, 312

digitalização, 73; da New York Times Company, 19-21

direito de vencer, 34, 80, 88, 89, 91, 98, 101, 111, 114, 120, 138, 150, 151, 157, 207, 213, 216; Mapa da Visão Compartilhada, 112; na validação do produto, 212; vantagens únicas, 151, 213-214

direitos de decisão, 36, 238, 244, 279, 291, 292; diretorias, 245; em times de inovação, 292; time, 245

diretor digital. *Ver chief digital officers*

diretorias, 234; direitos de decisão, 245; crescimento, 241-245; inovação, 285, 288-290

diretorias de crescimento, 232, 241, 242, 245, 256, 279, 285, 292.*Ver também* diretorias de inovação

diretorias de inovação, 285; estatuto, 288-290; financiamento iterativo, 289; governança das, 292-293; membros das, 289; Pacote de Inovação Corporativa, 43, 235, 285, 286, 287, 288, 290; *pipeline*, 289; portfólio, 289; processo, 289; transferências, 289

Discovery 10X do Citibank, 158, 183, 230, 231, 245, 246, 251, 262, 284, 293

Disney, Walt, 30, 105, 152, 339

Disneylândia, 105

disrupção, 52

diversidade, abertura para a, 255

dívida técnica, 226, 294n10

Doerr, John, 102

Domino's Pizza, 30, 70, 99, 100

DoorDash, 147, 148

Dorf, Bob, 15, 53, 64, 65, 174, 175, 183, 218, 390; sobre MVPs, 175-176

*drivers* de valor, 107-109, 111, 118-120; no Mapa da Visão Compartilhada, 118

DX. *Ver* transformação digital

Dynamic Yield, 318

# E

e-book, 50

economias de escala, 216

economias em custo/risco, 215

Edison, Thomas, 198

elementos de valor, 209

Elop, Stephen 77, 385n3

empatia, 341

empoderamento, 104, 148

empresas digitais, 23, 51, 69, 169, 342, 356

empresas nativas digitais, 32, 37, 56, 64, 98, 292, 316, 331, 357; cultura nas, 342-343

empresa de seguros, *266*

encerramentos inteligentes, 235; aprendizado nos, 260-261; como rotina, 258; distinguir pessoas de projetos nos, 261; extrair valor dos, 260; inovação e, 256-262; na validação da solução, *256-257*; na validação do negócio, *256-257*; na validação do problema, *257*; na validação do produto, *257*; obstáculos aos, 257-263; *pipeline*, 261

engenharia de software, 314, 325

espaço de trabalho, no Mapa da Cultura--Processo, 349

estratégia de baixo para cima: declarações de P/O, 160-163; DX, 37; estrutura organizacional, 362; experimentação, 224-225; fluxo de informações na, 357; governança, 291-293; inovação na, 357; liderança, 357-362; tomada de decisões, 356-357; visão compartilhada, 119

estrutura de custos: da inovação, 200; na validação do negócio, 216

estruturas de inovação, 276

estrutura organizacional, 60; de baixo para cima, 350-351; tecnologia na, 351

estruturas de inovação: Air Liquide, *284*; BSH Home Appliances, *285*; estatuto, 287; Citibank, *284*; Pacote de Inovação Corporativa, 285, 286, 287; financiamento, 278; independência das, 287; elementos essenciais das, 278; liderança nas, 287; aprendizado nas, 287; atribuições, 278, 286; métricas, 279, 287; múltiplas, 283-284; processo, 287; recrutamento, 287; recursos, 287;

pool de talentos nas, 287, 286
excelência operacional [*operational excellence*, OpEx], 107, 118
Exército dos EUA, 356
experiência do cliente (CX), 109
experimentação: de baixo para cima, 224-225; de *startups*, 62-66; em time de inovação, 291-292; importância da, 168-180; inovação por meio de, 170-171; na DX, 28, 35-36

**F**

Facebook, 51, 68, 144, 173
falácia de Parmênides, 88, 385n9
Fédération Internationale de l'Automobile (FIA), 95, 261
ferramentas de estratégia digital, 154
ferramentas de insights a respeito do cliente, 152
financiamento: BAU, *253*, 254; estruturas de inovação, 278-279; governança e, 233-234; iterativo, 66-68, 235, 242, 246-255, *253*; para inovação, 276
financiamento iterativo, 235, 242, *253*; aprendizado e, 250-253; diretorias de inovação, 289-290; incerteza em, 67, 246-250; na prática, 253-255; por VCs, 66-68; valor de opção em, 246-250; valor líquido presente em, 246-250
Fire Phone, 56, 250
flexibilidade da governança: na DX, 29; na New York Times Company, 38
fluxos de informações, 357
Fong, Kevin, 137, 388n9
Ford, Bill, 75, 77, 78, 119, 122, 151
Ford Motor, 70, 75, 76, 78, 88, 99, 151, *333*, 338, 339, 341, 344, 345; unidade de Smart Mobility, 279
fracasso: capacidades e sintomas de, *302*; da DX, 22-23, *41*, *42*
Fundação Gates, 103, 139, 202

**G**

GE Digital, 23, 278
General Electric (GE), 23, 144, 241
Gerstner, Lou, 59
gestão de projeto 65, 252, 274

gestão de produto, 41, 63, 64, 65, 72, 130, 152, 168, 174, 236, 314, 315, 325
Glick, David, 292, 384, 393n18
Global Consumer Bank, 230
Goleman, Daniel, 78; sobre liderança, 385n6
Google, 11, 23, 50, 51, 56, 63, 72, 81, 90, 93, 94, 98, 103, 133, 139, 144, 236, 245, 260, 261, 264, 283, 306, 311, 317, 333; vantagem recíproca, *93*
Google Answers, 261
Google Glass, 260
Google Maps, 90, 93; vantagem recíproca, 93
governança, *233*, 239; dados, 308-310, 323; das diretorias de inovação, 291-293; de baixo para cima, 291-293; design e, 277-283; financiamento e, 234; funções cruciais da, 309-310; ideias em contraste com, 275; importância da, 232-235; nos Três Caminhos para o Crescimento, 269-275, *270*; regras, 234
governança de dados, 301, 309, 313
Greenleaf, Robert K., 361
Greeven, Mark J., 300
Grove, Andy, 102, 357
Grupo de Clientes Institucionais, 230
Grupo Produtos e Iniciativas Independentes, 39
Grupo Samsung, 93
Grupo Sony, 309

**H**

*hackathons*, 36, 144, 231, 235, 276
Hackett, Jim, 88, 338
Hackman, Richard, 237
Haier, 300-301
Hansen, Espen Egil, 327, 359
Haque, Imran, 125, 315
Hashem, Omar, 106
Hassanyeh, Sami, 81
Hastings, Reed, 48, 176, 334
HCL Technologies, 312
Hilgenberg, Dirk, 298
HIPPO. *Ver* opinião da pessoa mais bem paga
histórias, 251-256

Hoffman, Reid, 196
Horowitz, Ben, 332, 396
Huffington Post, 21, 307
Hughes, Thomas, 199

**I**

IA. *Ver* inteligência artificial
IBM, 47, 59, 60, 314
ID.3, 77, 297
ideias, governança, não produção de, 275-276
identificação do cliente, na validação do problema, 184-185
IDEO, 59, 64, 104, 144, 146, 172, 173, 238
Iger, Bob, 110
ilha de inovação, 225
Immelt, Jeffrey, 23
impacto da estrela guia, 34, 80, 98, 99, 102, 103, 111, 116, 151, 358; Mapa da Visão Compartilhada, 43, 80, 110, 111, 112; nível da empresa, *103*; sucesso do, *103*
implantação de recursos, 218
incentivos, no Mapa da Cultura-Processo, 347
incerteza: aprendizado e, *251*; inovação e, 51-52, *250*; no financiamento iterativo, 67, 246-250; nos Três Caminhos de Crescimento, *263*
incubadoras de *startups*, 277
infraestrutura de tecnologia, 303, 308, 322
infraestrutura local, 96, 116
InHome, 168, 211
iniciativas: *backlog*, 149, 162; sinal verde, 242
inovação, 267-268; além do *core*, 57-73; altos e baixos, 68-69; aptidões, 325; desafios, 276-277; divisão, 49-50; DX, 47-49; encerramentos inteligentes e, 256-262; estrutura de custos da, 200; estruturas, 235, 276-285; experimentação e, 169-171; financiamento para, 276; ilha de, 226; incerteza e,51-52, *250*; independência da, 70; laboratórios, 276; na estratégia de baixo para cima, 357-358; na Walmart, 165-166; Quatro Religiões da Inovação Iterativa, 63-64,

168; Shotts sobre, 166-167; times, 236-239, *240*
Intel, 24, 58, 60, 69, 75, 100, 102, 179, 213, 224, 225, 233, 235, 256, 258, 260, 261, 280, 288, 290, 293, 315, 340, 357
inteligência artificial (IA), 24, 100
interface de programação de aplicativos (APIs), 194, 394n12
Internet das Coisas (IoT), 125, 308
Intuit, 103; Succar sobre, 175; vantagens únicas, 92
IoT. *Ver* Internet das Coisas
iPhone, 77, 56, 51, 50
IPO. *Ver* oferta pública inicial iPod, 136-137
IRR. *Ver* taxa de retorno interna
Itaú Unibanco, 219, 373

**J**

Jassy, Andy, 58, 383-384
Jetblack, 165, 166, 167, 225
Jobs, Steve, 98, 136, 359, 382n13
Johnson & Johnson, 258, 314
jornais, *265*

**K**

Kahneman, Daniel, 337
Kanioura, Athina, 311
Keeper Test, 334, 406
Kelleher, Herb, 332
Kennedy, John F., 88
Kerr, Stephen, 340
Kindle, 50, 58, 136, 137, 138, 141, 157
Klevorn, Marcy, 122, 341
*know your customer* (KYC), 96
Kodak, 22
Kopp, Wendy, 360, 398
Kotter, John, 396n28
Kueng, Lucy, 76, 359,
KYC. *Ver know your customer*

**L**

laboratórios da Walmart, 165, 239
Lacerda, Antonio, 232, 279
Lamborghini, 297
lâmpada, 199
Larson, Jay, 220-221

latino-americana, 77, 143

Lawson, Jeff, 311, 394

Leahy, Terry, 71

*lean startup*, 41, 63, 131, 152, 168, 172, 175, 185, 231, 236, 291, 315, 325, 350, 390, 391, 407

Lehman, Meir Manny, 394n10

lente das oportunidades, 136, 140; definição, 137-138

lente dos problemas, 129, 130, 131, 135, 140; foco na, 130-131; limites da, 135-136; *stakeholders* na, 134-135

Levitt, Ted, 61, 101, 131

liderança, 269-270; comunicação e, 359-360; cultura e, 333-334; definição, 358-359; em estruturas de inovação, 287; estratégia de baixo para cima, 357-362; Goleman sobre, 385n6; habilitar (*enable*), 360-361

Liguori, Stephen, 144, 241

LinkedIn, 299

Lonie, Susie, 193

Lore, Marc, 173

L&Ps. *Ver* declarações de lucros e perdas [*profit and loss statements*].

lucro, caminho para o, 200, 206

## M

March, James G., 273, 275

Mapa da Cultura-Processo, 343-352, *343*; alocação de recursos no, 347; comunicação da cultura no, 345-346; comunicação no, 348; dados no, 348; espaço de trabalho no, 349; habilitar (*enable*) cultura no, 347-348; incentivos no, 347; métricas no, 347; Passo 1, 344, 349; Passo 2, 345-346, 349; princípios no, 345; responsabilização no, 348; símbolos no, 346-347; três grandes processos, 347; uso do, 349-350

Mapa da Visão Compartilhada: cenário futuro, 110-114; clientes no, 110-111; declaração de impacto no, 117-118; direito de vencer, 114-115; impacto de sua estrela guia, 116-117; tecnologia no, 112-113; tendências estruturais no, 114; vantagens únicas no, 114-115

Mapa de Tecnologia e Talento, 321-327; capacidades de tecnologia no, 322-324; talentos no, 324-326

mapeamento da jornada do cliente,153-154

marcas de moda, *266*

marcos, 252

Mastercard, 30, 68, 84; declarações de P/O da, *140*; Start Path, 282, 283, 293; vantagens únicas, 89, 90; *zooming out*, 101, 117

Mastercard Labs, 388n7

matriz P/O. *Ver* matriz de problema/oportunidade

matriz problema/oportunidade (P/O), 155-160; clientes e nível na, 156-157; combinação na, 158-159; métricas de sucesso, 160; oportunidades de negócio na, 157-158; oportunidades para os clientes na, 157; problemas de clientes na, 157; problemas de negócios na, 157; quadrantes na, 156-158; refinamento na, 159; teste de *brainstorm*, 159

McChrystal, Stanley, 356

McDonald's, 146, 149, 318; declarações de P/O, *148*

McGrath, Rita, 247, 248

McKinsey, 22, 54, 78, 317, 381n7, 385 n7, 395n25

Mead, Margaret, 237

Megginson, Leon C., 382n15

mercado multifacetado. *Ver* modelo de negócio em plataforma

mercado total disponível (MTD), 209, 217

Merck Animal Health, 85, 99

Merkel, Angela, 297

MEs. *Ver* microempresas

Meta, 112, 317

metaverso, 100, 132

métricas, 61, 211-212; de matriz de sucesso de P/O, 159-160; estruturas de inovação, 279, 287; foco em, 177-178; MVPs, 291; na validação da solução, 190-192; na validação do negócio, 202-203; na validação do problema, 186-188; na validação do produto, 196-198; no Mapa da Cultura-Processo, 347; nos Quatro Estágios de

Validação, 172-185; persistentes, 177-178; principais, 177-178; time de inovação, 290-291
métricas contábeis "paralelas", 71
métricas persistentes, 177
métricas principais, 178, 183
microempresas (MEs), 300
Microsoft, 11, 33, 52, 60, 68, 80, 98, 130, 306, 331, 336, 337, 338, 344, 345
microsserviços, 300, 303, 305, 306, 310, 312, 350
modelo Kano, 138
modelos de negócio de plataforma (ou mercado multifacetado) 50, 65, 184, 218
modelos de receita, 157
motivação: extrínseca, 77; intrínseca, 77
motivação extrínseca, 77, 121, 385n4
motivação intrínseca, 77, 78, 101, 118, 121, 319
M-Pesa, 193
mudança de capacidade, 138; na DX, 29-30, 36; na New York Times Company, 38-39
mudanças inesperadas no ambiente, 219
mudança organizacional, na DX, 11-12
MVPs. *Ver* produto viável mínimo
MVP de alta fidelidade, 174
MVPs funcionais, 173, 174, 175, 195, 197, 201, 202, 203, 225, 255, 291
MVPs ilustrativos, 172-175, 189, 191, 195, 201, 225, 255, 291
MVPs iterativos, 226, 235, 250

**N**

Nadella, Satya, 80, 130, 331
Nasdaq, 230, 231
National Commercial Bank (NCB), 303, 373
Navegador de Crescimento de Rogers, 172, 206-209, 212, 214, 217, 223, 225, 254, 291; dicas, 217-218; resumo do essencial, 210-211; validação da solução e, 209-210; validação do problema e, 205-206
NBMs. *Ver* novos modelos de negócio
NCB. *Ver* National Commercial Bank
Nest, 50

*Net Promoter Score*, 196, 205
Netflix, 30, 33, 37, 38, 48, 49, 50, 54, 56, 81, 89, 90, 91, 110, 176, 202, 306, 331, 334, 342, 345, 347, 356, 357; cultura na, 334; IPO, 90; publicidade na, 50; reinvenção da, 49-50; vantagens únicas, 90
NextGen Cup Challenge, 146-147
New York Times Company, 19, 21, 22, 25, 37, 58, 97, 103, 147-148, 168, 256, 261, 307, 317, 330, 361; ativos de dados, 307; ciclo de vida do talento, 316-317; compartilhar aprendizado amplamente, 260-261; cultura na, 330; declarações de P/O, 147, *148*; definição de sucesso, 103; digitalização da, 19-21; flexibilidade da governança na, 38; impacto de sua estrela guia, *103*; jornalistas que escrevem código, 315-316; metas da estratégia, 161-162; mudança de capacidade na, 38-39; New York Times Electronic Media Company, 19; receita digital, 39; receita, *21*; Relatório de Inovação da, 21-22, 37, 330; sucesso em seguir o *Roadmap* da DX, 37-38
NFTs. *Ver non-fungible tokens*
Nike, 221, 222, 308
*nimbleocity*, 311
Nisenholtz, Martin, 19
nível do canal, 142
nível empresarial, 142
Nokia, 22, 50, 77
*non-fungible tokens* (NFTs), 100
Nőthig, Dániel, 330
novos mercados, 31, 107, 109, 219, 278, 325
novos modelos de negócio [*new business models*, NBMs), 30, 38, 50, 51, 56, 63, 67, 81, 94, 96, 107, 108, 109, 118, 126, 165, 277, 279, 308
Nuance, 60
Nunes, Juliana, 314
Nvidia, 299

**O**

objetivos e resultados-chave [*objectives and key results*, OKRs], 102

oferta pública inicial (IPO), 89, 109, 231
Onono, laboratório, 232, 279, 280
"On the Folly of Rewarding A While Hoping for B" (Kerr), 340
operação em escala, 207
opinião da pessoa mais bem paga (HIPPO) tomada de decisões, 53, 224,
oportunidades do cliente, 155
Optimizely, 220, 221, 222, 224
O'Reilly, Charles A., 273, 275
organização ambidestra, 273
orientação estratégica, 242
Osterwalder, Alex, 137
outras oportunidades de investimento, 204
Otus, 56

## P

Pacote de Inovação Corporativa, 34, 43, 235, 285, 286, 287, 288, 290; camadas do, *286*; diretorias de inovação, 287-290; estrutura de inovação, 285-287; times de inovação, 290-291
Página Um, reuniões, 20
Panera, 194, 202
paralisia da análise, 52
parceria, 327; talentos e, 321
PayPal, 23, 50, 231
PepsiCo, 311
Pfizer Animal Health, 125
Pieper, Mario, 108, 131, 273
Pinkham, Chris, 58, 71, 384n21
*pipelines*: amostra, *260*; encerramentos inteligentes, 259
pivotar, 63, 169, 170, 176, 256, 330
planejamento: estudos, 53; execução do, 53; perigos do, 53; tomada de decisões no, 53; tradicional, 52-57
planejamento tradicional, 52-57
planos de negócio, redação, 53
plataforma em chamas, 77, 385n3
POC. *Ver* prova de conceito [*proof of concept*]
*pool* de talento, em estruturas de inovação, 286-287
Porsche, 297, 298
Porter, Michael, 127, 151

PowerPoint, 33, 334, 343, 347
prazo, 217
*press release*/perguntas frequentes (PR/FAQ), 65, 153, 171
Prêmio Peabody, 20
princípios culturais; acionáveis, 335; no Mapa da Cultura-Processo, 343; preceitos na Amazon, 393n18; relacionáveis, 345
Princípios de Liderança, Amazon, 334
princípios relatáveis, 345
prioridades, 127-129; crescimento, 27; apostas em, *128*; da Zoetis, 136
prioridades de crescimento, na DX, 27-28
processo iterativo, 62, 196, 253, 324
Procter & Gamble, 11, 144, 237, 241
produto viável mínimo (MVPs), 281; aprendizado e, 172-173; de alta fidelidade, 174-175; definição, 172; Dorf sobre, 175; funcional, 173-175, 201-202; ilustrativo, 173-174, 191-193; métricas, 177-178; múltiplo, 174-178; na validação da solução, 189-190; na validação do negócio, 201-202; na validação do problema, 185-187; na validação do produto, 195-196; Succar sobre, 175-176
produtos copiados, 198
projetos zumbi, 258
promoção à liderança, 348
proposta de valor, 189; *roadmap*, 84, 155; na validação da solução, 209-210
propriedade, 61
prova de conceito (POC), 173, 174, 189
proximidade, nos Três Caminhos para o Crescimento, *263*
Proxymity, 231, 284
publicidade, na Netflix, 49

## Q

Qikfox, 100
Quatro Religiões da Inovação Iterativa, 63
Quatro Estágios de Validação, 35, 43, 172, 178, 179, 180, 181, 182, 183, 185, 204, 206, 208, 211, 218, 220, 223, 225, 226; competição nos, 204-205; elementos testados

Índice remissivo

nos, 179-180; métricas nos, 204-206; sequência, 180-182; sobreposição de estágios, 180-181, *182*; *stakeholders* nos, 223-224; validação da solução, *180*, 187-192, 208-212, *256*; validação do negócio, *180*, 197-204, 214-217, *256*; validação do problema, *180*, 183-188, 207-208, *256*; validação do produto, *180*, 192-198, *256*; validação nos, 179-180

Quênia, 193

QuickBooks, 92

## R

RABBITs. *Ver real actual businesses building interesting tech*

Randolph, Marc, 48, 176

Random House, 50

Raynor, Michael, 210

*real actual businesses building interesting tech* (RABBITs), 283

realidade virtual [*virtual reality*, VR], 19, 38, 104, 137

receita média por usuário. *Ver average revenue per user*

recrutamento, em estruturas de inovação, 288

recursos, 61; Mapa da Cultura-Processo, 349; mudança de cultura e alocação de, 340

recursos humanos (RH), 40

regulamentação legal, 96

Reid, Chris, 71, 84, 182, 194

Relatório de Inovação, 330

"Resolva o Problema", 334, 341, 344, 345

responsabilização: em Mapa da Cultura--Processo, 349; em times, 239

restrições estratégicas, 95, 97, *111*, 115

resumo do essencial, 207, 210, 211

Resumo do Manual da DX, 377

retenção, 327

retorno sobre o investimento [*return on investment*, ROI], 52, 170

revolução digital, 19, 20, 22, 25

RFP. *Ver* solicitação de proposta

RH. *Ver* recursos humanos

Ries, Eric, 64, 172, 176, 195, 241

rituais, 346

*roadmap* de recursos, 210

Robinson, Frank, 172

ROI. *Ver* retorno sobre o investimento

*Round 6*, 49

## S

SaaS. *Ver software-as-a-service*

Safaricom, 193

saídas, 327; talentos e, 320-321

saídas involuntárias, 320

saídas voluntárias, 320

Saint-Exupéry, Antoine de, 360

Salzmann, Ben, 86, 311, 360

Savoia, Alberto, 174, 191

Schibsted, 258, 327

Schlumberger, 133, 161

*Scrum*, 64, 170, 194, 237, 291, 315, 325, 330

sem fins lucrativos, 43, 81, 108, 118, 199, 202, 203, 215

Serra, Steve, 162, 280

setor automotivo, 43, 75, *83*, 299

Shan, Jialu, 300

Shapiro, Danny, 299

Shearman, Tim, 90

Shotts, Jeff, 89, 165; sobre inovação, 168

símbolos culturais, 336-344; do Mapa da Cultura-Processo, 347

sinal verde, 36, 232, 235, 242, 243, 244, 245, 246, 285, 289, 290; iniciativas, 241

Škoda, 298

Smart Bow, 126

Smart Mobility, unidade, 279

"Snow Fall", 19

Software como serviço [*software-as-a-service*, SaaS], 185, 221, 308, 310, 312

solicitação de proposta [*request for proposal*, RFP], 146

soluções existentes, 192, 210

Southwest Airlines, 332, 333, 373

*stakeholders*: na lente do problema, 134-135; validação para, 223-224

Starbucks, 146, 149; declarações de P/O, *148*

Start Path da Mastercard, 282, 293

*startups*: experimentação de, 63-66; incubadoras, 278; *lean*, 64

Steinfeld, Jay, 339
Stripe, 23
Succar, Rania, 92, 169, 175; sobre a Intuit, 175; sobre MVPs, 175-176
Sull, Donald, 162
Sulzberger, Arthur Ochs, 19, 20, 39
Super Bowl, anúncios no, 337-338
supervisão, 234

**T**

tablets Fire, 56
talentos, 314-321; avaliação dos, 324-326; ciclo de vida, 316-321; combinações, 315-321; fase de contratação, 317-318; fase de parceria, 320-321; fase de saída, 319-320; fase de treinamento, 318-319; níveis, 315-321; no Mapa de Tecnologia e Talento, 324-327; plano de transição, 326-327; talentos não técnicos, 315; talentos técnicos, 314-315
talentos *go-to-market*, 325
talentos não técnicos, 315
talentos técnicos, 302, 314, 315, 325
TAM. *Ver* mercado total disponível [*total addressable market*]
Tan, Fiona, 304
taxa de retorno interna [*internal rate of return*, IRR], 204
taxas de sobrevivência, 259
*Team of Teams* (McChrystal), 356
tecnologia, 582; componível, 312; consumível, 312; distração da, 132-133; emergente, 325; na estrutura organizacional, 360-361; no Mapa da Visão Compartilhada, 111-112. *Ver também tópicos específicos*
tecnologia componível, 312
tecnologia consumível, 312
tecnologia de informação (TI), 26; infraestrutura, 303-306; modular, 305-306; monolítica, 305-306
tendências estruturais, 83, 111-112, 114, 120, 150; no Mapa da Visão Compartilhada, 112
teoria causal, no Mapa da Visão Compartilhada, 119
Tesco, 41
TI. *Ver* tecnologia de informação
TI modular, 300, 302, 350

TI monolítica, 305
time de inovação: declarações de P/O, 291; direitos de decisão no, 291; experimentação no, 291; métricas, 291; processo, 290-291
times multifuncionais, 29, 39, 230, 238, 315, 325, 329
tecnologias emergentes, 138, 229, 325
TED, conferência, 75
telecomunicações, *267*
teoria de negócios, 33-34, 79-80, 104-110, 118-122, 152, 386n18; benefícios da, 108-112; comunicações aos acionistas e, 109-112; *drivers* de valor na, 118; sucesso na, 118; teoria causal na, 119
Tesla, 23, 49, 50, 88, 191, 297, 311, 331, 333, 342, 373, 390n15; cultura na, 341-342
Thiel, Peter, 68
times, 235-236; autônomos, 238; BAU, 239, 240; direitos de decisão, 244; F&A, 277, 284, 288; inovação, 237-239, *240*, 285; multifuncionais, 237, 314-315; pequenos, 236; responsabilização nos, 239; *single-threaded*, 238, 239-240
times de fusões e aquisições (F&A), 277
times de inovação, 192, 206, 235-241, 286, 292; estatuto, 290-291; Pacote de Inovação Corporativa, 43, 235, 285-288, 290
times F&A. *Ver* times de fusões e aquisições
Times Select, 261
times *single-threaded* ["com dedicação exclusiva"], 238, 239, 240
*tokens* não fungíveis. *Ver non-fungible tokens*
tomada de decisões: de baixo para cima, 356-357; HIPPO, 224; no planejamento, 53
trabalho a ser feito, 210
transformação digital (DX), 19; autoavaliação, 367-370; barreiras à, 26-31; bem-sucedida, 30, *41*; capacidade de mudança na, 29-30, 36; cenário futuro, 80-88; como inovação, 47-49; cultura na, 330-331, *336*; de baixo para cima, 36-37; declarações de P/O para, *140-141*; definição, 23-25; dificuldade da, 25-26; erros na, 25-26; estratégia digital na, 31-32;

experimentação na, 27-29, 35-36; flexibilidade da governança na, 29; fracasso da, 22-23, *41, 42*; mudança da organização na, 31-32; passos, *34*; prioridades de crescimento na, 27; prioridades na, 35; resumo visual da, 377-378; *roadmap*, 33-44, 129, 168-169, 293-294, 377-378; visão compartilhada na, 26-27, 34-35

*Transformação Digital* (Rogers), 11, 31, 63, 83-84, 150, 154, 210, 218, 225, 306, 377

transformação dual, 273

transparência, 239, 309, 342

Trem de Valor Competitivo, 84, 87, 113, 154, 155

Três Caminhos de Crescimento,73, 262-291, *263*; definição, 262-265; desafios nos, 265-269; em diferentes setores, *265*; governança nos, 269-275, 270; incerteza nos, *263*; iniciativas do caminho 1, 263-264; iniciativas do caminho 2, 264; iniciativas do caminho 3, 265-266; necessidade de todos os três caminhos, 273-275; proximidade nos, *263*; transformação dual, 273-274

treinamento, 327; talentos e, 318-319

trilhas paralelas, 324

Tushman, Michael L., 273, 275

Twilio, 311

Tyto, 56

## U

Uber, 49, 86, 90, 137, 184, 218, 279

Ulbrich, Thomas, 297

Under Armour, 103

United Technologies Corporation (UTC), 109, 131, 280, 332

Upshot, The, 38

urgência negativa, 77

urgência positiva, 77

UTC. *Ver* United Technologies Corporation

## V

Vakili, Valla, 231, 360

validação da solução, *180*, 188-192; ameaças na, 191-192; aprendizado na, 191; encerramentos inteligentes na, *189*; métricas

na, 190-191; MVPs na, 189-190; Navegador de Crescimento de Rogers e, 209-212; proposta de valor na, 209-210

validação do negócio, *180*, 197-203, 215-217; aprendizado na, 202-203; captura de valor na, 214-215; CLV na, 216; encerramentos inteligentes na, *256*; estrutura de custos na, 216; métricas na, 202-203; MVPs na, 201-202

validação do problema, *256*, 183-188; alternativas existentes na, 184; ameaças na, 188; aprendizado na, 187-188; encerramentos inteligentes na, *256*; identificação do cliente na, 184-190; métricas na, 187-188; MVPs na, 186-186; Navegador de Crescimento de Rogers e, 206-207

validação do produto, *257*, 192-198; ameaças na, 197; aprendizado na, 196-197; direito de vencer na, 213-214; encerramentos inteligentes na, *256*; entrega, 212-213; métricas na, 196-197; MVPs na, 195-196; uso, 212

valor de opção: explicação, 247; no financiamento iterativo, 247-250

valor do ciclo de vida do cliente. *Ver customer lifetime value*

valor presente líquido, 247, 248, 270

valor não monetário, 199, 207, 215

vantagem recíproca, 92-101; Google, *93*; Google Maps, 93; Walmart, 94-95, *95*

vantagens únicas, 88-91, *91*; CAA, 90; Intuit, 92; Mastercard, 90, 92; Netflix, 90; no Mapa da Visão Compartilhada, 114-117; utilização, 91-92; Walmart, 90

varejista física, *267*

VG Nett, 327

VC corporativo, 284, 285

Virgin Media, 320

visão estreita, 61

visão compartilhada: de baixo para cima, 119-120; apostas na, 79; declarações de P/O, 148-152; importância da, 76-79; na transformação DX, 26-27, 34-35

Vodafone, 193

Vogels, Werner, 65, 306

volante (flywheel), 105

Volkswagen, 83, 297, 298, 299, 301, 304, 311, 313

Vox, 21

VR. *Ver* realidade virtual
Vudu, 260
VW.os 2.0, 298, 299

**W**
Walker, Yana, 309
*Wall Street Journal*, 221, 222
Walmart, 146, 236, 304; declarações de
P/O, *143*, *148*; InHome, 168, 211;
inovação na, 165-166; vantagem recí-
proca, 93-94, *94*; vantagens únicas, 89
Walt Disney, 30,105, 152, 339;
acionistas da, 73
*Washington Post*, 259, 338
Waze, 90
Wedell-Wedellsborg, Thomas, 130
*What's Your Problem?* (WedellWedellsborg),
130
*What You Do Is Who You Are* (Horowitz),
332
Windows da Microsoft, 60, 331
Wohland, Philipp, 320
Wojcicki, Susan, 104, 261
World Wide Web, 19

**X**
X (empresa), 72
Xerox, 60

**Y**
YouTube, 50, 51, 56, 93, 103,
104, 121, 138, 139
Yu, Howard, 300
Yuan, Eric, 59

**Z**
Zelle, 50
Zenger, Todd, 386n18
Zoetis, 125-127, 129, 134, 136-138,
139, 140, 144, 150, 152, 156;
declarações de P/O da, *140*; prioridades
da, 141
Zoom, 40, 45, 59, 101, 117
*zooming out*, 101, 117; Mastercard, 101

Índice remissivo

# SOBRE O AUTOR

David L. Rogers é o principal especialista mundial em transformação digital, membro do corpo docente da Columbia Business School e autor de outros quatro livros anteriores a este. Seu best-seller *Transformação Digital* foi o primeiro livro sobre o assunto e colocou o tópico em discussão. Rogers define o tema argumentando que a transformação digital (DX) não trata de tecnologia; é sobre estratégia, liderança e novas maneiras de pensar. Com esta continuação, *Transformação Digital 2*, Rogers enfoca as maiores barreiras ao sucesso da DX e oferece um *roadmap* para a reconstrução de qualquer organização para uma mudança digital contínua.

Rogers tem auxiliado empresas ao redor do mundo, transformando seus negócios para a era digital, e trabalhou com líderes de alto escalão em corporações como Google, Microsoft, Citigroup, Visa, HSBC, Unilever, Procter & Gamble, Merck, GE, Toyota, Cartier, Pernod Ricard, China Eastern Airlines, o banco saudita NCB e a Acuity Insurance, entre outros.

Rogers regularmente profere palestras de abertura em conferências em todos os seis continentes e tem participações na CNN, ABC News, CNBC e Channel News Asia, e no *New York Times*, *Financial Times*, *Wall Street Journal* e *The Economist*.

Na Columbia Business School, Rogers é diretor docente de programas de educação para executivos sobre estratégia digital de negócios e liderança da transformação digital. Lecionou para mais de 25 mil executivos por meio de seus programas em Nova York, no Vale do Silício e on-line. Sua pesquisa recente tem colocado foco em novos modelos de negócio, inovação por meio de experimentação, governança para crescimento e barreiras à mudança na transformação digital.

Para novas ferramentas e conteúdo de David, visite www.davidrogers. digital.

Este livro foi composto com tipografia Adobe Garamond Pro e impresso em papel Off-White 80 g/m² na Formato Artes Gráficas.